Oscar Bajo Rubio es catedrático de fundamentos del análisis económico en la Universidad de Castilla-La Mancha y presidente de la Asociación Española de Economía y Finanzas Internacionales.

Carmen Díaz Roldán es profesora titular de fundamentos del análisis económico en la Universidad de Castilla-La Mancha y secretaria de la Asociación Española de Economía y Finanzas Internacionales.

T0350956

Teoría y política macroeconómica

Teoría y política macroeconómica

Oscar Bajo Rubio

Carmen Díaz Roldán

Universidad de Castilla-La Mancha

Publicado por Antoni Bosch, editor, S.A.
Palafolls, 28 – 08017 Barcelona – España
Tel. (+34) 93 206 07 30
info@antonibosch.com
www.antonibosch.com

© 2011 Oscar Bajo Rubio y Carmen Díaz Roldán
© 2011 de la edición: Antoni Bosch, editor, S.A.

ISBN: 978-84-95348-63-0
Depósito legal: M-38717-2011

Maquetación: JesMart
Diseño de la cubierta: Compañía
Corrección: Andreu Navarro
Impresión: Novoprint

Prólogo

El objetivo de este libro es presentar, de una forma autocontenida y siguiendo un hilo conductor común, los temas principales de un curso de Macroeconomía intermedia. En este sentido, es heredero del espíritu de *Curso de Macroeconomía*, de Oscar Bajo y María Antònia Monés, publicado en esta editorial. Entre sus principales características destacan:

a) Se basa en el desarrollo progresivo de un modelo, mediante el cual se trata de explicar el comportamiento global de una economía. La presentación del modelo se lleva a cabo desde el caso más sencillo, complicándose gradualmente hasta alcanzar un cierto grado de dificultad. No obstante, en algunos capítulos se ha incorporado una sección final titulada «Extensiones», donde se presentan, en forma de ampliación, conceptos relacionados con el núcleo central del libro aunque periféricos al argumento principal.

b) Se muestra sucesivamente el funcionamiento de la economía en el corto, el medio y el largo plazo, donde:

- El corto plazo analiza la determinación del nivel de renta de equilibrio a partir de la demanda agregada, cuando los precios se consideran dados.
- El medio plazo analiza la determinación del nivel de producción potencial a partir de la demanda agregada y la oferta agregada, una vez que los precios se han ajustado gradualmente.
- El largo plazo analiza el aumento continuado del nivel de producción de una economía a lo largo del tiempo, a partir de unas mayores dotaciones de recursos productivos y del progreso tecnológico.

c) Se presta una atención especial al caso de la economía abierta. Además, el análisis de la economía abierta se lleva a cabo para los casos de tipo de cambio flexible y unión monetaria, en vez de tipo de cambio flexible y tipo de cambio fijo como es habitual.

d) Por último, el análisis teórico se complementa por medio de notas sobre la economía española, presentadas en forma de recuadros, donde se recogen tanto datos estadísticos como estudios empíricos acerca de la evolución reciente de nuestra economía.[1]

El libro se dirige a los alumnos de los Grados en Economía y en Administración y Dirección de Empresas, así como a los de cualquier otro programa de estudios en el que se haya cursado previamente una asignatura de Introducción a la Economía. Aunque el contenido completo del libro podría impartirse en dos cuatrimestres, también se puede utilizar para un curso cuatrimestral de Macroeconomía intermedia obviando las extensiones y el Capítulo 11, de un nivel algo más avanzado que el resto. Nótese que en una secuencia alternativa, el Capítulo 9 podría impartirse después del 6 e inmediatamente antes del 7.

Por lo que respecta a los contenidos, en la Parte I se introducen los conceptos fundamentales, tanto de carácter teórico como metodológico, que se utilizarán en el desarrollo de los modelos macroeconómicos que se presentan sucesivamente en el resto de capítulos. La Parte II se dedica al corto plazo estudiando sucesivamente el mercado de bienes y la política fiscal, y los mercados financieros y la política monetaria; obteniéndose el modelo *IS-RM* de demanda agregada que recoge el equilibrio en el mercado de bienes y el cumplimiento de la regla monetaria. En la Parte III se estudia el medio plazo, analizando la formación de precios y salarios e introduciendo la oferta agregada de la economía; de forma que, integrando el modelo *IS-RM* con la oferta agregada, se obtiene el modelo completo *SA-DA* para una economía cerrada. A continuación, la Parte IV se dedica al estudio de una economía abierta, para lo que se adaptarán los modelos macroeconómicos desarrollados previamente a una economía que mantiene relaciones con el resto del mundo; obteniéndose los modelos *IS-RM* y *SA-DA* para una economía abierta. Finalmente, en la Parte V se ofrece un análisis del largo plazo, donde se estudia de forma sencilla el crecimiento económico.

Novedades del libro

Entre las principales novedades que incorpora el libro destacamos las siguientes:

- La política monetaria se presenta de acuerdo con un nuevo enfoque, a través de una regla de política monetaria, lo que nos lleva a sustituir la tradicional fun-

---

[1] Como es natural, con estas notas no se pretende ofrecer una visión exhaustiva de la economía española, sino simplemente ilustrar con ejemplos prácticos los conceptos teóricos. Si se desea profundizar en el análisis de la evolución reciente de la economía española, se puede acudir al monográfico coordinado por los autores de este libro «Política económica en España», de la revista *Información Comercial Española*, n.º 837, julio-agosto de 2007; y al libro coordinado por Oscar Bajo *Integración económica en Europa: Aspectos macroeconómicos y regionales*, Instituto de Estudios Fiscales, Madrid, 2007.

ción *LM* por la función *RM* (de «regla monetaria»). Obtenemos así el modelo *IS-RM*, alternativo al *IS-LM*.

- La oferta agregada se modeliza como una relación dinámica, a partir de la curva de Phillips. En consecuencia, el modelo *SA-DA* se define como una relación entre el nivel de producción y la tasa de inflación, en vez del nivel de precios.

- En la economía abierta, junto al caso de tipo de cambio flexible, consideramos la unión monetaria como alternativa al caso de tipo de cambio fijo. Con ello se pretende describir de una forma sencilla el funcionamiento de las economías de los países que pertenecen a una unión monetaria, en un mundo en el que el mantenimiento de un sistema de tipo de cambio fijo resulta cada vez más difícil.

- El análisis del largo plazo se integra en el del corto y el medio plazo, con una nomenclatura homogénea a lo largo de todo el libro.

Nótese que, a pesar de que el modelo neokeynesiano «canónico» (véase más adelante) incluye, junto a la función *IS*, una regla de política monetaria y una función de oferta agregada basada en la curva de Phillips, su utilización con fines didácticos en la enseñanza de la Macroeconomía intermedia no es nada habitual. Existen algunos artículos, más bien de carácter divulgativo, que introducen este enfoque sin ir mucho más allá (en particular, no se trata el caso de la economía abierta), como los de David Romer, John Taylor y Carl Walsh.[2] Podríamos citar también los manuales de Wendy Carlin y David Soskice, y de Peter Birch Sørensen y Hans Jørgen Whitta-Jacobsen, pero ambos son de un nivel avanzado y su cobertura de temas es mucho más amplia que la de este libro, en el que hemos pretendido ofrecer una orientación mucho más autocontenida.[3]

Sobre el estado actual de la Macroeconomía

Hasta no hace muchos años podía afirmarse que, al menos en los ambientes dominantes (digamos, las grandes universidades estadounidenses), había dos grandes corrientes dentro de la Macroeconomía, herederas últimas de los debates subsiguientes a la aparición de la obra de John Maynard Keynes

---

[2] Véanse David H. Romer: «Keynesian macroeconomics without the LM curve», *Journal of Economic Perspectives*, vol. 14, primavera de 2000, págs. 149-169; John B. Taylor: «Teaching modern macroeconomics at the principles level», *American Economic Review, Papers and Proceedings*, vol. 90, mayo de 2000, págs. 90-94; y Carl E. Walsh: «Teaching inflation targeting: An analysis for intermediate macro», *Journal of Economic Education*, vol. 33, otoño 2002, págs. 333-346.

[3] Wendy Carlin y David Soskice: *Macroeconomics: Imperfections, institutions, and policies*, Oxford University Press, Oxford, 2006; y Peter Birch Sørensen y Hans Jørgen Whitta-Jacobsen: *Introducing Advanced Macroeconomics: Growth and Business Cycles* (2.ª edición), McGraw-Hill, Nueva York, 2010.

en los años 1930: las denominadas «Nueva Macroeconomía Clásica» y «Nueva Macroeconomía Keynesiana».[4] Así, mientras que la primera se basaba en la racionalidad de los agentes económicos individuales y en su énfasis en los fundamentos microeconómicos de las relaciones macroeconómicas, la segunda sostenía que, dada la existencia de fallos e imperfecciones en los mercados, la intervención del sector público podría estar justificada en determinadas circunstancias. Hay que tener en cuenta, no obstante, que los autores encuadrados en la Nueva Macroeconomía Keynesiana eran enormemente cuidadosos a la hora de establecer distancias con el keynesianismo tradicional, empleando en sus análisis teóricos modelos similares a los utilizados por los autores de la Nueva Macroeconomía Clásica.[5]

Sin embargo, la segunda mitad de los años 1990 han contemplado la aparición de una nueva ortodoxia: la llamada «Nueva Síntesis Neoclásica» que, a semejanza de la Síntesis Neoclásica de los años posteriores a la Segunda Guerra Mundial, viene a representar una fusión de la Nueva Macroeconomía Clásica y la Nueva Macroeconomía Keynesiana. El punto de partida de este enfoque es la existencia de unos agentes económicos racionales que optimizan con una perspectiva intertemporal, utilizando toda la información disponible; y se caracteriza por integrar elementos keynesianos (precios rígidos y competencia imperfecta) en el modelo de equilibrio general dinámico asociado con la Nueva Macroeconomía Clásica. El modelo resultante, denominado «neokeynesiano» (*New Keynesian*), consta en su versión «canónica» de tres ecuaciones: una función *IS* dinámica (que incluye el nivel de producción futuro esperado), una regla de política monetaria, y una curva de Phillips (la llamada curva de Phillips neokeynesiana, que incluye la tasa de inflación futura esperada).[6]

---

[4] Estas dos corrientes recibieron también los nombres de escuelas «de agua dulce» y «de agua salada», respectivamente, ya que la mayoría de los autores más destacados de cada una de ellas pertenecían a universidades situadas, bien en las cercanías de los Grandes Lagos (Chicago, Minnesota, Carnegie Mellon, Rochester), o bien en las costas este y oeste de Estados Unidos (Harvard, MIT, Yale, Princeton, Berkeley, Stanford).

[5] Véanse al respecto las consideraciones de N. Gregory Mankiw: «The reincarnation of Keynesian economics», *European Economic Review*, vol. 36, abril de 1992.

[6] El término «Nueva Síntesis Neoclásica» aparece por primera vez en Marvin Goodfriend y Robert G. King: «The New Neoclassical Synthesis and the role of monetary policy», *NBER Macroeconomics Annual*, vol. 12, 1997, págs. 231-283; un artículo sumamente influyente en la difusión del nuevo enfoque es el de Richard Clarida, Jordi Galí y Mark Gertler: «The science of monetary policy: A New Keynesian perspective», *Journal of Economic Literature*, vol. 37, diciembre de 1999, págs. 1661-1707. El modelo neokeynesiano se desarrolla más ampliamente en el libro de Jordi Galí: *Monetary Policy, Inflation and the Business Cycle: An Introduction to the New Keynesian Framework*, Princeton University Press, Princeton, 2008; y a un nivel más avanzado, en los de Michael Woodford: *Interest and Prices: Foundations of a Theory of Monetary Policy*, Princeton University Press, Princeton, 2003, y Carl E. Walsh: *Monetary Theory and Policy* (3.ª edición), The MIT Press, Cambridge, MA, 2010.

No cabe duda de que la introducción de elementos «keynesianos» de competencia imperfecta en los modelos utilizados por los «nuevos clásicos» representa un avance en términos de una mayor aproximación a la realidad. Ahora bien, esta Nueva Síntesis Neoclásica, que representa actualmente la ortodoxia dominante en el mundo académico, no ha estado exenta de críticas al ser considerada como un enfoque encerrado en sí mismo, con un grado de formalización cada vez más complejo y con dificultades para interpretar adecuadamente los problemas del mundo real. Estas críticas, por otra parte, no son nuevas; así, hace ya más de veinte años que George Akerlof y Janet Yellen señalaban que la adhesión a los supuestos asociados con «la buena teoría económica», es decir, la fundamentación microeconómica basada en el comportamiento maximizador y perfectamente racional

> «[...] ha tenido el efecto perverso de confundir la tarea estética de la economía –que es proporcionar una lógica clara para el análisis de los fenómenos económicos– con la agenda de la economía –que es explicar los acontecimientos económicos del mundo real».[7]

La insatisfacción con la Nueva Síntesis Neoclásica se habría recrudecido a raíz de la actual crisis económica. Como han señalado diversos autores,[8] su autocomplacencia, ensimismamiento y alejamiento de la realidad se habrían traducido en última instancia en incapacidad para explicar los acontecimientos recientes. En palabras de un autor por lo demás simpatizante con el enfoque dominante, éste

> «[...] se ha vuelto tan fascinado con su propia lógica interna que ha comenzado a confundir la precisión que ha alcanzado sobre su propio mundo con la precisión que tiene sobre el mundo real».[9]

Por otra parte, a este lado del Atlántico la Nueva Síntesis Neoclásica no ha gozado de una hegemonía tan grande como en Estados Unidos. Ello sin duda tiene que ver con las diferencias entre la economía estadounidense y las economías

---

[7] George A. Akerlof y Janet L. Yellen: «Rational models of irrational behavior», *American Economic Review, Papers and Proceedings*, vol. 77, mayo de 1987, págs. 137-142; la cita procede de la pág. 137.

[8] Véanse, entre otros, Paul Krugman: «How did economists get it so wrong?», *The New York Times Magazine*, 6 de septiembre de 2009, disponible en http://www.nytimes.com/2009/09/06/magazine/06Economic-t.html; Willem Buiter: «The unfortunate uselessness of most 'state of the art' academic monetary economics», disponible en http://blogs.ft.com/maverecon/2009/03/the-unfortunate-uselessness-of-most-state-of-the-art-academic-monetary-economics/; o Paul de Grauwe: «The return of Keynes», *International Finance*, vol. 13, primavera 2010, págs. 157-163.

[9] Ricardo J. Caballero: «Macroeconomics after the crisis: Time to deal with the pretense-of-knowledge syndrome», *Journal of Economic Perspectives*, vol. 24, otoño de 2010, págs. 85-102; la cita procede de la pág. 85.

europeas, caracterizadas éstas en general por una menor flexibilidad y una mayor importancia de los aspectos institucionales. En particular, por lo que respecta al mercado de trabajo, se ha desarrollado en Europa una línea de investigación en general menos formalizada, donde resulta central la posibilidad de un conflicto distributivo debido a la incompatibilidad de las aspiraciones de los distintos grupos sociales en torno a la distribución de la renta nacional. A partir de ahí se han elaborado modelos de inspiración keynesiana basados en la interacción de dos grupos de agentes con poder de mercado: trabajadores que determinan los salarios y empresarios que determinan los precios; lo que describiría más adecuadamente el comportamiento de las economías europeas. El modelo presentado en este libro se basará, pues, en este tipo de consideraciones.[10]

Acerca del enfoque seguido

En este libro se intenta ofrecer las herramientas básicas necesarias para entender cómo se lleva a cabo el análisis macroeconómico, a través del funcionamiento de los modelos y la evaluación de las políticas económicas. En otras palabras, se trata de transmitir una serie de conocimientos eminentemente prácticos que puedan ser utilizados para analizar problemas reales, adaptándose a situaciones no previstas en los libros de texto. El objetivo sería que los alumnos fuesen capaces de poder analizar algunos de los hechos, históricos o actuales, del mundo en que vivimos, interpretando el funcionamiento de la realidad desde el punto de vista macroeconómico; así como de manejar con soltura los instrumentos propios del análisis macroeconómico y poder emitir un diagnóstico sobre la evolución de las variables más relevantes.

Quisiéramos insistir asimismo en que los modelos que presentamos en el libro son un instrumento para intentar comprender la realidad, y no un fin en sí mismos. Por ello, es importante subrayar la importancia del entorno y de los supuestos de partida, pues lo que con frecuencia se presenta como un resultado meramente técnico depende necesariamente de los supuestos utilizados para su derivación; lo que incluso a veces puede encubrir prejuicios ideológicos.

En cuanto a la forma de presentación del material, se ha evitado en lo posible la complejidad matemática, insistiendo siempre en el razonamiento económico y utilizando ampliamente el análisis gráfico. Así, por ejemplo, las relaciones de com-

---

[10] Este enfoque se asocia habitualmente con un grupo de economistas ligados a la London School of Economics, en particular Richard Layard y Stephen Nickell, y se compendia en el libro de dichos autores y Richard Jackman: *Unemployment: Macroeconomic performance and the labour market*, Oxford University Press, Oxford, 1991.

portamiento de los agentes se representan todas ellas como funciones lineales. A la hora de introducir los distintos conceptos se ha procurado remitir a las referencias bibliográficas originales; además, al final de cada capítulo se ofrece bibliografía complementaria con el fin de ampliar conocimientos. Asimismo, al término del libro se incluye una lista de los símbolos utilizados a lo largo del mismo. Finalmente, el libro se complementa con otro de ejercicios, elaborado en colaboración con Ramón María-Dolores, y disponible en esta misma colección.

Agradecimientos

El libro se nutre de la experiencia docente de los autores en la Universidad Pública de Navarra y la Universidad de Castilla-La Mancha, en distintos niveles. Como puede comprobarse, su título coincide con el del conocido manual de William Branson, cuya primera edición data de 1972, y del que esperamos haber heredado su claridad expositiva manteniendo un nivel mínimo de abstracción, algo que la mayoría de los manuales más recientes parecen haber olvidado.[11] Por último, desearíamos expresar nuestro agradecimiento a los compañeros (y, sin embargo, amigos) que nos han aportado útiles comentarios y sugerencias: Carlos Borondo (Universidad de Valladolid), Mikel Casares (Universidad Pública de Navarra), Francisco Ledesma (Universidad de La Laguna), Ramón María-Dolores (Universidad de Murcia), así como a Nuria Torres Molina (alumna de la Universidad de Málaga).

---

[11] William H. Branson: *Macroeconomic Theory and Policy*, Harper and Row, Nueva York, 1972; existe traducción castellana de esta primera edición: *Teoría y política macroeconómica*, Fondo de Cultura Económica, México, 1978.

Contenido

Parte IV. La economía abierta

Parte I
Introducción

El objetivo de la Parte I es presentar una introducción al análisis macroeconómico: el concepto, el método y las definiciones básicas utilizadas en Macroeconomía. Con ello se pretende poner las bases para comprender adecuadamente lo tratado en el resto del libro.

En el Capítulo 1 se estudia el objeto de la Macroeconomía y su evolución a lo largo del tiempo; y se introduce el concepto de modelo macroeconómico, que constituye el principal instrumento utilizado en el análisis macroeconómico. A continuación, en el Capítulo 2 se definen las principales variables macroeconómicas, y se analizan sus interrelaciones más importantes. Finalmente, en el Capítulo 3 se presentan algunos conceptos básicos que se utilizarán en los modelos macroeconómicos desarrollados sucesivamente a lo largo del libro.

1 INTRODUCCIÓN A LA MACROECONOMÍA

1.1 Introducción

En este primer capítulo se examinarán algunas nociones básicas, que nos permitirán comprender mejor qué es lo que vamos a tratar en lo sucesivo y cómo lo vamos a hacer.

Comenzaremos con la descripción del objeto de la Macroeconomía y sus diferencias con la Microeconomía, que se complementa con una exposición sintética de la evolución del análisis macroeconómico a lo largo del tiempo. Se hará además especial énfasis en los problemas derivados de la agregación de variables económicas, en la medida en que la agregación se considera como la principal característica que diferencia a la Macroeconomía respecto a la Microeconomía.

A continuación pasaremos a analizar los modelos macroeconómicos, que constituyen el principal instrumento utilizado en el análisis macroeconómico. Se establecerán brevemente las ideas básicas que caracterizan un modelo macroeconómico y se presentarán las diferentes formas de clasificación de las variables y de las relaciones entre las variables que aparecen en un modelo. Se concluye con el repaso de una serie de conceptos fundamentales para nuestro análisis posterior, como son los de equilibrio y estática comparativa.

Por último, el capítulo finaliza con una breve presentación del contenido del resto del libro.

1.2 Macroeconomía: conceptos básicos y ámbito de análisis

De acuerdo con su definición más conocida, la Economía estudia el comportamiento humano como relación entre fines y medios escasos que tienen usos alternativos; o, de manera más simplificada, podría decirse que la Economía se ocupa de la administración de los recursos escasos en la sociedad humana.[1]

En la Figura 1.1 se muestra cómo, partiendo de unos recursos dados, la actividad económica consistiría en obtener bienes y servicios a través de la producción; y donde el objetivo último sería la satisfacción de las necesidades de las personas a través del gasto de dichos bienes y servicios. Estos recursos (como mencionamos anteriormente, escasos y que admiten utilizaciones alternativas) se denominan habitualmente factores de producción, y comprenden la tierra o recursos naturales (esto es, los que ofrece la naturaleza), los servicios proporcionados por la fuerza de trabajo y los medios de producción producidos o capital. A su vez, la diferencia entre los bienes y los servicios radica en que los primeros son objetos tangibles (como, por ejemplo, los zapatos o los libros), mientras que los segundos son intangibles (como, por ejemplo, el transporte o la educación).

Figura 1.1. La actividad económica.

Supondremos además que los recursos o factores de producción van a ser, en general, propiedad de agentes privados, aunque algunos puedan ser de propiedad pública. Dichos recursos se asignarán a sus utilizaciones a través del mercado, lo que no excluirá la intervención por parte del gobierno para alterar dicha asignación de recursos cuando lo estime oportuno, bien actuando directamente sobre los recursos de su propiedad o bien influyendo en las condiciones de utilización de los recursos propiedad del sector privado.

A la hora de explicar la actividad económica, el análisis económico comienza estableciendo una serie de supuestos sobre el comportamiento de los agentes económicos, así como sobre el contexto social en que éstos se desenvuelven. Posteriormente, y mediante un proceso de deducción lógica, se derivan una serie de conclusiones o predicciones sobre el comportamiento de la realidad estudiada que habrán de ser contrastadas con los hechos.

Es importante tener en cuenta que las predicciones o implicaciones del análisis económico no deberán ser meramente descriptivas, limitándose a mostrar una

---

[1] Ambas definiciones se presentan en, respectivamente, Lionel Robbins: *An essay on the nature and significance of economic science*, Macmillan, Londres, 1932; y Oskar Lange: «The scope and method of economics», *Review of Economic Studies*, vol. 13, enero de 1945, págs. 19-32.

relación existente entre ciertas variables, sino que deberán ser explicativas, dando cuenta del por qué de dichas relaciones observadas. Si las predicciones de una teoría particular están de acuerdo con la realidad, se demuestra que dicha teoría no es incorrecta (no que sea correcta, lo cual es indemostrable) y que podemos mantenerla hasta que sus predicciones dejen de estar de acuerdo con las observaciones de la realidad. Cuando esto suceda debemos reformar nuestra teoría o bien sustituirla por otra alternativa, de modo que las predicciones de la nueva teoría (esto es, la alternativa o la anterior reformulada) sean concordantes tanto con las observaciones explicadas por la anterior teoría como con las nuevas observaciones que ésta era incapaz de explicar.

Sin embargo, hay que subrayar que la verificación de las predicciones del análisis económico, al igual que las que se derivan del resto de las ciencias sociales, es especialmente difícil ante la imposibilidad de realizar experimentos controlados en laboratorios, cosa que sí pueden hacer las ciencias experimentales como la Física o la Química. Esto explica la presencia de numerosas implicaciones teóricas (por ejemplo, la mayor o menor sensibilidad de una variable respecto a los cambios en otra) que no han podido comprobarse de una manera plenamente satisfactoria.

Señalaremos, por último, que las conclusiones del análisis económico no serán nunca plenamente neutrales y objetivas, pues la elección tanto de los problemas a estudiar como de los supuestos de partida, estará condicionada por juicios de valor y consideraciones ideológicas, así como por las circunstancias socioeconómicas del investigador.

El análisis económico se divide tradicionalmente en Microeconomía y Macroeconomía. La *Microeconomía* estudia el comportamiento de los agentes económicos individuales: las economías domésticas (o familias) y las empresas, bien cuando actúan por separado en la determinación del consumo y la producción, respectivamente; o bien cuando interactúan en los mercados de bienes y servicios y de factores productivos. La *Macroeconomía*, a su vez, estudia el comportamiento global o agregado de una economía. Así pues, la Macroeconomía, a diferencia de la Microeconomía, analiza el funcionamiento de la economía en su conjunto, y para ello emplea variables *agregadas*, es decir, que son el resultado de la suma o el promedio de variables individuales referidas a una persona o un sector. Ejemplos de variables agregadas son el producto interior bruto, la renta nacional, el nivel de empleo, la tasa de desempleo, la tasa de inflación, etc.

1.3 La evolución del análisis macroeconómico

La Macroeconomía moderna surge de la publicación, en el año 1936, de la obra de John Maynard Keynes *The general theory of employment, interest, and money*,[2] si bien argumentos similares fueron anticipados entre 1933 y 1935 por Michał Kalecki.[3] Es cierto que los temas centrales de estudio de los economistas clásicos y sus sucesores de la primera mitad del siglo xix (Adam Smith, David Ricardo, John Stuart Mill, Karl Marx), esto es, el crecimiento y la distribución a largo plazo, podrían considerarse de carácter macroeconómico de acuerdo con la terminología actual. Pero también es cierto que posteriormente tuvo lugar un cambio radical de enfoque, que se situaría en el último tercio de dicho siglo. Sin duda, a ello contribuyó el fracaso de las predicciones pesimistas sobre el futuro del capitalismo realizadas por algunos de dichos autores, pero influyeron también consideraciones de carácter ideológico, ya que las aportaciones de aquéllos subrayaban el papel de los conflictos de clase en la evolución económica.[4]

De esta manera, con la llamada Economía Neoclásica el centro de atención se traslada a la Microeconomía, y el objetivo principal del análisis económico pasa a ser el funcionamiento del sistema de mercado y su papel para asignar los recursos. En este marco ideológicamente más aséptico, el análisis macroeconómico anterior a Keynes (representado por autores como Irving Fisher, Knut Wicksell y A. C. Pigou) no era sino el resultado de la extensión al conjunto de la Economía de los principios microeconómicos neoclásicos. Como conclusión básica, se obtenía que, si se dejaba actuar libremente a los mercados, ello por sí solo bastaba para eliminar las fluctuaciones económicas. Así pues, los recursos estarían plenamente empleados gracias a la actuación de las fuerzas de la competencia, a no ser en situaciones transitorias; por tanto, las políticas económicas eran incapaces de influir en la determinación de los niveles de actividad.

La llamada Gran Depresión que tuvo lugar en la década de los treinta del siglo xx puso en cuestión la teoría macroeconómica neoclásica (o «clásica», en terminología de Keynes): a consecuencia de la gran caída en los niveles de ac-

---

[2] John Maynard Keynes: *The general theory of employment, interest, and money*, Macmillan, Londres, 1936; existe traducción castellana: *Teoría general de la ocupación, el interés y el dinero*, Fondo de Cultura Económica, México, 1943.

[3] Las aportaciones de Kalecki se publicaron originalmente en polaco, lo que sin duda dificultó su circulación a nivel internacional. Una traducción al inglés de estas contribuciones son los tres primeros capítulos de sus *Selected essays on the dynamics of the capitalist economy 1933-1970*, Cambridge University Press, Cambridge, 1971.

[4] Véase Maurice Dobb: *Theories of value and distribution since Adam Smith: Ideology and economic theory*, Cambridge University Press, Cambridge, 1973, Capítulo 7; existe traducción castellana: *Teorías del valor y de la distribución desde Adam Smith: Ideología y teoría económica*, Fondo de Cultura Económica, México, 1975.

tividad que tuvo lugar en todo el mundo en aquellos años, había millones de personas en paro y la solución recomendada por la ortodoxia del momento (esto es, descenso de precios, salarios y tipos de interés) no surtía el efecto deseado. Keynes afirmó entonces que la solución debería venir por el lado del estímulo de la demanda agregada, actuando el sector público a través de las políticas fiscal y monetaria cuando el sector privado por sí solo fuera incapaz de aumentar su nivel de gasto.

De este modo, basándose (aunque de una manera un tanto simplificada) en el pensamiento de Keynes, se elabora después de la Segunda Guerra Mundial un cuerpo de análisis macroeconómico que va a ser el dominante durante cerca de treinta años, coincidiendo con un largo periodo de prosperidad de las economías occidentales: la denominada *Síntesis Neoclásica*, entre cuyos exponentes más destacados se encuentran Paul Samuelson, Franco Modigliani, James Tobin y John Hicks. Para estos autores, en el corto plazo, ante la lentitud en el ajuste de los precios en respuesta a los excesos de demanda u oferta, podrían darse situaciones de equilibrio «keynesiano» con desempleo, lo que justificaría el uso de políticas económicas estabilizadoras del nivel de actividad. Sin embargo, a largo plazo consideraban que el sistema tendía al pleno empleo por medio del correspondiente ajuste de los precios, que se suponían plenamente flexibles en el largo plazo.

No obstante, a partir de los años setenta del siglo xx, se produce en Estados Unidos una recuperación del pensamiento macroeconómico anterior a Keynes, por parte de la denominada *Nueva Macroeconomía Clásica*, representada por autores como Robert Lucas, Thomas Sargent, Neil Wallace y Robert Barro. El detonante lo constituyó la aceleración de la inflación en los años anteriores, algo que resultaba difícil de explicar a partir de los modelos de la Síntesis Neoclásica.

La Nueva Macroeconomía Clásica tuvo como precedente en la década de los sesenta la llamada *escuela monetarista*, cuyo autor más destacado fue Milton Friedman. A partir de su convencimiento de que el comportamiento del sector privado era básicamente estable, los monetaristas opinaban que las políticas económicas estabilizadoras eran innecesarias, cuando no contraproducentes. Sin embargo, estos autores no cuestionaban el aparato teórico subyacente en los modelos de la Síntesis Neoclásica.

Por el contrario, la Nueva Macroeconomía Clásica va a representar un desafío frontal a la Síntesis Neoclásica. En su opinión, los modelos keynesianos significaron un fracaso, tanto desde el punto de vista teórico como empírico. Es por ello que los «nuevos macroeconomistas clásicos» proponían una alternativa teórica consistente en la formulación de «modelos de equilibrio», con dos principios básicos: en primer lugar, los agentes económicos forman expectativas acerca de las variables que influyen en sus decisiones de una manera racional, es decir, teniendo en cuenta toda la información disponible y con tendencia a no cometer errores (lo que se conoce con el nombre de hipótesis de las expectativas racionales); y, en segundo lugar, las fluctuaciones cíclicas se producen al reaccionar los agentes ante cambios no anticipados en las variables que afectan sus decisiones.

A partir de ambos supuestos se obtenían conclusiones similares a las de los macroeconomistas neoclásicos de principios del siglo XX, si bien ahora partiendo de una teoría mucho más sofisticada: las medidas de política económica sistemáticas, perfectamente esperadas y entendidas por los agentes económicos racionales, no tendrían efectos sobre los niveles agregados de producción y empleo ni siquiera a corto plazo. La política económica solamente podría ser efectiva si no fuera perfectamente anticipada pero, si esto llegase a ocurrir, sería meramente provisional, pues los agentes terminarían aprendiendo el comportamiento de las autoridades.

Ahora bien, los problemas encontrados en la práctica con el segundo de los supuestos antes citados (que la información imperfecta de los agentes económicos, considerados perfectamente racionales, es el origen de las fluctuaciones cíclicas) llevaron a un cambio de enfoque posterior, si bien dentro de la propia Nueva Macroeconomía Clásica. Es así como en los años ochenta aparece la denominada *teoría de los ciclos económicos reales*, cuyos principales representantes son Finn Kydland y Edward Prescott. De acuerdo con estos autores, las fluctuaciones económicas tendrían su origen en las variaciones aleatorias que se producirían en la tasa de progreso tecnológico, las cuales se propagarían al conjunto de la economía a través de las elecciones intertemporales de los agentes.

En estos años se produjo también un resurgimiento del análisis macroeconómico de raíz keynesiana, que dio lugar a la denominada *Nueva Macroeconomía Keynesiana*, entre cuyos exponentes más destacados se encuentran Olivier Blanchard, Gregory Mankiw, Joseph Stiglitz y George Akerlof. Según esta escuela, las fluctuaciones económicas se originarían, no en los errores de expectativas de los agentes en el contexto de una economía perfectamente competitiva sino, de acuerdo con la tradición keynesiana, en la existencia de fallos de mercado a gran escala. A partir de aquí se intenta proporcionar una fundamentación microeconómica a las funciones de comportamiento macroeconómico, poniendo un énfasis particular en los procesos de determinación de salarios y precios, ya que es precisamente su inflexibilidad la que está en la base de las fluctuaciones del nivel de actividad en respuesta a cambios en las variables económicas, tanto por el lado de la oferta como de la demanda agregada.

De esta manera, se han elaborado modelos que explican la rigidez salarial en términos de la existencia de contratos laborales a largo plazo, de la influencia de la actividad sindical, o bien a través de los efectos del salario sobre la productividad de los trabajadores (la denominada teoría de los salarios de eficiencia). A su vez, la rigidez de los precios se justificaría por la presencia de costes fijos relacionados con su variación, pues ello supondría no sólo problemas administrativos para las empresas (costes de toma de decisiones, de información a los vendedores, de cambio de etiquetas, etc.), sino que además podría repercutir negativamente en la actitud de los consumidores hacia el producto en cuestión. Por tanto, ante una perturbación cualquiera, la falta de flexibilidad de precios y salarios para equilibrar los mercados haría que éstos se ajustasen por medio de variaciones en la producción y el empleo, y esto a su vez permitiría la utilización de la política económica con objeto de suavizar las fluctuaciones del nivel de actividad.

Finalmente, el reconocimiento generalizado de la importancia práctica de la rigidez de precios y salarios, unido a la dificultad de explicar las fluctuaciones económicas a partir de la teoría de los ciclos reales, ha llevado a que en los últimos años parezcan haberse diluido de manera considerable las diferencias entre la Nueva Macroeconomía Clásica y la Nueva Macroeconomía Keynesiana. En efecto, el enfoque dominante en el análisis macroeconómico actual es la llamada *Nueva Síntesis Neoclásica* o *modelo neokeynesiano*, entre cuyos exponentes más destacados se encuentran Jordi Galí y Michael Woodford. Este enfoque utiliza modelos basados en la optimización intertemporal por parte de agentes económicos racionales, en la tradición de los «nuevos clásicos», pero que incorporan ahora competencia imperfecta y ajuste lento de los precios, en la tradición de los «nuevos keynesianos». En particular, se utiliza la metodología, introducida por los teóricos de los ciclos reales, del *equilibrio general dinámico estocástico*, que intenta explicar los fenómenos económicos agregados mediante modelos macroeconómicos derivados a partir de principios microeconómicos. Estos modelos son dinámicos, es decir, estudian cómo evoluciona la economía a lo largo del tiempo; estocásticos, pues tienen en cuenta que la economía está sujeta a perturbaciones de carácter aleatorio; y caracterizan el proceso de toma de decisiones de los agentes a partir de su comportamiento optimizador sujeto a una serie de restricciones, para lo cual es necesario especificar las preferencias (los objetivos de los agentes), la tecnología (la capacidad productiva de los agentes) y el entorno institucional de la economía (las restricciones institucionales con arreglo a las cuales los agentes interactúan).

De esta manera, los modelos neokeynesianos analizan con detalle las decisiones óptimas de los agentes individuales (economías domésticas y empresas) a lo largo del tiempo, en línea con los modelos utilizados por la Nueva Macroeconomía Clásica. Sin embargo, los nuevos modelos incorporan diversos tipos de imperfecciones (entendidas como desviaciones del modelo estándar de competencia perfecta) que afectan al contexto en el que se desenvuelven los agentes, en línea con la Nueva Macroeconomía Keynesiana; y ello a diferencia de la Nueva Macroeconomía Clásica, que consideraba en todo momento un entorno plenamente competitivo.

Este nuevo marco de análisis permite, pues, que las perturbaciones sobre la economía originadas en la demanda agregada tengan efectos significativos sobre el nivel de actividad económica, que serían además persistentes a lo largo del tiempo, debido al ajuste gradual de los niveles de precios. Dichos efectos, no obstante, tenderían a diluirse en el largo plazo, reflejándose únicamente en variaciones de la tasa de inflación. Y todo ello en un contexto basado en la toma de decisiones óptimas por parte de los agentes individuales a lo largo del tiempo, con objeto de proporcionar una rigurosa fundamentación microeconómica al análisis macroeconómico.

Como ha señalado Olivier Blanchard,[5] calificar este enfoque de «nuevo» y de «síntesis» puede resultar exagerado, ya que dependerá del distinto peso relativo que se conceda a la optimización intertemporal, la rigidez de los precios, o las imperfecciones en los mercados. Sin embargo, sí que es cierto que se ha producido una convergencia entre las dos tradiciones, la «nueva clásica» y la «nueva keynesiana», lo que ha permitido a su vez revalorizar el papel de la política económica, a pesar de la debida prudencia que la presencia de las expectativas de los agentes debe imponer a cualquier actuación de las autoridades económicas. En cualquier caso, hay que señalar que estas corrientes, a pesar de su etiqueta «neokeynesiana», tienen buen cuidado en marcar distancias con el keynesianismo tradicional, con su énfasis en la racionalidad de los agentes y la optimización intertemporal, en el marco de modelos sumamente complejos y formalizados donde las rigideces en los procesos de formación de precios y salarios son caracterizadas como «imperfecciones».

Nuestro repaso del desarrollo del análisis macroeconómico a lo largo de la historia ha hecho referencia en todo momento al principal objetivo de la Macroeconomía: el estudio de la evolución del nivel de actividad a corto y medio plazo, y sus fluctuaciones en el tiempo. Existe, sin embargo, una línea del análisis macroeconómico que disfruta de una cierta autonomía del resto, y cuyo objetivo es el estudio de la evolución a largo plazo del nivel de actividad de una economía; nos referimos al *crecimiento económico*. Si bien el análisis del crecimiento económico constituía, como mencionamos anteriormente, uno de los temas centrales de estudio de los economistas clásicos y sus sucesores de la primera mitad del siglo XIX, no es hasta después de la Segunda Guerra Mundial que el análisis del crecimiento vuelve a estar de nuevo en el primer plano de la investigación en Macroeconomía.

En particular, el análisis moderno del crecimiento económico tiene su origen en las aportaciones de Robert Solow y Trevor Swan a finales de la década de los

---

[5] Olivier Blanchard: «Comment to "The new neoclassical synthesis and the role of monetary policy", by Marvin Goodfriend and Robert King», *NBER Macroeconomics Annual,* vol. 12, 1997, págs. 289-293.

cincuenta del siglo pasado. De acuerdo con estos autores, si el factor productivo capital está sujeto a rendimientos decrecientes, la acumulación de capital era incapaz de promover el crecimiento de la producción por trabajador de manera indefinida; y la única forma de lograr un crecimiento indefinido de los niveles de producción por trabajador sería a través del progreso tecnológico, que se consideraba una variable externa al análisis. Investigaciones posteriores, ya a partir de la década de los años ochenta, se dedicaron a analizar diversos factores que permitieran lograr el crecimiento económico en el largo plazo a través de los propios mecanismos del modelo, tales como las externalidades del capital, el papel de otros factores productivos (como el capital humano), o los determinantes del progreso tecnológico. Esta literatura, además, tiene un importante componente empírico, poniendo especial énfasis en los determinantes del crecimiento económico de los distintos países y la convergencia de niveles de renta entre los mismos. Entre los autores más destacados en los últimos años podemos citar a Paul Romer, Elhanan Helpman y Xavier Sala-i-Martin.

1.4 Distinción entre Microeconomía y Macroeconomía: el problema de la agregación

Tras este breve repaso de la evolución del análisis macroeconómico, discutiremos el sentido de la distinción entre Microeconomía y Macroeconomía. Ante todo, habría que señalar que se trata de una distinción que no siempre resulta del todo clara. Ya durante los años cincuenta y sesenta del siglo pasado buena parte de los desarrollos del análisis macroeconómico se orientaron a buscar los fundamentos microeconómicos de las relaciones macroeconómicas keynesianas: tal es el caso de los trabajos sobre las funciones de consumo, inversión y demanda de dinero, o el mercado de trabajo. Posteriormente, en los años setenta y ochenta la investigación se dirigió al análisis de la formación de expectativas en modelos macroeconómicos, así como a la fundamentación microeconómica de la rigidez de precios y salarios. Todo ello ha llevado a que, en la actualidad, uno de los puntos centrales de los modelos neokeynesianos dominantes sea el énfasis en las decisiones óptimas intertemporales de los agentes individuales

Pero el problema no es sólo que no exista una frontera nítida entre Microeconomía y Macroeconomía. Incluso podría pensarse que, dado que la Macroeconomía trata con agregados de variables estudiadas por la Microeconomía, la Macroeconomía carecería de sentido: el todo vendría explicado por las partes. Esta afirmación sería un reflejo de la llamada *falacia de la composición*, según la cual si algo es cierto para una parte, lo será también para el todo. Sin embargo, el resultado de las decisiones de los agentes individuales no tiene por qué ser el mismo para el conjunto de la economía. Ello es así porque lo que importa en el nivel macroeconómico no es únicamente cómo los agentes individuales forman sus planes, sino también la naturaleza de sus interacciones con los demás agentes y con su entorno.[6]

En particular, los comportamientos de un gran número de individuos tienden a compensarse unos con otros, de modo que lo que puede resultar relevante al explicar la conducta individual ya no lo es cuando consideramos el agregado de muchos individuos. Así, por ejemplo, para un individuo pueden diferir la renta y el gasto, cubriéndose la diferencia con préstamos; pero para la sociedad entera coincidirán, pues los préstamos se cancelan a nivel agregado. Otro ejemplo: para una familia su gasto de consumo dependerá no sólo de la renta, sino también de muchos otros factores: tamaño de la familia, edad de sus miembros, tenencias de bienes de consumo duradero, etc.; ahora bien, estos factores a nivel agregado cambian lentamente y pueden considerarse estables, de modo que podemos ignorar su efecto sobre el consumo agregado y hacer a éste depender exclusivamente del nivel de renta nacional.

Para finalizar esta sección, haremos unas breves consideraciones sobre los problemas que surgen en el proceso de agregación de variables individuales. Vamos a suponer que tenemos dos variables económicas cualesquiera: una dependiente que llamamos Y, y una independiente que llamamos X (en otras palabras, Y depende o está influida por X), que existen dos individuos (designados por los subíndices 1 y 2), y que las dos variables están relacionadas por funciones lineales del tipo:

$$Y_1 = a_1 + b_1 X_1 \qquad\qquad [1]$$
$$Y_2 = a_2 + b_2 X_2 \qquad\qquad [2]$$

donde a_1, a_2, b_1 y b_2 son cantidades fijas.

Si queremos ahora expresar el valor agregado de la variable Y en función del valor agregado de la variable X, sumaremos (1) y (2):

$$Y_1 + Y_2 = a_1 + a_2 + b_1 X_1 + b_2 X_2$$

y, si hacemos: $Y_1 + Y_2 = Y$, $a_1 + a_2 = a$, se convierte en:

$$Y = a + b_1 X_1 + b_2 X_2 \qquad\qquad [3]$$

que es distinta de:

$$Y = a + b X \qquad\qquad [4]$$

---

6 Peter Howitt: «Coordination issues in long-run growth», en Kenneth L. Judd y Leigh Tesfatsion (eds.): *Handbook of Computational Economics*, Vol. 2, North-Holland, Amsterdam, 2006, págs. 1605-1624.

donde $X = X_1 + X_2$, y b sería un promedio de b_1 y b_2.

Por tanto, no se puede expresar sin más Y en función de X a través de la ecuación (4), pues el valor agregado de Y cambiaría con la distribución de X. Así, por ejemplo, si suponemos que b_1 es mayor que b_2, así como un aumento de X_1 y una disminución de X_2 tales que X permanece constante, la utilización de una función agregada como (4) nos diría que Y permanece constante al no variar X, mientras que a través de (3) veríamos que, dados los supuestos anteriores, Y aumentaría en realidad. En otras palabras, la utilización de una función agregada tal como (4) que relacione los valores agregados de Y y X nos llevaría a errores al predecir los valores de Y cuando cambia la distribución de X entre los individuos.

Este problema podría evitarse en cualquiera de los dos casos siguientes:

a) Suponemos un comportamiento similar por parte de las unidades que agregamos. En nuestro ejemplo, equivaldría a suponer que $b_1 = b_2 = b$ (esto es, ambos individuos reaccionan idénticamente ante cambios en X), de modo que sustituyendo en (3) obtendríamos:

$$Y = a + b\,X_1 + b\,X_2$$

y por tanto:

$$Y = a + b\,X \qquad\qquad [5]$$

b) Suponemos que la distribución de la variable independiente cambia de una manera sistemática, en función de su valor total. En nuestro ejemplo:

$$X_1 = \alpha_1 + \beta_1\,X$$
$$X_2 = \alpha_2 + \beta_2\,X$$

siendo $\alpha_1 + \alpha_2 = 0$, $\beta_1 + \beta_2 = 1$, de modo que sustituyendo en (3):

$$Y = a + b_1\,(\alpha_1 + \beta_1\,X) + b_2\,(\alpha_2 + \beta_2\,X)$$

y operando obtenemos:

$$Y = \alpha + \beta\,X \qquad\qquad [6]$$

donde $\alpha = a + b_1\,\alpha_1 + b_2\,\alpha_2$, $\beta = b_1\,\beta_1 + b_2\,\beta_2$.

De esta manera, (5) y (6) representan relaciones agregadas estables entre la variable dependiente Y y la variable explicativa X, que se basan respectivamente en los supuestos de comportamiento individual similar y cambios sistemáticos en la distribución de la variable independiente. En otras palabras: para la validez de las relaciones agregadas es necesario realizar alguno de los supuestos anteriores.

1.5 Modelos macroeconómicos

El principal instrumento del análisis macroeconómico para explicar la realidad son los modelos macroeconómicos. Un *modelo macroeconómico* es una representación simplificada de la totalidad de una economía, donde aparecen una serie de magnitudes agregadas denominadas *variables*. El modelo formula hipótesis que relacionan unas variables con otras, hipótesis que se expresan formalmente mediante un sistema de ecuaciones matemáticas a partir de las cuales se realizan después predicciones sobre el comportamiento futuro de las variables del modelo. Ahora bien, no se debe olvidar que las matemáticas no son más que un instrumento que permite derivar implicaciones a partir de los supuestos, de una manera concisa y rigurosa; pero lo verdaderamente relevante son la adecuación y la relevancia de los supuestos de partida, así como el razonamiento económico por el que se llega a las conclusiones y las implicaciones económicas de las mismas.

Al construir un modelo se debe tener particular cuidado en seleccionar los rasgos fundamentales de la realidad estudiada, de manera que sólo prescindamos de lo accesorio. Como es natural, las conclusiones obtenidas a partir de un modelo macroeconómico dependen de los supuestos iniciales, y es muy probable que puedan cambiar si se alteran dichos supuestos. La mayor parte de los modelos (y entre ellos los estudiados en este libro) admiten representación gráfica, lo que nos permite captar más fácilmente la naturaleza de la interdependencia entre las variables.

Las variables que aparecen en un modelo pueden ser *endógenas*, esto es, las que vienen explicadas por el modelo; o *exógenas* o *autónomas*, esto es, las que vienen explicadas por factores externos al modelo y contribuyen a determinar las endógenas. Supongamos, por ejemplo, el siguiente modelo macroeconómico, que se estudiará en el Capítulo 4:

$$C = C_A + c(Y - T)$$
$$I = I_A$$
$$Y = C + I + G$$

donde C = consumo, C_A = consumo autónomo, c = propensión marginal al consumo, Y = renta nacional, T = impuestos netos de transferencias, I = inversión, I_A = inversión autónoma, G = gasto público. En dicho modelo tenemos que c, C_A, I_A, T y G son variables exógenas, pues vienen dadas desde fuera del modelo; mientras que C e Y son variables endógenas, al venir determinadas por las variables exógenas.

Otra manera de clasificar las variables de un modelo es entre variables *flujo*, que son las que vienen referidas a un periodo de tiempo; y variables *fondo* o *stock*, que se refieren a un instante del tiempo. Ejemplos de variables flujo son la renta, la inversión o las importaciones; de variables fondo, la oferta monetaria, el factor productivo capital y la tasa de paro. Existe una interrelación entre flujos y fondos: los flujos proceden de los fondos (por ejemplo, la renta se obtiene a partir de las cantidades utilizadas de los factores productivos), al tiempo que los fondos se nutren de los flujos (en el ejemplo anterior, la renta a través de su componente de inversión incrementa el volumen de recursos productivos del periodo siguiente).

Hay que hacer notar que no todas las variables económicas son flujos o fondos. El ejemplo más conocido son los precios: así, el precio de un producto es la razón entre dos flujos (el gasto en el producto y el número de unidades vendidas del mismo) de manera que no es ni un fondo ni un flujo. Esto se puede hacer extensivo a otras variables que también son el cociente, bien de dos flujos, de dos fondos, o de un flujo y un fondo (o viceversa), tales como la propensión al consumo, el coeficiente de caja de los bancos, la tasa de beneficio o la relación capital-producto.

Finalmente, las variables de un modelo pueden venir expresadas en términos *nominales* o *monetarios*, cuando están valoradas en las unidades monetarias del periodo corriente; o en términos *reales*, cuando están valoradas en las unidades monetarias de un determinado periodo de referencia. Una variable en términos reales se obtiene dividiendo la correspondiente variable en términos nominales por un índice de precios, lo que significa que se está descontando el efecto de la variación de los precios; en otras palabras, la variable real reflejará el poder de compra de la correspondiente variable nominal. Por ejemplo, si el salario se mide en unidades monetarias del periodo actual hablaremos de salario nominal o monetario, pero si lo dividimos por un índice de precios estaremos en presencia del salario real.

Por lo que respecta a las relaciones entre las variables que constituyen un modelo macroeconómico, pueden ser de diversos tipos. Tendremos en primer lugar las llamadas *identidades*, cuya característica principal es que son válidas siempre, ya que definen una variable a partir de otras, como su suma, producto, cociente, tasa de variación, etc. Algunos ejemplos son:

$$Y_D \equiv C + S,$$

que nos dice que las economías domésticas distribuyen su renta disponible entre consumo y ahorro;

$$\dot{P} \equiv \frac{P - P_{-1}}{P_{-1}},$$

que nos dice que la tasa de inflación es igual a la variación del nivel de precios dividida por el nivel de precios inicial; o

$$u \equiv \frac{FT - N}{FT},$$

que nos dice que la tasa de desempleo es igual a la proporción que, sobre el total de la fuerza de trabajo, representa la diferencia entre ésta y el nivel actual de empleo. Obsérvese que en las identidades se emplea el símbolo $\equiv$ en lugar de $=$.

Por otra parte, las *relaciones funcionales* son aquellas que son válidas para algunos valores de las variables pero no para otros, y se caracterizan porque una o más variables causan o determinan otra; en términos matemáticos, son ecuaciones y no identidades. Las más importantes son las denominadas *relaciones de comportamiento*, que reflejan la conducta de los agentes económicos. Un ejemplo de relación de comportamiento sería la función de consumo:

$$C = C_A + cY_D$$

que nos dice que las economías domésticas consumen una proporción c de su renta disponible, además de realizar un consumo mínimo C_A en caso de que la renta disponible fuese igual a cero.

Finalmente, las *condiciones de equilibrio* especifican el requisito para el que un mercado determinado se vacíe, que no es otro que, en dicho mercado, la oferta debe ser igual a la demanda.

Como ejemplo de lo anterior, veamos el siguiente modelo:

$$C = C_A + cY_D$$
$$Y_D \equiv Y - T$$
$$I = I_A - hr$$
$$Y^d \equiv C + I + G$$
$$Y = Y^d$$

Este modelo, que se estudiará en el Capítulo 4, consta de:

- Dos relaciones de comportamiento: la función de consumo presentada anteriormente; y una función de inversión que nos dice que las empresas invierten una proporción negativa h del tipo de interés r, además de realizar una inversión mínima I_A en caso de que el tipo de interés fuese igual a cero.

- Dos identidades: la renta disponible de las economías domésticas se define como la renta total menos los impuestos pagados al sector público, netos de las transferencias recibidas del mismo; y la demanda agregada Y^d se define como la suma del consumo, la inversión y el gasto del sector público G.

- Una condición de equilibrio: la renta o producto nacional debe ser igual a la demanda agregada.

Finalizaremos esta sección exponiendo dos conceptos que nos serán de gran utilidad a la hora de manejar los modelos macroeconómicos, y nos permitirán simplificar en gran medida el análisis: nos referimos a los conceptos de equilibrio y estática comparativa.

Un modelo macroeconómico está en *equilibrio* cuando las variables del mismo no muestran cambio alguno, y no existe tampoco ningún motivo que tienda a producir cambios en dichas variables. En una situación de equilibrio, los valores actuales de las variables se corresponden con los valores esperados o planeados por los agentes para las mismas. Por tanto, si se satisfacen los planes de los agentes, éstos no tendrán ningún incentivo para alterar su comportamiento, con lo que la situación de equilibrio tenderá a mantenerse.

Por otra parte, según el papel desempeñado por el tiempo, los modelos pueden ser estáticos o dinámicos. Un modelo *estático* es aquel que estudia lo que ocurre en un instante particular del tiempo. En un modelo estático, todas las variables vienen fechadas en un momento dado, analizándose los valores de equilibrio instantáneo alternativos de un conjunto de variables endógenas asociados a valores alternativos en ese momento particular de las variables exógenas. A su vez, un modelo *dinámico* analiza lo que ocurre a medida que transcurre el tiempo. En un modelo dinámico, las variables vienen referidas a distintos momentos del tiempo, de manera que lo que se estudia son las trayectorias temporales de las variables endógenas asociadas con trayectorias temporales alternativas de las variables exógenas.

Finalmente, un tipo de análisis del que se hará un uso continuado a lo largo del libro es la *estática comparativa*. En pocas palabras, la estática comparativa consiste en la comparación de dos posiciones de equilibrio estático. A continuación desarrollaremos con mayor detalle este concepto, ya que va a constituir nuestro instrumento principal a la hora de examinar la evolución de las variables macroeconómicas en el marco de los distintos modelos que veremos a lo largo del libro.

En general, y con objeto de simplificar el análisis, tomaremos siempre como punto de partida una situación de equilibrio en el modelo que estemos utilizando en cada caso. A partir de aquí, supondremos que se produce una *perturbación*, esto es, un cambio en una variable exógena particular (que pudiera ser una variable de política económica). La estática comparativa, entonces, consistirá en la comparación del nuevo equilibrio, correspondiente al nuevo valor de la variable exógena, con el equilibrio inicial; un esquema simplificado del proceso se muestra en la Figura 1.2. En particular, la comparación se va a referir a los distintos valores de las variables endógenas en uno y otro equilibrio.

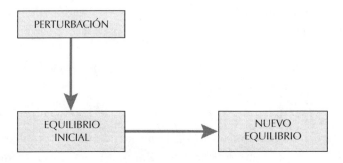

Figura 1.2. La estática comparativa.

Hay que señalar que la estática comparativa, a diferencia de la dinámica, no estudia la trayectoria temporal de las variables entre ambos equilibrios. Así pues, las explicaciones que se darán acerca de las alteraciones experimentadas por las variables entre uno y otro equilibrio serán meramente tentativas, pues una información detallada sobre tales movimientos no la puede ofrecer el modelo estático en el marco del cual se realiza el análisis de estática comparativa.

1.6 Esquema del libro

Como se mencionó en el Prólogo, en este libro se presentan, de una manera autocontenida y siguiendo un hilo conductor común, los principales temas de un curso de Macroeconomía intermedia.

Tras este Capítulo 1 introductorio, la Parte I se completa con el Capítulo 2, donde se definen las principales variables agregadas empleadas en Macroeconomía; y con el Capítulo 3, donde se presentan algunos conceptos básicos que se utilizarán en los modelos macroeconómicos desarrollados sucesivamente en el resto del libro.

La Parte II desarrolla un modelo macroeconómico que incorpora únicamente la *demanda agregada*, esto es, los mercados de bienes y financieros. Este modelo será representativo del *corto plazo* de la economía, donde las fluctuaciones del nivel de actividad se explican a partir de la aparición de perturbaciones originadas en la demanda agregada, y donde los precios se suponen dados ya que se ajustan lentamente en respuesta a la perturbación inicial. Se estudian sucesivamente el mercado de bienes y la política fiscal en el Capítulo 4, y los mercados financieros y la política monetaria en el Capítulo 5; y en el Capítulo 6 se integran el mercado de bienes y los mercados financieros en el modelo completo de la demanda agregada o *modelo IS-RM*.

El modelo que incluye únicamente la demanda agregada se completa en la Parte III mediante la introducción de la *oferta agregada*, esto es, los procesos de determinación de precios y salarios. Este nuevo modelo será representativo del *medio plazo* de la economía, donde se ha completado el ajuste de los precios en respuesta a la perturbación inicial, y donde los niveles de producción y empleo se explican a partir de perturbaciones originadas en la oferta agregada. En el Capítulo 7 se examina la determinación de los salarios y los precios; y en el Capítulo 8 se integran la oferta y la demanda agregadas en el *modelo SA-DA*.

El análisis anterior se realizaba para el caso de una economía cerrada, esto es, una economía que no mantiene relaciones con el resto del mundo. El objetivo de la Parte IV va a ser adaptar a una *economía abierta* el modelo macroeconómico desarrollado previamente. En el Capítulo 9 se introduce el sector exterior de la economía, a través de la balanza comercial y los mercados de capitales (los cuales van a determinar el valor del tipo de cambio real), dando lugar al *modelo IS-RM de la economía abierta*. La introducción de la oferta agregada en el Capítulo 10 permite obtener el *modelo SA-DA de la economía abierta*. A continuación, en el Capítulo 11 se adaptan los modelos anteriores al caso de una unión monetaria.

Por último, en la Parte V se lleva a cabo un sencillo análisis del *largo plazo* de una economía, a través del estudio del *crecimiento económico*, esto es, el incremento del nivel de producción a lo largo del tiempo a partir de variaciones en las dotaciones de recursos y la tecnología. En el Capítulo 12 se presenta el modelo estándar de crecimiento, y se discuten sus ampliaciones.

Ejercicios

1. ¿Cuál es la característica que diferencia la Macroeconomía de la Microeconomía, más allá de trabajar con variables agregadas?
2. Siguiendo la evolución del análisis macroeconómico a lo largo del tiempo, ¿en qué momentos se ha justificado el uso de la política económica para afectar al nivel de actividad?
3. Las conclusiones obtenidas a partir de un modelo macroeconómico dependen de los supuestos iniciales. ¿Sería capaz de poner algún ejemplo en el que la alteración de los supuestos haga cambiar las conclusiones derivadas del modelo?

Soluciones

1. La Macroeconomía, a diferencia de la Microeconomía, analiza la economía en su conjunto haciendo uso de variables agregadas. Pero lo realmente relevante a nivel macroeconómico no es cómo los agentes forman sus planes, sino la naturaleza de sus interacciones con los demás agentes y su entorno. Así, los comportamientos de un gran número de individuos tienden a compensarse unos con otros, de modo que lo que puede resultar relevante al explicar la conducta individual ya no lo es cuando consideramos el agregado de muchos individuos.

2. La primera vez podría decirse que coincide con el nacimiento de la Macroeconomía moderna. A raíz de la Gran Depresión de los años treinta del siglo XX, Keynes propuso como solución el estímulo de la demanda agregada, actuando el sector público a través de la política fiscal y la política monetaria. Posteriormente, tras la Segunda Guerra Mundial, los autores de la Síntesis Neoclásica justificaban el uso de políticas económicas estabilizadoras del nivel de actividad para corregir las situaciones de equilibrio «keynesiano» con desempleo, que podían producirse en el corto plazo ante la lentitud en el ajuste de los precios en respuesta a los excesos de demanda u oferta. Tras unos años en los que se consideró que las políticas económicas eran ineficaces o incluso contraproducentes, hay que esperar hasta la Nueva Macroeconomía Keynesiana para recomendar la política económica con objeto de suavizar las fluctuaciones del nivel de actividad, ante la falta de flexibilidad de precios y salarios para equilibrar los mercados tras una perturbación. En la actualidad, la Nueva Síntesis Neoclásica también ha revalorizado el papel de la política económica al tener en cuenta el entorno institucional de la economía en la que los agentes interactúan.

3. Primer ejemplo. «Los efectos de una política económica serán diferentes si…
   a) los agentes pueden anticipar perfectamente dichos efectos y actúan, en consecuencia, neutralizándolos.»
   b) los agentes no son capaces de anticipar los efectos de las políticas.»

   Segundo ejemplo. «Los efectos de una perturbación que afecte a la economía serán distintos si…
   a) precios y salarios son perfectamente flexibles y se ajustan, contrarrestando los efectos de la perturbación.»
   b) precios y salarios no son flexibles y el ajuste se produce a través de variaciones de producción y empleo.»

Tercer ejemplo. «Una subida del IVA...

a) proporcionará una mayor recaudación si los agentes mantienen sus niveles de consumo.»

b) proporcionará una menor recaudación si los agentes consumen menos debido a que una subida del IVA da lugar a un aumento de los precios.»

Bibliografía recomendada

Una discusión detallada de los principales problemas metodológicos en Economía se puede encontrar en:

Mark Blaug: *La metodología de la economía*, Alianza Editorial, Madrid, 1985.

Dos panoramas (relativamente) recientes sobre la evolución del análisis macroeconómico en un contexto histórico son:

Olivier Blanchard: «What do we know about macroeconomics that Fisher and Wicksell did not?», *Quarterly Journal of Economics*, vol. 115, noviembre de 2000, págs. 1375-1409.

Michael Woodford: «Revolution and evolution in twentieth-century macroeconomics», presentado en la conferencia *Frontiers of the mind in the twenty-first century*, Washington, DC, junio de 1999 (disponible en http://www.columbia.edu/~mw2230/macro20C.pdf).

Una breve historia de la Macroeconomía, acompañada de una evaluación del «estado de la cuestión», se presenta en:

N. Gregory Mankiw: «The macroeconomist as scientist and engineer», *Journal of Economic Perspectives*, vol. 20, otoño de 2006, págs. 29-46.

Más recientemente, para una defensa de la convergencia entre las escuelas de tradición «clásica» y «keynesiana», puede consultarse:

Olivier Blanchard: «The state of macro», *Annual Review of Economics*, vol. 1, septiembre de 2009, págs. 209-228.

mientras que, para una visión crítica, es de gran interés:

Paul Krugman: «How did economists get it so wrong?», *The New York Times Magazine*, 6 de septiembre de 2009 (disponible en http://www.nytimes.com/2009/09/06/magazine/06Economic-t.html).

Existen numerosos manuales de Macroeconomía de nivel intermedio, que pueden utilizarse como complemento de este libro. Entre ellos recomendamos especialmente:

Olivier Blanchard: *Macroeconomía* (4.ª edición), Prentice Hall, Madrid, 2006.

N. Gregory Mankiw: *Macroeconomía* (6.ª edición), Antoni Bosch editor, Barcelona, 2007.

Rudiger Dornbusch, Stanley Fischer y Richard Startz: *Macroeconomía* (10.ª edición), McGraw-Hill, Madrid, 2009.

Otros manuales de un nivel algo más avanzado, no disponibles en castellano, son:

Michael Burda y Charles Wyplosz: *Macroeconomics. A European text* (5.ª edición), Oxford University Press, Oxford, 2009.

Wendy Carlin y David Soskice: *Macroeconomics: Imperfections, institutions, and policies*, Oxford University Press, Oxford, 2006.

Manuales de nivel intermedio dedicados específicamente al crecimiento económico, son:

Xavier Sala-i-Martin: *Apuntes de crecimiento económico* (2.ª edición), Antoni Bosch editor, Barcelona, 2000.

Charles I. Jones: *Introducción al crecimiento económico*, Prentice Hall, México, 2000.

David N. Weil: *Crecimiento económico*, Addison Wesley, Madrid, 2006.

Finalmente, para ampliar conocimientos se puede acudir a manuales de Macroeconomía de nivel avanzado como:

José Isidoro García de Paso: *Macroeconomía superior*, Ediciones Pirámide, Madrid, 1999.

David Romer: *Macroeconomía avanzada* (3.ª edición), McGraw-Hill, Madrid, 2006.

2 Variables macroeconómicas

2.1 Introducción

En el presente capítulo se definirán las principales variables macroeconómicas o macromagnitudes, y se examinará su articulación e interrelación mutuas desde la doble vertiente de los gastos y de los ingresos. La medición de estas variables se lleva a cabo a través de la *Contabilidad Nacional* o Sistema de Cuentas Nacionales (en el caso de la Unión Europea, el denominado Sistema Europeo de Cuentas SEC-95), que recogen de forma sistemática la actividad económica que tiene lugar entre los diferentes agentes de la economía, así como sus relaciones con el exterior. La cuantificación de dicha actividad se resume a través de identidades contables, que son siempre ciertas por definición, y que muestran la relación que existe entre las macromagnitudes básicas. Su conocimiento será fundamental de cara a los capítulos posteriores, ya que dichas variables no hacen sino reflejar el comportamiento de los agentes económicos a través de las diferentes operaciones que realizan y de las vinculaciones que mantienen entre ellos.

Tras analizar el concepto y las características del producto nacional, que va a ser la magnitud agregada fundamental, se presentará su forma de cálculo tanto por el lado de los gastos como por el de los ingresos. Este cálculo se realizará en distintos escenarios económicos caracterizados por un grado de complejidad creciente: economía cerrada privada (esto es, donde solamente actúan agentes económicos privados), economía cerrada con sector público, y economía abierta. Se definirán asimismo otras macromagnitudes importantes, como la renta nacional o la renta disponible de las economías domésticas. Para finalizar, se comprobará la igualdad del producto nacional calculado desde las dos vertientes señaladas, lo que se traduce en una identidad entre ahorro e inversión.

2.2 Producto nacional: concepto y características

A la hora de evaluar cuánto ha crecido una economía es necesario contar con un instrumento para medir el valor de la producción de dicha economía. Para ello contamos con el *producto nacional, PN*, que se define como el valor total de la corriente de bienes y servicios finales generados en una economía por unidad de tiempo. Se considera la variable macroeconómica fundamental puesto que es el mejor indicador de los niveles de actividad económica y, además, su evolución en el tiempo recoge las fluctuaciones cíclicas.

Sus características fundamentales son:

a) El *PN* es una variable *flujo*, ya que representa una corriente de bienes y servicios generados a lo largo de un periodo de tiempo (generalmente un año). Asimismo, representa el *valor total* de los bienes y servicios; es decir, estima el auténtico valor de la producción evitando la doble contabilización. Como el valor de un bien es igual a la cantidad de dicho bien multiplicada por su precio, si los precios son los correspondientes al periodo actual, el *PN* estaría valorado a *precios corrientes*. Pero si los precios corresponden a un determinado periodo de referencia, el *PN* estaría valorado a *precios constantes*, es decir, a los de dicho periodo de referencia. Según esto, el valor del *PN* a precios constantes, PN_0, vendría dado por:

$$\frac{PN}{\frac{P}{P_0}} = PN_0$$

donde P/P_0 es el deflactor del *PN*, *P* son los precios del periodo actual, y P_0 son los precios del periodo 0, de referencia o base.

Con objeto de evitar la doble contabilización, el *PN* se calcularía como la suma de los valores añadidos por parte de todas las empresas, donde el valor añadido de una empresa se define como el valor de su producción menos el valor de los recursos que adquiere a otras empresas; o, en otras palabras, el valor de sus ventas menos el valor de sus compras.

b) El *PN* considera solamente los bienes y servicios *finales*. Incluye, por tanto, los bienes y servicios terminados, los semiacabados o en proceso de producción, y las materias primas producidas en el periodo, pero aún no incorporadas al proceso productivo. O dicho de otro modo, excluye los bienes *intermedios*; es decir, aquellos bienes y servicios utilizados como inputs en un estadio posterior del proceso productivo.

Dicho esto, la estimación del *PN* puede hacerse de dos formas:

- Teniendo en cuenta solamente el valor final del producto, contabilizándose el valor que tiene cuando se vende al consumidor.
- Teniendo en cuenta el valor añadido que cada empresa o actividad suministra al producto. De esta forma, se incluye solamente el valor añadido en el periodo en cuestión que se esté analizando; si bien al valor añadido final hay que restarle la revalorización de existencias debida simplemente a incrementos de precios.

c) El *PN* sólo incluye bienes *producidos*, por lo que no tiene en cuenta las transacciones en las que no se incrementa el valor añadido.

d) El *PN* es una medida de bienestar incompleta, pues no incluye las actividades producidas fuera del mercado, como sería el caso del trabajo de las amas de casa, el trabajo por cuenta propia, las actividades ilegales, el ocio, la polución, etc.

2.3 Cálculo del producto nacional

A la hora de calcular el valor del *PN* tendríamos que sumar el valor de todos los bienes y servicios producidos en la economía durante el periodo considerado. En las Cuentas Nacionales dichos valores se agrupan en categorías por ramas de actividad: agraria y pesquera, industrial, construcción y servicios.

Para realizar dicho cálculo hay que tener en cuenta que la formación del *PN* (lo que se produce) se puede contemplar desde un doble punto de vista: el de los gastos efectuados por los agentes (lo que se compra) y el de los ingresos obtenidos por los mismos (lo que se recibe). Según esto, el *PN* en cada periodo se podría calcular mediante:

- *El método del gasto*: el *PN* se iguala al gasto necesario para adquirir la producción de la economía durante el periodo considerado. Es decir, lo que tenemos en cuenta son los gastos efectuados por los agentes, de modo que:

$$\text{Producto Nacional} \equiv \text{Gasto Nacional}$$

- *El método de la renta*: el *PN* se iguala con el total de los ingresos obtenidos por los factores productivos, como contrapartida a su aportación al proceso productivo. Es decir, lo que consideramos son los ingresos obtenidos por los agentes, de modo que:

$$\text{Producto Nacional} \equiv \text{Renta Nacional}$$

Dado que el *PN* debe coincidir cualquiera que sea el método empleado para calcular su valor o, en otras palabras, lo que se produce se debe corresponder con los gastos que realizan los agentes y con los ingresos que reciben, tendremos que:

$$\boxed{\text{Gasto Nacional} \equiv \text{Producto Nacional} \equiv \text{Renta Nacional}}$$

Así, para el caso más simple de una economía sin sector público y que no mantiene relaciones con el exterior, de manera que existen únicamente dos agentes: las economías domésticas y las empresas, podríamos representar gráficamente lo anterior de la siguiente forma:

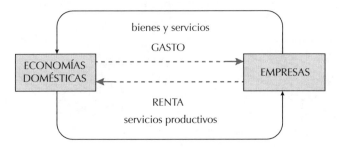

Figura 2.1. El flujo circular del gasto y la renta.

En el resto del capítulo vamos a mostrar cómo se calcula el valor del *PN* según los dos métodos que acabamos de describir. Para ello consideraremos sucesivamente tres escenarios económicos de complejidad creciente:

1. Economía privada y cerrada; esto es, una economía que no mantiene relaciones con el resto de mundo y donde tampoco existe sector público, de manera que la actividad económica es llevada a cabo por dos tipos de agentes:
   - Las *economías domésticas*, que ofrecen servicios productivos y demandan bienes y servicios.
   - Las *empresas*, que ofrecen bienes y servicios y demandan servicios productivos.
2. Economía cerrada con sector público, donde introducimos un nuevo agente: el *sector público*, cuyas principales funciones son:
   - Realiza gasto en bienes y servicios.
   - Redistribuye la renta mediante transferencias y subvenciones.
   - Obtiene sus ingresos mediante la recaudación de impuestos.
3. Economía abierta, donde consideramos un nuevo agente económico: el *sector exterior* o *resto del mundo*. Sus relaciones con los agentes nacionales (economías domésticas, empresas y sector público) aparecen recogidas en un documento contable llamado *balanza de pagos*.

2.4 El producto nacional en una economía privada y cerrada

En esta sección presentaremos el cálculo del *PN* hallando, por una parte, el gasto que realizan los agentes para adquirir la producción de la economía (método del gasto) y, por otra, el total de los ingresos obtenidos por dichos agentes (método de la renta). Finalmente, comprobaremos la equivalencia de ambos métodos. Recordemos que en esta economía existen sólo dos agentes: las economías domésticas y las empresas.

2.4.1 Método del gasto

¿Cuáles son los *gastos* que realizan las economías domésticas y las empresas?

- Economías domésticas: realizan el gasto en bienes de *consumo, C*; esto es, el gasto destinado a atender las necesidades corrientes de las economías domésticas.
- Empresas: realizan el gasto en *inversión* o formación bruta de capital, *I*; que sería el gasto que efectúan las empresas en bienes no destinados al consumo inmediato o, lo que es lo mismo, el gasto en bienes de capital.

Los bienes de capital se definen habitualmente como los medios de producción ya producidos que sirven para incrementar posteriormente el volumen de producción. A diferencia de los bienes intermedios, que se utilizan como inputs en el mismo periodo en que se producen (por lo que no forman parte del valor añadido), los bienes de capital se consideran bienes finales (y, por tanto, se incluyen en el *PN*) del periodo en que se producen, utilizándose como inputs en algún periodo posterior. A su vez, los bienes de capital se clasifican en:

- Capital en existencias, constituido por las materias primas no incorporadas al proceso productivo, los bienes en proceso de producción y los productos terminados en almacén que mantienen las empresas de la economía.
- Capital fijo, o medios de producción cuya vida útil se extiende a lo largo de varios periodos (como, por ejemplo, la maquinaria o los edificios).

A partir de esta clasificación, se distinguen dos tipos de inversión:

- *Inversión en existencias, IE*, que sería la variación por unidad de tiempo del capital en existencias. La inversión propiamente dicha correspondería a una acumulación de existencias, mientras que una desacumulación significaría una inversión negativa o desinversión.

- *Inversión en capital fijo, IK,* que sería el gasto destinado a mantener y ampliar el *stock* de capital fijo de la economía.[1]

La inversión en existencias y la inversión en capital fijo constituyen la inversión total de la economía o *inversión bruta, IB,* dentro de la cual distinguiríamos otros dos componentes:

- *Depreciación,* también denominada inversión de reposición, *D,* que sería la cantidad utilizada en el reemplazamiento de aquella parte del capital fijo desgastada en el periodo, debido al mero uso del mismo, o bien debido a la pérdida de valor que pudiera sufrir ante la aparición en el tiempo de bienes de capital más perfeccionados.
- *Inversión neta, IN,* que sería la cantidad utilizada con objeto de incrementar el volumen de capital de la economía en el periodo.

De esta manera, la inversión total o bruta sería igual a:

$$IB \equiv IE + IK \equiv IN + D \qquad [1]$$

Por tanto, al calcular el *PN* por el método del gasto, tendríamos que el *PN* es igual al *gasto nacional, GN:*

$$PN \equiv GN \equiv C + I \qquad [2]$$

Ahora bien, si en la definición anterior consideramos la inversión bruta tendríamos que hablar de producto nacional bruto, *PNB,* o gasto nacional bruto, *GNB,* mientras que si consideramos la inversión neta de depreciación, hablaríamos de producto nacional neto, *PNN,* o gasto nacional neto, *GNN:*

$$PNB \equiv GNB \equiv C + IB$$
$$PNN \equiv GNN \equiv C + IN$$

A partir de ahora, por simplicidad, no vamos a duplicar las definiciones de *PN* expresándolas en términos brutos y netos; recuérdese que la diferencia entre ambas vendrá dada por los gastos de depreciación efectuados.

---

[1] Nótese que la Contabilidad Nacional considera a las viviendas como bienes de capital. Por tanto, también habría que considerar la inversión residencial o inversión en viviendas, que es el gasto destinado a mantener y ampliar el *stock* de viviendas y que es llevado a cabo por las economías domésticas. No obstante, para simplificar, prescindiremos de la inversión en viviendas o, alternativamente, la consideraremos incluida en la inversión en capital fijo; lo cual nos permite suponer que toda la inversión es llevada a cabo por las empresas.

Resumiendo:

Producto Nacional $\equiv$ Gasto Nacional $\equiv$ Consumo + Inversión

2.4.2 Método de la renta

¿Cuáles son los *ingresos* obtenidos por los agentes privados? Este método va a tener en cuenta las rentas obtenidas por los factores implicados en el proceso productivo:

1. Sueldos y salarios, que son los pagos recibidos a cambio de los servicios del factor trabajo.
2. Rentas de la tierra, que son aquellas recibidas a cambio de los servicios del factor tierra, esto es, los recursos naturales.
3. Intereses y beneficios, que corresponden a los pagos recibidos a cambio de los servicios del factor capital. A su vez, la diferencia entre intereses y beneficios radica en que los primeros corresponderían a aquellas personas que prestasen dinero a las empresas, mientras que los segundos corresponderían a los propietarios de las mismas.

¿A qué usos destinan las economías domésticas esas rentas o ingresos? Obsérvese que las economías domésticas van a ser las perceptoras de la totalidad de los ingresos, ya que supondremos que las empresas distribuyen todos los beneficios a sus propietarios (que son las economías domésticas). Así pues, dichos ingresos pueden destinarse a:

- *Consumo, C.*
- *Ahorro, S,* que sería la renta no gastada.

Nótese que, al igual que en el caso de la inversión, el ahorro podría expresarse en términos brutos o netos, según se incluyera o no la cantidad destinada por las empresas a la reposición del capital depreciado, *D*:

$$SB \equiv SN + D \tag{3}$$

donde *SB* y *SN* indicarían, respectivamente, el ahorro bruto y el ahorro neto de las economías domésticas.

Sin embargo la *renta nacional, Y,* se define habitualmente en términos netos coincidiendo, por tanto, con el *PNN* visto más arriba. Conceptualmente, sería igual a la suma de las diferentes remuneraciones obtenidas por los agentes económicos:

$Y \equiv$ sueldos y salarios + rentas de la tierra + intereses y beneficios o,

lo que sería lo mismo, al destino dado a esas rentas o ingresos:

$$PN \equiv Y \equiv C + S \tag{4}$$

Resumiendo:

> Producto Nacional $\equiv$ Renta Nacional $\equiv$ Consumo + Ahorro

2.4.3 La identidad ahorro-inversión

Hasta ahora hemos visto cómo se calculaba el PN a partir de dos métodos alternativos, el del gasto y el de la renta. De esta manera, el PN sería el mismo calculado por cualquiera de ambos métodos, y ello es debido a la definición de beneficios adoptada por la Contabilidad Nacional: valor añadido menos sueldos y salarios, rentas de la tierra e intereses. Así pues, igualando (2) con (4):

$$C + I \equiv PN \equiv C + S$$

y eliminando C de ambos miembros, ya que la renta destinada al consumo es igual al gasto en consumo, obtendríamos:

$$I \equiv S \tag{5}$$

es decir, en una economía donde sólo actúan los agentes económicos privados (economías domésticas y empresas), el ahorro realizado sería idénticamente igual a la inversión realizada. Esto es lo que se conoce con el nombre de *identidad ahorro-inversión*.

2.5 El producto nacional en una economía cerrada con sector público

Para calcular el PN en el segundo escenario propuesto tenemos que añadir a los gastos efectuados y a las rentas obtenidas por el sector privado, la actividad que realiza el nuevo agente económico que consideramos: el sector público o gobierno.

2.5.1 Método del gasto

¿Cuáles son los *gastos* que realiza el sector público? Supondremos que el sector público realiza dos tipos de gastos:

a) *Gasto público* en bienes y servicios, *G,* que incluye dos componentes:

- *Consumo público,* C_G, que son los gastos corrientes en bienes y servicios que realiza el sector público, compuestos fundamentalmente por los pagos de sueldos y salarios a los funcionarios públicos, así como por la compra de bienes y servicios a las empresas.
- *Inversión pública,* I_G, que son los gastos realizados por el sector público con objeto de mantener y ampliar el *stock* de capital productivo de su propiedad, D_G e IN_G, respectivamente, y que incluyen tanto la inversión en capital fijo como la inversión en existencias propiedad del sector público, IK_G e IE_G, respectivamente:

$$IB_G \equiv IE_G + IK_G \equiv IN_G + D_G$$

b) *Pagos de transferencia,* realizados por el sector público al sector privado sin que haya una contraprestación de servicios por parte de este último, y que no se incluyen en la renta nacional (ni, por tanto, en el *PN*) pues representan una simple redistribución de la misma. Consideramos dos tipos de pagos de transferencia:

- *Transferencias corrientes netas a las economías domésticas, TR,* que incluyen básicamente los pagos de la seguridad social (pensiones, gastos de enfermedad, subsidio de desempleo, etc.), netos de las contribuciones de trabajadores y empresarios para su financiación; así como los intereses de la deuda pública.
- *Subvenciones corrientes a las empresas, Sub.*

Por tanto, al calcular el *PN* por el método del gasto en una economía cerrada y con sector público, habría que sumar al consumo y a la inversión privados el gasto público:

$$PN \equiv GN \equiv C + I + G \qquad [6]$$

Resumiendo:

> Producto Nacional $\equiv$ Gasto Nacional $\equiv$ Consumo + Inversión + Gasto público

2.5.2 Método de la renta

¿Cuáles son los *ingresos* obtenidos por el sector público? Supondremos que el sector público obtiene sus ingresos a través de los *impuestos,* que son exacciones sobre el sector privado. Existen dos tipos de impuestos:

a) *Impuestos directos, T_d,* que recaen sobre la renta tanto de las economías domésticas como de las empresas.

b) *Impuestos indirectos, T_i,* que recaen sobre el gasto y vienen incorporados a los precios de los bienes y servicios.

Cabe señalar que al incluir el sector público hay que distinguir entre:

- los precios de mercado, que se han visto incrementados por los impuestos indirectos, T_i, y reducidos por las subvenciones corrientes a las empresas, *Sub*; y
- el verdadero coste de los factores, que debe excluir los impuestos indirectos y añadir las subvenciones.

Como las valoraciones a precios de mercado van a corresponder a los componentes del gasto, el *PN* a precios de mercado será igual al *GN* dado por (6). A su vez, las valoraciones al coste de los factores van a corresponder a los componentes de la renta, de modo que la renta nacional será igual al *PN* (neto) al coste de los factores:

$$PN_{acf} \equiv Y \equiv C + S + T_d - TR \qquad [7]$$

donde sumamos T_d y restamos *TR*.

Para obtener el *PN* a precios de mercado habría que sumar T_i y restar *Sub*:

$$PN \equiv C + S + T_d - TR + T_i - Sub$$

Si agrupamos en *T* los ingresos obtenidos por el sector público mediante los impuestos directos, T_d, e indirectos, T_i, mermados por las transferencias netas a las economías domésticas, *TR*, y las subvenciones a las empresas, *Sub*, tendremos que:

$$PN \equiv C + S + T \qquad [8]$$

siendo $T \equiv T_d + T_i - TR - Sub$, o sea, los impuestos totales netos de pagos de transferencia.

Finalmente, al introducir el sector público, aparece un nuevo concepto ligado al comportamiento de las economías domésticas: la *renta disponible*. Recuérdese que hasta ahora habíamos visto que las economías domésticas dedicaban toda su renta al consumo y al ahorro. Pues bien, en presencia del sector público la renta que pueden dedicar al consumo y al ahorro se ve mermada por el pago de impuestos directos recaudados por el sector público, e incrementada por la cuantía de las transferencias netas recibidas del mismo. Denominando Y_D a la renta disponible de las economías domésticas, tendremos:

$$Y_D \equiv Y - T_d + TR \equiv C + S \qquad\qquad [9]$$

Resumiendo:

Producto Nacional $\equiv$ Renta Nacional $\equiv$ Consumo + Ahorro + Impuestos netos

2.5.3 La identidad ahorro-inversión

Dado que el *PN* sería el mismo calculado por cualquiera de ambos métodos, igualando (6) y (8):

$$C + I + G \equiv PN \equiv C + S + T$$

y eliminando *C* de ambos miembros se obtiene:

$$I + (G - T) \equiv S \qquad\qquad [10]$$

que es la identidad ahorro-inversión para una economía cerrada con sector público, donde $(G - T)$ representa el *déficit público*, esto es, la diferencia entre los gastos y los ingresos totales del sector público. Por tanto, en una economía cerrada con sector público el ahorro privado debe financiar no sólo el gasto privado de inversión, sino también el déficit del sector público.

Adviértase que la identidad ahorro-inversión puede expresarse en este caso de manera alternativa. En efecto, recordando que $G \equiv C_G + I_G$, podemos reescribir (10) como

$$I + I_G \equiv S + S_G \qquad\qquad [10']$$

donde $S_G \equiv T - C_G$ representa el *ahorro del sector público*, esto es, la diferencia entre sus ingresos y sus gastos corrientes. Es decir, el ahorro nacional (privado y público) debe financiar la inversión nacional (privada y pública). El sector público utiliza su ahorro para financiar la inversión pública, de manera que, si ésta excede al ahorro público, el sector público experimentará un déficit en el conjunto de su presupuesto; mientras que, si el ahorro público fuera mayor que la inversión pública existiría un superávit en el presupuesto del sector público.

2.6 El producto nacional en una economía abierta

Por último, consideramos el caso de una economía abierta, esto es, que mantiene relaciones con el resto del mundo. El nuevo agente que consideramos ahora junto con las economías domésticas, las empresas y el sector público, es el sector exterior o resto del mundo, cuyas transacciones con la economía nacional vienen recogidas en un documento contable llamado *balanza de pagos*.

La balanza de pagos consta de tres partes:

A) *Balanza por cuenta corriente*, que registra las transacciones internacionales que generan renta en el país o en el resto del mundo, o que afectan a los ingresos corrientes disponibles para el gasto de la economía en el periodo. Se divide a su vez en:

1. *Balanza de bienes y servicios*, que registra las transacciones de bienes y servicios efectuadas entre el país considerado y el resto del mundo. Incluye, por tanto, la balanza comercial, que recoge las transacciones de bienes que se efectúan desde el país al resto del mundo o exportaciones, y las que se efectúan desde el resto del mundo al país considerado o importaciones; y la balanza de servicios, que recoge las transacciones de servicios que se efectúan desde el país al resto del mundo, y las que se efectúan desde el resto del mundo al país considerado. El saldo de la balanza de bienes y servicios será la diferencia entre las *exportaciones de bienes y servicios, X,* y las *importaciones de bienes y servicios, M.*

2. *Balanza de rentas*, que incluye como ingresos las rentas (sueldos y salarios, rentas de la tierra, intereses y beneficios) percibidas por factores de producción nacionales como contrapartida de su aportación a la actividad productiva del resto del mundo, *rfn*; y, como pagos, las rentas percibidas por factores de producción extranjeros como contrapartida de su aportación a la actividad productiva del país que consideramos, *rfe*. El saldo de la balanza de rentas será la diferencia entre los ingresos, *rfn*, y los pagos, *rfe*.

3. *Balanza de transferencias*, que recoge operaciones internacionales sin contrapartida, tanto privadas como públicas. Por simplicidad prescindiremos de las segundas y llamaremos TR_E a las transferencias corrientes netas percibidas por las economías domésticas, principalmente remesas de emigrantes. Nótese que los emigrantes se consideran como residentes en el país en que llevan a cabo sus actividades, por lo que las rentas que obtienen son rentas del país en el que residen y, en consecuencia, TR_E no pertenece a la renta nacional del país que consideramos. El saldo de la balanza de transferencias será, por tanto, TR_E.

El saldo de la balanza por cuenta corriente, *SBCC*, vendrá dado por los saldos de las balanzas de bienes y servicios, *X – M*, de rentas, *rfn – rfe*, y de transferencias, TR_E, es decir:

$$SBCC \equiv X - M + rfn - rfe + TR_E \qquad [11]$$

de manera que, si *SBCC* es positivo, representa un superávit en la balanza por cuenta corriente, y si es negativo, un déficit.

B) *Balanza por cuenta de capital*, que registra las transferencias de capital y la adquisición y disposición de activos no financieros no producidos. Las transferencias de capital representan, si son positivas (negativas), un aumento (disminución) de la capacidad financiera del país, sin que ello venga acompañado de un empeoramiento (mejora) de la posición acreedora o deudora del país frente al exterior. Al saldo de la balanza por cuenta de capital lo denominaremos TR_{EK}.

C) *Balanza por cuenta financiera*, que registra las variaciones netas de activos y pasivos del país considerado o, lo que es lo mismo, aquellas transacciones que modifican la posición acreedora o deudora de dicho país frente al resto del mundo.

En la variación neta de activos se contabilizan con signo positivo las inversiones que realiza el país en el extranjero, los préstamos concedidos al exterior y los depósitos netos realizados en el exterior; y con signo negativo las desinversiones y cancelaciones de préstamos y depósitos. A su vez, en la variación neta de pasivos se contabilizan con signo positivo la inversión extranjera recibida por el país, los préstamos concedidos a los agentes residentes por parte de los no residentes y los depósitos abiertos por no residentes; y con signo negativo las desinversiones y cancelaciones de préstamos y depósitos.

La balanza por cuenta financiera recoge, además, la variación de reservas centrales que corresponde a las variaciones de los activos sobre el exterior en poder de las autoridades monetarias. Incluye la variación de las reservas de divisas y los créditos tomados del resto del mundo para financiar un déficit, o concedidos para disminuir un superávit.

Un saldo positivo (negativo) de la balanza por cuenta financiera (variación de pasivos menos variación de activos) supone una entrada (salida) neta de divisas y, por tanto, un empeoramiento (mejora) de la posición acreedora-deudora del país frente al resto del mundo.

La suma de los saldos de las balanzas por cuenta corriente y por cuenta de capital representa la *capacidad o necesidad de financiación de la nación*, un indicador de la posición acreedora o deudora del país frente al resto del mundo en el periodo y, puesto que la balanza de pagos está por definición contablemente equilibrada, este saldo conjunto será igual al saldo de la balanza por cuenta financiera con signo contrario. De esta manera, un superávit (esto es, un saldo positivo) del saldo conjunto de las balanzas por cuenta corriente y por cuenta de capital representará una capacidad de financiación, esto es, mejora la posición acreedora-deudora del país considerado frente al resto del mundo y, por tanto, dicho país concede un préstamo neto al resto del mundo en el periodo por ese importe. Por el contrario, si existe un déficit (esto es, un saldo negativo) existirá una necesidad de financiación, empeora la posición acreedora-deudora y el país recibe un préstamo neto del resto del mundo en el periodo.

La información recogida en la balanza de pagos nos permitirá obtener cuáles son los gastos totales que realiza una economía que mantiene relaciones con el exterior, así como la forma en la que pueden variar las rentas obtenidas por los agentes nacionales. Gracias a ello, podremos calcular el *PN* en una economía abierta por los dos métodos ya conocidos.

2.6.1 Método del gasto

¿Cuáles son los *gastos* totales de una economía que tiene relaciones con el exterior?

En una economía abierta los gastos totales corresponden, por una parte, al gasto realizado por los agentes internos (esto es, los gastos de consumo e inversión privados, *C* e *I*, más el gasto público, *G*), en bienes y servicios tanto nacionales como extranjeros; y, por otra parte, al valor de la demanda exterior satisfecha por el país o exportaciones, *X*. Ahora bien, para hallar el gasto en lo producido dentro del país debemos deducir las compras de bienes y servicios extranjeros o importaciones, *M*. En otras palabras, al gasto realizado por los agentes internos habrá que añadir el saldo de la balanza de bienes y servicios, $X - M$.

Asimismo, al introducir el resto del mundo hay que distinguir entre *producto interior*, *PI*, esto es, el generado dentro de las fronteras del país considerado, y que será igual al *gasto interior*, *GI*:

$$PI \equiv GI \equiv C + I + G + X - M \tag{12}$$

y *PN*, que es ahora el generado por factores de producción propiedad de residentes nacionales, el cual se obtiene añadiendo al *PI* las rentas netas procedentes del exterior, *rfn* – *rfe*:

$$PN \equiv GN \equiv C + I + G + X - M + rfn - rfe \tag{13}$$

Obsérvese que el *PI* sólo tiene en cuenta las rentas generadas dentro de las fronteras del país, con independencia de la propiedad. Esto es, no distingue si las rentas han sido percibidas por factores de producción nacionales o extranjeros, pues lo importante es que se hayan obtenido en el territorio nacional. A su vez, el *PN* se centra en la propiedad de las rentas generadas: lo importante es que hayan sido obtenidas por factores de producción nacionales, con independencia del territorio donde se hayan obtenido.

Resumiendo:

Producto Nacional ≡ Gasto Nacional ≡ Consumo + Inversión + Gasto público + Saldo de las balanzas de bienes y servicios y de rentas

2.6.2. Método de la renta

¿De dónde proceden los *ingresos* de una economía que mantiene relaciones con el resto del mundo? De las rentas obtenidas por los agentes nacionales, cuando se tiene en cuenta el sector exterior, habrá que excluir el saldo de la balanza de transferencias, TR_E, puesto que recoge operaciones sin contrapartida:

$$PN_{acf} \equiv Y \equiv C + S + T_d - TR - TR_E \qquad [14]$$

y, en términos de PN a precios de mercado:

$$PN \equiv C + S + T - TR_E \qquad [15]$$

donde, de nuevo, $T \equiv T_d + T_i - TR - Sub$

Por otra parte, en una economía abierta la renta disponible de las economías domésticas se ve incrementada por las transferencias corrientes netas recibidas del resto del mundo, es decir:

$$Y_D \equiv Y - T_d + TR + TR_E \equiv C + S \qquad [16]$$

Resumiendo:

Producto Nacional ≡ Renta Nacional ≡ Consumo + Ahorro + Impuestos netos − Saldo de la balanza de transferencias

2.6.3 La identidad ahorro-inversión

Igualando (13) y (15):

$$C + I + G + X - M + rfn - rfe \equiv PN \equiv C + S + T - TR_E$$

y eliminando C de ambos miembros y recordando (11) se obtiene:

$$I + (G - T) + SBCC \equiv S \qquad [17]$$

esto es, la identidad ahorro-inversión para una economía abierta, donde ahora el ahorro privado debe financiar no sólo la inversión privada y el déficit del sector público, sino también el saldo de las transacciones con el exterior.

Al igual que hicimos en el caso de la economía cerrada, teniendo en cuenta que $G \equiv C_G + I_G$, la identidad (17) se puede reescribir como

$$I + I_G + SBCC \equiv S + S_G \qquad [17']$$

lo que significa que el ahorro nacional (privado y público) debe financiar la inversión nacional (privada y pública) más el saldo exterior.

Por último, si sumamos y restamos las transferencias netas de capital recibidas del resto del mundo (esto es, el saldo de la balanza por cuenta de capital), TR_{EK}, obtenemos:

$$I + I_G + (SBCC + TR_{EK}) \equiv S + S_G + TR_{EK} \qquad [18]$$

donde $(SBCC + TR_{EK})$ indica la capacidad o necesidad de financiación de la nación. La anterior expresión se puede reescribir como:

$$(SBCC + TR_{EK}) \equiv (S + S_G + TR_{EK}) - (I + I_G) \qquad [18']$$

es decir, la capacidad o necesidad de financiación de la nación es igual a la diferencia entre el ahorro total (aumentado por las transferencias netas de capital recibidas del exterior) y la inversión total.

En la Tabla 2.1 se presenta una síntesis del cálculo del PN, de acuerdo con ambos métodos y para las distintas economías consideradas, que se han examinado a lo largo del capítulo.

Tabla 2.1. Síntesis del cálculo del producto nacional.

	Método del gasto	Método de la renta
ECONOMÍA PRIVADA Y CERRADA	$C + I \equiv C + S$ $I \equiv S$ INVERSIÓN PRIVADA $\equiv$ AHORRO PRIVADO	
ECONOMÍA CERRADA CON SECTOR PÚBLICO	$C + I + G \equiv C + S + T$ $I + (G - T) \equiv S$ INVERSIÓN PRIVADA $\equiv$ AHORRO PRIVADO + déficit público	
ECONOMÍA ABIERTA	$C + I + G + X - M + rfn - rfe \equiv C + S + T - TR_E$ $I + (G - T) + SBCC \equiv S$ INVERSIÓN PRIVADA $\equiv$ AHORRO PRIVADO + déficit público + saldo exterior	

Recuadro 2.1. Las principales variables macroeconómicas de
la economía española.

En los Cuadros 2.1, 2.2 y 2.3 se muestran las principales variables macroeconómicas de la economía española para el año 2009. La fuente última de las
cifras que se presentan en dichos cuadros es la Contabilidad Nacional de
España, elaborada por el Instituto Nacional de Estadística de acuerdo con el
Sistema Europeo de Cuentas Nacionales y Regionales (SEC95), que aplican
de forma armonizada todos los estados miembros de la Unión Europea.

En los dos primeros cuadros aparece el Producto Interior Bruto (PIB) de
la economía española en 2009, a precios de mercado, de acuerdo con los dos
métodos examinados en este capítulo: el del gasto y el de la renta. Desde el
punto de vista de los componentes de la demanda (Cuadro 2.1) podemos
ver cómo el consumo privado representó más de la mitad del PIB español en
2009 (más exactamente, un 57%), la formación bruta de capital (esto es, la inversión, tanto privada como pública, en capital fijo y en existencias) un 24%, y
el consumo público un 21%; mientras que el déficit conjunto de las balanzas
comercial y de servicios supuso una reducción de un 2% del PIB.

Por lo que respecta a los componentes del ingreso (Cuadro 2.2), la remuneración de asalariados (esto es, la retribución del factor trabajo) representó algo más de la mitad del PIB español en 2009 (más exactamente, un
53%). El resto (es decir, un 47%) se atribuye al conjunto del excedente bruto de explotación y las rentas mixtas, siendo el excedente bruto de explotación una partida residual resultante de sustraer del PIB la remuneración
de asalariados, mientras que las denominadas rentas mixtas corresponden
a las rentas del trabajo por cuenta propia. Obsérvese que el PIB por el lado
del ingreso se valora al coste de los factores, por lo que para obtener el PIB
a precios de mercado es necesario sumar a aquél los impuestos sobre la producción y las importaciones netos de subvenciones.

Por último, el Cuadro 2.3 ofrece información sobre el ahorro, la inversión
y la capacidad o necesidad de financiación. En primer lugar, podemos ver
cómo, si sumamos al producto interior las rentas primarias netas con el resto
del mundo (esto es, el saldo de la balanza de rentas), obtenemos el producto
nacional; y, si sumamos a éste las transferencias corrientes netas con el resto
del mundo (esto es, el saldo de la balanza de transferencias), se obtiene una
variable macroeconómica no considerada en el capítulo, la Renta Nacional
Disponible (RND). Obsérvese que, a partir de la expresión (13) del capítulo:

$$RND \equiv C + I + G + SBCC$$

mientras que, a partir de (15):

$$RND \equiv C + S + T$$

donde la última identidad se puede escribir alternativamente, sumando y restando el consumo del sector público en el lado derecho, como:

$$RND \equiv C + C_G + S + S_G$$

es decir, la RND es igual a la suma del consumo total (privado más público) y el ahorro total (privado más público).

Así pues, si se resta a la RND el consumo total se obtiene el ahorro nacional, que representó en 2009 alrededor de un 20% de la RND. Finalmente, si se resta al ahorro nacional la formación bruta de capital o inversión total, y se suman las transferencias de capital netas con el resto del mundo (esto es, el saldo de la balanza por cuenta de capital), se obtiene la capacidad o necesidad de financiación. En el caso de España en 2009, existió una necesidad de financiación de 53.748 millones de euros, aproximadamente un 5% del PIB. En otras palabras, en 2009 la economía española empeoró su posición acreedora-deudora frente al resto del mundo, recibiendo un préstamo neto de éste por valor de dicha cantidad.

Cuadro 2.1. PIB de España: componentes de la demanda, 2009 (millones de euros).

1. Consumo privado	596.424
2. Consumo público	222.782
3. Formación bruta de capital	257.370
4. Exportaciones	246.364
5. Importaciones	269.026
6. Producto Interior Bruto (1+2+3+4–5)	1.053.914

Fuente: Ministerio de Economía y Hacienda: *Base de Datos Macroeconómicos de España (BDMACRO)*, versión de octubre 2010.

Cuadro 2.2. PIB de España: componentes del ingreso, 2009 (millones de euros).

1. Remuneración de asalariados	516.799
2. Excedente bruto de explotación/Rentas mixtas	460.711
3. Producto Interior Bruto al coste de los factores (1+2)	977.510
4. Impuestos sobre la producción y las importaciones netos de subvenciones	76.404
5. Producto Interior Bruto (3+4)	1.053.914

Fuente: Ministerio de Economía y Hacienda: *Base de Datos Macroeconómicos de España (BDMACRO)*, versión de octubre 2010.

Cuadro 2.3. Renta nacional de España, ahorro e inversión, 2009 (millones de euros).

1. Producto Interior Bruto	1.053.914
2. Rentas primarias netas con el resto del mundo	−24.373
3. Transferencias corrientes netas con el resto del mundo	−10.972
4. Renta Nacional Bruta Disponible (1+2+3)	1.018.569
5. Consumo privado	596.424
6. Consumo público	222.782
7. Ahorro nacional bruto (4−5−6)	199.363
8. Formación bruta de capital	257.370
9. Transferencias de capital netas con el resto del mundo	4.259
10. Capacidad o necesidad de financiación (7−8+9)	−53.748

Fuente: Ministerio de Economía y Hacienda: *Base de Datos Macroeconómicos de España (BD-MACRO)*, versión de octubre 2010.

Recuadro 2.2. La balanza de pagos de la economía española.

El Cuadro 2.4 muestra la balanza de pagos de España en 2009. En nuestro país, la balanza de pagos es elaborada por el Banco de España desde 1991 (hasta entonces lo había sido por la Secretaría de Estado de Comercio) y, desde 1993, de acuerdo con las directrices de la 5.ª edición del Manual de Balanza de Pagos del Fondo Monetario Internacional.

En 2009, la balanza comercial registró un déficit comercial, algo tradicional a lo largo de la historia de la economía española. Dicho déficit fue compensado sólo parcialmente por el superávit de la balanza de servicios, en particular gracias a los ingresos por turismo. Por el contrario, tanto la balanza de rentas como la de transferencias registraron saldos negativos: en el primer caso principalmente a causa de los pagos por rentas de las inversiones extranjeras en España, y en el segundo debido a la importancia creciente de las remesas de los inmigrantes, unido a la disminución de las transferencias recibidas de la Unión Europea (UE) tras la entrada de nuevos estados miembros con un menor nivel de renta. Lo anterior se tradujo en un importante déficit de la balanza por cuenta corriente, si bien inferior al de 2008 en casi un 50%, como resultado de la crisis iniciada en dicho año.

La balanza por cuenta de capital, por su parte, registró un saldo positivo gracias a las transferencias de capital recibidas en el marco de las ayudas de la UE (fundamentalmente, a través del Fondo de Cohesión y el FEDER). Ello a su vez permitió reducir la necesidad de financiación de la economía española, dada por la suma (negativa) de los saldos de las balanzas por cuenta corriente y de capital. En otras palabras, la economía española se endeudó en 2009 en una cuantía igual a la suma de los saldos de las balanzas por cuenta corriente y de capital.

Por lo que respecta a la balanza por cuenta financiera, puede verse cómo la inversión directa registró en 2009 un saldo negativo, ya que la inversión española en el exterior superó a la inversión extranjera en España. Lo contrario ocurrió con la inversión de cartera y, en menor medida, con otras inversiones, la partida que recoge los créditos tanto comerciales como financieros entre residentes y no residentes, así como los depósitos en el extranjero o de extranjeros en España. A su vez, las partidas incluidas en la rúbrica *Banco de España* son de carácter acomodante, e incluyen las variaciones de activos exteriores con objeto de financiar desequilibrios de la balanza de pagos; un saldo positivo, como en este caso, significa una salida de divisas. La partida *Reservas* registra, tras la entrada de España en la Unión Económica y Monetaria, las variaciones de activos líquidos extranjeros distintos de los de la zona euro; mientras que en *Activos netos frente al Eurosistema* se incluyen los activos mantenidos por el Banco de España frente al Banco Central Europeo y los bancos centrales de los demás países de la zona euro.

El saldo de la balanza por cuenta financiera debería coincidir, con signo contrario, con el de la suma de los saldos de las balanzas por cuenta corriente y de capital. Sin embargo, esto no ocurre así debido a las dificultades de cómputo estadístico de muchas operaciones internacionales. Es por ello que la balanza de pagos incluye una partida denominada *Errores y omisiones*, que recoge esta discrepancia. Así pues, la suma del saldo de la balanza por cuenta financiera y la cifra de errores y omisiones va a igualar, con signo contrario, la suma de los saldos de las balanzas por cuenta corriente y de capital, por lo que la balanza de pagos en su conjunto estará equilibrada.

Cuadro 2.4. Balanza de pagos de España, 2009 (millones de euros).

	Ingresos (I)	Pagos (P)	Saldo (I – P)
A) Cuenta corriente (1 a 4)	307.290,5	364.444,2	–57.153,7
1. Balanza comercial	160.498,5	205.536,5	–45.037,9
2. Servicios	88.073,7	62.376,3	25.697,4
Turismo y viajes	38.125,0	11.924,9	26.200,1
Otros	49.948,7	50.451,4	–502,7
3. Rentas	40.591,9	70.433,6	–29.841,7
4. Transferencias	18.126,3	26.097,8	–7.971,5
B) Cuenta de capital	6.101,4	2.033,8	4.067,6
C) Cuenta corriente más cuenta de capital (A + B)	313.391,8	366.478,0	–53.086,1
	Variación neta de pasivos (VNP)	Variación neta de activos (VNA)	Saldo (VNP – VNA)
D) Cuenta financiera	—	—	57.613,6
D.1) Total, excepto banco de España (5 a 8)	—	—	47.149,1
5. Inversiones directas	—	—	–938,9
De España en el exterior	—	11.758,4	–11.758,4
Del exterior en España	10.819,5	—	10.819,5
6. Inversiones de cartera	—	—	44.507,1
De España en el exterior	—	4.946,2	–4.946,2
Del exterior en España	49.453,3	—	49.453,3
7. Otras inversiones	—	—	9.269,0
De España en el exterior	—	1.162,7	–1.162,7
Del exterior en España	10.431,7	—	10.431,7
8. Derivados financieros	—	—	–5.688,1
D.2) Banco de España (9 a 11)	—	—	10.464,5
9. Reservas	—	—	–1.563,5
10. Activos netos frente al Eurosistema	—	—	6.146,1
11. Otros activos netos	—	—	5.881,8
E) Errores y omisiones	—	—	–4.527,5
F) Cuenta financiera más errores y omisiones (D + E)	—	—	53.086,1

Fuente: Banco de España.

Ejercicios

1. Se tienen los siguientes datos sobre una economía abierta:
   - Producto nacional neto al coste de los factores: 23.800
   - Impuestos indirectos: 1.000
   - Subvenciones corrientes a las empresas: 300
   - Depreciación: 300
   - Rentas obtenidas por factores nacionales en el extranjero: 200
   - Rentas pagadas a factores de producción extranjeros: 400
   Hallar el Producto Interior Bruto a precios de mercado.

2. Se tienen los siguientes datos sobre una economía abierta:
   - Inversión bruta: 7.000
   - Gasto público: 200
   - Impuestos directos: 1.900
   - Impuestos indirectos: 1.000
   - Subvenciones corrientes a las empresas: 300
   - Transferencias netas a las economías domésticas: 2.500
   - Ahorro privado bruto: 5.000
   Hallar el saldo de la balanza por cuenta corriente.

3. Se tienen los siguientes datos sobre una economía abierta:
   - Producto nacional bruto a precios de mercado: 420.000
   - Renta disponible de las economías domésticas: 450.000
   - Inversión bruta: 100.000
   - Gasto del sector público: 50.000
   - Ahorro de las economías domésticas: 250.000
   - Transferencias corrientes netas recibidas del resto del mundo: 50
   - Saldo de la balanza de bienes y servicios: 40.000
   Hallar el saldo de la balanza por cuenta corriente.

4. Se tienen los siguientes datos sobre una economía abierta:
   - Renta disponible de las economías domésticas: 1.800
   - Consumo privado: 1.500
   - Déficit público: 300
   - Saldo de la balanza de bienes y servicios: –600
   - Rentas obtenidas por factores nacionales en el extranjero: 500
   - Rentas pagadas a factores de producción extranjeros: 200
   - Transferencias corrientes netas recibidas del resto del mundo: 100
   Hallar la inversión privada.

5. Se tienen los siguientes datos sobre una economía abierta:
- Consumo privado: 600
- Inversión privada: 200
- Déficit público: 40
- Gasto público: 300
- Exportaciones de bienes y servicios: 500
- Importaciones de bienes y servicios: 150
- Rentas obtenidas por factores nacionales en el extranjero: 400
- Rentas pagadas a factores de producción extranjeros: 400
- Transferencias corrientes netas recibidas del resto del mundo: 0

Hallar la renta disponible de las economías domésticas y comprobar la igualdad de los dos métodos de cálculo del *PN*.

Soluciones

1.

$Y \equiv PNN_{acf} \equiv PNN - T_i + Sub \rightarrow$

$PNN \equiv PNN_{acf} + T_i - Sub = 23.800 + 1.000 - 300 = 24.500$

$PNN \equiv PNB - D \rightarrow$

$PNB \equiv PNN + D = 24.500 + 300 = 24.800$

$PNB \equiv PIB + rfn - rfe$

$PIB \equiv PNB - rfn + rfe = 24.800 - 200 + 400 = 25.000$

2.

$IB + (G - T) + SBCC \equiv SB$

$T \equiv T_d + T_i - TR - Sub = 1.900 + 1.000 - 2.500 - 300 = 100$

$(G - T) = 200 - 100 = 100$ (déficit del sector público)

$SBCC \equiv SB - IB - (G - T) = 5.000 - 7.000 - 100 = -2.100$ (déficit de la balanza por cuenta corriente)

3.

$Y_D \equiv C + S \rightarrow C \equiv Y_D - S = 450.000 - 250.000 = 200.000$

$PNB \equiv C + IB + G + X - M + rfn - rfe$

$420.000 = 200.000 + 100.000 + 50.000 + 40.000 + (rfn - rfe) \rightarrow (rfn - rfe) = 30.000$

$SBCC \equiv (X - M) + (rfn - rfe) + TR_E = 40.000 + 30.000 + 50 = 70.050$ (superávit de la balanza por cuenta corriente)

4.

$Y_D \equiv C + S \rightarrow 1.800 = 1.500 + S \rightarrow S = 300$

$SBCC \equiv (X - M) + (rfn - rfe) + TR_E = -600 + (500 - 200) + 100 = -200$ (déficit de la balanza por cuenta corriente)

$I + (G - T) + SBCC \equiv S \rightarrow I + 300 - 200 = 300 \rightarrow I = 200$

5.

$I + (G - T) + (X - M) + (rfn - rfe) + TR_E \equiv S \rightarrow S = 200 + 40 + (500 - 150) = 590$

$Y_D \equiv C + S = 600 + 590 = 1.190$

Para comprobar la igualdad de los dos métodos de cálculo, tendremos que verificar que

$C + I + G + X - M + rfn - rfe \equiv C + S + T - TR_E$

Sabiendo que $(G - T) = 40$ y que $G = 300$, entonces $T = 260$. Sustituyendo en la identidad anterior:

$600 + 200 + 300 + 500 - 150 + 400 - 400 = 600 + 590 + 260 - 0 \rightarrow 1.450 = 1.450$

Bibliografía recomendada

Una introducción de gran utilidad a los conceptos y métodos de las cuentas nacionales puede encontrarse en:

Cándido Muñoz, Belén Iráizoz y Manuel Rapún: *Las Cuentas de la Nación I. Introducción a la Economía Aplicada* (3.ª edición), Thomson-Civitas, Pamplona, 2008.

Una estimación de las principales macromagnitudes de la economía española para el periodo 1850-2000, acompañada de un análisis de su evolución, se presenta en:

Leandro Prados de la Escosura: *El progreso económico de España (1850-2000)*, Fundación BBVA, Bilbao, 2003.

También resulta de interés la web del Instituto Nacional de Estadística (INE), donde puede consultarse toda la información relativa a la Contabilidad Nacional de España:

http://www.ine.es

así como la base de datos del Ministerio de Economía y Hacienda:

http://serviciosweb.meh.es/APPS/DGPE/BDSICE/HomeBDSICE.aspx

La información relativa a la Balanza de Pagos de España puede verse en la web del Banco de España:

http://www.bde.es

Asimismo, se puede consultar la web de Eurostat, que es la oficina estadística de la Unión Europea (UE). A partir de los datos de los diferentes institutos de estadística europeos, Eurostat ofrece cifras comparables y armonizadas para la totalidad de los países de la UE:

http://epp.eurostat.ec.europa.eu

3   ALGUNOS CONCEPTOS BÁSICOS

3.1 Introducción

Como vimos en el capítulo anterior, el producto nacional es el mejor indicador del nivel de actividad de una economía, por lo que para llevar a cabo el análisis macroeconómico de una economía nos interesará conocer cuál es su nivel de producción o renta. Para ello, construiremos un modelo macroeconómico mediante el cual podamos determinar el nivel de actividad de la economía que queremos analizar. Por motivos didácticos, y con el fin de preservar la simplicidad y la claridad del análisis, el modelo se irá presentando paso a paso, comenzando por el modelo más sencillo, que se irá complicando progresivamente. En la Figura 3.1 presentamos un esquema que recoge los distintos modelos desarrollados a lo largo del libro.

Una vez determinado cuál es el nivel de renta en cada una de las distintas versiones del modelo, discutiremos de qué modo puede verse afectado por distintas perturbaciones; así como la efectividad de la política económica para hacer frente a los efectos no deseados de dichas perturbaciones. Asimismo, trataremos también de dar respuesta a cuestiones tales como por qué el producto potencial no coincide con el producto efectivo a corto plazo, y cómo puede conseguirse el crecimiento del producto potencial a largo plazo.

En este capítulo se presentan algunos conceptos básicos que se utilizarán en los modelos desarrollados posteriormente en el resto del libro, partiendo de las definiciones introducidas en los Capítulos 1 y 2. Comenzaremos describiendo el escenario macroeconómico en el que se inscriben los distintos modelos, junto con los supuestos en que se basa. A continuación, se expone el concepto de producción potencial y su relación con la producción efectiva, finalizando con unos breves apuntes sobre la metodología que seguiremos en lo sucesivo.

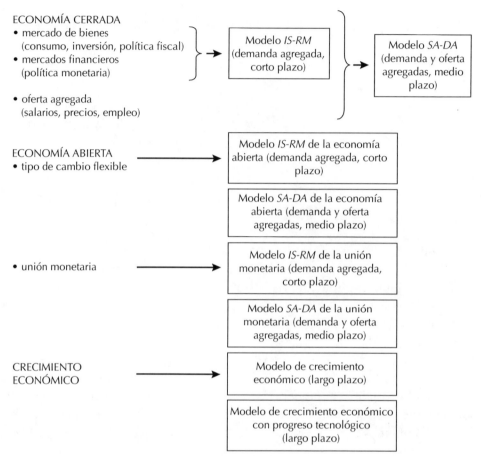

Figura 3.1. Esquema de los modelos desarrollados en el libro.

3.2 El escenario macroeconómico

Nuestro objetivo a lo largo del libro va a consistir en el análisis macroeconómico de una economía capitalista desarrollada, a través de un modelo representativo de una economía de tales características. Como mencionamos anteriormente, el modelo se irá presentando paso a paso comenzando por el más sencillo, que se irá complicando progresivamente.

La *actividad económica* en el modelo va a consistir en la producción de un bien agregado (esto es, representativo del conjunto de bienes que se producen en una economía), a partir de unas dotaciones iniciales de recursos o factores productivos. Como puede verse, prescindimos de los servicios, centrándonos en la producción de bienes, es decir, objetos tangibles.

En cuanto a los *factores productivos*, no vamos a considerar los recursos naturales, por lo que el modelo incluirá solamente dos: el capital, que va a ser un factor fijo cuyo nivel de utilización supondremos dado a corto y medio plazo; y el trabajo, que va a ser un factor variable cuyo nivel de utilización a corto y medio plazo va a ser proporcional al nivel de producción. La relación entre el nivel de producción y las cantidades utilizadas de los factores productivos va a constituir la tecnología de la economía. Como acabamos de mencionar, en el corto y medio plazo la tecnología del modelo vendrá dada por la relación de proporcionalidad entre el nivel de producción de la economía y el nivel de empleo de la fuerza de trabajo (que con frecuencia denominaremos abreviadamente «nivel de empleo»), dado el *stock* o volumen de capital de la economía. No obstante, en el largo plazo el capital pasará a ser un factor variable y la tecnología de la economía va a permitir la sustituibilidad entre trabajo y capital.

Si denominamos Y al *nivel de producción* en términos reales, y suponemos que en la economía existen n bienes, tendremos que:

$$Y = \frac{P_1}{P} Y_1 + \frac{P_2}{P} Y_2 + \ldots + \frac{P_n}{P} Y_n$$

donde Y_i y $\frac{P_i}{P}$ indican, respectivamente, el nivel de producción y el precio relativo del bien i, para todo $i = 1, \ldots, n$; siendo P el precio del bien agregado, al que denominaremos *nivel de precios* de la economía. Este bien agregado, por otra parte, se puede utilizar como bien de consumo, en cuyo caso desaparece en el periodo en que se produce; o como un bien de capital que se utilizará en la producción de otros bienes en un periodo posterior.

Vemos, por tanto, que el nivel de producción Y representa el nivel de actividad de la economía. Pero también va a representar el nivel de *renta nacional*, ya que ésta será igual a la suma de las remuneraciones de los factores productivos (en nuestro caso, capital y trabajo) utilizados en la producción del bien agregado. La producción, en fin, se va a llevar a cabo en el lado de la *oferta* de la economía.

Por lo que respecta al lado de la *demanda*, en él se va a llevar a cabo el *gasto*, cuyo objetivo es la satisfacción de las necesidades de los agentes económicos. A su vez, en el modelo van a actuar los siguientes *agentes económicos*:

a) Las *economías domésticas*, que son las propietarias de las empresas. Sus fuentes de ingresos son el trabajo, la propiedad de las empresas, así como la posesión de bonos. El objetivo de las economías domésticas es la maximización de su utilidad, sujeta a su restricción presupuestaria. Las decisiones que toman son: i) su nivel de consumo; ii) la distribución de su riqueza financiera entre dinero y bonos; y iii) la variación del nivel de salarios, en este caso a través de un proceso de negociación llevado a cabo por los sindicatos (pues, en cuanto trabajadores, las economías domésticas se organizan en sindicatos).

b) Las *empresas*, que son propiedad de las economías domésticas. Distribuyen todos sus beneficios entre los propietarios y poseen el capital de la economía. El objetivo de las empresas es la maximización de sus beneficios, sujeta a su restricción tecnológica. Las decisiones que toman son: i) su nivel de inversión; ii) los niveles de producción y empleo; y iii) la variación del nivel de precios, una vez negociada la variación del nivel de salarios con los sindicatos.

c) El *sector público* o *gobierno*, que obtiene ingresos a través de los impuestos, y lleva a cabo el gasto público (tanto de consumo como de inversión), así como pagos de transferencias a las economías domésticas. Es el propietario del banco central, que es la entidad responsable de la política monetaria. No obstante, en los países desarrollados el banco central suele disfrutar de un amplio grado de autonomía con el fin de evitar interferencias políticas en su funcionamiento. En la medida en que sus objetivos son políticos, las decisiones del sector público (o, más exactamente, las variables en las que se materializan) van a ser exógenas al modelo. Dichas decisiones se refieren a: i) política fiscal, esto es, la determinación de los niveles de impuestos, gasto público y transferencias, así como de la cantidad de bonos en circulación en la economía (y que sirven para financiar el exceso de pagos sobre ingresos o déficit público); y ii) política monetaria, esto es, el control de la cantidad de dinero en circulación en la economía, con objeto de determinar el nivel del tipo de interés.

d) Por último, en una economía abierta, habría que incluir un nuevo agente: el *sector exterior* o *resto del mundo*. Las transacciones del resto del mundo con los agentes económicos nacionales se recogen en la balanza de pagos si bien, tras las simplificaciones que se harán en su momento, en nuestro modelo la balanza de pagos quedará reducida a la balanza comercial más la balanza financiera, que recogerán las transacciones de bienes y de activos financieros, respectivamente. Al igual que en el caso del sector público, la actividad del sector exterior se considerará exógena al modelo (lo que significará que la economía nacional es lo suficientemente pequeña como para afectar a la actividad del resto del mundo). Este supuesto, no obstante, se relajará cuando se considere el caso de una unión monetaria, lo que implicará la construcción de un modelo para dos países simétricos.

A continuación haremos una breve referencia a la *riqueza* de las economías domésticas, esto es, el conjunto de los *activos* que éstas poseen. En el modelo hay tres tipos de activos.

El primero son los *activos reales*, es decir, los bienes de capital en poder de las empresas, pero cuya propiedad corresponde a las economías domésticas. La parte del gasto destinada a mantener y ampliar el *stock* de capital de la economía es la inversión. Como se verá en el Capítulo 4, supondremos que el volumen de capital existente se ajusta de manera instantánea al nivel óptimo o deseado.

Los otros dos activos van a ser *activos financieros*, que son instrumentos que representan simultáneamente un activo para sus poseedores y un pasivo para sus emisores. Los activos financieros son el dinero y los bonos, y volveremos sobre ellos en el Capítulo 5.

El *dinero* es el activo financiero generalmente aceptado en una economía para saldar las deudas que aparecen en las transacciones económicas. El dinero cumple tres funciones: medio de cambio (las deudas se saldan con dinero), unidad de cuenta (las deudas se contabilizan en términos de dinero) y depósito de valor (el dinero es una forma de mantener riqueza). A su vez, los *bonos* son certificados de deuda perpetua emitidos por el gobierno, mediante los cuales éste se obliga a pagar indefinidamente al poseedor del bono una cantidad constante por periodo. Los bonos son utilizados por el gobierno para financiar su déficit, es decir, el exceso de sus pagos sobre sus ingresos. La rentabilidad que proporcionan los bonos, expresada en porcentaje sobre su precio, se denomina *tipo de interés*, y estará relacionado inversamente con el precio del bono. Si llamamos R a la cantidad fija que promete pagar el bono en cada periodo y P_B al precio actual del bono, tendremos que:

$$i = \frac{R}{P_B}$$

donde i es el tipo de interés.

La rentabilidad nominal del dinero es nula, a diferencia de los bonos, que producen un rendimiento, el tipo de interés. Sin embargo, el dinero, a diferencia de los bonos, es plenamente líquido, ya que es utilizable en todo momento para saldar deudas. Por el contrario, si se quisieran utilizar los bonos, éstos deberían transformarse previamente en dinero, lo que tiene una serie de costes inherentes a la compra y venta de bonos, y que aparecen en forma de tiempo, esfuerzo y gastos de transacción. Así pues, la elección entre dinero y bonos (es decir, cómo distribuyen las economías domésticas su riqueza financiera entre ambos activos) es en última instancia una decisión entre liquidez, proporcionada por el dinero, y rentabilidad, proporcionada por los bonos.

Por otra parte, el dinero es un pasivo creado por el banco central como contrapartida a la adquisición de activos. Muy esquemáticamente, el proceso de creación del dinero actuaría de la siguiente forma. Los pasivos monetarios del banco central constituyen la *base monetaria*, que se origina a partir de factores autónomos y no autónomos. Los factores autónomos consisten en activos dados exógenamente al banco central, tales como las reservas internacionales, cuya variación refleja el saldo de la balanza de pagos; y los créditos concedidos al gobierno para financiar el déficit público, generados por necesidades de política fiscal. A su vez, los factores no autónomos, correspondientes a decisiones de política monetaria, consisten en las llamadas operaciones de mercado abierto, es decir, compras o ventas de bonos realizadas por el banco central al sector privado; y los créditos concedidos a los bancos comerciales. En términos del balance del banco central, la base monetaria se corresponde con el efectivo en manos del público y las reservas bancarias (esto es, la suma del efectivo en poder de los bancos comerciales y los depósitos mantenidos por éstos en el banco central). Así, podríamos definir la base monetaria de forma muy simplificada, atendiendo a sus factores de creación (determinados por los activos sobre el sector exterior y el sector público, y los créditos concedidos a los bancos comerciales) o bien a los usos dados a la misma (efectivo y reservas). Finalmente, las variaciones de la base monetaria se traducirán en variaciones de la oferta monetaria o cantidad de dinero existente en la economía.

Volviendo al mercado de bienes, éste se encontrará en *equilibrio* cuando se igualen la demanda y la oferta del bien agregado; o, lo que es lo mismo, cuando se igualen el gasto y la producción. Obsérvese que la igualdad entre demanda y oferta no ocurrirá necesariamente en todo momento. Sin embargo, cuando la demanda y la oferta no son iguales, se pondrá en marcha un mecanismo de ajuste hacia el equilibrio, a través de la variación no deseada de las existencias, que llevará a que el nivel de producción se termine acomodando a la demanda. Ahora bien, lo anterior se aplicaría al corto plazo, ya que en el medio plazo se produciría además un ajuste de los precios, de manera que una discrepancia entre demanda y oferta se traducirá en una variación de la producción acompañada de una variación de los precios, hasta que la oferta se acomode finalmente a la demanda. Ambos mecanismos de ajuste, a través de la variación no deseada de las existencias y a través del ajuste de los precios, se examinarán en los Capítulos 4 y 8, respectivamente.

Para finalizar, señalaremos que el análisis de la Parte II, es decir, la determinación del nivel de renta de equilibrio en el corto plazo, será de carácter estático. A continuación, en la Parte III se introduce la variación de los salarios y los precios a lo largo del tiempo, lo que nos permitirá contemplar el ajuste del nivel de producción efectivo al potencial en el medio plazo, a través de un sencillo análisis dinámico. A su vez, en la Parte IV se adapta a la economía abierta el contenido de las Partes II y III. Por último, el análisis del crecimiento económico a largo plazo que se presenta en la Parte V será plenamente dinámico.

La nomenclatura que utilizaremos en el análisis dinámico será la siguiente: un punto encima de una variable indica su tasa de variación; el símbolo Δ, la variación de la variable en cuestión, y el subíndice -1, el valor de una variable al final del periodo anterior (o, lo que es lo mismo, al inicio del periodo actual). Así, por ejemplo, para el caso del nivel de precios, su tasa de variación (o, lo que es lo mismo, la tasa de inflación) vendría dada por $\dot{P}$, donde $\dot{P} \equiv \dfrac{\Delta P}{P_{-1}}$, siendo $\Delta P \equiv P - P_{-1}$, y P_{-1} el nivel de precios a comienzos del periodo considerado.

3.3 Producción potencial y producción efectiva

El nivel de producción al que nos referíamos en la sección anterior es el nivel de producción *efectivo*, esto es, el realmente producido y que vendría medido por el producto nacional que veíamos en el Capítulo 2. Ahora bien, el nivel de producción efectivo no tiene por qué coincidir con el *potencial*.

Definiremos el *nivel de producción potencial* como el máximo nivel de producción que la economía puede sostener en el largo plazo, dadas las restricciones naturales, tecnológicas e institucionales a las que está sujeta dicha economía. El nivel de producción potencial se obtiene a partir del pleno empleo de todos los recursos productivos disponibles, es decir, sin que exista capacidad productiva ociosa; y se va a corresponder con un punto sobre la frontera de posibilidades de producción.

Obsérvese que, en la práctica, la existencia de pleno empleo es compatible con la existencia de un cierto volumen de desempleo: el denominado paro friccional, esto es, el que coexiste con un cierto número de puestos de trabajo vacantes. El desempleo friccional ocurre al estar los trabajadores en permanente movilidad de un puesto de trabajo a otro, ya que pueden cambiar de empresa, de región, de categoría profesional, de condiciones de trabajo, o incluso pueden pasar de activos a inactivos o viceversa. El desempleo friccional existe porque tanto los puestos de trabajo como los trabajadores son heterogéneos, lo que se traduce en problemas de ajuste e información que están en el origen del desempleo friccional.

En la medida en que el nivel de producción efectivo no coincida con el potencial, se considera deseable acercar el primero al segundo; especialmente cuando el efectivo es inferior al potencial, lo que vendría asociado con la existencia de capacidad productiva ociosa y desempleo involuntario de la fuerza de trabajo. En este sentido, el objetivo de la política económica de estabilización sería mantener el nivel de producción efectivo en el mismo nivel o alrededor del nivel de producción potencial.

Lo anterior se puede expresar de manera alternativa, utilizando el concepto de *output gap* o brecha de producción. Si denominamos $\overline{Y}$ al nivel de producción potencial, el *output gap* se define como la desviación del nivel de producción efectivo respecto a su nivel potencial en términos relativos de este último, esto es $\left(\dfrac{Y - \overline{Y}}{\overline{Y}} \right)$.

Así pues, el objetivo de la política económica de estabilización sería minimizar el *output gap*.

Cuando la producción efectiva es mayor que la potencial tiene lugar un incremento de la inflación, pues la demanda es mayor que la producción; suben los precios debido a la escasez de trabajo y otros recursos, dada la tecnología disponible, ya que la economía opera al límite de su capacidad. Por el contrario, cuando la producción efectiva se encuentra por debajo de la potencial la inflación disminuye, pues la demanda es menor que la producción; en este caso bajan los precios debido al exceso de capacidad productiva. Solamente cuando la producción efectiva es igual que la potencial la tasa de inflación tenderá a ser constante.

¿Cuáles van a ser los factores explicativos del nivel de producción? Como veremos en capítulos posteriores, en el corto plazo el nivel de producción se determina a partir de los distintos componentes de la demanda agregada: el consumo, la inversión, la política fiscal, y la política monetaria. A su vez, en el medio plazo el nivel de producción se determina a partir de variables correspondientes a la oferta agregada: la tecnología, la población activa, los aspectos institucionales del mercado de trabajo, y la política fiscal por el lado de la oferta; a las que habría que añadir, en una economía abierta, la variación del tipo de cambio real y el grado de apertura de la economía. De esta forma, una vez completado el ajuste a través de la variación de los precios, el nivel de producción efectivo se igualará con el potencial y la tasa de inflación permanecerá constante. Finalmente, en el largo plazo el crecimiento del nivel de producción se explica a partir del crecimiento de la población, la acumulación de capital, y el progreso tecnológico; más recientemente se ha subrayado también el papel de otros factores tales como la educación, los gastos en investigación y desarrollo, y la calidad de las instituciones.

3.4 Sobre el método a seguir

En el análisis que desarrollaremos en los siguientes capítulos tomaremos como punto de partida una situación de *equilibrio*, una vez diseñado el modelo en sus diferentes versiones (de la más sencilla a la más compleja). En una situación de equilibrio, se igualarán la demanda y la oferta en el mercado de bienes, al tiempo que se cumplirá la regla monetaria del banco central; y, en el medio plazo, este escenario será compatible asimismo con los mecanismos de formación de salarios y precios. Aparte de permitir simplificar el análisis, este supuesto se justificaría fundamentalmente por dos motivos. El primero sería la existencia en el modelo de mecanismos automáticos que llevarían a la economía al equilibrio en ausencia de éste; nos referimos a la variación no deseada de las existencias y al ajuste de los precios, anteriormente mencionados. El segundo motivo sería el hecho de que, una vez alcanzado el equilibrio, éste tendería a mantenerse ya que se cumplirían los planes de los agentes.

Así pues, suponiendo que partimos de una situación de equilibrio, a continuación se realizarán ejercicios de *estática comparativa*. Es decir, lo que se hará es comparar dos situaciones de equilibrio estático, correspondientes al antes y al después de la ocurrencia de una *perturbación*, esto es, de un cambio en una variable exógena del modelo. En particular, en el modelo desarrollado a lo largo de este libro:

- En el corto plazo, las perturbaciones se originarán en el lado de la demanda agregada, y serán de dos tipos:
  — Perturbaciones en la demanda interna de bienes, originadas, bien en el consumo autónomo o en la inversión autónoma, o bien en la política fiscal (a través de variaciones del gasto público, las transferencias o los impuestos sobre la renta).
  — Perturbaciones monetarias, originadas en la política monetaria (a través de variaciones del objetivo establecido para la tasa de inflación).
- En el medio plazo, habría que añadir las perturbaciones que tienen lugar en el lado de la oferta agregada, originadas a su vez en las variables representativas del poder de mercado de trabajadores y empresas (que afectan a la determinación de los salarios y los precios, respectivamente), la productividad del trabajo, el tamaño de la población activa, y la política fiscal por el lado de la oferta (a través de variaciones de los tipos de cotizaciones a la seguridad social, los impuestos sobre los salarios, o los impuestos indirectos).
- En una economía abierta habría que añadir también las perturbaciones exteriores, que incluyen las que afectan a la balanza comercial y las que afectan a la balanza financiera.
- Por último, en el largo plazo centraremos nuestra atención en aquellas perturbaciones que se traducen en variaciones de la tasa de ahorro (como variable representativa de la acumulación de capital), y de la tasa de progreso tecnológico.

Obsérvese que las perturbaciones designadas como «políticas» (la política monetaria, y la política fiscal, tanto por el lado de la demanda como por el de la oferta) tendrían su origen en actuaciones del sector público; mientras que el resto de las perturbaciones se originarían en actuaciones del sector privado. Y en particular, dentro del sector privado, las perturbaciones que afectasen al consumo y el ahorro, el poder de mercado de los trabajadores, la población activa, y las relaciones con el resto del mundo, se corresponderían con actuaciones de las economías domésticas; mientras que aquellas que afectasen a la inversión, el poder de mercado de las empresas, y la tecnología, se corresponderían con actuaciones de las empresas.

En la Figura 3.2 se muestra el desarrollo progresivo del modelo, desde su versión más sencilla a la más compleja. Comenzando por el caso de una economía cerrada en la Parte II, partimos de la versión más simple, el modelo renta-gasto, que incorpora únicamente el mercado de bienes (Capítulo 4). La introducción de los mercados financieros (Capítulo 5) nos permite obtener el modelo *IS-RM*, que incorpora el conjunto de la demanda agregada en una economía cerrada (Capítulo 6). Este modelo se puede ampliar de dos formas alternativas, lo que se lleva a cabo en las Partes III y IV, respectivamente. La primera sería mediante la introducción de la oferta agregada (Capítulo 7), lo que da lugar al modelo *SA-DA*, que es un modelo completo de oferta y demanda agregadas en una economía cerrada (Capítulo 8). La segunda consistiría en introducir el sector exterior, dando lugar al modelo *IS-RM* de la economía abierta, que incorpora el conjunto de la demanda agregada en una economía abierta (Capítulo 9). El paso siguiente sería integrar simultáneamente en el modelo *IS-RM* la oferta agregada y el sector exterior, lo que nos permite obtener el modelo *SA-DA* de la economía abierta, un modelo completo de oferta y demanda agregadas en una economía abierta (Capítulo 10). Los anteriores modelos de la economía abierta se refieren al caso de una economía pequeña con tipo de cambio flexible; cuando consideramos alternativamente el caso en el que la economía estudiada y el resto del mundo forman una unión monetaria, tendríamos los modelos *IS-RM* y *SA-DA* de la unión monetaria (Capítulo 11).

Por último, mencionaremos que en la Parte V analizamos el incremento continuado del nivel de producción, esto es, el crecimiento económico, pero en este caso a través de modelos diseñados específicamente para ello (Capítulo 12).

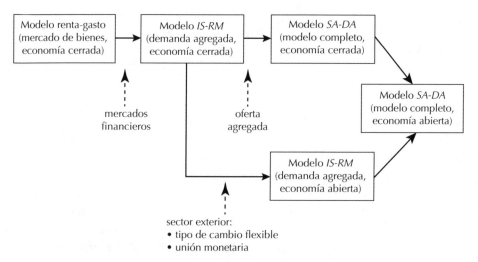

Figura 3.2. Desarrollo progresivo del modelo.

Ejercicios

1. Partiendo de una situación de desequilibrio en el mercado de bienes, ¿cómo funciona el mecanismo de ajuste al equilibrio?
2. ¿Cuál es el objetivo de la política económica de estabilización?
3. Teniendo en cuenta los supuestos básicos del modelo presentado en el capítulo, ¿en qué consiste una perturbación?

Soluciones

1. Ante una situación de desequilibrio, es decir, cuando no se igualan la demanda y la oferta de bienes, se pone en marcha un mecanismo de ajuste hacia el equilibrio, que funciona de forma distinta si se trata del corto o del medio plazo. En el corto plazo, se producirá una variación no deseada de las existencias, que llevará a que el nivel de producción se termine acomodando a la demanda. A medio plazo se producirá además un ajuste de los precios, de forma que las discrepancias entre demanda y oferta se traducirán en una variación de la producción, pero también en una variación de los precios, hasta que la oferta se acomode finalmente a la demanda.
2. El objetivo de la política económica de estabilización sería mantener el nivel de producción efectivo en el mismo nivel o alrededor del nivel de producción potencial. Dicho de otra forma, minimizar el *output gap* o brecha de producción. Al perseguir dicho objetivo se conseguiría, además, que la tasa de inflación fuese constante, pues cuando la producción efectiva es mayor que la potencial tiene lugar un incremento de la inflación, mientras que cuando la producción efectiva se encuentra por debajo de la potencial la inflación disminuye.
3. Las perturbaciones se producen cuando se altera una variable exógena del modelo. Así, en el corto plazo nos vamos a encontrar con perturbaciones que afectan a la demanda interna de bienes, entre las que se encuentran las provocadas por la política fiscal, y las perturbaciones originadas por la política monetaria. A medio plazo, habría que añadir las perturbaciones que tienen lugar en el lado de la oferta agregada. Y a largo plazo, las que provocan variaciones de la tasa de ahorro y de la tasa de progreso tecnológico. Todo ello para el caso de una economía cerrada, pero si consideramos el escenario de una economía abierta habría que añadir las perturbaciones exteriores, esto es, las que afectan a la balanza comercial y a la balanza financiera.

Bibliografía recomendada

Los conceptos fundamentales de la teoría económica tradicional, las principales escuelas de pensamiento, los organismos institucionales que configuran la estructura económica internacional, así como las herramientas básicas del análisis económico, aparecen descritos de forma clara y rigurosa en:

David W. Pearce (ed.): *The MIT Dictionary of Modern Economics* (4.ª edición), The MIT Press, Cambridge, MA, 1992.

Parte II
El corto plazo

El objetivo de la Parte II es el análisis de la determinación del nivel de renta de equilibrio de una economía en el corto plazo, a través del modelo *IS-RM*. Este modelo incorpora únicamente la demanda agregada, esto es, el mercado de bienes y los mercados financieros, donde los precios son constantes; más exactamente, va a suponer que los precios son rígidos a corto plazo (es decir, se ajustan lentamente en respuesta a una perturbación). En el corto plazo, las fluctuaciones del nivel de actividad (es decir, las desviaciones del nivel de renta de equilibrio con respecto al nivel de producción potencial) se explican a partir de la aparición de perturbaciones originadas en la demanda agregada.

El mercado de bienes, que incluye la demanda de consumo (llevada a cabo por las economías domésticas), la demanda de inversión (llevada a cabo por las empresas) y la política fiscal (llevada a cabo por el gobierno) se estudia en el Capítulo 4. Los mercados financieros y, en particular, la determinación del tipo de interés a través de la política monetaria (llevada a cabo por el banco central) se estudian en el Capítulo 5. Finalmente, el mercado de bienes y los mercados financieros se integran en el modelo completo de la demanda agregada o modelo *IS-RM* en el Capítulo 6.

4 MERCADO DE BIENES: CONSUMO, INVERSIÓN Y POLÍTICA FISCAL

4.1 Introducción

En el Capítulo 2 se examinaba el concepto de producto nacional y se presentaban sus métodos de cálculo: el de la renta y el del gasto. En este capítulo realizaremos una primera aproximación al estudio de cómo se determina la producción, a través de la demanda agregada en el mercado de bienes.

Para obtener la renta de equilibrio, construiremos el modelo renta-gasto que es el modelo más simple de determinación del nivel de renta, donde se verá cómo la demanda agregada es la que determina el nivel de producción. Dado que la demanda agregada es la cantidad total de bienes que los agentes económicos adquieren, hemos de tener en cuenta la actividad que realizan los agentes de la economía. Ya vimos en el Capítulo 2 que, por lo que respecta al sector privado, las economías domésticas realizan gasto de consumo y las empresas realizan gasto de inversión, por lo que tendremos que estudiar cómo se determinan ambos. En cuanto a la actividad del sector público o gobierno, supondremos que éste realiza gasto público en forma de compras de bienes a las empresas, concede transferencias a las economías domésticas y recauda impuestos para financiar el gasto público y las transferencias. Supondremos, además, que sus decisiones son esencialmente políticas por lo que no analizaremos el proceso de toma de decisiones del gobierno, de manera que las variables representativas de su actividad serán exógenas. Finalmente, en esta primera parte del libro, consideraremos el caso de una economía cerrada, por lo que prescindiremos del sector exterior.

Así pues, en el presente capítulo comenzaremos estudiando los componentes de la demanda agregada y la interacción que existe entre ésta y el nivel de producción de equilibrio. Seguidamente, estableceremos los supuestos que caracterizarán la actividad del gobierno y describiremos el modo en que ésta puede afectar a los niveles de producción y renta a través de la política fiscal. A continuación, derivaremos la función de consumo pero no la función de inversión, pues supondremos que ésta se determina de forma exógena; lo que nos permitirá presentar el modelo renta-gasto. Posteriormente, cuando introduzcamos la función de inversión, estaremos en condiciones de obtener la función *IS* que representa el equilibrio en el mercado de bienes en función del tipo de interés. El tipo de interés, a su vez, será el nexo con los mercados financieros que se estudiarán en el Capítulo 5.

4,2 La demanda agregada y la producción de equilibrio

Para construir nuestro modelo de determinación del nivel de producción o renta, realizaremos los siguientes supuestos simplificadores:

- No existe sector exterior, con lo que el *PN*, de acuerdo con lo visto en el Capítulo 2, vendría dado por la siguiente identidad macroeconómica:

$$C + I + G \equiv PN \equiv C + S + T$$

El sector exterior se introducirá en el Capítulo 9.
- Los precios estarán dados y, por tanto, serán constantes. La variabilidad del nivel de precios se introducirá en el Capítulo 7.

Dado que las empresas pueden ofrecer cualquier cantidad de producto al nivel de precios existente, lo que determinará el nivel de producción será la *demanda agregada planeada*, Y^d, que se define como la cantidad total de bienes que los agentes económicos desean adquirir. Por tanto, las empresas ajustarán sus niveles de producción de acuerdo con Y^d.

Llegados a este punto es preciso distinguir entre el concepto económico de demanda agregada y el concepto contable. Desde el punto de vista económico la demanda agregada planeada es la cantidad de bienes que los agentes desean adquirir, viene dada por la ecuación de equilibrio $Y = C^p + I^p + G^p$ (donde el superíndice p indica planeado) y se compone del consumo que las economías domésticas planean llevar a cabo, C^p, de la inversión planeada por las empresas, I^p, y del gasto público planeado por el gobierno, G^p. Desde la perspectiva contable, la demanda agregada es la cantidad de bienes efectivamente adquiridos, y viene dada por la identidad contable $Y \equiv C + I + G$, que es la que estudiamos en el Capítulo 2, donde C, I y G hacen referencia a cantidades realizadas.

En general, supondremos que los planes de consumo y de gasto público siempre se realizan por lo que, en situaciones de desequilibrio, la inversión será la variable que se ajuste. Este ajuste se lleva a cabo a través de la inversión no planeada en existencias, I^{np}, garantizando así que, aunque las empresas no vendan exactamente lo que producen, el gasto nacional sea igual al producto nacional. Si la producción fuera mayor (menor) que las ventas, se produciría un aumento (disminución) no deseado de las existencias, con lo que I^{np} sería positiva (negativa). Es decir, supondremos que en todo momento: $C^p = C$ y $G^p = G$, mientras que $I^p = I$ sólo ocurrirá en equilibrio cuando $I^{np} = 0$, puesto que en situaciones de desequilibrio la inversión no planeada en existencias es la variable de ajuste y por tanto $I^{np} \neq 0$. En otras palabras, desde el punto de vista contable la demanda agregada es la demanda agregada realizada, que puede incluir variaciones involuntarias, inesperadas o no planeadas de existencias. La relación del concepto económico con el contable viene dada por:

$$\boxed{\text{Producción} \equiv \text{Gasto realizado} \equiv \text{Gasto planeado} + \text{Ajuste involuntario de existencias}}$$

Nótese que en el resto de este capítulo, con objeto de simplificar la notación, en la medida en que consideremos situaciones de equilibrio en el mercado de bienes, designaremos por I a la inversión independientemente de que sea realizada o planeada, ya que ambas coincidirán. Solamente en presencia de desequilibrio en el mercado de bienes, I no coincidirá con I^p, siendo $I^{np} \neq 0$; pero esta situación será meramente provisional, ya que el mismo ajuste involuntario de existencias hará que se alcance el equilibrio (véase más adelante la Figura 4.3).

4.3 La política fiscal

Por lo que respecta al sector público o gobierno, supondremos que la actividad del mismo se caracterizará por:

a) Realizar una parte de la demanda agregada total, el *gasto público*, G.
b) Realizar *transferencias* a las economías domésticas, TR.
c) Financiar el gasto público y las transferencias a través de la recaudación de *impuestos directos*, T_d. Supondremos inicialmente que los impuestos son una cantidad fija, para pasar después a suponer que son proporcionales a la renta, esto es, $T_d = t\,Y$, siendo t el *tipo impositivo*.

Por último, supondremos que no existen impuestos indirectos ni subvenciones, por lo que el producto nacional al coste de los factores será igual al producto nacional a precios de mercado.

La intervención del gobierno en la economía mediante la recaudación de impuestos, y la realización del gasto público y las transferencias, constituye la *política fiscal.* En particular, en este libro nos centraremos en la función estabilizadora por lo que no vamos a estudiar otras funciones tradicionales de la política fiscal tales como la función asignativa y la redistributiva. Así como la asignación de bienes y servicios públicos se lleva a cabo generalmente a través del gasto público, la redistribución y la estabilización dependen también del sistema impositivo y las transferencias. A su vez, a diferencia de la redistribución, orientada a corregir desequilibrios estructurales y reducir disparidades regionales, la estabilización tiene como objetivo primordial corregir las fluctuaciones de la economía. Por tanto, en nuestro modelo el objetivo de política económica de las autoridades fiscales será el de contrarrestar las fluctuaciones del nivel de actividad, intentando acercar el nivel de renta efectivo de la economía, Y, a su nivel potencial, $\bar{Y}$.

El gobierno podrá influir sobre los niveles de producción y renta de la economía cuando determine los niveles de G, T_d o t y TR, es decir, los instrumentos de la política fiscal. En este libro nos centraremos en analizar los efectos de la política fiscal, pero no del proceso de toma de decisiones del gobierno; por tanto, los instrumentos de dicha política van a ser variables exógenas en nuestro modelo. Por otra parte, las medidas de política fiscal pueden tener carácter discrecional, cuando suponen una simple variación de los niveles de gasto público, impuestos y transferencias por parte del gobierno, debido a decisiones autónomas de éste. Sin embargo, la política fiscal también puede actuar de forma automática, a través de los llamados *estabilizadores automáticos*; es decir, instrumentos que varían con el nivel de actividad y contrarrestan de manera automática las fluctuaciones de ésta. En el marco de nuestro modelo, los impuestos directos proporcionales a la renta, $T_d = t\,Y$, constituirían un ejemplo de estabilizador automático; de manera que un nivel de actividad mayor implicaría una reducción del déficit público, debido a una mayor recaudación impositiva, lo que a su vez se traduciría en una disminución de la actividad, compensando de esta forma el aumento inicial.

Análogamente, por el lado del gasto público o las transferencias, aunque hayamos supuesto que son variables exógenas en nuestro modelo, podríamos citar el subsidio de desempleo como ejemplo de estabilizador automático. Así, ante un descenso del nivel de actividad que llevase aparejado un aumento de la tasa de paro, aumentarían las transferencias recibidas por los individuos en paro gracias al subsidio de desempleo; de esta forma, dependiendo del grado de cobertura proporcionado por el subsidio, se podría paliar una parte de los efectos negativos del descenso del nivel de actividad.

Recuadro 4.1. La política fiscal en España.

El sector público español ha experimentado en los últimos treinta años una transformación radical.[1] Un primer aspecto a destacar es el intenso proceso de descentralización territorial experimentado desde la restauración de la democracia a finales de los años 1970. Así, en 2008, de acuerdo con los datos de la Intervención General de la Administración del Estado del Ministerio de Economía y Hacienda, del total del gasto consolidado de las Administraciones Públicas (esto es, el conjunto del sector público), el gasto de la Administración Central apenas supone algo más de un 21% y la Seguridad Social (que gestiona la parte principal del Estado de bienestar) ha visto reducida su participación a cerca de un 29%, mientras que las Comunidades Autónomas aglutinan ya un 37% del total, correspondiendo el 13% restante a las Corporaciones Locales. Ello contrastaría con la situación de treinta años antes, cuando el gasto de la Administración Central suponía casi un 50% del total, correspondiendo el resto a la Seguridad Social (40%) y las Corporaciones Locales (10%).

Por otra parte, tanto el gasto público como los ingresos públicos han registrado un extraordinario incremento desde la restauración de la democracia, en términos absolutos y relativos. En el caso del gasto público, ello se debió básicamente, en un primer momento, al desarrollo de un moderno Estado de bienestar, y más adelante también al incremento de la inversión en infraestructuras; mientras que en el caso de los ingresos públicos, habría que citar en primer lugar la reforma fiscal de 1977, que permitió el establecimiento de un moderno impuesto personal sobre la renta, y posteriormente la implantación del impuesto sobre el valor añadido tras el ingreso en la actual Unión Europea (UE) en 1986.

La composición por principales partidas del gasto y los ingresos públicos, también para el año 2008, se presenta en los Cuadros 4.1 y 4.2. Dentro del gasto corriente (esto es, el que se consume en el periodo), el consumo final supone por sí solo alrededor de un 50% del gasto público total. Aproximadamente la mitad del consumo final viene dada por la remuneración de los trabajadores del sector público, correspondiendo el resto a las compras de bienes y servicios llevadas a cabo por el sector público, las transferencias

---

[1] Una exposición más detallada de las principales cuestiones discutidas en esta nota, puede encontrarse en Oscar Bajo Rubio: «El marco de la política fiscal en España: Sostenibilidad del déficit público e implicaciones de la UEM», *Información Comercial Española*, n.º 837, julio-agosto de 2007, págs. 57-70.

sociales en especie (básicamente, los gastos en educación y sanidad) y los intereses de la deuda pública. La siguiente partida en importancia dentro del gasto corriente son las prestaciones sociales distintas a las transferencias en especie, que representan un 30% del gasto público total e incluyen fundamentalmente el gasto en pensiones y el subsidio de desempleo. Por último, el gasto de capital (esto es, el que permanece varios periodos) supone alrededor de un 13% del gasto público total e incluye la inversión pública destinada al desarrollo de las infraestructuras.

A su vez, más del 90% de los ingresos totales del sector público español se obtiene a partir de tres fuentes: las cotizaciones sociales, destinadas a financiar la Seguridad Social (un 35% de los ingresos públicos totales en 2008); los impuestos sobre la renta y el patrimonio, fundamentalmente los impuestos sobre la renta de las personas físicas y de sociedades (29% del total); y los impuestos sobre la producción y las importaciones, esto es, el impuesto sobre el valor añadido, más los impuestos especiales sobre gasolinas, alcoholes, tabaco, etc. (27% del total).

En el Cuadro 4.3 se muestran los valores del gasto público total, los ingresos públicos totales, el saldo presupuestario (capacidad o necesidad de financiación de las Administraciones Públicas) y la deuda consolidada de las Administraciones Públicas, en todos los casos en porcentaje del PIB. Las cifras se ofrecen desde 1999, para España, la zona euro y el conjunto de la UE (UE-27).

A pesar del intenso crecimiento experimentado en los últimos treinta años, el gasto público sigue estando en términos de PIB por debajo de las cifras de la zona euro y la UE-27. Algo parecido cabría decir de los ingresos públicos, que también registraron un notable incremento durante este periodo, si bien la presión fiscal (es decir, la proporción ingresos públicos-PIB) sigue por debajo de los niveles de la zona euro y la UE-27. Por otra parte, como se aprecia en el cuadro, tras la crisis económica que comenzó en 2008, el gasto público aumenta y los ingresos públicos disminuyen (en ambos casos, en mayor cuantía que en la zona euro y la UE-27). Ello se explica en buena parte por la evolución de los estabilizadores automáticos, así como por la adopción en los primeros momentos de medidas de estímulo con objeto de paliar los efectos iniciales de la crisis.

La evolución de los gastos e ingresos públicos se refleja en el saldo presupuestario, esto es, el déficit o superávit del sector público. Tras el intenso proceso de consolidación fiscal registrado en los años anteriores, que permitió a la economía española acceder desde el primer momento a la

Unión Económica y Monetaria, el déficit público se mantuvo en niveles muy reducidos, alcanzándose incluso superávit entre 2005 y 2007. Sin embargo, el crecimiento de los gastos y la caída de los ingresos, asociados con la actual crisis, se han traducido en un extraordinario incremento del déficit público, llegando en 2009 a un 11% del PIB, muy por encima de los valores medios de la zona euro y la UE-27. La deuda pública, por otra parte, si bien aumenta a raíz de la crisis, se sigue manteniendo en niveles relativamente moderados, por debajo de la media de la zona euro y la UE-27.

¿Ha sido efectiva la política fiscal a la hora de influir sobre los niveles de actividad? Un procedimiento empleado con bastante frecuencia para contestar esta pregunta consiste en analizar los efectos de perturbaciones exógenas de política fiscal sobre las principales variables macroeconómicas, utilizando la metodología de vectores autorregresivos (VAR). Para el caso español, de Castro y Hernández de Cos obtienen un efecto positivo de un incremento del gasto público o una disminución de impuestos sobre el PIB en el corto plazo, efecto que se convertiría en negativo a medio y largo plazo (aproximadamente, a partir del cuarto año). En el Capítulo 8 examinaremos las razones por las que los efectos de la política fiscal tienden a revertirse en el medio y largo plazo. No obstante, como señalan estos mismos autores, aunque la metodología VAR sería un instrumento de predicción útil en el corto plazo, su precisión disminuye para horizontes más largos, por lo que los resultados anteriores deberían interpretarse con cuidado.[2]

Otro aspecto de interés es la sostenibilidad en el tiempo del déficit público. Aunque la financiación del déficit público y su sostenibilidad se examinan con mayor detalle en el Capítulo 6, señalaremos aquí que, en principio, un déficit público puede ser sostenible a corto plazo siempre que el gobierno se pueda endeudar. Sin embargo, si el déficit se hace persistente en el tiempo, cabe la posibilidad de que el gobierno sea incapaz de hacer frente al pago de su deuda acumulada. Más aún, en la medida en que un aumento del déficit público suele venir acompañado de un incremento en los tipos de interés (el conocido como efecto desplazamiento o *crowding out* que estudiaremos en el Capítulo 6), estos tipos de interés más elevados pueden tener un efecto contractivo sobre la actividad económica, y a más largo plazo afectar negativamente al crecimiento económico. En general, los estudios empíricos disponibles encuentran que el déficit público español ha sido sostenible en el largo plazo.

---

[2] Francisco de Castro y Pablo Hernández de Cos: «The economic effects of fiscal policy: The case of Spain», *Journal of Macroeconomics*, vol. 30, septiembre de 2008, págs. 1005-1028.

Por otra parte, la sostenibilidad del déficit público se ha analizado también considerando la posibilidad de que el comportamiento de las autoridades fiscales fuese no lineal, en el sentido de que éstas ajustarían el déficit únicamente cuando la diferencia entre gastos e ingresos superase un determinado umbral, asegurando así la sostenibilidad del déficit en el largo plazo.

Estas cuestiones han sido examinadas por Bajo, Díaz y Esteve, para el periodo 1964-2003. El umbral estimado en este caso es 5,3, lo que indicaría que sólo cuando la proporción déficit público-PIB excediese el 5,3% las autoridades ajustarían el déficit público; en otras palabras, las autoridades fiscales habrían ajustado el déficit público únicamente cuando éste fue «demasiado grande», siendo el umbral estimado de un 5,3% del PIB. En particular, el principal esfuerzo de consolidación fiscal habría ocurrido al final de la primera mitad de los años 1980, y en el periodo 1993-1995.[3]

Cuadro 4.1. Estructura de los gastos de las Administraciones Públicas en España, 2008.

	millones de €	% del total	% del PIB
Empleos corrientes			
Consumo final	222.848	49,9	20,5
Consumos intermedios	59.829	13,4	5,5
Remuneración de asalariados	117.641	26,3	10,8
Intereses	17.202	3,8	1,6
Transferencias sociales en especie	28.176	6,3	2,6
Prestaciones sociales distintas a las transferencias en especie	135.460	30,3	12,4
Subvenciones	11.687	2,6	1,1
Otros	18.681	4,2	1,7
Empleos de capital			
Formación bruta de capital	41.642	9,3	3,8
Transferencias de capital a pagar	14.850	3,3	1,4
Otros	1.742	0,4	0,1
TOTAL GASTOS	446.910	100,0	41,0

Fuente: Intervención General de la Administración del Estado.

---

[3] Oscar Bajo Rubio, Carmen Díaz Roldán y Vicente Esteve: «Is the budget deficit sustainable when fiscal policy is non-linear? The case of Spain», *Journal of Macroeconomics*, vol. 28, septiembre de 2006, págs. 596-608.

Cuadro 4.2. Estructura de los ingresos de las Administraciones Públicas en España, 2008.

	millones de €	% del total	% del PIB
Recursos corrientes			
Impuestos sobre la producción y las importaciones	107.641	26,7	9,9
Impuestos sobre la renta y el patrimonio	117.483	29,2	10,8
Cotizaciones sociales	143.043	35,5	13,1
Otros	32.243	8,0	3,0
Recursos de capital			
Transferencias de capital a cobrar	2.267	0,6	0,2
TOTAL INGRESOS	402.677	100,0	37,0

Fuente: Intervención General de la Administración del Estado.

Cuadro 4.3. Gasto público, ingresos públicos, saldo presupuestario y deuda pública en España, la zona euro y la UE-27, 1999-2009 (% del PIB).

	Gasto público			Ingresos públicos			Saldo presupuestario			Deuda pública		
	España	zona euro	UE-27	España	zona euro	UE-27	España	zona euro	UE-27	España	zona euro	UE-27
1999	39,9	48,2	46,8	38,4	46,8	45,8	−1,4	−1,4	−1,0	62,3	71,5	65,8
2000	39,1	46,2	45,2	38,1	46,3	45,4	−1,0	0,1	0,2	59,3	68,8	61,9
2001	38,6	47,3	46,2	38,0	45,4	44,8	−0,7	−1,8	−1,4	55,5	68,4	61,0
2002	38,9	47,6	46,7	38,4	45,0	44,2	−0,5	−2,6	−2,5	52,5	68,2	60,4
2003	38,4	48,1	47,3	38,2	45,0	44,1	−0,2	−3,1	−3,1	48,7	69,4	61,9
2004	38,9	47,6	46,9	38,5	44,6	44,0	−0,4	−3,0	−2,9	46,2	69,8	62,2
2005	38,4	47,4	46,9	39,4	44,8	44,4	1,0	−2,6	−2,5	43,0	70,4	62,8
2006	38,4	46,7	46,4	40,4	45,4	44,9	2,0	−1,3	−1,5	39,6	68,7	61,4
2007	39,2	46,1	45,8	41,1	45,5	44,9	1,9	−0,6	−0,8	36,2	66,2	58,8
2008	41,1	47,0	46,9	37,0	45,0	44,6	−4,1	−2,0	−2,3	39,7	69,7	61,6
2009	45,9	50,7	50,7	34,7	44,4	43,9	−11,2	−6,3	−6,8	53,2	78,7	73,6

Fuente: Eurostat.

4.4 El consumo

La función agregada de consumo privado aparece por primera vez en la *Teoría General* de Keynes.[1] Utilizaremos la versión más simple, considerando las siguientes hipótesis:

1. El consumo es función de la *renta disponible*, Y_D, esto es, la renta total del periodo, menos los impuestos directos netos de transferencias,[2] $T \equiv T_d - TR$, tal como vimos en el Capítulo 2:
$$Y_D \equiv Y - T$$
2. Una variación de la renta disponible se traduce en una variación del consumo del mismo signo, pero de menor magnitud; es decir:
$$0 < c < 1$$
donde $c \equiv \dfrac{\Delta C}{\Delta Y_D}$ es la llamada propensión marginal al consumo, positiva e inferior a la unidad, que se define como la variación que experimenta el consumo en respuesta a una variación de la renta disponible.

Así pues, vamos a suponer que el consumo de las economías domésticas depende positivamente de su renta disponible, Y_D, de acuerdo con la siguiente función:

$$C = C_A + c\, Y_D$$

donde C_A es el consumo autónomo, es decir, el consumo correspondiente al nivel mínimo de subsistencia, con independencia del nivel de renta; y c es la propensión marginal al consumo. Supondremos, además, que C_A recoge adicionalmente el efecto de las expectativas sobre la renta futura (y, en general, el grado de confianza de los consumidores) que podemos considerar exógenas a corto plazo. Si sustituimos la definición de renta disponible, la función de consumo resultante es:

$$C = C_A + c\,(Y - T) \tag{1}$$

En la Figura 4.1 se representa gráficamente la función de consumo dada por la ecuación (1). Su pendiente viene dada por c que, como hemos visto. es menor que la unidad, mientras que la ordenada en el origen es $C_A - cT$. Por tanto, la posición de la función de consumo dependerá de las variables exógenas C_A y T, cuyas variaciones darían lugar a desplazamientos paralelos de la función de consumo.

---

[1] John Maynard Keynes: *The general theory of employment, interest and money*, Macmillan, Londres, 1936.
[2] Recuérdese que estamos suponiendo que $T_i = Sub = 0$.

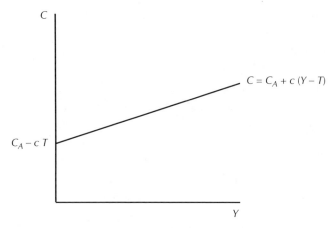

Figura 4.1. La función de consumo.

La función agregada de consumo privado desarrollada en la *Teoría General* de Keynes experimentó, posteriormente, un desarrollo notable basado en el análisis microeconómico del comportamiento del consumidor. Se partía del hecho de que la función que recoge las decisiones de consumo la obtiene cada agente individual maximizando su función de utilidad, que depende del consumo que realiza en el periodo actual y en el resto de periodos de su vida, sujeto a su restricción presupuestaria.

Entre las aportaciones que intentaron explicar cómo llevaba a cabo el individuo sus decisiones de consumo, surgieron dos grandes teorías. Así, en primer lugar, podemos citar la *teoría del ciclo vital* de Franco Modigliani y Albert Ando.[3] Según la hipótesis del ciclo vital, los individuos destinan al consumo una proporción aproximadamente constante del valor presente de los ingresos totales a lo largo de su vida, por lo que un aumento de la renta a corto plazo se trasladará al consumo sólo en parte. Esto es así puesto que el consumidor al maximizar su utilidad a lo largo de toda la vida, distribuirá su consumo entre todos los periodos. Sin embargo, en los primeros periodos de la vida (esto es, en la juventud, cuando la renta es menor) y en los últimos periodos (esto es, en la vejez o jubilación, cuando no necesita diferir consumo al futuro), destinará proporcionalmente más renta al consumo que al ahorro; dicho de otro modo, en los periodos intermedios el individuo ahorra, mientras que al principio y al final de su vida desahorra.

Por otra parte, la *hipótesis de la renta permanente* de Milton Friedman,[4] supuso un importante avance debido a su tratamiento de la formación de expectativas

---

[3] Albert Ando y Franco Modigliani: «The "life cycle" hypothesis of saving: Aggregate implications and tests», *American Economic Review*, vol. 53, marzo de 1963, págs. 55-84.

[4] Milton Friedman: *A theory of the consumption function*, Princeton University Press, Princeton, 1957.

de rentas futuras. Según dicha hipótesis, los individuos consumen una proporción constante del valor presente de su renta permanente, donde la renta permanente se correspondería con el flujo constante de consumo que un individuo podría mantener a lo largo de su vida, dada su riqueza inicial y sus ingresos esperados. De esta forma se establece una relación de proporcionalidad entre la renta y el consumo permanentes, que correspondería al componente regular del consumo observado. Las discrepancias entre los valores observados del consumo y las predicciones sobre dichos datos, realizadas a partir de modelos basados en la teoría de la renta permanente, vendrían explicadas según la reacción que mostrase el individuo ante variaciones en su renta; por lo que adquiere una importancia fundamental cómo se forman las expectativas sobre los ingresos futuros. En cualquier caso, una variación no prevista de la renta se trasladaría al consumo en mayor o menor medida, dependiendo del carácter permanente o transitorio de dicha variación.

En general, ambas teorías, la del ciclo vital y la de la renta permanente, explican que los agentes deciden cuánto consumir no sólo en función de su renta actual, sino teniendo en cuenta además las rentas que esperan recibir en el futuro. Dicho de otro modo, el consumo realizado a lo largo de los diferentes periodos no puede superar al valor actualizado de los ingresos totales del consumidor a lo largo de su vida. El consumo, por tanto, depende de la renta actual y también de la renta futura esperada; que hemos supuesto incluida en el consumo autónomo, y de ahí que, como mencionamos anteriormente, adquiera gran importancia el modo en el que los individuos forman sus expectativas.

A pesar de ello, la evidencia empírica muestra cómo los individuos, ante un incremento de su renta, tienden más a aumentar su consumo presente que a diferirlo a periodos futuros. Es decir, existe una sensibilidad del consumo a la renta actual mayor que la que predice la teoría; y, además, este resultado se observa tanto cuando se intenta contrastar la teoría del ciclo vital como cuando se contrasta la hipótesis de la renta permanente.[5] La justificación de estas discrepancias podría basarse por una parte, en el hecho de que los individuos a veces identifican cambios no anticipados en sus ingresos con cambios de carácter permanente (esto es, los consumidores se muestran «miopes», pues sólo consideran efectos a muy corto plazo); y, por otra parte, en el hecho de que los individuos se enfrentan con posibles limitaciones al crédito (las denominadas restricciones de liquidez) que podrían limitar su mayor consumo en el futuro. En cualquiera de ambas situaciones, el individuo tendería a trasladar al consumo presente un incremento de sus ingresos en una mayor proporción que la que cabría esperar según la teoría.

---

[5] Véase, por ejemplo, Marjorie A. Flavin: «The adjustment of consumption to changing expectations about future income», *Journal of Political Economy*, vol. 89, octubre de 1981, págs. 974-1009.

Recuadro 4.2. El consumo y el ahorro en la economía española.

En las cinco primeras columnas del Cuadro 4.4 se presentan el PIB, el consumo de las familias (o, lo que es lo mismo, las economías domésticas), el consumo de las Administraciones Públicas (AAPP, esto es, el conjunto del sector público), y sus proporciones sobre el PIB, para la economía española entre 1999 y 2009. A su vez, en las dos últimas columnas de dicho cuadro se muestran la renta disponible bruta de las familias y su consumo medio, esto es, el cociente entre el consumo y la renta disponible. Las correspondientes tasas de ahorro, medidas como porcentaje sobre el PIB, de los sectores privado y público aparecen en el Cuadro 4.5. En este caso, dentro del ahorro privado se distingue, junto al ahorro de las familias, el ahorro de las empresas, es decir, los beneficios no distribuidos por éstas, que no se habían considerado en el Capítulo 2 (recuérdese que habíamos supuesto entonces que las empresas distribuían todos sus beneficios a sus propietarios, las economías domésticas).

El consumo de las familias representa el principal componente del PIB, con cifras cercanas al 60% de éste; mientras que el consumo público representa alrededor de un 18% del PIB. Durante la mayor parte de la década de los años 2000, las familias españolas se han beneficiado de un contexto de bonanza económica, caracterizado por una elevada creación de empleo y una amplia disponibilidad de financiación, que les ha permitido aumentar el consumo y la inversión en vivienda,[1] reduciendo por tanto su ahorro y aumentando enormemente su endeudamiento. Sin embargo, esta tendencia se revierte a partir de la segunda mitad de 2008, a raíz del estallido de la crisis económica, de manera que la destrucción de empleo y la incertidumbre sobre la situación económica han hecho que las familias aumentasen el ahorro y redujesen el consumo. Asimismo, y también como resultado de la crisis, el ahorro público desaparece en 2009, convirtiéndose en negativo.

La estructura del consumo privado por grupos de productos se muestra en el Cuadro 4.6, para los años 1999 y 2009. Los datos proceden de la Encuesta de Presupuestos Familiares, elaborada por el Instituto Nacional de

---

[1] Recuérdese que (como se mencionó en la nota 1 del Capítulo 2) existe un componente de la inversión, la inversión residencial o inversión en viviendas, que es realizada por las economías domésticas. En el texto, sin embargo, hemos prescindido de la inversión en viviendas, lo que nos ha permitido hacer el supuesto simplificador de que toda la inversión es realizada por las empresas.

Estadística, que suministra información anual sobre la naturaleza y destino de los gastos de consumo, así como sobre diversas características relativas a las condiciones de vida de los hogares. De acuerdo con la información suministrada por el cuadro, las familias españolas destinaron en 2009 el 29,4% de su presupuesto a gastos relacionados con la vivienda (alquileres reales o imputados a los propietarios de vivienda sin hipoteca, gas, electricidad, agua, y reparaciones).[2] A continuación destacan los porcentajes dedicados a alimentos y bebidas no alcohólicas (14,4%), transportes (12%) y hoteles, cafés y restaurantes (9,4%). Por otra parte, si comparamos la estructura del gasto en 2009 con la de 1999 observamos que la participación de la vivienda se ha incrementado en más de seis puntos; mientras que los grupos de gasto que más habrían reducido su peso en el presupuesto medio de los hogares son transportes (con una disminución de más de tres puntos), y artículos de vestir y alimentos (con un descenso de dos puntos cada uno).

La renta disponible se muestra como la variable más importante a la hora de influir sobre el consumo de las familias en el medio y largo plazo. Así, por ejemplo, de acuerdo con la actualización del modelo econométrico trimestral del Banco de España para el periodo 1986-2005, las elasticidades estimadas del consumo con respecto a la renta disponible serían de 0,62 y 0,81 para el medio y el largo plazo, respectivamente. En el corto plazo sería también relevante el papel desempeñado por otras variables como el tipo de interés real (que afectaría a la sustitución entre consumo y ahorro) y la riqueza de las familias.[3]

Cuadro 4.4. PIB, renta disponible y consumo, 1999-2009 (millones de € y %).

	PIB	Consumo de las familias	Consumo de las AAPP	Consumo familias/ PIB	Consumo AAPP/PIB	Renta disponible bruta	Consumo familias/ Renta disponible
1999	579.942	345.366	99.616	59,55	17,18	390.068	88,54
2000	630.263	375.999	108.360	59,66	17,19	421.697	89,16
2001	680.678	402.294	116.190	59,10	17,07	450.396	89,32
2002	729.206	425.093	125.397	58,30	17,20	478.867	88,77

[2] Obsérvese que en esta partida no se incluyen las cantidades dedicadas a pago de hipotecas, ya que dichos pagos se consideran inversión en vivienda y, por tanto, no se incluyen en la encuesta como consumo.

[3] Eva Ortega, Eva Ferraz y Samuel Hurtado: «Actualización del modelo trimestral del Banco de España», *Boletín Económico*, Banco de España, junio de 2007, págs. 57-65.

2003	782.929	451.208	135.919	57,63	17,36	511.080	88,29
2004	841.042	487.079	149.756	57,91	17,81	547.895	88,90
2005	908.792	525.124	163.740	57,78	18,02	591.867	88,72
2006	984.284	564.596	177.536	57,36	18,04	634.555	88,98
2007	1.053.537	604.429	193.474	57,37	18,36	673.355	89,76
2008	1.088.124	621.950	212.279	57,16	19,51	713.825	87,13
2009	1.053.914	596.424	222.782	56,59	21,14	726.252	82,12

Fuente: Instituto Nacional de Estadística.

Cuadro 4.5. Tasas de ahorro total, privado y público, 1999-2009 (% del PIB).

	Total	**Privado**	**Familias**	**Empresas**	**Público**
1999	22,44	19,80	8,10	11,70	2,64
2000	22,26	19,24	7,48	11,76	3,02
2001	22,02	18,49	7,37	11,13	3,53
2002	22,88	18,99	7,47	11,52	3,89
2003	23,35	19,43	7,84	11,59	3,92
2004	22,39	18,36	7,37	10,99	4,03
2005	22,02	16,92	7,38	9,54	5,11
2006	21,95	15,56	7,20	8,36	6,40
2007	20,99	14,12	6,87	7,25	6,86
2008	19,44	18,40	8,83	9,57	1,05
2009	18,92	24,11	12,46	11,64	−5,19

Fuente: Instituto Nacional de Estadística.

Cuadro 4.6. Distribución del gasto de los hogares por grupos de productos, 1999 y 2009 (% del total).

Grupos de gasto	1999	2009
1. Alimentos y bebidas no alcohólicas	16,3	14,4
2. Bebidas alcohólicas y tabaco	2,4	2,1
3. Artículos de vestir y calzado	7,8	5,8
4. Vivienda, agua, electricidad y combustibles	23,0	29,4
5. Mobiliario, equipamiento y otros gastos de la vivienda	6,1	5,0
6. Salud	3,0	3,2
7. Transportes	15,7	12,0
8. Comunicaciones	1,9	3,1
9. Ocio, espectáculos y cultura	6,4	6,8

10. Enseñanza	1,2	0,9
11. Hoteles, cafés y restaurantes	9,7	9,4
12. Otros bienes y servicios	6,5	7,8
Total	100,0	100,0

Fuente: Instituto Nacional de Estadística.

4.5 El modelo renta-gasto

El llamado *modelo renta-gasto* es el modelo más sencillo de determinación del nivel de renta. Dado que estamos suponiendo que el nivel de precios está dado, las empresas ajustarán su producción dependiendo de cuál sea el valor de la demanda agregada planeada. Por tanto, partiendo de la base de que el nivel de producción o renta de equilibrio es aquel que se iguala con la demanda, $Y = Y^d$, el estudio del modelo renta-gasto partirá del análisis de los componentes de la demanda agregada. Se hace necesario, entonces, conocer cuáles son los niveles de consumo, de inversión y de gasto público planeados.

Como hemos visto en la sección anterior, la demanda agregada de consumo privado es una función creciente de la renta disponible. Hemos supuesto asimismo que las variables de política fiscal son exógenas. Finalmente, para simplificar el análisis supondremos que la inversión planeada también es exógena. Por tanto, el modelo vendrá dado por la función de consumo dada por la ecuación (1):

$$C = C_A + c\,(Y - T) \qquad [1]$$

y la condición de equilibrio que cierra el modelo:

$$Y = C + I + G \qquad [2]$$

donde la inversión planeada, el gasto público y los impuestos netos de transferencias son variables exógenas.

Sustituyendo la función de consumo (1) en la condición de equilibrio, tenemos que:

$$Y = C_A + c\,(Y - T) + I + G$$

y despejando el nivel de renta, obtenemos la solución del modelo que nos proporciona la renta de equilibrio:

$$Y = \frac{1}{1-c}(C_A - cT + I + G)$$ [3]

Por otra parte, ya vimos en el Capítulo 2 que el producto nacional, calculado por el método del gasto, se iguala al consumo, más la inversión, más el gasto público: $Y = C + I + G$; y que, por otra parte, calculado por el método de la renta, el producto nacional es igual al consumo, más el ahorro, más los impuestos netos de transferencias: $Y = C + S + T$. A partir de aquí podemos obtener una formulación alternativa de la condición de equilibrio en el mercado de bienes:

$$S + T = I + G$$ [4]

es decir, la economía está en equilibrio cuando el ahorro más los impuestos netos de transferencias cubren las necesidades de financiación de la inversión planeada y el gasto público.

Además, sabemos que los agentes distribuyen su renta disponible entre consumo y ahorro, $Y_D = C + S$, por lo que a partir de la función de consumo (1) podemos derivar la función de ahorro:

$$S = Y_D - C = -C_A + (1-c)\ Y_D$$

donde $(1-c)$ es la propensión marginal al ahorro, positiva e inferior a la unidad, que se define como la variación que experimenta el ahorro en respuesta a una variación de la renta disponible.

En la Figura 4.2 se representa el modelo renta-gasto. En la parte superior podemos ver simultáneamente la función de consumo, ésta más la inversión y, finalmente, la función que recoge la suma del consumo, la inversión y el gasto público, donde la pendiente de dichas funciones es la propensión marginal al consumo, c. Por otra parte, la línea que forma un ángulo de 45º con el eje de abscisas, y que corresponde a la bisectriz del cuadrante, representa las situaciones en las que la producción es igual a la demanda agregada planeada, $Y = Y^d$; es decir, recoge las posiciones de equilibrio. A su vez, en la parte inferior se representan la función de ahorro y ésta más los impuestos netos de transferencias, cuya pendiente viene dada por la propensión marginal al ahorro $(1-c)$. Finalmente, se representan la inversión planeada y ésta más el gasto público, que hemos supuesto que eran variables exógenas y, por tanto, no dependen del nivel de renta.

El equilibrio en el mercado de bienes tendrá lugar en el punto E, y la renta de equilibrio vendrá dada por Y_E. A ese nivel de renta, se satisfacen los planes de consumo de las economías domésticas, se lleva a cabo la inversión planeada y se realizan los planes de gasto público; en otras palabras, a ese nivel de renta, la producción es igual a la demanda planeada.

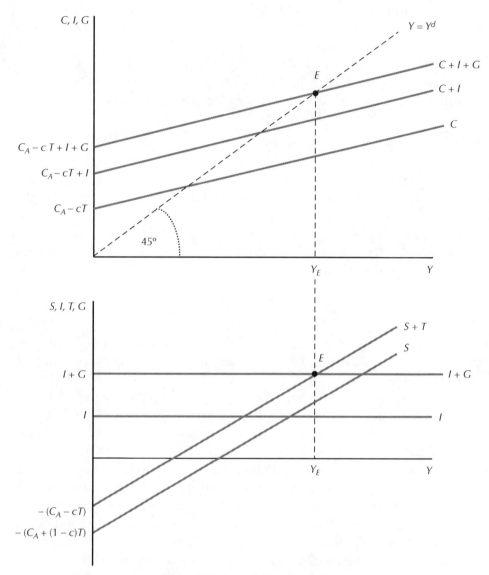

Figura 4.2. El modelo renta-gasto.

En la Figura 4.3 se representa el equilibrio anterior, dado por el nivel de renta Y_E, y dos situaciones de desequilibrio alternativas. Para niveles de renta inferiores a Y_E, como por ejemplo Y_0, la demanda planeada es superior a la producción en la cuantía *AB* de tal forma que tendrá lugar un ajuste involuntario de existencias, reduciéndose éstas en dicha cuantía; es decir $I < I^p$, $I^{np} < 0$. De este modo, como los empresarios revisan al alza sus planes de producción, ésta aumentará hasta alcanzar el nivel de equilibrio Y_E. En cambio, cuando el nivel de renta es superior al de equilibrio, como en Y_1, la demanda planeada es inferior a la producción en la cuantía *DF*, por lo que se producirá una acumulación de existencias no deseada; es decir, $I > I^p$, $I^{np} > 0$. Para volver a alcanzar el equilibrio, los empresarios revisarán a la baja sus planes de producción, y ésta disminuirá hasta alcanzar el nivel Y_E.

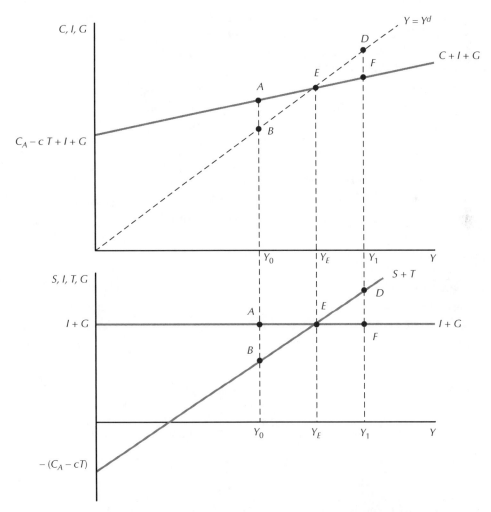

Figura 4.3. Equilibrio y desequilibrio en el modelo renta-gasto.

¿De qué depende el nivel de renta de equilibrio? Como veíamos en la ecuación (3), el nivel de renta de equilibrio depende de:

- El consumo autónomo, C_A
- La inversión planeada, I
- El gasto público, G
- La propensión marginal al consumo, c
- Los impuestos netos de transferencias, T

Así, tanto en la Figura 4.2 como en la 4.3 observaríamos un aumento (disminución) del nivel de renta de equilibrio si se produce:
- Un aumento (disminución) de C_A o una disminución (aumento) de T, que se traducirán en un desplazamiento paralelo hacia arriba (abajo) de $C + I + G$ y un desplazamiento paralelo hacia abajo (arriba) de $S + T$.
- Un aumento (disminución) de I o G, que se traducirá en un desplazamiento paralelo hacia arriba (abajo) tanto de $C + I + G$ como de $I + G$.
- Un aumento (disminución) de c, que daría lugar a un aumento (disminución) de la pendiente de $C + I + G$ y a una disminución (aumento) de la pendiente de $S + T$.

Por otra parte, si suponemos que la función de consumo es estable, de manera que c no cambia, el nivel de renta de equilibrio sólo depende de los valores de C_A, I, G y T. En términos de variaciones del nivel de renta:

$$\Delta Y = \frac{1}{1-c} (\Delta C_A - c\Delta T + \Delta I + \Delta G)$$

Puesto que estamos interesados en saber cómo afectan a la renta de equilibrio las variables de las que ésta depende, analizando la expresión anterior vemos que el aumento de cualquiera de los componentes del gasto autónomo (C_A, I, G), tendrá el mismo efecto sobre la renta:

$$\frac{\Delta Y}{\Delta C_A} = \frac{\Delta Y}{\Delta I} = \frac{\Delta Y}{\Delta G} = \frac{1}{1-c}$$

Dicho efecto viene dado por $\frac{1}{1-c}$, que es el llamado *multiplicador del gasto autónomo*, o simplemente *multiplicador*,[6] llamado así porque una variación del gasto

---

[6] El concepto de multiplicador aparece por primera vez en Richard F. Kahn: «The relation of home investment to unemployment», *Economic Journal*, vol. 41, junio de 1931, págs. 173-198.

autónomo (en el consumo autónomo, en la inversión planeada o en el gasto público) se traduce en una variación de la renta mayor que la que inicialmente se produce en el gasto autónomo, pues al ser la propensión marginal al consumo positiva pero inferior a la unidad el multiplicador es mayor que la unidad, $\frac{1}{1-c} > 1$.

Por otra parte, una variación de los impuestos netos de transferencias da lugar a una variación de la renta, que en este caso resulta ser de signo contrario puesto que un aumento de los impuestos (o una disminución de las transferencias) disminuye la renta disponible y, por tanto, el consumo. Dicha variación de la renta viene dada por $\frac{-c}{1-c}$ que sería el *multiplicador de los impuestos* (netos de transferencias):

$$\frac{\Delta Y}{\Delta T} = -\frac{c}{1-c}$$

Como puede comprobarse, el efecto del multiplicador de los impuestos (netos de transferencias), en valor absoluto, es menor que el del gasto autónomo, $\left|\frac{-c}{1-c}\right| < \frac{1}{1-c}$; más adelante veremos las implicaciones de este hecho.

Acabamos de ver que un aumento del gasto autónomo da lugar a un incremento de la renta en una cuantía superior a aquella en la que se incrementó el gasto, debido a que el multiplicador es mayor que la unidad. ¿Cómo se lleva a cabo el proceso multiplicador? Consideremos, por ejemplo, el caso de un aumento en la inversión, $\Delta I > 0$, que daría lugar a un incremento final en el nivel de producción mayor que el que inicialmente se habría producido en la inversión. Esta diferencia entre el incremento de la renta y el de la inversión se debe a que se ha producido, además, un aumento en el consumo, ¿cómo? El aumento final de la renta se produce porque, dado un incremento de la inversión en un determinado periodo, este incremento inicial se traduce en un aumento de la renta, en la misma cuantía que lo ha hecho la inversión; y este aumento, a su vez, incrementa el consumo en la medida dada por la propensión marginal al consumo, lo que, de nuevo, vuelve a incrementar la renta. Así, tendríamos que, sucesivamente:

periodo	ΔI	ΔY	ΔC
1	ΔI	ΔI	$c\,\Delta I$
2		$c\,\Delta I$	$c^2\,\Delta I$
3		$c^2\,\Delta I$	$c^3\,\Delta I$
...	...	...	...

por lo que el aumento final de la renta vendría dado por:

$$\Delta Y = \Delta I + c\,\Delta I + c^2\,\Delta I + \ldots = (1 + c + c^2 + \ldots)\,\Delta I = \frac{1}{1-c}\,\Delta I$$

En la Figura 4.4 se muestra gráficamente el funcionamiento del multiplicador. Partimos de una situación de equilibrio inicial, correspondiente a un nivel de renta Y_0, con una demanda planeada dada por los valores iniciales del consumo, la inversión y el gasto público planeados, $C_0 + I_0 + G_0$. Si a continuación se produce un aumento de la inversión hasta $I_1 > I_0$, nos encontramos en una nueva posición de la demanda planeada $C_0 + I_1 + G_0$, correspondiente al mayor nivel de inversión. Sin embargo, debido al proceso multiplicador, como puede comprobarse en el gráfico, el aumento de la renta de equilibrio es de una magnitud superior al que se ha producido en la demanda de inversión; es decir, $\Delta Y > \Delta I$.

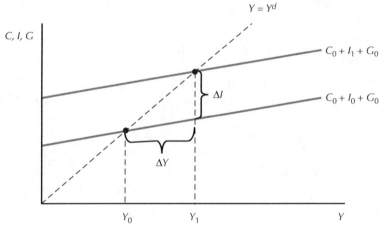

Figura 4.4. El multiplicador.

En cualquier caso, la clave del modelo reside en que el *gasto* de un agente constituye *renta* para otro agente, de ahí que se denomine modelo *renta-gasto*. Asimismo, hemos visto que el efecto multiplicador de los impuestos (netos de transferencias), en valor absoluto, es menor que el del gasto autónomo, $\left|\dfrac{-c}{1-c}\right| < \dfrac{1}{1-c}$, al ser $0 < c < 1$. En efecto, al ser $c < 1$, el impacto sobre la renta de equilibrio de una disminución de los impuestos es menor que el de un aumento del gasto público de la misma magnitud en valor absoluto, ya que:

$$\Delta G \rightarrow \Delta Y = \Delta G \rightarrow \Delta C = c\,\Delta G \rightarrow \Delta Y \rightarrow \ldots$$
$$\nabla T \rightarrow \Delta(Y - T) \rightarrow \Delta C = c\,\Delta(Y - T) \rightarrow \Delta Y \rightarrow \ldots$$

Es decir, un incremento del gasto público se traduce directamente en un aumento de la renta, que después se amplifica gracias al proceso multiplicador; sin embargo, una disminución de los impuestos no significa un aumento directo de la renta, sino un aumento de la renta disponible que después se traslada al consumo. Por tanto, un incremento del gasto público da lugar a un incremento de la renta mayor que el producido por una disminución de los impuestos del mismo tamaño en valor absoluto.

Lo que acabamos de ver tiene una implicación importante. Si el gobierno decide aumentar el gasto público sin alterar el déficit público, tendrá que financiar dicho gasto con impuestos de manera que $\Delta G = \Delta T$. En ese caso, ¿cuál es el valor del multiplicador del gasto público financiado con impuestos? A partir de (3) tendríamos que:

$$\Delta Y = \frac{\Delta G - c\Delta T}{1-c} = \frac{\Delta G - c\Delta G}{1-c} = \Delta G$$

de manera que el valor del multiplicador del gasto público financiado con impuestos es la unidad. Este resultado recibe el nombre de *teorema del presupuesto equilibrado*, y nos viene a decir que la política fiscal tiene un efecto expansivo sobre la renta aunque el mayor gasto público se financie con mayores impuestos.[7] Dicho de otro modo, el efecto expansivo sobre la renta de un aumento del gasto público es mayor que el efecto contractivo provocado por una subida de impuestos en la misma cuantía. Esto es así porque las economías domésticas gastan una proporción c (siendo $c < 1$) de la disminución de su renta disponible, mientras que al subir los impuestos el gobierno gasta en su totalidad todo el aumento de la recaudación.

Hasta ahora hemos supuesto que tanto el nivel de gasto público, G, como el de los impuestos netos de transferencias, T, se determinaban de forma exógena. Alternativamente, podemos considerar ahora que el gobierno recauda los impuestos directos mediante la aplicación de un tipo impositivo proporcional sobre la renta, $0 < t < 1$, al tiempo que las transferencias a las economías domésticas, TR, siguen siendo una variable exógena. Entonces, la renta disponible de las economías domésticas se definirá como:

$$Y_D \equiv (1 - t) \, Y + TR.$$

Sustituyendo la nueva expresión de la renta disponible en la función de consumo tendremos:

_____

7 Trygve Haavelmo: «Multiplier effects of a balanced budget», *Econometrica*, vol. 13, octubre de 1945, págs. 311-318. Obsérvese que la expresión con la que se conoce a este teorema, presupuesto equilibrado, no es del todo correcta pues, para obtener este resultado, lo que se supone en equilibrio no es el presupuesto (G no tiene por qué ser igual a T), sino su variación (es decir, $\Delta G = \Delta T$).

$$C = C_A + c\,[\,(1-t)\,Y + TR\,] \hspace{3cm} [1']$$

que una vez sustituida en la condición de equilibrio del modelo, nos proporciona el nuevo valor de la renta de equilibrio:

$$Y = \frac{1}{1-c(1-t)}(C_A + cTR + I + G) \hspace{2cm} [3']$$

En la Figura 4.5 representamos el equilibrio del modelo renta-gasto con impuestos proporcionales a la renta. Si la comparamos con la Figura 4.2, vemos que con impuestos proporcionales a la renta la pendiente de la función $C + I + G$, c $(1-t)$, es menor que cuando los impuestos eran exógenos, ya que $c\,(1-t) < c$; del

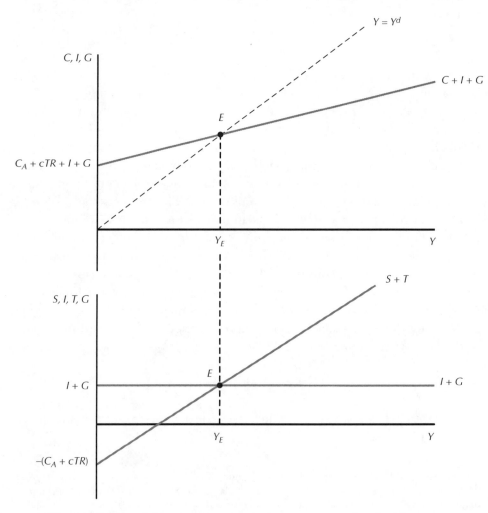

Figura 4.5. El modelo renta-gasto con impuestos proporcionales a la renta.

mismo modo, la pendiente de la función $S + T$, $(1- c + ct)$, es ahora mayor que antes, ya que $(1- c + ct) > (1- c)$.

Asimismo, en la Figura 4.5 observaríamos un aumento (disminución) del nivel de renta de equilibrio si se produce:

- Un aumento (disminución) de C_A o TR, que se traducirá en un desplazamiento paralelo hacia arriba (abajo) de $C + I + G$ y un desplazamiento paralelo hacia abajo (arriba) de $S + T$.
- Un aumento (disminución) de I o G, que se traducirá en un desplazamiento paralelo hacia arriba (abajo) tanto de $C + I + G$ como de $I + G$.
- Un aumento (disminución) de c, o una disminución (aumento) de t, que daría lugar a un aumento (disminución) de la pendiente de $C + I + G$ y a una disminución (aumento) de la pendiente de $S + T$.

A partir de la solución de equilibrio, podemos obtener los multiplicadores en esta nueva versión del modelo. Por una parte, tenemos el multiplicador del gasto autónomo (C_A, I, G), a partir de (3'):

$$\frac{\Delta Y}{\Delta C_A} = \frac{\Delta Y}{\Delta I} = \frac{\Delta Y}{\Delta G} = \frac{1}{1-c(1-t)}$$

siendo $\frac{1}{1-c(1-t)} < \frac{1}{1-c}$; es decir, ahora los aumentos de renta producidos por C_A, I, o G, inducen a un aumento en la recaudación impositiva al ser los impuestos proporcionales a la renta, con lo que disminuye la renta disponible, el consumo se reduce proporcionalmente y, en consecuencia, los incrementos de la renta son menores que en el caso anterior con impuestos exógenos.

Por otra parte, tendríamos ahora dos nuevos multiplicadores, el *multiplicador de las transferencias*:

$$\frac{\Delta Y}{\Delta TR} = \frac{c}{1-c(1-t)}$$

y, finalmente, operando en (3'):

$$\Delta Y = Y - Y_{-1} = \frac{C_A + cTR + I + G}{1-c+ct} - \frac{C_A + cTR + I + G}{1-c+ct_{-1}}$$

se obtiene el *multiplicador del tipo impositivo sobre la renta*:

$$\frac{\Delta Y}{\Delta t} = \frac{-c}{1-c+ct} \ Y_{-1}$$

El interés de considerar esta nueva versión del modelo renta-gasto reside en que nos permite ver cómo el sistema de impuestos proporcionales a la renta supone un elemento de estabilización automática de la economía. En efecto, si el gobierno no altera su política fiscal (esto es, mantiene los niveles de t, TR y G constantes), la recaudación por impuestos será menor en épocas de menor crecimiento del nivel de producción y mayor en periodos en los que la producción experimentase un mayor crecimiento; puesto que en el sistema de impuestos proporcionales la recaudación depende de los niveles de renta. Esto se traduce, a su vez, en un efecto expansivo sobre la renta (al aumentar la renta disponible y el consumo) en las fases de menor crecimiento y en un efecto contractivo en las fases de mayor crecimiento (al disminuir la renta disponible y el consumo); de ahí que la política fiscal contribuya a la estabilización de la actividad económica.

4.6 La inversión

En esta sección estudiaremos cómo se determina la demanda de inversión, relajando el supuesto mantenido hasta ahora de que era una variable exógena. Como vimos en el Capítulo 2, las empresas realizan gastos en bienes no destinados al consumo inmediato (los llamados bienes de capital), que son los gastos de inversión o formación bruta de capital. Generalmente, la demanda de inversión se asocia a la inversión en capital fijo. No obstante, las empresas también mantendrán cierto volumen de capital en forma de existencias que, en situaciones de desequilibrio, será la variable de ajuste a través de su componente no planeado, y que consideraremos exógena. Como vimos en la sección 2 del presente capítulo, en el equilibrio $I^{np} = 0$, por tanto, los gastos planeados de inversión coinciden con los efectivamente realizados, $I^p = I$; mientras que en una situación de desequilibrio $I^{np} \neq 0$, produciéndose un ajuste involuntario de existencias.

Por lo que respecta a la demanda de inversión en capital fijo supondremos que se obtiene en dos etapas. En primer lugar, tras resolver el problema de maximización de beneficios de la empresa se determina cuál es el volumen de capital óptimo. Y, en segundo lugar, a partir de la solución de dicho problema se obtiene la función de inversión que muestra cómo el gasto planeado de inversión depende negativamente del tipo de interés real.[8]

---

[8] Dale W. Jorgenson: «Capital theory and investment behavior», *American Economic Review, Papers and Proceedings*, vol. 53, mayo de 1963, págs. 247-259.

El volumen de capital óptimo, determinado en la primera etapa, dependerá del objetivo de producción, que a su vez depende de los beneficios futuros esperados; así como de los precios relativos de los factores productivos, entre los que se encuentra el capital. Para simplificar, supondremos que el capital óptimo es función inversa únicamente del coste de uso del capital o, lo que es lo mismo, el coste de una unidad de servicios productivos del factor capital. El principal componente del coste de uso del capital es el *tipo de interés real*, esto es, el tipo de interés corregido para tener en cuenta los efectos de la inflación, que se define como $r \equiv i - \dot{P}^E$. Como vemos, el tipo de interés real se obtiene de restar al tipo de interés nominal, i, que representa el coste de oportunidad de invertir en bienes de capital en lugar de adquirir bonos, la tasa esperada de inflación, $\dot{P}^E$, que suponemos dada a corto plazo y que indica la pérdida de valor, en términos porcentuales, de una cantidad dada de bonos.

En una segunda etapa, se determinará la inversión neta para ajustar el nivel de capital existente al óptimo o deseado. Suponiendo que dicho ajuste fuese instantáneo, la demanda de inversión neta dependería exclusivamente de los determinantes del capital óptimo; es decir, del tipo de interés real. Por último, suponiendo exógenas tanto la depreciación o inversión de reposición del capital fijo desgastado en el periodo, como la inversión planeada en existencias, la demanda de inversión planeada será una función decreciente del tipo de interés real y, en su forma más simple, podemos escribirla como una función lineal:

$$I = I_A - h\, r \qquad\qquad [4]$$

donde I_A representa la inversión autónoma que incluye la inversión planeada en existencias, la depreciación, así como otros determinantes de la inversión influidos por las expectativas de los empresarios sobre sus beneficios futuros y, en general, sobre la marcha de la economía; y h representa la sensibilidad de la inversión al tipo de interés.

En la Figura 4.6 se representa la demanda de inversión dada por la ecuación (4). Como hemos visto, tiene pendiente negativa dada la relación existente entre el tipo de interés real y la inversión: una disminución del tipo de interés real llevaría a un aumento de la inversión planeada. La pendiente de la función de inversión será mayor (menor) en valor absoluto cuanto menor (mayor) sea la sensibilidad de la inversión al tipo de interés real, h. Del mismo modo si se produce un aumento (disminución) de la inversión autónoma, observaríamos un desplazamiento hacia la derecha (izquierda) de la función de inversión.

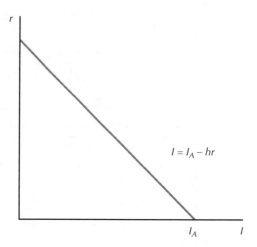

Figura 4.6. La función de inversión.

Recuadro 4.3. La inversión en la economía española.

En el Cuadro 4.7 se presentan el PIB y la formación bruta de capital (o, lo que es lo mismo, la inversión total en la terminología de la Contabilidad Nacional), así como los dos componentes de ésta: la formación bruta de capital fijo y la variación de existencias (esto es, la inversión en capital fijo y la inversión en existencias, respectivamente), y las correspondientes tasas de inversión, medidas como las proporciones sobre el PIB de estas tres últimas variables, para la economía española entre 1999 y 2009.

En principio, la inversión representa una proporción sobre el PIB inferior a la del consumo privado que (como veíamos en el Recuadro 4.2) se mantenía, con ligeras oscilaciones, en cifras cercanas al 60% del PIB. Sin embargo, a diferencia del caso del consumo, la proporción entre inversión y PIB es mucho más variable debido a su mayor sensibilidad al ciclo económico; como puede verse en el cuadro, en el periodo de referencia la inversión oscila entre un 24 y un 31% del PIB. En este sentido, las fluctuaciones de la inversión explican una gran parte de la variación del PIB a lo largo del ciclo. Asimismo, la inversión determina el ritmo al que aumenta el *stock* de capital de la economía y, por tanto, tiene una influencia fundamental sobre la evolución a largo plazo del crecimiento de los niveles de producción y de productividad de la economía. Por otra parte, la evolución de la inversión total viene explicada en la práctica por la inversión en capital fijo, pues la variación de existencias constituye un porcentaje muy pequeño del PIB.

Los componentes por productos de la formación bruta de capital fijo, aparecen en el Cuadro 4.8. Puede verse que la mayor parte de la inversión se ha realizado en viviendas y otras construcciones (que incluyen las infraestructuras públicas y la inversión privada en almacenes, locales comerciales, oficinas, etc.), lo que refleja el destacado papel desempeñado por el sector de la construcción en la expansión de la década de los años 2000. Ambas partidas han ido aumentando su participación a lo largo de los años, alcanzando entre las dos un 65% del total de la inversión desde mediados de la década. La participación conjunta de ambas en el total de la inversión no parece haberse alterado con la crisis, si bien se habría producido un cambio en su importancia relativa, con una caída de unos 7 puntos de la participación de las viviendas en 2009, en comparación con los años intermedios de la década, y una ganancia correspondiente por parte de otras construcciones. El resto de la inversión se habría materializado en productos metálicos y maquinaria, con una importancia decreciente en el tiempo, y en otros productos (fundamentalmente, software y servicios varios) y equipos de transporte; siendo residual la participación de los productos de la agricultura, ganadería y pesca.

En el Cuadro 4.9 se muestra la distribución de la formación bruta de capital fijo entre privada y pública, a través de las correspondientes tasas de inversión y su participación en la inversión total. En general, la inversión pública ha representado a lo largo del periodo un porcentaje bastante estable, de un 12-13% de la inversión total, y un 3-4% del PIB; el aumento de su participación en el último año se debe fundamentalmente a la caída de la inversión privada a consecuencia de la crisis económica. Por definición, la inversión pública es el gasto destinado a mantener y ampliar el *stock* de capital fijo propiedad del sector público. El capital productivo público, que se denomina habitualmente infraestructuras (si bien éstas pueden ser también en algunos casos de titularidad privada), desempeña un papel de gran importancia en el crecimiento a largo plazo del PIB: directamente (en tanto que factor productivo adicional en la función de producción agregada, esto es, para el conjunto de la economía) y también indirectamente (en la medida en que su uso incrementa la productividad de los factores de producción privados). En este sentido, cabe destacar el intenso esfuerzo inversor en infraestructuras (especialmente urbanas y de transportes) realizado en la economía española en los últimos 30 años, que han permitido reducir significativamente el desfase de la economía española en relación con los países de nuestro entorno, si bien la dotación de infraestructuras sigue siendo algo inferior a la media de la zona euro.[1]

Por lo que respecta a la inversión privada, aumentó su participación en el PIB a lo largo de la década de los años 2000, hasta alcanzar cerca de un 27%; disminuyendo a partir de 2008 debido a la crisis económica. Los años anteriores coincidieron con una etapa de expansión, caracterizada por un extraordinario dinamismo de la inversión privada. Esta favorable evolución de la inversión privada, con un crecimiento superior al registrado en la zona euro, vino acompañada de unas condiciones favorables de financiación, en un contexto de bajos tipos de interés, una vez completada la integración de España en la Unión Económica y Monetaria (UEM), y de abundancia de liquidez en los mercados financieros internacionales. Por otra parte, la inversión empresarial (o inversión productiva privada, una vez descontada del total de la inversión privada la inversión en viviendas) es sumamente sensible a la incertidumbre y la confianza de los empresarios en la evolución de la economía. Estos factores influyeron positivamente en los años de expansión, marcados por una creciente apertura de la economía española que culminó en la participación en la UEM desde su comienzo. Sin embargo, una vez iniciada la crisis económica en la segunda mitad de 2008, las inciertas perspectivas sobre la evolución de la economía española y mundial se han traducido en los dos últimos años en una caída de 7 puntos en la tasa de inversión privada.[2]

Los modelos macroeconómicos suelen considerar (al igual que hemos hecho en este capítulo) como principal variable explicativa de la inversión productiva privada el coste de uso del capital, cuyo componente más importante es el tipo de interés real. En el Cuadro 4.10 mostramos los valores del coste de uso del capital y sus distintos componentes, a partir de la expresión habitual para el coste de uso del capital, en términos reales:

$$\frac{P_K}{P}\,(r+\delta)$$

---

[1] La relación entre inversión pública y crecimiento económico se analiza con detalle en Carmen Díaz Roldán y Diego Martínez López: «Inversión pública y crecimiento: Un panorama», *Hacienda Pública Española/Revista de Economía Pública*, n.º 176, 2006, págs. 109-140.

[2] El comportamiento de la inversión empresarial en la economía española durante los últimos años se examina en Carmen Sánchez Carretero y Paula Sánchez Pastor: «Estructura y evolución reciente de la inversión empresarial en España», *Boletín Económico*, Banco de España, marzo de 2008, págs. 61-75.

donde $\dfrac{P_K}{P}$ es el precio relativo de los bienes de capital (siendo P_K el precio de los bienes de capital y P el nivel general de precios de la economía), r el tipo de interés real y δ la tasa de depreciación del capital productivo privado.

Puede verse que el tipo de interés real (y, en consecuencia, el coste de uso del capital) se ha mantenido en niveles reducidos, alcanzando incluso valores negativos en algunos años, debido a los menores tipos de interés nominales asociados con la pertenencia a la UEM, junto con la mayor inflación relativa en la economía española (en comparación con el resto de países participantes en la UEM: véase el Recuadro 7.2), lo que habría favorecido la inversión empresarial. En los dos últimos años, sin embargo, se habría producido un incremento del tipo de interés real debido al descenso experimentado por la tasa de inflación a consecuencia de la crisis. Las elasticidades estimadas para la inversión productiva privada con respecto al coste de uso del capital en la actualización del modelo econométrico trimestral del Banco de España para el periodo 1986-2005, son de –0,34 y –0,55 para el medio y el largo plazo, respectivamente. Asimismo, a la hora de explicar la inversión productiva privada otra variable relevante sería también el PIB real (que afectaría a la inversión fundamentalmente a través de su efecto sobre las expectativas de los empresarios acerca de la evolución futura del nivel de actividad de la economía), con unas elasticidades estimadas de 1,85 y 1,12 en el medio y el largo plazo, respectivamente.[3]

Cuadro 4.7. PIB e inversión, 1999-2009 (millones de € y %).

	PIB	Formación bruta de capital	Formación bruta de capital fijo	Variación de existencias	Formación bruta de capital/PIB	Formación bruta de capital fijo/PIB	Variación de existencias/PIB
1999	579.942	145.695	142.462	3.233	25,12	24,56	0,56
2000	630.263	165.618	162.806	2.812	26,28	25,83	0,45
2001	680.678	179.385	176.966	2.419	26,35	26,00	0,36
2002	729.206	194.188	191.611	2.577	26,63	26,28	0,35
2003	782.929	214.399	212.800	1.599	27,38	27,18	0,20
2004	841.042	237.806	235.805	2.001	28,28	28,04	0,24
2005	908.792	267.924	267.042	882	29,48	29,38	0,10

[3] Eva Ortega, Eva Ferraz y Samuel Hurtado: «Actualización del modelo trimestral del Banco de España», *Boletín Económico*, Banco de España, junio de 2007, págs. 57-65.

2006	984.284	304.968	301.169	3.799	30,98	30,60	0,39
2007	1.053.537	326.422	323.243	3.179	30,98	30,68	0,30
2008	1.088.124	316.514	311.830	4.684	29,09	28,66	0,43
2009	1.053.914	257.370	252.961	4.409	24,42	24,00	0,42

Fuente: Instituto Nacional de Estadística.

Cuadro 4.8. Inversión en capital fijo: componentes por productos, 1999-2009 (% del total).

	Equipos de transporte	Viviendas	Otras construcciones	Productos metálicos y maquinaria	Productos de la agricultura, ganadería y pesca	Otros productos
1999	9,37	28,24	28,72	22,72	0,35	10,61
2000	9,48	29,90	27,84	21,98	0,33	10,46
2001	8,75	31,19	28,66	20,37	0,32	10,71
2002	7,90	33,27	29,24	18,64	0,29	10,66
2003	7,94	35,60	28,40	17,34	0,25	10,48
2004	7,96	36,83	28,20	16,55	0,15	10,32
2005	8,16	37,33	28,11	16,04	0,20	10,16
2006	7,94	37,67	28,01	16,10	0,05	10,23
2007	7,89	37,19	27,80	16,90	0,09	10,15
2008	7,73	34,67	29,41	17,94	0,06	10,22
2009	8,13	30,17	35,25	16,00	0,07	10,21

Fuente: Ministerio de Economía y Hacienda: *Base de Datos Macroeconómicos de España (BDMACRO)*, versión de octubre de 2010.

Cuadro 4.9. Inversión privada y pública, 1999-2009 (millones de € y %).

	FBCF privada	FBCF pública	FBCF privada/PIB	FBCF pública/PIB	FBCF privada/total	FBCF pública/total
1999	123.128	19.334	21,23	3,33	86,4	13,6
2000	142.951	19.855	22,68	3,15	87,8	12,2
2001	154.402	22.564	22,68	3,31	87,2	12,8
2002	165.771	25.840	22,73	3,54	86,5	13,5
2003	184.731	28.069	23,59	3,59	86,8	13,2
2004	207.377	28.428	24,66	3,38	87,9	12,1
2005	234.688	32.354	25,82	3,56	87,9	12,1
2006	264.565	36.604	26,88	3,72	87,8	12,2

2007	280.656	42.587	26,64	4,04	86,8	13,2
2008	269.106	42.724	24,73	3,93	86,3	13,7
2009	206.893	46.068	19,63	4,37	81,8	18,2

Fuente: Ministerio de Economía y Hacienda: *Base de Datos Macroeconómicos de España (BDMACRO),* versión de octubre de 2010.

Cuadro 4.10. Coste de uso del capital, 1999-2009.

	Precio relativo de los bienes de capital	Tasa de depreciación	Tipo de interés real	Coste de uso del capital
1999	0,97	7,7	2,07	9,45
2000	1,00	7,7	2,05	9,75
2001	0,99	7,7	0,90	8,57
2002	1,00	7,7	0,59	8,29
2003	1,01	7,7	−0,04	7,72
2004	1,02	7,7	0,08	7,92
2005	1,03	7,7	−0,89	6,99
2006	1,04	7,6	−0,32	7,59
2007	1,03	7,6	0,96	8,79
2008	1,02	7,6	2,00	9,74
2009	0,98	7,5	3,40	10,73

Fuente: Ministerio de Economía y Hacienda: *Base de Datos Macroeconómicos de España (BDMACRO),* versión de octubre de 2010; Banco de España: *Cuentas financieras de la economía española;* y elaboración propia.

Notas: i) P_K y P se han aproximado por el deflactor de la formación bruta de capital fijo privada y el deflactor del PIB, respectivamente; expresados ambos en números índices, 2000=100. ii) El tipo de interés real se ha calculado como la diferencia entre el rendimiento en el mercado secundario de la deuda pública a 10 años y la tasa de variación del deflactor del PIB; al igual que la tasa de depreciación, se expresa en tanto por ciento. iii) El coste de uso del capital se ha calculado a partir de la expresión que aparece en el texto.

4.7 La función *IS*

Finalizaremos este capítulo analizando la condición de equilibrio en el mercado de bienes, una vez incorporada al modelo renta-gasto la función de inversión obtenida en la sección anterior. Dicha condición de equilibrio vendrá dada por la igualdad entre la oferta de bienes producidos en el periodo y la demanda agregada planeada en dicho periodo, donde esta última es igual a la suma de la demanda agregada de consumo privado, la demanda agregada de inversión privada y el gasto público.

La condición de equilibrio en el mercado de bienes que se presenta en esta sección, no es más que la misma condición del modelo renta-gasto que hemos estudiado en la sección 5, pero donde ahora supondremos que la inversión depende del tipo de interés real. Por tanto, tenemos las funciones que determinan el comportamiento de economías domésticas (la función de consumo del modelo renta-gasto):

$$C = C_A + c\,[(1-t)\,Y + TR]$$

y empresas (la función de inversión de la sección anterior):

$$I = I_A - h\,r$$

y la condición de equilibrio en el mercado de bienes:

$$Y = C + I + G$$

Sustituyendo las funciones de consumo e inversión en dicha condición de equilibrio, obtenemos:

$$Y = C_A + c\,[(1-t)\,Y + TR] + I_A - h\,r + G \qquad [5]$$

que, agrupando términos y despejando Y, se convierte en:

$$Y = \frac{1}{1-c(1-t)}[\,C_A + cTR + I_A - hr + G\,] \qquad [6]$$

esto es, la *función IS* (iniciales inglesas de *investment-saving*, o inversión-ahorro) que representa el conjunto de pares de puntos nivel de renta-tipo de interés real que mantienen en equilibrio el mercado de bienes.

Por otra parte, al igual que hicimos en el modelo renta-gasto, podemos considerar una expresión alternativa de la función *IS*. Sabemos que la renta disponible se define como $Y_D = Y - T$, y que se distribuye entre consumo y ahorro: $Y_D = C + S$, por lo que $Y - T = C + S$. Por lo tanto: $Y = C + I + G = C + S + T$, de manera que podemos escribir la condición de equilibrio en el mercado de bienes como:

$$I + G = S + T$$

o lo que es lo mismo:

$$I + (G - T) = S$$

o, teniendo en cuenta que $G \equiv C_G + I_G$:

$$I + I_G = S + S_G$$

donde $S_G \equiv T - C_G$.

Es decir, podemos ver cómo en el equilibrio del mercado de bienes, la inversión más el gasto público es igual al ahorro más los impuestos netos de transferencias. O, dicho de otro modo, en una economía cerrada con sector público el ahorro privado debe financiar no sólo el gasto privado de inversión, sino también el déficit del sector público, o, alternativamente, el ahorro total (privado más público) debe igualarse con la inversión total (privada más pública); es decir, se verifica la igualdad ahorro-inversión.

Para obtener la expresión de la pendiente de la función *IS* despejamos el tipo de interés real de la ecuación (5):

$$r = \frac{C_A + cTR + I_A + G}{h} - \frac{1 - c(1-t)}{h}Y$$

donde vemos que la pendiente viene dada por:

$$-\frac{1 - c(1-t)}{h} < 0$$

pues $0 < c < 1$ y $0 < t < 1$. Es decir, la pendiente de la función *IS* es negativa dada la relación existente entre el tipo de interés real y la inversión: una disminución del tipo de interés real llevaría a un aumento de la inversión planeada, lo que se traduciría en una elevación del nivel de renta. Por otra parte, la pendiente de la función *IS* sería mayor (menor) en valor absoluto, cuanto menor (mayor) fuera la propensión marginal al consumo, *c*; cuanto menor (mayor) fuera la sensibilidad de la inversión al tipo de interés real, *h*; y cuanto mayor (menor) fuese el tipo impositivo, *t*.

La derivación gráfica de la función *IS* se presenta en la Figura 4.7. En la parte superior de la figura, hemos representado dos funciones de demanda agregada planeada (esto es, la suma de consumo, inversión y gasto público) que se diferencian únicamente en el valor del tipo de interés real, que afecta a la demanda de inversión. Partiendo de un equilibrio inicial para r_0 e Y_0, cuando se produce una variación del tipo de interés real de r_0 a r_1, tal que $r_1 < r_0$, aumentaría la demanda de inversión, $I(r_1) > I(r_0)$; puesto que, como hemos visto en la sección anterior, la demanda de inversión es decreciente respecto al tipo de interés real. Ello daría lugar a un desplazamiento hacia arriba de la función de demanda agregada planeada, en la parte superior de la figura. La nueva renta de equilibrio, asociada al tipo de interés r_1 sería $Y_1 > Y_0$. En resumen, ante una disminución del tipo de interés real aumentaría la demanda de inversión y, en consecuencia, el nivel de renta asociado a dicha demanda de inversión. La función *IS* se muestra en la parte inferior de la figura, donde se relacionan los distintos niveles de renta que para cada tipo de interés real mantienen en equilibrio el mercado de bienes. Dicho en otras palabras, la función *IS* representa las posiciones de equilibrio para las que la producción de bienes es igual a la demanda agregada planeada de bienes, $Y = Y^d$.

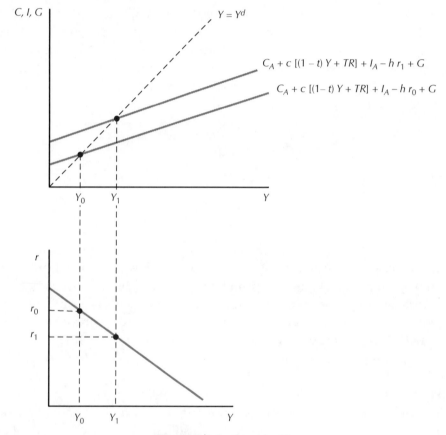

Figura 4.7. La función *IS*.

La posición de la función *IS* dependerá de los cambios que se produzcan en sus componentes autónomos. Se desplazaría hacia la derecha (izquierda) en aquellos casos que signifiquen un incremento (disminución) del nivel de renta dado el tipo de interés real. En particular, se desplazaría a la derecha si:

- aumenta el consumo autónomo, C_A, o aumenta la propensión marginal al consumo, c (en este caso con disminución de la pendiente);

- aumenta la inversión autónoma, I_A, o disminuye la sensibilidad de la inversión respecto al tipo de interés real, h (en este caso con aumento de la pendiente);
- el gobierno decide seguir una política fiscal expansiva, lo que ocurriría cuando i) aumenta el gasto público, G; ii) aumentan las transferencias a las economías domésticas, TR; o iii) disminuye el tipo impositivo sobre la renta, t (en este caso con disminución de la pendiente);

y hacia la izquierda en los casos contrarios.

Las situaciones en las que no existe equilibrio en el mercado de bienes aparecen representadas en la Figura 4.8. Así, puntos a la derecha de la *IS* representan niveles de renta y de tipo de interés real superiores a los de equilibrio. Un tipo de interés real superior al de equilibrio da lugar a un menor nivel de inversión y por tanto, a un ahorro superior a la inversión; o, lo que es lo mismo, a un exceso de oferta en el mercado de bienes. De forma equivalente, los puntos a la izquierda de *IS* representan niveles de renta y de tipo de interés real inferiores a los de equilibrio. A un tipo de interés real inferior al de equilibrio corresponderá un nivel de inversión superior al del ahorro y, consecuentemente, un exceso de demanda de bienes.

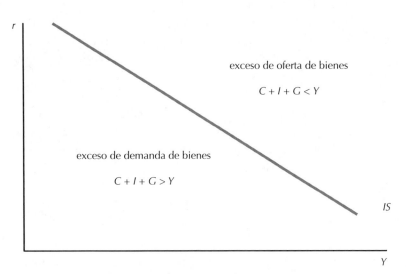

Figura 4.8. Posiciones fuera de la función *IS*.

Ejercicios

1. A la hora de explicar cómo lleva a cabo el individuo sus decisiones de consumo, ¿cuál es la aportación fundamental de la teoría del ciclo vital y de la hipótesis de la renta permanente?

2. En el modelo renta-gasto con impuestos netos de transferencias, T, determinados exógenamente, comente los efectos sobre el consumo y el ahorro de una disminución del consumo autónomo:
   a) si la inversión planeada es exógena; es decir, no depende del nivel de renta.
   b) si la inversión planeada es endógena y depende positivamente del nivel de renta.

3. Si el gobierno decide aumentar el nivel de producción o renta y se plantea como alternativa un incremento del gasto público o un incremento de las transferencias, ¿cuál de las dos medidas tendrá un mayor efecto expansivo sobre el nivel de renta y por qué?

Soluciones

1. Ambas teorías sostienen que los agentes deciden cuánto consumir no sólo en función de su renta actual, sino también en función de la renta futura esperada. De ahí que adquiere gran importancia el modo en el que los individuos forman sus expectativas.

2.
   a) La disminución del consumo autónomo da lugar a un menor nivel de consumo, mientras que el ahorro permanece constante. Ello se debe a que al ser la inversión planeada una variable exógena, no se ve afectada por la disminución de la renta de equilibrio.

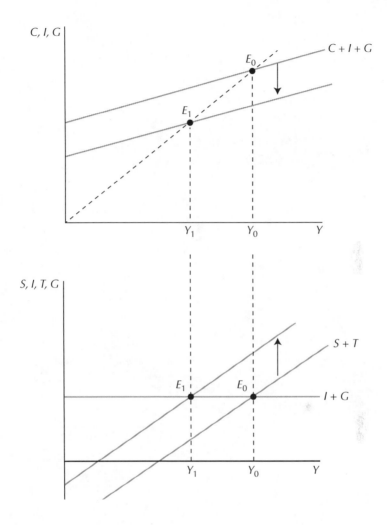

b) En este caso, la disminución del consumo autónomo da lugar a un menor nivel de consumo y también a un menor nivel de ahorro. Como ahora la inversión depende (positivamente) del nivel de renta, la disminución de la renta de equilibrio da lugar a un menor nivel de inversión y, por tanto, de ahorro. Este resultado se conoce con el nombre de *paradoja de la austeridad*, ya que una disminución del consumo autónomo (o, lo que es lo mismo, un aumento del ahorro autónomo) se traduce en última instancia en una disminución del nivel de ahorro.

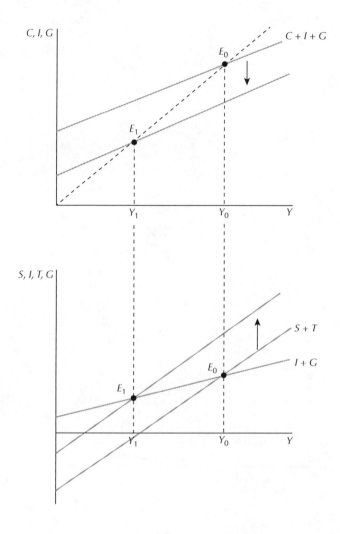

3. Considerando el caso de impuestos proporcionales a la renta, un incremento del gasto público tiene un mayor efecto expansivo sobre el nivel de renta que un incremento de las transferencias en la misma cuantía. Ello se debe a que el multiplicador del gasto público es mayor que el de las transferencias: $\dfrac{1}{1-c(1-t)} > \dfrac{c}{1-c(1-t)}$, puesto que $0 < c < 1$.

Bibliografía recomendada

Las teorías del consumo y la inversión se examinan con mayor detalle, respectivamente, en:

Robert E. Hall: «Consumption», en Robert Barro (ed.): *Modern business cycle theory*, Harvard University Press, Cambridge, MA, 1989, págs. 153-177.

P. N. Junankar: *La inversión: Teorías y evidencia*, Vicens-Vives, Barcelona, 1975.

Y un análisis más avanzado se puede encontrar en:

Orazio P. Attanasio: «Consumption», en John B. Taylor y Michael Woodford (eds.): *Handbook of Macroeconomics*, Vol. 1, North-Holland, Amsterdam, 1999, págs. 741-812.

Ricardo J. Caballero: «Aggregate investment», en John B. Taylor y Michael Woodford (eds.): *Handbook of Macroeconomics*, Vol. 1, North-Holland, Amsterdam, 1999, págs. 813-862.

La política fiscal se analiza más extensamente en:

Joseph E. Stiglitz: *La economía del sector público* (3.ª edición), Antoni Bosch editor, Barcelona, 2002.

5 Mercados financieros: política monetaria

5.1 Introducción

El análisis de la demanda agregada, iniciado en el capítulo anterior con el mercado de bienes, se completa en el presente capítulo con el estudio de los mercados financieros. Para ello se hará un especial énfasis en la instrumentación de la política monetaria, esto es, la actuación del banco central con objeto de influir sobre las condiciones monetarias y financieras de la economía. En particular, el análisis se centrará en la determinación del tipo de interés nominal en los mercados financieros, por medio de la política monetaria. Si suponemos que la tasa de inflación esperada está dada a corto plazo, el tipo de interés nominal afectará posteriormente al mercado de bienes a través del gasto de inversión llevado a cabo por las empresas (que, recordemos, dependía del tipo de interés real).

Examinaremos en primer lugar el enfoque tradicional sobre la determinación del tipo de interés a partir del equilibrio en el mercado de dinero, lo que se reflejará en la función *LM*. Pasaremos después a discutir un enfoque alternativo, más de acuerdo con el comportamiento actual de la mayor parte de los bancos centrales, basado en la existencia de una regla para el tipo de interés. Finalizaremos presentando la regla particular de política monetaria que utilizaremos en este libro, y que se plasmará en la función *RM*.

5.2 El análisis tradicional de los mercados financieros: la función *LM*

Como se mencionó anteriormente, el análisis tradicional de los mercados financieros se basaba en la determinación del tipo de interés nominal a partir del equilibrio en el mercado de dinero o, lo que es lo mismo, a partir de la igualdad entre la demanda y la oferta de dinero.

Si denominamos L^d a la demanda de dinero especificada en términos reales (pues se supone habitualmente que los agentes demandan dinero en términos de capacidad adquisitiva), una función de demanda de dinero estándar sería:

$$L^d = L_A^d + kY - li \qquad [1]$$

Esta función permite contemplar tres componentes de la demanda de dinero:

- Un componente autónomo, L_A^d, que indicaría la existencia de incertidumbre sobre el futuro: si los agentes son aversos al riesgo, demandarán dinero con objeto de hacer frente a posibles gastos imprevistos. Este componente representaría el llamado *motivo precaución*.
- Un componente que dependería de la renta, Y, con signo positivo: los agentes necesitan dinero para cubrir el desfase entre sus ingresos y sus gastos planeados, y estas necesidades serán tanto mayores cuanto mayor sea su nivel de renta. Este componente representaría el llamado *motivo transacción*.
- Un componente que dependería del tipo de interés nominal, i, con signo negativo: como la rentabilidad de los bonos (el activo financiero alternativo al dinero) viene dada por el tipo de interés, cuanto mayor sea éste los agentes desearán tener una mayor cantidad de bonos y, por tanto, demandarán menos dinero. Este componente representaría el llamado *motivo especulación*.

En cuanto a la oferta de dinero, L, supondremos que es una variable exógena, determinada discrecionalmente por el banco central. El banco central, a su vez, alterará el valor de la oferta de dinero en función de sus objetivos de política monetaria, incrementándola si desea expandir el nivel de actividad, y reduciéndola en caso contrario.[1] Así pues, el equilibrio en el mercado de dinero vendría dado por:

$$L = L_A^d + kY - li \qquad [2]$$

y se representaría gráficamente en la Figura 5.1. Como puede verse, en el punto E de dicha figura se igualarían la demanda y la oferta de dinero, para un tipo de interés i_0, siendo Y_0 el nivel de renta correspondiente para el que estaría especificada la función de demanda de dinero representada en la figura.

Nótese que, por definición, el valor de la riqueza financiera es igual a la suma

---

[1] Estrictamente, la variable que manejaría el banco central sería la oferta de dinero en términos nominales. Sin embargo, como estamos suponiendo que el nivel de precios está dado a corto plazo, el banco central controlaría igualmente la oferta de dinero en términos reales.

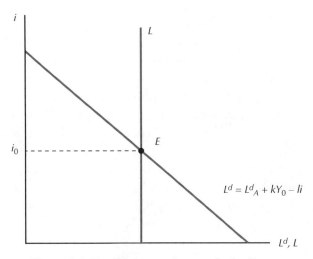

Figura 5.1. Equilibrio en el mercado de dinero.

de las ofertas de dinero y bonos, esto es, las cantidades de dinero y bonos existentes en la economía. Pero como, por otra parte, las economías domésticas deben decidir cómo reparten su riqueza financiera entre dinero y bonos, va a resultar que, si existe equilibrio en el mercado de dinero, existirá también equilibrio en el mercado de bonos y viceversa. Es decir, denominando B^d y B, respectivamente, a la demanda y la oferta de bonos:

$$L + B \equiv \text{riqueza financiera} = L^d + B^d$$

por lo que:

$$L = L^d \Leftrightarrow B = B^d \qquad [3]$$

Por último, despejando i en la ecuación (2) obtenemos la *función LM* (iniciales inglesas de *liquidity-money*, o liquidez-dinero):[2]

$$i = \frac{L_A^d + kY - L}{l} \qquad [4]$$

que representa el conjunto de pares de puntos nivel de renta-tipo de interés nominal que mantienen en equilibrio el mercado de dinero y, por extensión, todos los mercados de activos financieros, de acuerdo con (3).

---

[2] Nótese que el término utilizado en la obra de John Maynard Keynes *Teoría general de la ocupación, el interés y el dinero* para referirse a la demanda de dinero es el de «preferencia por la liquidez».

La pendiente de dicha función es $\frac{k}{l}$, y tiene signo positivo ya que un aumento del nivel de renta llevaría a un aumento de la demanda de dinero que, con objeto de mantener el equilibrio en el mercado y al estar dada la oferta de dinero, requeriría una disminución de la demanda de dinero a través de un incremento del tipo de interés. La pendiente de la función LM sería tanto mayor (menor) cuanto mayor (menor) fuera la sensibilidad de la demanda de dinero al nivel de renta, k; y cuanto menor (mayor) fuera la sensibilidad de la demanda de dinero al tipo de interés, l.

La derivación gráfica de la función LM se presenta en la Figura 5.2, donde, partiendo de un equilibrio inicial para i_0 e Y_0 en la parte izquierda de la figura, un incremento del nivel de renta de Y_0 a Y_1 significa un aumento de la demanda de dinero (lo que conlleva un desplazamiento a la derecha de la función de demanda de dinero), que requiere un incremento del tipo de interés de i_0 a i_1 para mantener el equilibrio en el mercado; la función LM resultante aparece en la parte derecha de la Figura 5.2.

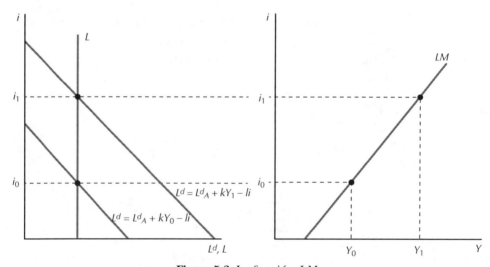

Figura 5.2. La función LM.

La función LM, por otra parte, se desplazaría hacia abajo (arriba) en aquellos casos que signifiquen una disminución (incremento) del tipo de interés dado el nivel de renta. En particular, la función LM se desplazaría hacia abajo si:

- aumenta la oferta de dinero en términos reales, bien por un aumento de la oferta de dinero en términos nominales (la variable que controla el banco central), o bien por una disminución del nivel de precios;
- disminuye el componente autónomo de la demanda de dinero;

y hacia arriba en los casos contrarios.

Finalmente, reuniendo la función *LM* con la función *IS* obtenida en el Capítulo 4, expresada en términos del tipo de interés nominal en vez del real, obtenemos el llamado *modelo IS-LM*:

$$Y = \frac{1}{1 - c(1-t)}\left[C_A + cTR + I_A - h\left(i - \dot{P}^E\right) + G\right]$$

$$i = \frac{L_A^d + kY - L}{l}$$

siendo $r \equiv i - \dot{P}^E$.

El modelo *IS-LM* incorpora las condiciones de equilibrio en los mercados de bienes y de activos financieros, y representa, por tanto, el equilibrio en el conjunto de la demanda agregada. El equilibrio del modelo *IS-LM* se representa gráficamente en el punto *E* de la Figura 5.3, para unos niveles de renta y tipo de interés Y_0 e i_0, respectivamente.[3]

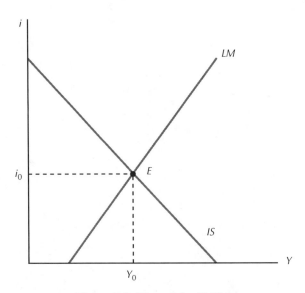

Figura 5.3. El modelo *IS-LM*.

[3] El modelo *IS-LM* apareció por primera vez en John Hicks: «Mr. Keynes and the "classics"; a suggested interpretation», *Econometrica*, vol. 5, abril de 1937, págs. 147-159; y se desarrolló posteriormente en Alvin Hansen: *Monetary theory and fiscal policy*, McGraw-Hill, Nueva York, 1949. Es por ello que se le ha denominado también modelo Hicks-Hansen.

5.3 Reglas de política monetaria

El modelo *IS-LM* ha sido durante mucho tiempo la principal herramienta utilizada en el análisis macroeconómico del corto plazo. Sin embargo, más recientemente, se ha cuestionado la representación del mercado de dinero dada por la función *LM*. El motivo último sería la generalización de la llamada innovación financiera, esto es, la aparición a lo largo del tiempo de nuevos activos financieros de gran liquidez (es decir, fácilmente convertibles en dinero), pero que a la vez ofrecen una rentabilidad a sus poseedores. Debido a los procesos de innovación financiera la definición de dinero se vuelve más problemática, ya que las economías domésticas tenderían a considerar estos nuevos activos como dinero (a pesar de no serlo en sentido estricto), lo que haría que la demanda de dinero y, por tanto, la función *LM*, resultaran altamente inestables.

Así pues, si la demanda de dinero fuera muy inestable las autoridades monetarias tendrían cada vez más difícil el control del tipo de interés mediante el manejo de la oferta de dinero. En estas circunstancias, sería deseable que la variable a controlar (esto es, el objetivo intermedio) de la política monetaria fuera el tipo de

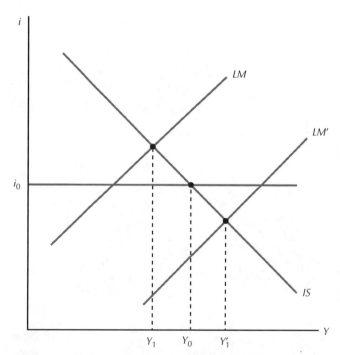

Figura 5.4. El tipo de interés y la oferta de dinero como objetivos intermedios de la política monetaria cuando la demanda de dinero es inestable.

interés y no la oferta de dinero, ya que ello proporcionaría una mayor estabilidad a la economía, en términos de la variación del nivel de actividad. Como puede verse en la Figura 5.4, dada la función *IS* y un valor deseado Y_0 para el nivel de renta, si el banco central mantiene un tipo de interés igual a i_0 podría conseguir el nivel de renta Y_0. En cambio, si el banco central controla la oferta de dinero pero la función *LM* se desplazase debido a la inestabilidad de la demanda de dinero, el nivel de renta resultante estaría comprendido entre Y_1 e Y_1'.[4]

De esta manera, en los últimos años se ha desarrollado un nuevo consenso sobre política monetaria, cuyas principales características serían:

- El objetivo intermedio de la política monetaria debería ser el tipo de interés, y no la oferta de dinero.
- La política monetaria debería llevarse a cabo por parte de un banco central independiente del gobierno, a través una regla sistemática, y no de manera discrecional.
- El objetivo de las acciones de política monetaria a corto plazo debería ser la estabilización de la tasa de inflación en torno a un objetivo (lo que se conoce con el nombre de *inflation targeting*), en combinación con la estabilización del nivel de actividad en torno a su valor potencial.

Este nuevo enfoque pone un énfasis particular en el control de la inflación, tras la experiencia acumulada en años anteriores, especialmente la década de los setenta del pasado siglo. En efecto, desde finales de los años sesenta se produjo un incremento cada vez mayor en las tasas de inflación de los principales países industrializados, en parte como consecuencia de las políticas monetarias y fiscales llevadas a cabo por los gobiernos con objeto de conseguir el pleno empleo y, sobre todo, tras las perturbaciones por el lado de la oferta agregada que tuvieron lugar en la década de los setenta, con incrementos hasta entonces desconocidos en los precios del petróleo y las materias primas. Así pues, a partir de entonces los gobiernos y los bancos centrales comenzaron a prestar mayor atención a la inflación y sus efectos sobre el sistema económico.

En general, se considera que la inflación tiene efectos perjudiciales sobre la economía, siempre que no sea perfectamente anticipada por los agentes económicos. En efecto, si los agentes pudiesen anticipar la inflación actuarían en consecuencia para mitigar los posibles efectos desfavorables: el tipo de interés nominal se incrementaría al hacerlo la tasa esperada de inflación, los salarios crecerían también en función de la inflación esperada, etc. En la práctica, y siempre que no sea excesivamente

---

4 Este resultado se demuestra en William Poole: «Optimal choice of monetary policy instruments in a simple stochastic macro model», *Quarterly Journal of Economics*, vol. 84, mayo de 1970, págs. 197-216.

elevada, los costes de una inflación perfectamente anticipada suelen ser pequeños y son fundamentalmente de dos tipos. En primer lugar, al aumentar el tipo de interés nominal disminuiría la demanda de dinero, lo que daría lugar a los llamados costes de «suela de zapato», derivados del mayor número de desplazamientos al banco que se realizarían con objeto de aprovisionarse de dinero, ya que los agentes preferirían mantener su riqueza financiera en otros activos (en nuestro modelo, los bonos) que habrían de convertirse en efectivo cada vez que lo necesitasen. Y, en segundo lugar, estarían también los denominados costes de «cambio de menú», esto es, aquellos derivados del cambio de los precios nominales (el ejemplo más sencillo se refiere al coste en que incurre un restaurante al imprimir nuevos menús, de donde toman el nombre), y que surgirían de la necesidad de variar los precios con mayor frecuencia en respuesta a la inflación; éste sería el caso, por ejemplo, de los teléfonos públicos, máquinas vendedoras, parquímetros, reimpresión de catálogos, etc.

Sin embargo, cuando la inflación no se anticipa perfectamente, podrían ocasionarse efectos redistributivos no deseados de la renta y la riqueza entre diferentes grupos sociales. En particular, al reducirse el valor real de los activos fijados en términos nominales, la inflación redistribuiría la riqueza de acreedores a deudores. Asimismo, el sector público podría verse favorecido si el sistema impositivo fuese progresivo y los tipos impositivos no variasen al hacerlo la inflación, ya que aumentaría la carga real que suponen los impuestos. En efecto, una mayor inflación significaría unas rentas en términos nominales también mayores, lo que haría pasar a los contribuyentes a tramos de renta superiores cuyo tipo correspondiente sería proporcionalmente más elevado (el llamado deslizamiento de los tramos impositivos), con lo que aumentaría la recaudación por impuestos y se reduciría en consecuencia la renta disponible de los contribuyentes. Se ha calculado que los efectos de redistribución de la riqueza a consecuencia de la inflación imperfectamente anticipada serían del orden de un 1 por ciento del PIB por cada 1 por ciento de incremento no anticipado en el nivel de precios.[5] Otros efectos de la inflación tendrían que ver con la mayor variabilidad de los precios relativos y la incertidumbre que ello generaría, lo que daría lugar a su vez a distorsiones en la asignación de los recursos del sistema económico, tanto mayores cuanto más elevada fuera la inflación y más tendiera a acelerarse.

Por otra parte, y con objeto de garantizar un mayor control de la inflación, se propugna que el banco central debe ser independiente del gobierno, y ajustar su actuación a una regla sistemática plenamente conocida por los agentes económicos privados, evitando la discrecionalidad. Con ello se pretende que la ejecución de

---

[5] Stanley Fischer y Franco Modigliani: «Towards an understanding of the real effects and costs of inflation», *Weltwirtschaftliches Archiv*, vol. 114, n.º 4, 1978, págs. 810-832. Véase también Robert E. Lucas, Jr.: «Inflation and welfare», *Econometrica*, vol. 68, marzo de 2000, págs. 247-274.

la política monetaria no dependa de los intereses electorales del gobierno, el cual podría verse tentado a llevar a cabo políticas expansivas en vísperas de elecciones, dirigidas a elevar los niveles de actividad, pero que se traducirían posteriormente en incrementos de la tasa de inflación. Adicionalmente, el hacer pública la regla seguida por la autoridad monetaria podría evitar cualquier tipo de incertidumbre al sector privado, a la hora de tomar sus decisiones de consumo e inversión.[6]

¿Qué características debería poseer la regla de política monetaria utilizada por el banco central? En principio, la regla debería diseñarse de manera que el objetivo intermedio (el tipo de interés) se alterase en respuesta a una desviación de los objetivos últimos de la política monetaria (la tasa de inflación y el nivel de actividad) con respecto a sus valores objetivo. Una regla de este tipo podría derivarse a partir de la maximización de la función objetivo del banco central, que dependería de sus objetivos últimos, sometida a la restricción dada por el modelo macroeconómico que describe la economía en cuestión. Sin embargo, en la medida en que no existe total acuerdo sobre cuál es el «verdadero» modelo que representaría adecuadamente la economía objeto de estudio, una respuesta pragmática consistiría en proponer una regla que sea «robusta» en el sentido de proporcionar unos resultados razonables para una amplia variedad de modelos.[7]

Una regla que cumple esta propiedad es la propuesta por John Taylor, que puede expresarse como:[8]

$$i = (\overline{r} + \dot{P}) + (\beta - 1)(\dot{P} - \dot{P}^{O}) + \gamma \left(\frac{Y - \overline{Y}}{\overline{Y}} \right) \qquad [5]$$

De acuerdo con esta expresión, el tipo de interés nominal, i, vendría dado por la suma del tipo de interés real de equilibrio, $\overline{r}$, más la tasa de inflación del periodo, $\dot{P}$; y este valor de referencia se ajustaría, a su vez, en función de:

- La desviación de la tasa de inflación efectiva, $\dot{P}$, respecto a la que se hubiera establecido como objetivo para el periodo, $\dot{P}^{O}$.
- La desviación del nivel de producción respecto a su nivel potencial en términos relativos de este último o, lo que es lo mismo, el *output gap* o brecha de producción $\left(\frac{Y - \overline{Y}}{\overline{Y}} \right)$.

---

[6] La superioridad de las reglas frente a la discrecionalidad, en términos de sus resultados sobre la tasa de inflación, se examina con más detalle en el Capítulo 8 a partir de la coherencia temporal y la credibilidad de las medidas de política monetaria.

[7] Bennett T. McCallum: «Robustness properties of a rule for monetary policy», *Carnegie-Rochester Conference Series on Public Policy*, vol. 29, 1988, págs. 173-203.

[8] John B. Taylor: «Discretion versus policy rules in practice», *Carnegie-Rochester Conference Series on Public Policy*, vol. 39, diciembre de 1993, págs. 195-214.

Obsérvese que en la ecuación (5) aparecen los dos objetivos últimos de la política monetaria a los que nos referimos anteriormente: conseguir una tasa de inflación lo más reducida posible, en términos de un objetivo específico para la misma; así como moderar las fluctuaciones del nivel de actividad, representadas por el *output gap*. En particular, en los casos en que la tasa de inflación es superior al objetivo, o cuando el *output gap* es positivo, el nivel de actividad de la economía se situaría por encima del potencial. En consecuencia, el banco central aumentaría el tipo de interés nominal lo que, dada la inflación esperada, haría aumentar también el tipo de interés real; y ello a su vez reduciría la inversión, con lo que el nivel de actividad tendería a acercarse al potencial. Lo contrario ocurriría cuando la tasa de inflación es inferior al objetivo, o el *output gap* es negativo: el nivel de actividad de la economía se situaría por debajo del potencial, el banco central reduciría el tipo de interés nominal, disminuiría el tipo de interés real, aumentaría la inversión, y el nivel de actividad tendería a acercarse al potencial.

En su artículo original, Taylor ilustró esta ecuación para el caso de Estados Unidos entre 1987 y 1992. Para ello suponía que las ponderaciones que la Reserva Federal otorgaba a las desviaciones de la inflación y la producción eran ambas iguales a 0,5 ($\beta - 1 = \gamma = 0{,}5$), y que el tipo de interés real de equilibrio y el objetivo de inflación del periodo eran a su vez iguales al 2 por ciento ($\overline{r} = \dot{P}^O = 2$). Los resultados obtenidos mostraban que una regla de este tipo permitía describir de una forma simple la actuación de la Reserva Federal estadounidense durante el periodo analizado.

Nótese que, si en la ecuación (5) sumamos y restamos $\dot{P}^O$, obtenemos:

$$i = (\overline{r} + \dot{P}^O) + \beta(\dot{P} - \dot{P}^O) + \gamma \left(\frac{Y - \overline{Y}}{\overline{Y}} \right) \tag{5'}$$

expresión alternativa de la regla de Taylor, que nos muestra que, ante una variación dada de la tasa de inflación, el banco central variará el tipo de interés nominal en mayor proporción (o, lo que es lo mismo, el coeficiente de la tasa de inflación será mayor que la unidad). El motivo último es permitir que una variación de la tasa de inflación se traduzca en una variación del mismo signo en el tipo de interés real. En efecto, un aumento (disminución) de la tasa de inflación tiene un doble efecto sobre el tipo de interés real: por una parte, lo disminuye (aumenta) directamente; y, por otra parte, lo aumenta (disminuye) debido al alza del tipo de interés nominal que lleva a cabo el banco central a través de su regla de política monetaria. Por tanto, si se desea que una variación de la tasa de inflación se traduzca en una variación del mismo signo en el tipo de interés real (ya que es éste el que afecta al nivel de actividad de la economía), es necesario que el coeficiente que afecta a la tasa de inflación en la regla de política monetaria, β, sea mayor que la unidad.

Así pues, a partir de reglas simples como la dada por la ecuación (5), que representaría lo que se ha dado en llamar *regla de Taylor*, se ha podido describir adecuadamente el comportamiento reciente de los bancos centrales en los principales países industrializados.

Recuadro 5.1. La política monetaria en España.

En las economías occidentales las políticas monetarias se han ido orientando, a lo largo de los últimos años, hacia el objetivo de alcanzar la estabilidad de precios a través de la actuación sobre los tipos de interés, en detrimento de la estrategia de control monetario. Concretamente, las economías de la Unión Europea (UE) han ido experimentando cambios de diseño e instrumentación desde que la participación en el mecanismo de tipos de cambio del Sistema Monetario Europeo (SME) obligaba a adquirir un compromiso de estabilidad cambiaria y de reputación anti-inflacionista. Más adelante, los acuerdos que se fueron sucediendo para concluir en la formación de la Unión Económica y Monetaria (UEM) fueron configurando la actual política monetaria común, conducida por el Banco Central Europeo (BCE).[1]

Desde principios de la década de 1970, la política monetaria española se caracterizó por la aplicación de un esquema de control monetario en dos niveles, siendo el objetivo intermedio la oferta de dinero (en particular, el agregado M3) y la variable instrumental los activos de caja del sistema bancario. Bajo este enfoque tradicional, las alteraciones de la oferta de dinero tenían su origen en la actuación discrecional del Banco de España.

Fue a partir de 1989, tras la incorporación de la peseta al SME, cuando la política monetaria se centró en el control de la inflación a través de la modificación de la estructura de tipos de interés, al tiempo que se produjo una acentuación del grado de apertura de la economía española. Posteriormente, tras los episodios de inestabilidad experimentados por el SME entre 1992 y 1993, y la ampliación de las bandas de fluctuación de las monedas participantes en agosto de 1993, la política monetaria española, al gozar de una mayor flexibilidad respecto a la restricción externa que suponía el compromiso cambiario, tuvo que optar, como forma de

---

[1] Una panorámica más amplia de la aquí expuesta, puede verse en Carmen Díaz Roldán: «La política monetaria en España: Evolución reciente e implicaciones macroeconómicas», *Información Comercial Española*, n.º 837, julio-agosto de 2007, págs. 21-30.

consolidar su reputación antiinflacionista, por un compromiso explícito de estabilidad de precios. En línea con esta decisión se sitúan la concesión de un estatuto de independencia para el Banco de España en 1994 y la modificación del esquema de control monetario, que pasa a desarrollarse en un único nivel mediante la fijación de un objetivo explícito en términos de la tasa de inflación, con la finalidad última de alcanzar la estabilidad de precios a medio y largo plazo.

Es precisamente a partir de 1989 cuando la evolución del tipo de interés nominal a corto plazo puede describirse mediante una regla monetaria similar a la presentada en este capítulo. A diferencia del enfoque tradicional, en el basado en reglas monetarias las alteraciones de la oferta de dinero se producen de forma automática en respuesta a la evolución de la tasa de inflación y el nivel de actividad, con objeto de alcanzar un determinado valor del tipo de interés en función de la regla seguida por el banco central. Esta estrategia de control de la inflación es similar a la de control de la cantidad de dinero, salvo en la elección del objetivo intermedio: las predicciones de la tasa de inflación en el primer caso y la cantidad de dinero en el segundo, para conseguir en ambos casos el objetivo último de inflación.

El primer intento de caracterizar mediante una regla la política monetaria seguida por el Banco de España, es el llevado a cabo por Díaz y Montero.[2] A tal fin, estiman una ecuación para el tipo de interés nominal a corto plazo para el periodo que va de 1978, cuando se hace público por primera vez el objetivo de control monetario, a 1998, año previo a la formación de la UEM. Distinguen, a su vez, dos etapas delimitadas por la incorporación de la peseta al SME en junio de 1989: entre 1978 y 1989, los coeficientes estimados para la desviación de la inflación respecto a su objetivo y el *output gap* son 0,71 y 0,57, respectivamente; mientras que entre 1989 y 1998 son 2,30 y 0,39.[3] Así, vemos cómo la política monetaria española concedió mucho más peso al objetivo de control de la inflación que al de estabilización del nivel

---

[2] Carmen Díaz Roldán y Alberto Montero Soler: «Las reglas de política monetaria en la actuación del Banco de España: 1978-1998», *Revista de Economía Aplicada*, vol. 12, n.º 34, primavera de 2004, págs. 39-51.

[3] Nótese que al tratarse de una estimación para el tipo de interés nominal, similar a la ecuación (5) presentada en el capítulo, los coeficientes obtenidos corresponderían a los coeficientes β y γ de dicha ecuación y serían equivalentes a su vez a los coeficientes $(1+a)$ y b de la ecuación (6); esto es, la regla monetaria representada por la función *RM*, para la cual hemos tomado como variable dependiente el tipo de interés real en lugar del nominal y como medida del nivel de actividad el nivel de producción en lugar del *output gap*.

de actividad. De este modo, en España, la credibilidad de una política monetaria dirigida por un banco central independiente y con una estrategia basada en conseguir un determinado objetivo de inflación propició que ésta se situase en niveles cercanos a los de los países comunitarios; favoreciendo, además, el mantenimiento de la estabilidad cambiaria y que los tipos de interés alcanzasen los niveles requeridos por los criterios de convergencia para formar parte de la UEM desde su comienzo.

Así, desde el 1 de enero de 1999 España participa en el marco institucional que configura la UEM. El BCE más los bancos centrales nacionales de la UE cuya moneda es el euro (diecisiete desde enero de 2011) forman el Eurosistema, que es la autoridad monetaria de la eurozona. El Comité Ejecutivo del Eurosistema es el responsable de la gestión diaria del BCE, mientras que el Consejo de Gobierno toma las decisiones sobre los tipos de interés a corto plazo, a partir de las condiciones económicas y financieras de la zona euro. Asimismo, el BCE más todos los bancos centrales nacionales de la UE, hayan adoptado o no el euro como moneda, forman el Sistema Europeo de Bancos Centrales, que coordina las políticas monetarias y supervisa los criterios de convergencia.

En cuanto a la instrumentación de la política monetaria, el objetivo primordial es el de estabilidad de precios; concretamente, el Índice Armonizado de Precios de Consumo de la zona euro (que es la principal variable de seguimiento) no debe sobrepasar el 2% de crecimiento anual. Para conseguir dicho objetivo, las decisiones de política monetaria las toma de forma centralizada el Consejo de Gobierno evaluando las condiciones económicas (actividad, precios, costes y naturaleza de las perturbaciones) y monetarias (M3 y otros agregados) de la zona euro; y las ejecutan de manera descentralizada los bancos centrales nacionales, coordinados por el BCE. De esta forma, es el BCE, único responsable de la política monetaria, quien determina los tipos de interés de intervención que actúan como referencia de los intercambios financieros en euros y constituyen el objetivo intermedio de la política monetaria. Para controlar los tipos de interés y la cantidad de dinero, el BCE cuenta con una serie de instrumentos entre los que destacan las operaciones de mercado abierto, aunque también se cuenta con otros tales como la concesión de líneas de crédito y el mantenimiento de unas reservas mínimas en los bancos comerciales.[4]

---

[4] La instrumentación de la política monetaria del BCE puede verse con más detalle en Paul de Grauwe: *Economics of Monetary Union* (8.ª edición), Oxford University Press, Oxford, 2009; y también en http://www.bde.es/webbde/es/polimone/polimone.html.

¿Cómo sería la regla de política monetaria seguida por el BCE? En el Cuadro 5.1 se muestran los resultados de diversas estimaciones de reglas de política monetaria, similares a la ecuación (6) del capítulo, para el BCE. Podemos ver cómo, en general, el objetivo primordial parece ser el de mantener la estabilidad de precios en la UEM, puesto que las estimaciones de los coeficientes que acompañan a la desviación de la inflación son mayores que los estimados para el *output gap*.

En el Cuadro 5.2 podemos ver cómo ha ido evolucionando el tipo de interés de intervención del BCE para mantener la estabilidad de precios. El tipo de interés de intervención es el tipo de interés oficial de los préstamos del BCE a las entidades de crédito, e indica la orientación de la política monetaria. También se presenta el valor del tipo de interés interbancario a tres meses, que es el principal tipo de interés de mercado a corto plazo, ya que es aquél al que los bancos comerciales se prestan dinero entre sí. La variación de los tipos interbancarios se traslada desde el sistema bancario a los agentes (a través de la remuneración de los depósitos y el coste de los créditos) afectando, por tanto, a las decisiones de consumo e inversión. Como se puede ver, la evolución del tipo de interés de intervención y la del interbancario son paralelas.

Desde la formación de la UEM los tipos interbancarios de la zona euro han presentado valores superiores al tipo de intervención del BCE, a excepción de los años 2005 y 2006, y los de la UE-27 siempre han estado por encima de los de la zona euro. Podemos ver cómo en los dos primeros años de la UEM, caracterizados por un rápido crecimiento económico de los estados participantes, los tipos de intervención se elevaron para contener las presiones inflacionistas. Más adelante, entre 2001 y 2003 y en respuesta a una desaceleración del crecimiento, los tipos se fueron reduciendo hasta llegar a un nivel mínimo del 2% que se mantuvo hasta 2005, cuando se inició la recuperación económica. Desde entonces, y hasta julio de 2008, los tipos de interés fueron aumentando en un entorno de elevación de los precios de las materias primas y de turbulencias financieras. La consiguiente caída del nivel de actividad, acompañada de una desaceleración de las presiones inflacionistas, dio lugar a una reducción del tipo de interés. Concretamente en 2009, el tipo de intervención ha registrado el valor más bajo de su historia: un 1%, en respuesta a una crisis económica sin precedentes en la corta historia de la UEM. Mediante esta política monetaria expansiva, se ha intentado favorecer el consumo y la inversión y contrarrestar así la caída del nivel de actividad.

Cuadro 5.1. Estimaciones de reglas de política monetaria para el Banco Central Europeo.

Autores	Periodo	β	γ
Fourçans y Vranceanu (2004)	1999-2003	2,80	0,19
Gerdesmeier y Roffia (2005)	1999-2003	0,64 – 2,13	1,44 – 1,63
Sauer y Sturm (2007)	1999-2003	0,72 – 1,88	0,28 – 0,44
Hayo y Hofmann (2006)	1999-2004	1,48	0,60
Fourçans y Vranceanu (2007)	1999-2006	4,25 – 6,80	1,28 – 1,63
Gorter et al. (2007)	1999-2006	0,04 – 1,67	0,86 – 1,65
Blattner y Margaritov (2010)	1999-2007	0,20 – 2,88	0,39 – 1,03

Fuente: Elaboración propia a partir de Tobias S. Blattner y Emil Margaritov: «Towards a robust monetary policy rule for the euro area», Working Paper n.º 1210, Banco Central Europeo, junio de 2010.

Notas: (i) β y γ son los coeficientes que acompañan a la inflación y al *output gap*, respectivamente, y equivalen a $(1+a)$ y b en la ecuación (6) presentada en este capítulo; (ii) cuando los trabajos referenciados estiman varias reglas, se ofrecen los valores mínimo y máximo de los coeficientes obtenidos.

Cuadro 5.2. Tipos de interés del BCE, la zona euro y la UE-27 (% anual).

	Tipo de interés de intervención del BCE	Tipo de interés interbancario a tres meses	
		zona euro	UE-27
1999	3,0	2,96	4,61
2000	4,75	4,39	5,41
2001	3,25	4,26	5,02
2002	2,75	3,32	3,83
2003	2,0	2,33	2,85
2004	2,0	2,11	2,86
2005	2,25	2,19	2,78
2006	3,5	2,08	3,47
2007	4,0	4,28	4,57
2008	2,5	4,63	4,95
2009	1,0	1,22	1,56

Fuente: Eurostat.

5.4 La función *RM*

Nuestra descripción de la política monetaria en el modelo macroeconómico desarrollado en este libro se basará en la regla de Taylor expuesta en la sección anterior, con algunas ligeras modificaciones. Recuérdese que, aunque el tipo de interés que controla el banco central es el tipo de interés nominal, el que afecta al mercado de bienes (en particular, a la inversión de las empresas) es el tipo de interés real. Si recordamos la definición de tipo de interés real, $r \equiv i - \dot{P}^E$, y tenemos en cuenta que la tasa de inflación esperada $\dot{P}^E$ está dada a corto plazo, el banco central controlará indirectamente el tipo de interés real, por lo que tomaremos como variable dependiente de nuestra regla monetaria el tipo de interés real. Finalmente, al estar también dado a corto plazo el nivel de producción potencial $\bar{Y}$, supondremos por simplicidad que el banco central ajusta el tipo de interés directamente según la evolución del nivel de producción Y. Por tanto, la regla monetaria tomará entonces la forma:

$$r = r_A + a\left(\dot{P} - \dot{P}^O\right) + bY \qquad [6]$$

donde $r_A = \bar{r} + \left(\dot{P} - \dot{P}^E\right)$, y hemos redefinido el coeficiente de la desviación de la tasa de inflación respecto de su objetivo y el del nivel de producción como a y b, respectivamente.

Así pues, de acuerdo con la ecuación (6), el valor del tipo de interés real se determinaría a partir de una regla de política monetaria definida por:

- Un componente autónomo, r_A, que representaría el valor de referencia para el tipo de interés real en el largo plazo.
- El banco central anuncia en cada periodo un objetivo para la tasa de inflación, $\dot{P}^O$, y corrige el tipo de interés en función de las desviaciones de la tasa de inflación efectiva con respecto a este objetivo en una proporción a. En particular, el banco central aumentará (disminuirá) el tipo de interés cuando la tasa de inflación efectiva sea mayor (menor) que el objetivo.
- El banco central intentará influir también sobre el nivel de actividad, aumentando (reduciendo) el tipo de interés en una proporción b, cuando aumente (disminuya) el nivel de actividad.

La ecuación (6) definiría la que denominaremos función de la regla monetaria o *función RM*, esto es, el conjunto de pares de puntos nivel de renta-tipo de interés real que garantizan el seguimiento de la regla monetaria. La derivación gráfica de la función *RM* se presenta en la Figura 5.5, a partir de la función de demanda de dinero dada por la ecuación (1):

$$L^d = L_A^d + kY - li$$

y la regla de política monetaria, expresada en términos del tipo de interés nominal:

$$i = \left(\bar{r} + \dot{P}^O\right) + (1+a)\left(\dot{P} - \dot{P}^O\right) + bY$$

que se obtendría sumando y restando $\dot{P}^O$ en la ecuación (6), teniendo en cuenta la definición del tipo de interés real. Partiendo de un equilibrio inicial para i_0, Y_0 y L_0 en la parte izquierda de la figura, un incremento del nivel de renta de Y_0 a Y_1 significa un aumento de la demanda de dinero (lo que conlleva un desplazamiento a la derecha de la función de demanda de dinero), que requiere un incremento del tipo de interés de i_0 a i_1 a través de la regla monetaria del banco central (la cual se desplaza hacia arriba en la figura).

En la parte derecha de la Figura 5.5 se muestra la función *RM* resultante, donde el tipo de interés real se corresponde con el nominal al que se ha restado la tasa esperada de inflación $\dot{P}^O$ (que se representa en la zona inferior de la parte izquierda de la figura). Obsérvese que el efecto sobre la oferta monetaria es ambiguo: tiende a aumentar al hacerlo la demanda de dinero por el incremento en el nivel de renta; pero a disminuir al aumentar el tipo de interés, lo que reduciría la demanda de dinero. En la Figura 5.5 hemos supuesto que la oferta de dinero aumenta, lo que sería tanto más probable cuanto i) mayor fuera la sensibilidad de la demanda de dinero al nivel de renta, k, y ii) menores fueran la respuesta del tipo de interés al nivel de renta en la regla monetaria, b, y la sensibilidad de la demanda de dinero al tipo de interés nominal, l.

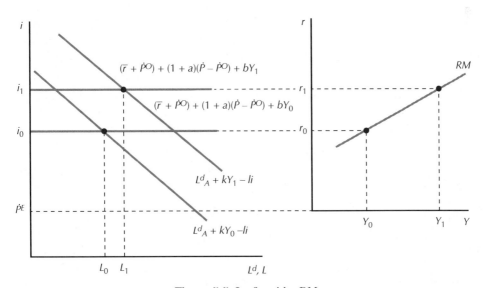

Figura 5.5. La función *RM*.

La pendiente de la función RM es igual a b y tiene signo positivo, debido a que el banco central responderá con un incremento del tipo de interés real ante un incremento del nivel de actividad, con objeto de acercar éste a su nivel potencial. La pendiente de la función RM será tanto mayor (menor) cuanto mayor (menor) sea la respuesta del tipo de interés real al nivel de actividad, b.

La función RM, a su vez, se desplazaría hacia abajo (arriba) en aquellos casos que signifiquen una disminución (incremento) del tipo de interés real dado el nivel de renta. En particular, la función RM se desplazaría hacia abajo si:

- disminuye el valor de referencia para el tipo de interés real de largo plazo, r_A;
- disminuye la tasa de inflación del periodo, $\dot{P}$;
- el banco central decide seguir una política monetaria expansiva, lo que ocurriría cuando (i) aumenta el objetivo establecido por el banco central para la tasa de inflación, $\dot{P}^O$; (ii) disminuye la respuesta del tipo de interés real a la desviación de la inflación con respecto al objetivo, a;[9] o (iii) disminuye la respuesta del tipo de interés real al nivel de producción, b (en este caso, con disminución de la pendiente);

y hacia arriba en los casos contrarios.

Adviértase que, en nuestro modelo, no vamos a considerar a la tasa de inflación objetivo $\dot{P}^O$ como el valor al que debe converger necesariamente la tasa de inflación actual, sino más bien como un valor de referencia, de manera que el banco central ajustará el tipo de interés cuando se altere la diferencia inicial entre la tasa de inflación actual y el objetivo. Este supuesto va a implicar que, en el equilibrio de medio plazo, la tasa de inflación actual pueda ser diferente de la tasa de inflación objetivo, lo que, por otra parte, nos permitirá subrayar el efecto de las diferentes perturbaciones sobre la tasa de inflación. Si, por el contrario, el banco central deseara que la tasa de inflación actual coincidiera en el medio plazo con el objetivo, debería ajustar además el valor de referencia para el tipo de interés real de largo plazo, r_A, que en nuestro modelo, por simplicidad, vamos a considerar una variable exógena. En particular, en los casos en que la tasa de inflación actual tendiera a situarse en el medio plazo por encima del objetivo, el banco central debería aumentar r_A (lo que, en términos gráficos, significaría que la función RM se desplaza hacia arriba y la función DA hacia la izquierda); mientras que, cuando la tasa de inflación actual tendiera a situarse en el medio plazo por debajo del obje-

---

9 Nótese que lo anterior sería cierto únicamente cuando la tasa de inflación fuese mayor que el objetivo (es decir, si $\dot{P} - \dot{P}^O > 0$), lo que puede considerarse el caso más habitual en las economías avanzadas. Por el contrario, si la tasa de inflación fuese menor que el objetivo (es decir, si $\dot{P} - \dot{P}^O < 0$), una disminución de a significaría una política monetaria contractiva y la curva RM se desplazaría hacia arriba.

tivo, el banco central debería disminuir r_A (desplazándose hacia abajo la función *RM* y hacia la derecha la función *DA*). Véase más adelante el Capítulo 8, donde se introduce la función *DA*.

¿Cómo actuaría la política monetaria en nuestro modelo? Esta pregunta, a su vez, se puede desglosar en otras dos: ¿cómo determinaría el banco central el tipo de interés?, y ¿cómo afectaría el tipo de interés determinado por el banco central a la actividad del sector privado?

El banco central determinaría el tipo de interés nominal a través del manejo de la oferta de dinero, utilizando para ello como principal instrumento las denominadas *operaciones de mercado abierto*. En esencia, las operaciones de mercado abierto consisten en compras o ventas de bonos, a cambio de dinero, realizadas por el banco central al sector privado. Mediante las operaciones de mercado abierto, el banco central aumenta o reduce la oferta de dinero en circulación, lo que se traduciría a su vez, dada la demanda de dinero, en una disminución o un aumento, respectivamente, del tipo de interés nominal. Es decir:

- Compra de bonos en mercado abierto → aumento de la oferta de dinero → disminución del tipo de interés: política monetaria expansiva.
- Venta de bonos en mercado abierto → disminución de la oferta de dinero → aumento del tipo de interés: política monetaria contractiva.

Es importante señalar que este procedimiento es sustancialmente diferente del enfoque tradicional de la política monetaria, que se expuso en la sección 2 de este capítulo. En efecto, en el enfoque basado en la curva *LM* las alteraciones de la oferta de dinero tenían su origen en la actuación *discrecional* del banco central. Por el contrario, en el enfoque basado en la curva *RM* las alteraciones de la oferta de dinero se llevan a cabo de manera automática, en respuesta a la evolución de la tasa de inflación y el nivel de actividad, con el fin de alcanzar el valor del tipo de interés necesario para garantizar la tasa de inflación y el nivel de actividad deseados, en función de una *regla* seguida por el banco central. En otras palabras, la oferta monetaria sería una variable endógena, a diferencia del enfoque tradicional, donde era exógena.

Obsérvese por último que existe un caso en el que la política monetaria sería incapaz de alterar el tipo de interés. En efecto, cuando el tipo de interés es muy bajo, de manera que la rentabilidad de los bonos es mínima, los agentes demandarán cualquier cantidad de dinero a ese nivel del tipo de interés; en otras palabras, la demanda de dinero se hará infinitamente elástica a ese nivel del tipo de interés ya que no se demandarán bonos. Entonces, un aumento de la oferta de dinero sería absorbido completamente por un aumento de la demanda, sin que el tipo de interés variase. Este caso representa la llamada *trampa de la liquidez,* una situación descrita por John Maynard Keynes en su *Teoría General*, y de la que en principio se podría salir únicamente mediante la aplicación de la política fiscal.[10]

El proceso por el que las decisiones de política monetaria se traducen en variaciones del nivel de actividad y la tasa de inflación se conoce con el nombre de *mecanismo de transmisión* de la política monetaria. Como hemos visto anteriormente en este capítulo, lo que el banco central determina por medio de su regla de política monetaria, en función de la evolución de la tasa de inflación y el nivel de actividad, es el tipo de interés *nominal*. Por otra parte, como vimos en el Capítulo 4, el que afecta a la inversión y, a partir de ahí, al nivel de actividad y (a medio plazo) a la tasa de inflación, es el tipo de interés *real*. Las variaciones del tipo de interés nominal (el determinado por el banco central) se traducirán en variaciones del tipo de interés real (el que afecta a la inversión de las empresas) debido al supuesto de que los precios varían con lentitud, lo que nos permite tomar como dado el valor de la tasa esperada de inflación. Una vez obtenido el tipo de interés real, éste determinará el gasto de inversión de las empresas, lo que hará variar la demanda agregada y, a partir de ahí, el nivel de producción y, a medio plazo, la tasa de inflación.

El mecanismo de transmisión de la política monetaria se representa de manera esquemática en la Figura 5.6. Obsérvese que el mecanismo de transmisión que aparece en dicha figura es el correspondiente a una economía cerrada. En efecto, cuando se consideren las relaciones económicas con el resto del mundo habrá que considerar una nueva variable determinada a partir del tipo de interés nominal: el tipo de cambio, el cual afectará a la demanda agregada a través de las exportaciones netas de bienes efectuadas por la economía analizada. El mecanismo de transmisión de la política monetaria en una economía abierta se examinará en el Capítulo 9.

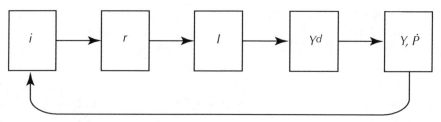

Figura 5.6. El mecanismo de transmisión de la política monetaria en una economía cerrada.

---

[10] El análisis de la trampa de la liquidez ha experimentado un renovado interés en los últimos años, a partir de la experiencia de Japón en los años noventa del pasado siglo, generalizada posteriormente a la mayor parte de la economía mundial en la recesión iniciada en 2008; véase Paul Krugman: «Thinking about the liquidity trap», *Journal of the Japanese and International Economies*, vol. 14, diciembre de 2000, págs. 221-237.

Ejercicios

1. Reescriba la regla de política monetaria propuesta por John Taylor, esto es, la ecuación (5) del texto, con las ponderaciones de la expresión original, que son las siguientes: $\beta-1 = \gamma = 0{,}5$ y $\bar{r} = \dot{P}^O = 2$. ¿Cuál es la interpretación económica de la expresión obtenida?
2. ¿Cuál es la principal diferencia entre el enfoque tradicional de la política monetaria, plasmado en la curva *LM*, y el enfoque seguido en este capítulo, caracterizado por una regla de política monetaria?
3. ¿Cuál es el supuesto fundamental para que funcione el mecanismo de transmisión de la política monetaria descrito en este capítulo?

Soluciones

1. La regla de política monetaria quedaría como sigue: $i = 1 + \dfrac{3}{2}\dot{P} + \dfrac{1}{2}\left(\dfrac{Y - \bar{Y}}{\bar{Y}}\right)$

   Como puede verse, la ponderación concedida a la tasa de inflación es tres veces mayor que la concedida al *output gap*. Aunque según la ecuación (5) las ponderaciones de las «desviaciones de la tasa de inflación» y del *output gap* son iguales a $\dfrac{1}{2}$, implícitamente se está primando la estabilidad de precios como objetivo, al asignar $\dfrac{3}{2}$ a la evolución de la inflación y $\dfrac{1}{2}$ al *output gap*.

2. En el enfoque tradicional la variable de control era la oferta de dinero, cuyas alteraciones tenían su origen en la actuación discrecional del banco central. En el enfoque basado en reglas, la variable de control es el tipo de interés (nominal) y las alteraciones de la oferta de dinero se producen de forma automática para alcanzar el tipo de interés que garantiza la tasa de inflación y el nivel de actividad deseados, en función de la regla monetaria seguida por el banco central.

3. El supuesto fundamental es el de rigidez de los precios a corto plazo, gracias al cual podemos tomar como dado el valor de la tasa esperada de inflación.

   El mecanismo de transmisión de la política monetaria es el proceso mediante el cual las decisiones de política monetaria afectan al nivel de actividad y la tasa de inflación. Haciendo uso de la regla de política monetaria, lo que el banco central determina es el tipo de interés nominal. Estas variaciones del tipo de interés nominal se traducirán en variaciones del tipo de interés real, si tomamos como dado el valor de la tasa de inflación esperada. El tipo de interés real es el que determina el gasto de inversión de las empresas, alterando así la demanda agregada, el nivel de producción y, a medio plazo, la tasa de inflación. Por ello, el supuesto de rigidez de precios a corto plazo nos permite establecer el vínculo entre el tipo de interés nominal y el real.

Bibliografía recomendada

Las teorías de la demanda de dinero se examinan con mayor extensión en:

Stephen M. Goldfeld y Daniel E. Sichel: «The demand for money», en Benjamin M. Friedman y Frank H. Hahn (eds.): *Handbook of Monetary Economics*, vol. 1, North-Holland, Amsterdam, 1990, págs. 299-356.

Una completa discusión sobre los distintos aspectos relacionados con el diseño de reglas de política monetaria puede verse en:

Bennett T. McCallum: «Issues in the design of monetary policy rules», en John B. Taylor y Michael Woodford (eds.): *Handbook of Macroeconomics*, vol. 1, North-Holland, Amsterdam, 1999, págs. 1483-1530.

El mecanismo de transmisión de la política monetaria se analiza en:

John B. Taylor: «The monetary transmission mechanism: An empirical framework», *Journal of Economic Perspectives*, vol. 9, otoño de 1995, págs. 11-26.

6 EL MODELO *IS-RM*

6.1 Introducción

En el presente capítulo mostraremos cómo se determina el nivel de renta de equilibrio de la economía, integrando de forma simultánea el equilibrio del mercado de bienes y el equilibrio de los mercados financieros analizados en los capítulos anteriores.

Para obtener la condición de equilibrio en el mercado de bienes, en el Capítulo 4 incorporábamos al modelo renta-gasto la función de inversión que dependía del tipo de interés real. De esta forma, teniendo en cuenta las funciones de comportamiento de las economías domésticas (función de consumo del modelo renta-gasto), las empresas (función de inversión) y el sector público (encargado de llevar a cabo la política fiscal, que consideramos exógena), veíamos como dicho equilibrio venía dado por la igualdad entre la oferta de bienes producidos en el periodo y la demanda agregada planeada en dicho periodo, siendo esta última igual a la suma de la demanda agregada de consumo privado, la demanda agregada de inversión privada y el gasto público. El equilibrio en el mercado de bienes venía recogido por la función *IS*, que representa el conjunto de pares de puntos nivel de renta-tipo de interés real que mantienen en equilibrio el mercado de bienes.

A continuación, en el Capítulo 5 derivábamos una regla de política monetaria que daba lugar a la función *RM*, la cual representa el conjunto de pares de puntos nivel de renta-tipo de interés real asociados con el cumplimiento de la regla monetaria. A diferencia del enfoque tradicional (basado en la determinación del tipo de interés a partir del equilibrio en el mercado de dinero), una regla monetaria garantizaría el ajuste del tipo de interés ante desviaciones de los objetivos últimos de la política monetaria: la tasa de inflación y el nivel de actividad.

Así pues, en el presente capítulo comenzaremos relacionando las funciones *IS* y *RM*, para mostrar cómo determinan conjuntamente el nivel de renta y el tipo de interés real de equilibrio de la economía. A continuación, estudiaremos cómo afectan al modelo tanto las perturbaciones originadas en la demanda de bienes, como las perturbaciones monetarias; prestando especial atención a aquellas generadas por medidas de política fiscal y de política monetaria. Para finalizar, consideraremos algunas extensiones que pueden condicionar los resultados obtenidos a partir del modelo desarrollado en el capítulo.

6.2 El modelo *IS-RM*

En el Capítulo 4 obteníamos la función *IS*, que representaba el equilibrio en el mercado de bienes y venía dada por la siguiente expresión:

$$Y = \frac{1}{1-c(1-t)}[C_A + cTR + I_A - hr + G]$$

Del mismo modo, en el Capítulo 5 se obtenía la función *RM*, que representaba la regla monetaria del banco central, a partir de la siguiente expresión:

$$r = r_A + a\left(\dot{P} - \dot{P}^O\right) + bY$$

Como ya vimos, los puntos de la función *IS* indican valores del nivel de renta y del tipo de interés real para los que el mercado de bienes se encuentra en equilibrio. Análogamente, los puntos de la función *RM* garantizan el cumplimiento de la regla monetaria. Si representamos gráficamente ambas funciones, tal como se muestra en la Figura 6.1, observamos que la intersección dada por el punto E_0 nos proporciona los valores del nivel de renta, Y_0, y el tipo de interés real, r_0, que garantizan simultáneamente el equilibrio en el mercado de bienes y el cumplimiento de la regla monetaria.

El punto E_0 representa una situación de equilibrio a corto plazo en el sentido de que Y_0 es la renta producida, compatible con el tipo de interés real r_0 que garantiza el cumplimiento de la regla monetaria. Pero el nivel de producción Y_0 no tiene por qué coincidir con el potencial $\bar{Y}$; coincidirá únicamente cuando se complete el proceso de ajuste de precios y salarios, que estudiaremos en el capítulo siguiente.

Los niveles de la renta y del tipo de interés real, correspondientes al punto E_0, para los que se verifican simultáneamente el equilibrio en el mercado de bienes y el cumplimiento de la regla monetaria, podrían verse afectados por posibles perturbaciones. Estas perturbaciones serían las provocadas, por una parte, por alteraciones de los componentes autónomos de las funciones de comportamiento del sector privado (economías domésticas y empresas), C_A e I_A, o de los instrumen-

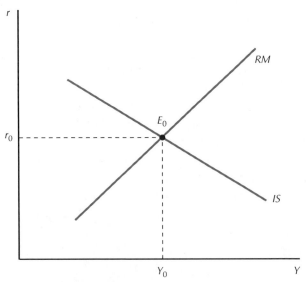

Figura 6.1. El modelo *IS-RM*.

tos de política fiscal, G, t o TR; o, por otra parte, por variaciones del componente autónomo de la regla monetaria, r_A, de la tasa de inflación del periodo, $\dot{P}$, o del objetivo establecido para la misma, $\dot{P}^O$.

Las ecuaciones que configuran el modelo *IS-RM* se muestran en la Tabla 6.1.

Tabla 6.1. El modelo *IS-RM*.

$$\left. \begin{array}{ll} \text{(consumo) } C = C_A + c\left[(1-t)\,Y + TR\right] \\ \text{(inversión)} \qquad I = I_A - hr \\ \text{(política fiscal)} \quad G,\, t,\, TR \text{ exógenas} \end{array} \right\} \rightarrow Y = \frac{1}{1 - c(1-t)}\left[C_A + cTR + I_A - hr + G\right] \;(IS)$$

$$\text{(política monetaria) } r = r_A + a(\dot{P} - \dot{P}^O) + bY \quad (RM)$$

En las siguientes secciones analizaremos cómo afectan al equilibrio del modelo *IS-RM* las perturbaciones originadas tanto en el mercado de bienes como en la regla monetaria. Para ello partiremos de una situación inicial de equilibrio como la representada en la Figura 6.1, estudiando cómo se ven alterados los valores de la renta y del tipo de interés real, y cómo se obtienen los nuevos valores correspondientes al equilibrio final.

6.3 Perturbaciones en la demanda de bienes

Para estudiar cómo afectan al equilibrio del modelo *IS-RM* las perturbaciones originadas en la demanda de bienes, es decir, las que afectan al consumo de las economías domésticas, la inversión de las empresas y la política fiscal, supondremos que los parámetros de las funciones de comportamiento del sector privado (economías domésticas y empresas) son estables. Según esto, tanto la propensión marginal al consumo, *c*, como la sensibilidad de la inversión respecto al tipo de interés real, *h*, permanecerán invariables; centrándonos así solamente en las posibles variaciones de los componentes autónomos del consumo y la inversión, y de los instrumentos de política fiscal, las cuales van a alterar la posición de la función *IS* en los términos señalados en el Capítulo 4. Por tanto, las perturbaciones que vamos a considerar son las siguientes:

- variaciones del consumo autónomo, C_A;
- variaciones de la inversión autónoma, I_A;
- actuaciones de política fiscal, a través de variaciones del gasto público, *G*, las transferencias a las economías domésticas, *TR*, o el tipo impositivo sobre la renta, *t*,

de manera que un aumento (disminución) de C_A, I_A, *G*, o *TR*, o una disminución (aumento) de *t* se traducirían en un desplazamiento hacia la derecha (izquierda) de la función *IS*.[1]

En particular, el caso concreto que vamos a analizar es el de una política fiscal expansiva, a través de un aumento del nivel de gasto público. Recuérdese que la única diferencia con respecto al caso en que la política fiscal expansiva se llevara a cabo mediante un aumento de las transferencias a las economías domésticas o una disminución del tipo impositivo sobre la renta de éstas, radicaría en que en estos dos últimos casos el incremento inicial de la demanda agregada se produciría en el consumo de las economías domésticas (ya que aumentaría su renta disponible) en lugar de en el gasto público. Asimismo, los efectos de un aumento del gasto público serían totalmente análogos a los que se derivarían de incrementos en el consumo autónomo o la inversión autónoma, produciéndose entonces el incremento inicial de la demanda agregada en el consumo de las economías domésticas o en la inversión de las empresas, respectivamente. Por otra parte, una política fiscal con-

---

[1] En el último caso, el desplazamiento a la derecha (izquierda) vendría acompañado de una disminución (aumento) de la pendiente de la función *IS*. Por otra parte, un aumento de *c* equivaldría a un aumento de C_A (con disminución de la pendiente de *IS*), y una disminución de *h* a un aumento de I_A (con aumento de la pendiente de *IS*), y al revés en los casos contrarios.

tractiva (a través de una disminución del nivel de gasto público, una disminución de las transferencias a las economías domésticas o un aumento del tipo impositivo sobre la renta de éstas), una disminución del consumo autónomo, o una disminución de la inversión autónoma, tendrían los efectos contrarios.

Partimos de una situación inicial de equilibrio como la dada por el punto E_0 de la Figura 6.1, donde se representan las funciones *IS* y *RM*; con un tipo de interés real r_0 y un nivel de renta igual a Y_0. Un aumento del gasto público significaría un aumento del nivel de demanda agregada, por sí mismo y a través de un mayor consumo vía multiplicador. Los efectos del aumento del gasto público se mostrarían en la Figura 6.2 a través del paso del punto E_0 al punto E_1, con un aumento del nivel de renta y del tipo de interés real hasta Y_1 y r_1, respectivamente, desplazándose hacia la derecha la función *IS*.

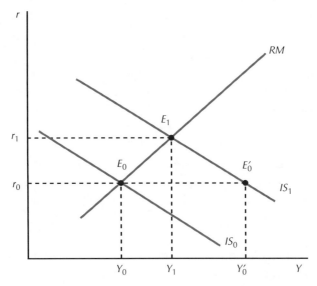

Figura 6.2. Un aumento del gasto público en el modelo *IS-RM*.

En el Capítulo 4 habíamos visto que el aumento del gasto público daba lugar a un aumento de la renta de equilibrio, por sí mismo y a través del proceso multiplicador, para un valor dado del tipo de interés real. Ahora, si tenemos en cuenta que en la nueva situación de equilibrio debe garantizarse el cumplimiento de la regla monetaria, el tipo de interés real no permanece constante. Así, si no tenemos en cuenta la regla monetaria y el tipo de interés real permanece en su nivel inicial, r_0, la posición de equilibrio vendría dada por el punto E_0', a la que corresponde un nivel de renta Y_0'; siendo el aumento de renta de Y_0 a Y_0' igual al aumento del gasto público por su multiplicador. Sin embargo, el punto E_0', aunque garantice el equilibrio en el mercado de bienes no garantiza el cumplimiento de la regla monetaria. De hecho, si tenemos en cuenta la regla monetaria, en la nueva situación de equilibrio, dada por el punto E_1, el nivel de renta asociado Y_1 es menor que el que vendría determinado exclusivamente por el proceso multiplicador. Esto es así debido a la elevación del tipo de interés real de r_0 a r_1 por parte del banco central, en respuesta al mayor nivel de renta, lo que provoca una caída de la demanda de inversión y, por consiguiente, del nivel de renta; que se refleja en un movimiento a lo largo de la función IS hacia arriba y a la izquierda. A su vez, la subida del tipo de interés real se traduce gráficamente en un movimiento a lo largo de la función RM hacia arriba y a la derecha. En definitiva, la situación final vendrá dada por el punto E_1 con un nivel de renta Y_1 y un tipo de interés real r_1.

El hecho de que en la nueva situación de equilibrio el nivel de renta asociado Y_1 sea menor que el que vendría determinado exclusivamente por el proceso multiplicador, $Y_1 < Y_0'$, se conoce como *efecto desplazamiento* o *crowding out*. Dicho efecto consiste en un cambio en la composición de la demanda agregada, de modo que aumenta la participación del gasto público y se reduce la del gasto privado de inversión. Ello se debe a que una política fiscal expansiva instrumentada a través del gasto público eleva el tipo de interés real, lo que hace caer la inversión, reduciendo así el aumento inicial del nivel de renta.[2]

En resumen, una política fiscal expansiva en el modelo *IS-RM* habría dado lugar a un incremento del nivel de renta y del tipo de interés real. El incremento inicial en el nivel de renta se vería revertido parcialmente a medida que la subida del tipo de interés real disminuyese la demanda de inversión, con el consiguiente efecto depresivo sobre el nivel de renta. El efecto expansivo sobre el nivel de renta sería tanto mayor cuanto:

- Mayor sea la propensión marginal al consumo, c, pues el efecto multiplicador sobre el consumo y, por tanto, el aumento inicial de la renta, sería mayor.
- Menor sea la respuesta del tipo de interés real al nivel de producción, b, pues el aumento del tipo de interés real en respuesta al aumento inicial de la renta sería menor.
- Menor sea la sensibilidad de la inversión al tipo de interés real, h, pues la disminución de la inversión en respuesta al aumento del tipo de interés real sería menor.

---

2 Si en lugar de un aumento del gasto público hubiésemos considerado el caso de una disminución del tipo impositivo, un aumento de las transferencias o un aumento del consumo autónomo, el cambio en la composición de la demanda agregada habría consistido en un aumento de la participación del consumo y una reducción de la participación de la inversión. Por otra parte, de haber considerado un incremento de la inversión autónoma, el efecto desplazamiento significaría un aumento de la participación de la inversión pero inferior al que se derivaría del incremento inicial de su componente autónomo.

6.4 Perturbaciones monetarias

Para estudiar los efectos de las perturbaciones que afectan a la regla monetaria y, por consiguiente, al equilibrio del modelo *IS-RM*, supondremos la estabilidad de los parámetros de la función de comportamiento del banco central, a y b, y también supondremos dado a medio plazo el valor de referencia para el tipo de interés real, r_A. Es decir, consideraremos como perturbaciones monetarias las siguientes:

* actuaciones de política monetaria, a través de variaciones del objetivo establecido para la tasa de inflación, $\dot{P}^O$ (*inflation targeting*),

de manera que un aumento (disminución) de $\dot{P}^O$ se traduciría en un desplazamiento hacia abajo (arriba) de la función *RM*.[3]

Así pues, vamos a estudiar los efectos de una política monetaria expansiva, a través de un aumento del objetivo de inflación establecido por el banco central. De forma equivalente podríamos haber considerado una política monetaria contractiva, a través de una disminución del objetivo de inflación establecido por el banco central, que tendría los efectos contrarios.

Partiendo de nuevo de la situación inicial de equilibrio dada por el punto E_0 de la Figura 6.1, un aumento del objetivo establecido para la tasa de inflación significaría un aumento del nivel de demanda agregada vía inversión, amplificado a través del consumo gracias al efecto multiplicador. Ello se debe a que, al establecer el banco central un objetivo de inflación más elevado, el tipo de interés real descenderá al valor inicial del nivel de renta con objeto de que aumente el nivel de actividad y sin que ello signifique una preocupación por los efectos inflacionistas que puedan derivarse de todo ello. Este proceso se muestra gráficamente en la Figura 6.3 a través del paso del punto E_0 al punto E_1, con un aumento del nivel de renta hasta Y_1 y una disminución del tipo de interés real hasta r_1, desplazándose hacia abajo la función *RM*.

Inicialmente, para el nivel de renta dado por Y_0, la posición consistente con la regla de política monetaria vendría dada por el punto E_0', a la que correspondería un tipo de interés real r_0'; siendo la disminución de r_0 a r_0' igual a la desviación de la tasa de inflación efectiva respecto al nuevo objetivo corregida en la proporción a. Pero en el proceso descrito, las variaciones del tipo de interés real afectan al mercado de bienes, puesto que la inversión depende del tipo de interés real.

---

[3] Por otra parte, una disminución de r_A equivaldría a un aumento de $\dot{P}^O$, una disminución de a a un aumento de $\dot{P}^O$ siempre que $\dot{P} > \dot{P}^O$, y una disminución de b a un aumento de $\dot{P}^O$ (con disminución de la pendiente de *RM*); y al revés en los casos contrarios.

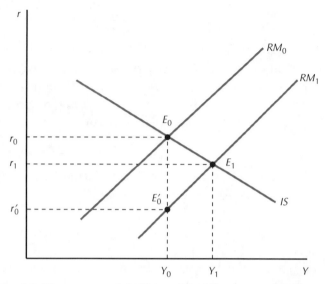

Figura 6.3. Un aumento del objetivo de inflación en el modelo *IS-RM*.

Por ello, el punto E_0', aunque garantice el cumplimiento de la regla monetaria no significa equilibrio en el mercado de bienes. De hecho, en la situación de equilibrio, dada por el punto E_1, el nivel de renta asociado Y_1 es mayor que el inicial Y_0. Esto es así debido, por una parte, a que la disminución del tipo de interés real de r_0 a r_0' da lugar a un aumento de la demanda de inversión y, por consiguiente, del nivel de renta, produciéndose un movimiento a lo largo de la *IS* hacia abajo y a la derecha. Y, por otra parte, el banco central aumentará el tipo de interés real, de r_0' hasta r_1, a medida que aumenta la renta, provocando un movimiento a lo largo de la *RM* hacia arriba y a la derecha, de E_0' a E_1. En definitiva, la situación final vendrá dada por el punto E_1, con un nivel de renta Y_1 y un tipo de interés real r_1.

En resumen, una política monetaria expansiva en el modelo *IS-RM* habría dado lugar a un incremento del nivel de renta y a una disminución del tipo de interés real. El efecto expansivo sobre el nivel de renta sería tanto mayor cuanto:

- Mayor sea la respuesta del tipo de interés real a la desviación de la inflación con respecto al objetivo, *a*, pues el descenso inicial del tipo de interés real sería mayor.
- Mayor sea la sensibilidad de la inversión al tipo de interés real, *h*, pues el aumento de la inversión en respuesta a la disminución del tipo de interés real sería mayor.

- Menor sea la respuesta del tipo de interés real al nivel de renta, *b*, pues el aumento del tipo de interés real en respuesta al aumento inicial de la renta sería menor.
- Mayor sea la propensión marginal al consumo, *c*, pues el efecto multiplicador sobre el consumo y, por tanto, el aumento de la renta, sería mayor.

6.5 Efectos de las perturbaciones en el modelo *IS-RM*: resumen

Los efectos sobre las variables endógenas del modelo *IS-RM* derivados de una variación de las variables exógenas, que se han examinado en las secciones anteriores, se resumen en la Tabla 6.2.

Tabla 6.2. Efectos sobre las variables endógenas de una variación de las variables exógenas en el modelo *IS-RM*.

		Variables endógenas			
		Y	r	C	I
Variables exógenas	C_A	+	+	+	−
	I_A	+	+	+	+
	G	+	+	+	−
	t	−	−	−	+
	TR	+	+	+	−
	$\dot{P}^O$	+	−	+	+

Notas: a) El signo + indica que una variación de la variable exógena da lugar a una variación de la variable endógena en el mismo sentido. b) El signo − indica que una variación de la variable exógena da lugar a una variación de la variable endógena en sentido contrario.

6.6 Extensiones

En las secciones anteriores hemos visto cómo el equilibrio en el mercado de bienes y el cumplimiento de la regla monetaria, pueden verse alterados por determinadas perturbaciones que no son más que cambios en las variables que están detrás de las funciones *IS* y *RM*. Entre estas variables, hemos prestado especial atención a las llamadas variables de política económica; esto es, aquellas cuyo valor es determinado por las autoridades. Así, vimos en el Capítulo 4 que el gobierno podría influir sobre los niveles de producción y renta de la economía cuando asigne los valores correspondientes de *G*, *t* y *TR*, que son los instrumentos de la política fiscal. Y, del mismo modo, vimos en el Capítulo 5 que el banco central intentará influir también sobre el nivel de actividad actuando sobre el tipo de interés real, r, con el fin de ajustarlo a las variaciones del objetivo establecido para la tasa de inflación, $\dot{P}^O$.

En esta sección mencionaremos algunos de los factores que condicionan la efectividad de las políticas fiscal y monetaria para influir sobre el nivel de actividad. Hay que recordar que el modelo *IS-RM* describe solamente el lado de la demanda agregada de la economía por lo que, tras discutir los principales problemas de ejecución de las políticas económicas en general, las implicaciones de las medidas de política que se analizarán posteriormente se van a limitar al lado de la demanda. Más adelante, cuando introduzcamos el lado de la oferta de la economía en el Capítulo 7, estaremos en condiciones de analizar los efectos de las políticas de demanda en el modelo completo de demanda y oferta agregadas.

6.6.1 Problemas de ejecución de las políticas económicas

En general, cualquier actuación de política económica se ve afectada por los problemas de retrasos e incertidumbre; relacionados estrechamente, a su vez, con la forma en la que los agentes forman sus expectativas.

Los *retrasos* se pueden producir en cualquiera de las fases del proceso de ejecución de la política económica. Inicialmente, hasta que se adopta una medida existe un *retraso interno*. A su vez, dentro del retraso interno, se produce en un primer momento un retraso en la fase de diagnóstico (retraso de reconocimiento), pues siempre se tarda cierto tiempo en detectar que hay un problema y que es necesaria una intervención. Después, la toma de decisiones también lleva su tiempo (retraso de decisión) y normalmente, una vez acordada la medida a adoptar, se requieren una serie de controles parlamentarios e incluso desarrollos legislativos, para poder implementar la medida en cuestión (retraso de implementación). Finalmente, se produce un *retraso externo* porque las medidas adoptadas tardan algún tiempo en producir efecto y tener algún impacto sobre la actividad económica.

Los retrasos en la fase de diagnóstico, decisión e implementación suelen ser más importantes para la política fiscal, que requiere generalmente acuerdos políticos previos y un proceso burocrático más prolongado, que para la política monetaria, que en los países occidentales se ejerce con independencia del gobierno. En otras palabras, el retraso interno es mayor para la política fiscal que para la monetaria; siempre, claro está, que la política fiscal se lleve a cabo de manera discrecional. Por el contrario, si se hace uso de los estabilizadores automáticos no tiene lugar el retraso interno, ya que no se requiere ningún tipo de decisión por parte de las autoridades para su puesta en funcionamiento.

Sin embargo, el retraso externo es mayor para la política monetaria que para la fiscal. Es decir, una vez implementada la medida, la política fiscal requiere un menor tiempo para producir sus efectos sobre las variables económicas, a diferencia de la política monetaria. Esto es así, porque la política fiscal actúa directamente sobre el nivel de actividad, mientras que la política monetaria lo hace indirectamente a través del tipo de interés real, tal como se mostraba en el mecanismo de transmisión de la política monetaria expuesto en el Capítulo 5.

Además de los retrasos inherentes al proceso de actuación de la política económica, las autoridades toman sus decisiones en un contexto de *incertidumbre*. En efecto, no siempre es posible conocer la naturaleza y los efectos de las perturbaciones, ni siquiera si el modelo utilizado para predecir los efectos de las medidas adoptadas es el que mejor describe la economía afectada. Tampoco puede tenerse plena certeza sobre las preferencias de los agentes, ni sobre sus expectativas y, por consiguiente, sobre sus reacciones. Todo ello se relaciona a su vez con el debate entre los economistas keynesianos, más favorables a la intervención en la economía, y los neoclásicos, que prefieren evitar las intervenciones para no introducir incertidumbres adicionales.

Acabamos de ver que una de las causas que podrían dificultar el éxito de una política económica es la incertidumbre sobre cuáles puedan ser las *expectativas* de los agentes. Parece lógico que, para que una medida de política económica produzca los efectos deseados, sea necesario que los agentes económicos privados (economías domésticas y empresas) reaccionen en los términos previstos por las autoridades que diseñaron la política a llevar a cabo; y, por tanto, resulte relevante conocer cómo actúan dichos agentes. Así, en la toma de decisiones sobre consumo, ahorro, inversión, asignación de activos, y determinación de precios y salarios, cobran cada vez más importancia las expectativas que sobre las políticas económicas esperadas puedan formarse los agentes. De hecho, el valor final de las variables macroeconómicas resulta muy sensible a las expectativas sobre la evolución de las mismas.

Esto ocurre porque los agentes económicos incorporan en el proceso de toma de decisiones su propia percepción sobre el régimen de política económica; o lo que es lo mismo, del conjunto de reglas de comportamiento del gobierno, establecidas explícita o implícitamente. De este modo, los cambios en las reglas generales de comportamiento del sector público pueden dificultar las predicciones sobre la respuesta del sector privado; o dicho de otra forma, el comportamiento en el pasado no es un buen predictor de las reacciones futuras de los agentes ante las actuaciones de política económica. Por otra parte, con el fin de poder aproximar cuál va a ser el comportamiento de los agentes, se utilizan frecuentemente modelos econométricos. Estos modelos permiten predecir los efectos de las políticas económicas, a partir de las estimaciones de los parámetros de los modelos macroeconómicos que describen las relaciones de comportamiento de los agentes económicos. Los valores numéricos producidos por dichas estimaciones dejarán de tener validez (y, consecuentemente, los modelos econométricos perderán su capacidad predictiva), cuando se produzca algún cambio suficientemente importante en alguna de las relaciones de comportamiento de los agentes.

De esta manera, el efecto sobre las expectativas de los agentes debería tenerse en cuenta hasta el punto de que deberían cambiarse los parámetros de los modelos econométricos, utilizados por las autoridades para predecir los efectos de sus políticas, siempre que hubiese cambios importantes de régimen de política económica; de lo contrario, las predicciones no serían del todo válidas. Esta proposición es la conocida *Crítica de Lucas* que ha influido notablemente en los debates de los últimos años sobre la efectividad de las políticas económicas.[4]

Por otra parte, ya vimos en el Capítulo 4 cómo las decisiones de consumo dependían de las expectativas de los consumidores sobre la renta futura, recogidas en C_A; y cómo las decisiones de inversión dependían de las expectativas de los empresarios sobre sus beneficios futuros y la evolución de la economía, recogidas en I_A. No obstante, es muy difícil incorporar en los modelos econométricos toda la información utilizada por los agentes y, por tanto, las predicciones obtenidas a partir de dichos modelos deben tenerse en cuenta con cierta cautela. Así, por ejemplo, si el consumo presente depende de la riqueza del individuo y de su renta disponible, una disminución del tipo impositivo sobre la renta tendrá distintos efectos sobre la renta dependiendo de las expectativas de los agentes sobre su renta futura. Si dicha disminución es interpretada como permanente, aumentará el consumo presente y también la riqueza de los agentes (puesto que la riqueza se puede aproximar por el valor actualizado de los ingresos futuros). Sin embargo, si la disminución del tipo impositivo se considera transitoria, aumentará el consumo del periodo presente, pero la riqueza permanecerá invariable. Recordemos además, como se vio en el Capítulo 4, que los individuos a veces identifican cambios no anticipados en sus ingresos con cambios permanentes; mostrando un comportamiento «miope», que les hace reaccionar como si los efectos a muy corto plazo fuesen a perdurar también en el largo plazo. Por otra parte, también cabe recordar que los individuos a veces se enfrentan a restricciones de liquidez, lo cual puede limitar su consumo en el futuro aun cuando haya aumentado su renta disponible en el presente.

Otro aspecto relacionado con el posible comportamiento «miope» de los individuos, es que los políticos pretendan aprovechar dicho comportamiento con fines electoralistas. De hecho, los gobiernos suelen llevar a cabo políticas expansivas (generalmente medidas de política fiscal) durante el último año de la legislatura

---

[4] Véase Robert E. Lucas, Jr.: «Econometric policy evaluation: A critique», *Carnegie-Rochester Conference Series on Public Policy*, vol. 1, 1976, págs. 19-46.

para hacer coincidir sus efectos a corto plazo con la campaña electoral. Como acabamos de ver, si los agentes interpretan dichos efectos transitorios como permanentes, no serán capaces de prever los posibles efectos negativos a medio o largo plazo, en términos de mayores impuestos. Todo ello forma parte del llamado *ciclo político* basado en una estrategia de captación del voto, y no necesariamente de estabilización del ciclo económico. Por otra parte, en ocasiones, las actuaciones de política económica también pueden responder a las exigencias de *grupos de presión* y no a las necesidades de intervención del sector público para garantizar la provisión de bienes públicos o corregir los fallos de mercado. En cualquiera de ambas posibilidades, la actitud del gobierno responde a un problema de maximización de su propia utilidad entendida en términos del número de votos necesario para mantenerse en el poder.

Una forma de evitar estos problemas, y contribuir a la estabilización del ciclo económico, consiste en la utilización de los *estabilizadores automáticos* de la política fiscal, a los que se hizo referencia en el Capítulo 4. Entre las principales ventajas de los estabilizadores automáticos se encuentra la flexibilidad con la que actúan, ya que tanto los ingresos como los gastos del gobierno se adaptan a la evolución del ciclo, evitando así cambios frecuentes del sistema impositivo. Más aún, las propiedades estabilizadoras del presupuesto actúan de forma simétrica sobre el ciclo económico; de tal forma que los ingresos y gastos aumentan y disminuyen en las expansiones, en la misma proporción en la que disminuyen y aumentan, respectivamente, en las recesiones. Así, los ajustes vía estabilizadores automáticos son más predecibles que los derivados de aplicar medidas discrecionales y, por tanto, contribuyen a que los agentes puedan formar mejor sus expectativas. A su vez, por lo que respecta a la política monetaria, en la actualidad se tiende al reconocimiento legal de la independencia de los bancos centrales; cuestión ésta que ampliaremos al final de este capítulo.

6.6.2 Algunos problemas particulares de la política fiscal

6.6.2.1 Financiación del déficit público

El déficit del sector público no puede mantenerse indefinidamente, sino que debe ser financiado, de modo que el déficit debería irse reduciendo hasta convertirse en algún momento en superávit y así evitar la acumulación permanente de la deuda del sector público.

En principio, la *financiación del déficit público* se puede llevar a cabo de dos maneras: i) mediante la emisión de bonos, o ii) mediante la emisión de dinero.

En el caso de la emisión de bonos, esto es, la colocación de títulos de deuda pública al sector privado, el déficit público puede financiarse garantizando la independencia de la política monetaria. Este mecanismo de financiación lleva aparejada, por tanto, la autonomía de las actuaciones del banco central con respecto a los objetivos perseguidos por el gobierno.

A su vez, cuando el déficit público se financia mediante la emisión de dinero, el banco central podría absorber los bonos emitidos por el gobierno, o bien emitir dinero que el público adquiriría, disminuyendo así el tipo de interés nominal y el tipo de interés real, con el consiguiente aumento de la demanda agregada. Ahora bien, para un nivel de producción dado, un aumento de la demanda agregada se traduciría eventualmente en un incremento de precios que actúa como un mecanismo de racionamiento. Es decir, aunque se emita más dinero, no se podrán adquirir más bienes ya que la producción no habrá podido adaptarse a la demanda, sino que los bienes existentes serán más caros.

Todo ello daría lugar a un proceso de incremento continuo y generalizado del nivel de precios (lo que conocemos como inflación) que tendría, además, los efectos de un impuesto (inflacionario) pues al aumentar la inflación disminuiría tanto el valor de la deuda, como el del propio dinero emitido en términos reales. Este recurso a la financiación mediante la emisión de dinero se conoce como *señoreaje*, en alusión a la potestad exclusiva de la autoridad monetaria para emitir el dinero legal, y cuyo origen está en el privilegio que tenía el señor del territorio para acuñar su propia moneda. El señoreaje es un recurso fácil para financiar el déficit de forma relativamente rápida y poco costosa para los gobiernos. Sin embargo, sus efectos son perniciosos tanto para las economías domésticas, perjudicadas por la inflación, como para los poseedores de bonos que sufren una pérdida de capital. Por ello, las economías modernas tienden a prohibir el señoreaje en favor de una mayor disciplina fiscal que garantice el control de la inflación.

Así pues, para evitar la posibilidad de que la financiación del déficit público se traduzca en un proceso inflacionario, supondremos que no existe financiación del déficit público por parte del banco central. Esto es lo que ocurre en economías avanzadas (como por ejemplo en la Unión Económica y Monetaria de la Unión Europea). Por tanto, el déficit se financiará mediante la emisión de bonos (que en nuestro modelo constituyen la deuda pública), siendo la acumulación de deuda igual al déficit presupuestario total:

$$\Delta B \equiv B - B_{-1} = (G - T) + r\, B_{-1}$$

La ecuación anterior constituye la restricción presupuestaria del gobierno en el periodo actual, donde ΔB representa la acumulación de deuda y $(G - T)$ es el déficit presupuestario primario o, lo que es lo mismo, el déficit presupuestario total excluyendo el servicio de intereses de la deuda existente a comienzos del periodo, $r\, B_{-1}$ (nótese que la deuda se paga al tipo de interés nominal, pero en la ecuación anterior se utiliza el tipo de interés real para descontar el efecto de la inflación).

El gobierno debe evitar una acumulación excesiva de la deuda, pues una mayor deuda supone un mayor servicio de la misma y, por tanto, un mayor déficit total que requerirá acumular más deuda aún. Sin embargo, la capacidad de pagar la deuda está relacionada con el tamaño del país, por lo que la variable relevante no será el nivel de deuda, B, sino el nivel de deuda con relación al nivel de producción, $\frac{B}{Y}$.

Por tanto, si dividimos la ecuación anterior entre el nivel de producción Y, y restamos $\left(\frac{B}{Y}\right)_{-1}$ de ambos lados, obtenemos:

$$\Delta\left(\frac{B}{Y}\right) \equiv \left(\frac{B}{Y}\right) - \left(\frac{B}{Y}\right)_{-1} = \left(\frac{G-T}{Y}\right) + \left(r - \dot{Y}\right)\left(\frac{B}{Y}\right)_{-1}$$

donde $\dot{Y} \equiv \dfrac{Y - Y_{-1}}{Y_{-1}}$, y hemos aproximado $r - \dot{Y} \approx \dfrac{r - \dot{Y}}{1 + \dot{Y}}$. Así pues, el déficit primario que permitiría estabilizar el nivel de deuda (con relación al nivel de producción) sería aquel para el cual $\Delta\left(\frac{B}{Y}\right) = 0$; es decir:

$$\frac{G-T}{Y} = \left(\dot{Y} - r\right)\left(\frac{B}{Y}\right)_{-1}$$

lo que implica que la tasa de crecimiento de la producción debería ser mayor que el tipo de interés real, $\dot{Y} > r$. En este caso, el déficit público sería sostenible en el largo plazo, ya que sería posible estabilizar la proporción nivel de deuda-nivel de producción, $\frac{B}{Y}$, manteniendo el déficit público. De lo contrario, cuando $\dot{Y} < r$, la deuda se acumularía indefinidamente pues la expresión anterior no sería compatible con $\Delta\left(\frac{B}{Y}\right) = 0$ a no ser que hubiese superávit primario; es decir, $\frac{G-T}{Y} < 0$.

6.6.2.2 Equivalencia ricardiana

Otro ejemplo de hasta qué punto pueden influir las expectativas de los agentes en el resultado de una política económica, es el llamado principio de *equivalencia ricardiana*.[5] Dicho principio postula que una disminución de los impuestos, financiada mediante la emisión de deuda pública, no se traduce necesariamente en un aumento del consumo, sino que éste permanece constante. Esto ocurre si los agentes tienen en cuenta la restricción presupuestaria intertemporal del gobierno

---

[5] David Ricardo fue el primer economista en hacer esta observación (y de él toma el nombre dicho postulado), si bien admitía que no siempre se cumpliría en la práctica. La versión moderna la desarrolló posteriormente Robert Barro en «Are government bonds net wealth?», *Journal of Political Economy*, vol. 82, 1974, págs. 1095-1117.

(*RPIG*) cuando anticipan lo que va a ocurrir en el futuro, de lo que deducen que el gasto público va a ser financiado mediante impuestos en algún momento. En otras palabras, la demanda de consumo no se vería afectada por una reducción de impuestos, pues resultaría equivalente financiar el déficit público mediante impuestos o mediante deuda.

Así, suponiendo que existen únicamente dos periodos, 1 y 2, la restricción presupuestaria del sector público en el periodo 1, vendría dada por:

$$B_1 = G_1 - T_1$$

donde hemos supuesto que el valor inicial de la deuda es cero; y la restricción presupuestaria en el periodo 2 sería:

$$B_2 - B_1 = G_2 - T_2 + rB_1$$

Despejando B_1 en la restricción del periodo 2, sustituyéndola en la del periodo 1, y suponiendo que el valor descontado de la deuda del periodo 2 tiende a cero, obtenemos la *RPIG*:

$$T_1 + \frac{T_2}{1+r} = G_1 + \frac{G_2}{1+r},$$

que nos muestra que el gasto público deberá ser financiado con impuestos en algún momento.

Si el sector privado internaliza plenamente la *RPIG*, supondrá que una disminución de impuestos en el presente requerirá un incremento de los mismos en el futuro. De esta forma, la disminución de los impuestos no se traducirá en un aumento del consumo actual, sino en un aumento del ahorro para poder hacer frente a esos mayores impuestos en el futuro.

La evidencia empírica, sin embargo, muestra que la *RPIG* no se internaliza plenamente, por lo que el principio de equivalencia ricardiana no se cumpliría siempre. Entre las razones que pueden explicar este cumplimiento parcial cabe citar el comportamiento «miope» de los agentes, que no son tan racionales como supone la teoría y por tanto no son capaces de ver que una disminución de impuestos hoy significa que aumentarán mañana. De ese modo, considerarán que el aumento de su renta disponible es un aumento de la renta permanente y aumentarán su consumo presente. Además, como ya hemos señalado, los consumidores están sometidos con frecuencia a restricciones de liquidez, por lo que pueden incorporar la disminución de impuestos a su renta actual, aumentando así su gasto de consumo presente.

Pero, incluso aunque los agentes supongan que los impuestos subirán en el futuro, pueden pensar que ese futuro está suficientemente lejano como para que les afecte a ellos. Esto ocurriría siempre que el agente decisor sea el individuo; sin embargo, en la formulación del principio de equivalencia ricardiana realizada por Robert Barro lo que se considera es que el agente decisor no es el individuo (que vive un número finito de años), sino la familia (cuyo horizonte temporal es indefinido). Dado este supuesto, aunque una disminución de los impuestos pueda aumentar la renta corriente presente, de acuerdo con el planteamiento de Barro se ahorrará para que los hijos no soporten el incremento de los impuestos en el futuro y, por tanto, la renta disponible de la familia permanecerá constante.

6.6.2.3 Efectos no keynesianos de la política fiscal

Las reacciones de los agentes ante las actuaciones de política económica resultan trascendentales para que dichas políticas surtan los efectos deseados. Sin embargo, el sector privado de la economía (economías domésticas y empresas) no siempre responde como cabría esperar. Este sería el caso de los llamados *efectos no keynesianos de la política fiscal*, y la clave va a estar en las expectativas que formen los agentes.

Así, a veces puede ocurrir que una expansión fiscal dé lugar a efectos contractivos. Si los agentes interpretan un incremento transitorio del gasto público como permanente, supondrán que tarde o temprano deberá financiarse mediante una subida de impuestos. Por ello, los agentes reducirán su consumo presente (para ahorrar y así hacer frente en el futuro a la subida de impuestos), de forma que si el valor absoluto de la disminución del consumo es mayor que el aumento del gasto público, el nivel de renta se reducirá a corto y medio plazo. Si el sector privado espera un aumento de los impuestos en el futuro de forma continua, y reacciona reduciendo el consumo progresivamente, el crecimiento económico podría ralentizarse. Para evitar que una política fiscal expansiva pudiese tener efectos contractivos, las autoridades fiscales deberían convencer al sector privado de que el déficit será sostenible.

De forma equivalente, una política fiscal contractiva consistente en aumentar los impuestos podría dar lugar a una reducción importante del déficit público que tuviese un inesperado efecto expansivo sobre la demanda agregada. De hecho, periodos de contracción fiscal han estado asociados con una expansión económica posterior tal como ocurrió en Dinamarca entre 1983 y 1986, e Irlanda entre 1987 y 1989.[6] Las razones que podrían explicar los efectos expansivos de una política de demanda contractiva están íntimamente relacionadas con las expectativas de los agentes. Así, la implementación de una política fiscal contractiva puede aumentar

---

6 Francesco Giavazzi y Marco Pagano: «Can severe fiscal contractions be expansionary? Tales of two small European countries», *NBER Macroeconomics Annual*, vol. 5, 1990, págs. 75-111.

la confianza del sector privado en la solvencia del gobierno, lo que llevaría a unos menores impuestos en el futuro. Además, la reducción del tipo de interés estimularía la inversión con la consiguiente expansión de la demanda agregada. Es decir, aunque se parta de una situación de déficit, si la disciplina fiscal resulta creíble, una contracción fiscal puede tener efectos expansivos sobre la renta.

No obstante, la posibilidad de que la política fiscal pueda dar lugar a efectos no keynesianos tiende a ocurrir en circunstancias más bien excepcionales que dependen tanto del tamaño, composición y situación inicial de las finanzas públicas, como de la velocidad de implementación de los ajustes presupuestarios y de la persistencia de las medidas adoptadas. Así, por ejemplo, en situaciones de déficit público muy elevado, una reducción del gasto público podría acabar teniendo un mayor efecto expansivo sobre la demanda agregada, que una subida de impuestos. Algunas de estas ideas fueron desarrolladas por Roberto Perotti, quien mostraba cómo la política fiscal tendría los efectos esperados (es decir, «keynesianos») en periodos «normales», mientras que los efectos serían «no keynesianos» en los «malos» tiempos, esto es, cuando se parte de unos valores muy elevados de la deuda pública acumulada del gobierno.[7]

En cualquier caso, resulta primordial la forma en la que los agentes formen sus expectativas y la credibilidad de las medidas adoptadas. Por ello, los gobiernos deberían disciplinar sus actuaciones para garantizar su credibilidad. Pero como no siempre es posible que un gobierno pueda imponer su disciplina a los gobiernos que vayan a sucederle en el poder, las instituciones a veces establecen ciertas cláusulas que garantizan una solvencia mínima. Entre los ejemplos más recientes de ciertos acuerdos institucionales que limitan el uso de la política fiscal podemos citar el Pacto de Estabilidad y Crecimiento que vincula a los estados miembros de la Unión Europea, el establecimiento de reglas fiscales en Reino Unido, y el uso de los estabilizadores automáticos.

6.6.3 Independencia y credibilidad de la política monetaria

Ya hemos mencionado anteriormente que, para que una medida de política económica produzca los efectos deseados, es necesario que los agentes económicos reaccionen en los términos previstos por las autoridades, por lo que resulta fundamental tener en cuenta cuáles son las expectativas de los agentes. Asimismo, los agentes generalmente responden con cautela a los cambios de política económica anunciados por el gobierno (especialmente en periodos de campañas electorales) y como, a veces, el sector privado no reacciona como esperaban las autoridades,

---

[7] Roberto Perotti: «Fiscal policy in good times and bad», *Quarterly Journal of Economics*, vol. 114, 1999, págs. 1399-1436.

los efectos de las políticas económicas no siempre son los deseados o incluso pueden resultar contraproducentes.

La solución a este problema reside en garantizar la *credibilidad* de las políticas económicas anunciadas, lo cual requiere, en la práctica, que sean formuladas mediante acuerdos explícitos y que estén respaldadas institucionalmente. En el caso particular de la política monetaria, la falta de acuerdos explícitos que obliguen a la autoridad monetaria al cumplimiento estricto de los planes anunciados, con objeto de evitar que aparezcan problemas de incoherencia temporal en la instrumentación de la política monetaria, es el principal argumento teórico para dotar de independencia al banco central y tratar de superar así el sesgo inflacionista que, desde esta perspectiva, se asocia con la implementación de una política monetaria discrecional.[8]

De hecho, las transformaciones a las que recientemente se han visto sometidos los bancos centrales de un gran número de países, han estado encaminadas al reconocimiento legal de la posición de *independencia* de los mismos, lo que ha dado lugar a una nueva realidad institucional y un nuevo sistema de relaciones entre el poder político y el banco central. El mayor argumento a favor de este nuevo marco de actuación para la política monetaria ha sido esgrimir que el principal activo de un banco central debe ser su credibilidad, conseguida a través de la independencia legal que le permita anunciar una tasa de inflación objetivo (*inflation targeting*), o bien la adopción de un tipo de cambio fijo y anunciar la estrategia para alcanzarlo. Esta independencia se manifiesta en varias vertientes: independencia política, para elegir al gobernador y a su equipo; independencia económica, de forma que el banco central no esté obligado a financiar el déficit público; independencia para escoger el objetivo de inflación, cuando el objetivo sea alcanzar y mantener la estabilidad de precios (como es el caso del Banco Central Europeo); o bien, independencia para decidir cómo se alcanza el objetivo (como es el caso del Banco de Inglaterra).

Tal como hemos visto en el Capítulo 5, el enfoque tradicional de la política monetaria se basaba en variaciones de la cantidad de dinero de forma discrecional; a diferencia del enfoque actual basado en variaciones sistemáticas del tipo de interés, como respuesta a la evolución de la tasa de inflación y el nivel de actividad, en función de la regla seguida por el banco central. La política monetaria moderna se centra, por tanto, en torno a mantener un objetivo de inflación y fijar un determinado tipo de interés nominal; y no a mantener la cantidad de dinero determinando la tasa de crecimiento del mismo. Es más, dada la importancia que adquiere el respaldo institucional de las políticas económicas anunciadas para que éstas produzcan los efectos deseados, la disciplina que implican las re-

---

[8] En el Capítulo 8 se profundizará en la cuestión de la coherencia temporal y la credibilidad de la política monetaria.

glas de política monetaria para controlar la inflación aumentará la credibilidad de las autoridades monetarias y así contribuirá a reducir la inflación.

Por último, recordemos que la política monetaria pierde su efectividad en el caso conocido como *trampa de la liquidez*. En efecto, como mencionamos al final del Capítulo 5, cuando el tipo de interés es muy bajo y, en consecuencia, la rentabilidad de los bonos es mínima, los agentes no tendrán ningún incentivo para demandar bonos por lo que, a ese nivel del tipo de interés, demandarán cualquier cantidad de dinero. De esta manera, si, ante una situación recesiva, se considerase necesario llevar a cabo una política monetaria expansiva, el banco central comprará bonos a través de operaciones de mercado abierto, lo que llevará a un aumento de la oferta de dinero. Sin embargo, como en este caso la demanda de dinero es infinitamente elástica al nivel inicial del tipo de interés, el aumento de la oferta de dinero será incapaz de conseguir una reducción del tipo de interés nominal (y, dadas las expectativas de inflación, lo mismo cabría decir del tipo de interés real). Así pues, la política monetaria pierde toda efectividad al no poder lograr que el tipo de interés disminuya. Si bien el caso descrito por la trampa de la liquidez puede considerarse extremo, puede afirmarse en general que, en una situación caracterizada por unos tipos de interés muy bajos (como ocurría en la mayor parte de los países al iniciarse la crisis económica de 2008), la efectividad de la política monetaria para influir en los niveles de actividad se ve seriamente limitada.

Ejercicios

1. Comente cómo variaría el efecto desplazamiento o *crowding out*, según se considere cada una de las distintas perturbaciones que pueden afectar a la demanda de bienes: un aumento del gasto público, una disminución del tipo impositivo, un aumento de las transferencias, un aumento del consumo autónomo o un aumento de la inversión autónoma.
2. ¿Bajo qué condiciones una política fiscal expansiva conseguiría el máximo efecto expansivo sobre el nivel de renta?
3. Entre las causas que dificultan el éxito de una política económica se encuentra la incertidumbre sobre cuáles son las expectativas de los agentes. ¿Podría citar algunas de las circunstancias en las que se puede minimizar este problema?

Soluciones

1. En cualquier caso, tras una perturbación que aumente la demanda de bienes se eleva el tipo de interés real y cae la inversión, reduciéndose parcialmente el ni-

vel de renta y produciéndose un cambio en la composición de la demanda agregada. Si aumenta el gasto público, aumenta la participación del gasto público y se reduce la de la inversión. Cuando disminuye el tipo impositivo, aumentan las transferencias o aumenta el consumo autónomo, se produce un aumento de la participación del consumo y se reduce la de la inversión. Finalmente, si se incrementa la inversión autónoma, aumenta la participación de la inversión, pero en una cuantía inferior a la que se derivaría del incremento inicial de su componente autónomo.

2. El efecto expansivo inicial de la política fiscal viene determinado exclusivamente por el proceso multiplicador (en términos de la Figura 6.2 del texto, correspondería al punto E_0'). Pero en el modelo *IS-RM*, para garantizar el cumplimiento de la regla monetaria, el banco central eleva el tipo de interés real, en respuesta al mayor nivel de renta, provocando una caída de la inversión y la consiguiente reducción del nivel de renta. Mientras menor sea la respuesta del tipo de interés real al aumento inicial de la renta, mayor será el efecto expansivo final. El efecto máximo se alcanzaría con una respuesta nula, $b = 0$; esto es, con una *RM* horizontal. Nótese que también podría alcanzarse un efecto máximo cuando la inversión no es sensible al tipo de interés, $h = 0$, y la *IS* es vertical.

3. A minimizar la incertidumbre contribuyen los estabilizadores automáticos de la política fiscal pues actúan con flexibilidad, sus ajustes son predecibles y así los agentes pueden formar mejor sus expectativas. Del mismo modo, la disciplina en la actuación del gobierno, o ciertos acuerdos institucionales también reducen la incertidumbre, ya que aumentan la credibilidad de las medidas adoptadas. En esta línea, podemos citar como ejemplos el reconocimiento legal de la independencia de los bancos centrales o la adopción de reglas de política monetaria.

Bibliografía recomendada

Una valoración del modelo *IS-LM* (el antecedente del modelo *IS-RM* utilizado en este libro) por el autor que lo desarrolló inicialmente, se presenta en:

John Hicks: «*IS-LM*: An explanation», *Journal of Post Keynesian Economics*, vol. 3, n.º 2, 1980, págs. 139-154.

Una defensa del papel de las políticas estabilizadoras de demanda agregada, en el marco de la controversia entre los monetaristas y los seguidores de la Síntesis Neoclásica durante los años 1960, se puede encontrar en:

Franco Modigliani: «The monetarist controversy or, should we forsake stabilization policies?», *American Economic Review*, vol. 67, marzo de 1977, págs. 1-19.

Los factores que condicionan la efectividad de las políticas monetaria y fiscal se discuten, a un nivel más avanzado, en:

Torsten Persson y Guido Tabellini: «Political economics and macroeconomic policy», en John B. Taylor y Michael Woodford (eds.): *Handbook of Macroeconomics*, Vol. 1, North-Holland, Amsterdam, 1999, págs. 1397-1482.

PARTE III
EL MEDIO PLAZO

El objetivo de la Parte III es el análisis de la determinación del nivel de producción potencial de una economía en el medio plazo, a través del modelo *SA-DA*. Este modelo incorpora, junto con la demanda agregada, la oferta agregada, esto es, los procesos de determinación de precios y salarios; y va a suponer que los precios se ajustan gradualmente en respuesta a una perturbación, completándose el ajuste en el medio plazo. En el medio plazo, el nivel de producción potencial se explica a partir de la aparición de perturbaciones originadas en la oferta agregada.

La oferta agregada, que incluye la determinación de los salarios (a través de una negociación entre los sindicatos y las empresas), la determinación de los precios (realizada por las empresas) y la relación entre empleo y producción (dada la productividad del trabajo), se estudia en el Capítulo 7. La oferta agregada y la demanda agregada se integran en el modelo completo de la economía o modelo *SA-DA* en el Capítulo 8.

7 Oferta agregada: salarios, precios y empleo

7.1 Introducción

Hasta ahora hemos prescindido de la oferta agregada, esto es, el lado de la producción de la economía. Debido a ello, los precios (y, por tanto, también la tasa de inflación) se suponían dados a corto plazo, de manera que las fluctuaciones de la actividad económica se explicaban a partir de perturbaciones originadas en la demanda agregada. Aunque esto puede resultar razonable en el corto plazo, en esta Parte III se introduce la oferta agregada en el modelo desarrollado en la Parte II, examinándose la determinación de los salarios y los precios y sus relaciones con el empleo y la producción. Ello va a permitir analizar cómo se van a modificar en el medio plazo los efectos de las perturbaciones de demanda agregada, así como considerar la existencia de perturbaciones originadas en la oferta agregada, que van a ser además las que van a explicar la evolución a medio plazo de los niveles de producción y empleo.

En este capítulo se modeliza el lado de la oferta agregada de la economía. El rasgo principal que va a caracterizar a nuestra modelización de la oferta agregada es la existencia de *competencia imperfecta*, lo que equivale a suponer que los agentes tienen poder de mercado. En otras palabras, los salarios y los precios no se van a determinar a partir de la oferta y la demanda efectuadas por unos agentes individuales y fragmentados, sino a través de la actuación de dos grupos sociales: trabajadores y empresarios, que aspiran, respectivamente, a un salario real y un margen sobre el coste de producción que les permitan asegurarse una determinada participación en la distribución de la renta nacional. Como consecuencia de lo anterior, el nivel de empleo resultante no tiene por qué coincidir con el que vacía el mercado de trabajo, lo que llevaría a la existencia de desempleo involuntario.[1]

---

[1] La modelización de la oferta agregada que se presenta en este capítulo se encuadraría en la denominada Nueva Macroeconomía Keynesiana, y se basa en un tipo de análisis ampliamente utilizado en la explicación del desempleo experimentado por las economías europeas durante los últimos treinta años. Un antecedente de este enfoque es Michał Kalecki: «Class struggle and the distribution of national income», *Kyklos*, vol. 24, n.º 1, 1971, págs. 1-9. Más recientemente, destacarían las contri-

Estudiaremos en primer lugar cómo se determinan los salarios y los precios, o, más exactamente, sus tasas de variación. A continuación se examinará la relación entre la inflación y el desempleo, a través de la llamada curva de Phillips. El análisis anterior se resumirá por medio de la función de oferta agregada, que relaciona la tasa de inflación con el nivel de producción. El capítulo concluye con una breve referencia a las políticas de oferta.

7.2 Los salarios

Supondremos que las economías domésticas, en tanto que trabajadores, se organizan en sindicatos. A comienzos de cada periodo, el salario monetario (esto es, en términos nominales), W, se determinará por medio de un proceso de negociación entre sindicatos y empresarios. El salario negociado, además, será el vigente a lo largo de dicho periodo y no podrá alterarse hasta la siguiente ronda de negociación salarial, a comienzos del periodo siguiente.

Más exactamente, lo que se determinará es la tasa de variación del salario monetario, aspirando los sindicatos a conseguir un determinado nivel de salario real (esto es, en términos de poder adquisitivo), $\frac{W}{P}$, el cual supondremos que es una función decreciente de la tasa de desempleo existente en la economía, u. La tasa de desempleo aproxima el estado del mercado de trabajo, que va a afectar a la fuerza negociadora de los sindicatos en el momento en que se determinan los salarios como resultado del proceso de negociación. Si el nivel de actividad es alto y el desempleo es bajo, los sindicatos estarán en disposición de solicitar, y los empresarios de conceder, unos mayores salarios que en caso contrario. Supondremos asimismo que los sindicatos incorporan a su objetivo de salario real la variación experimentada en el periodo por la productividad del trabajo, PT.

Si denominamos $\dot{W}$ a la tasa de variación del salario monetario, esto es, $\dot{W} \equiv \frac{\Delta W}{W_{-1}}$ (donde $\Delta W \equiv W - W_{-1}$, y W_{-1} denota el salario monetario vigente a comienzos del periodo de negociación), la tasa de variación del salario real será igual a la diferencia entre $\dot{W}$ y la tasa de inflación, $\dot{P}$. Así pues, el objetivo de salario real al que aspiran los trabajadores, expresado en términos de tasa de variación del mismo, vendrá dado por:

$$\dot{W} - \dot{P} = \theta - f u + \dot{P}T \qquad [1]$$

donde θ es el componente autónomo del objetivo de salario real, f representa la sensibilidad de dicho objetivo a la tasa de desempleo, y $\dot{P}T$ es la tasa de variación

buciones de Robert Rowthorn: «Conflict, inflation and money», *Cambridge Journal of Economics*, vol. 1, septiembre de 1977, págs. 215-239; Richard Layard y Stephen Nickell: «The causes of British unemployment», *National Institute Economic Review*, n.º 111, febrero de 1985, págs. 62-85; y Olivier Blanchard: «The wage price spiral», *Quarterly Journal of Economics*, vol. 101, agosto de 1986, págs. 543-565.

de la productividad del trabajo. Nótese que el valor de θ dependería del poder de mercado de los trabajadores (o, lo que es lo mismo, del poder sindical), que estaría a su vez influido por factores como el grado de cobertura del subsidio de desempleo, el grado de protección al empleo, la existencia de un salario mínimo, etc.; en particular, una disminución (aumento) de θ indicaría un incremento (disminución) del grado de competencia en el mercado de trabajo.

Vamos a hacer otros dos supuestos adicionales:

a) El verdadero objetivo de los trabajadores es su salario real neto de impuestos. Éste se obtendría deduciendo del salario monetario el valor de las cotizaciones a la seguridad social a cargo de los trabajadores, así como los impuestos directos que recaen sobre el salario; teniendo en cuenta, además, que los precios de los bienes que adquieren los trabajadores incluyen los impuestos indirectos. El salario real neto de impuestos sería, pues:

$$\frac{W\left(1 - css_W - t_W\right)}{P\left(1 + t_i\right)}$$

donde css_W, t_W y t_i indican, respectivamente, el tipo de las cotizaciones a la seguridad social a cargo de los trabajadores, el tipo impositivo directo sobre el salario monetario y el tipo impositivo indirecto.

b) Como, en el momento en que se negocian los salarios, los sindicatos desconocen el valor del nivel de precios durante el periodo de vigencia de dichos salarios, van a calcular el salario real deseado utilizando el nivel de precios esperado en el periodo, P^E.

Por lo tanto, si tenemos en cuenta estos dos nuevos supuestos en la ecuación (1), la *ecuación de salarios* del modelo, expresada en términos de la tasa de variación del salario monetario, sería:

$$\dot{W} = \dot{P}^E - fu + \dot{P}T + Z_W \tag{2}$$

donde $\dot{P}^E$ es la tasa de variación del nivel esperado de precios (o, lo que es lo mismo, la tasa esperada de inflación) y Z_W recogería la variación de los factores exógenos que afectan a la determinación de los salarios, esto es, θ y los impuestos que afectan al mercado de trabajo, css_W, t_W y t_i. En particular, $Z_W > 0$ indicaría que θ > 0, o un aumento de css_W, t_W o t_i; mientras que $Z_W < 0$ indicaría que θ < 0, o una disminución de css_W, t_W o t_i.[2]

---

[2] La definición exacta de Z_W sería:

$$Z_W \equiv \theta + \frac{\Delta css_W}{\left(1 - css_{W,-1} - t_{W,-1}\right)} + \frac{\Delta t_W}{\left(1 - css_{W,-1} - t_{W,-1}\right)} + \frac{\Delta t_i}{\left(1 + t_{i,-1}\right)}$$

Obsérvese que si en la ecuación (2) pasamos la tasa esperada de inflación al lado izquierdo, obtendríamos la tasa de variación del salario real negociado por los sindicatos, $\dot{W} - \dot{P}^E$:

$$\dot{W} - \dot{P}^E = -fu + \dot{P}T + Z_W \tag{3}$$

la cual dependería negativamente de la tasa de desempleo, además de recoger la tasa de variación de la productividad más la variación de los factores exógenos que afectan a la determinación de los salarios.

Finalmente, supondremos que los sindicatos aproximan la tasa de inflación esperada por la tasa de inflación del periodo anterior:

$$\dot{P}^E = \dot{P}_{-1} \tag{4}$$

con lo que la ecuación de salarios (2) quedaría:

$$\dot{W} = \dot{P}_{-1} - fu + \dot{P}T + Z_W \tag{5}$$

Este supuesto reflejaría el hecho de que los sindicatos acuden a la negociación salarial a comienzos de cada periodo con toda la información posible sobre la evolución de la tasa de inflación, que se recogería en la tasa de inflación del periodo anterior. El objetivo último de los sindicatos sería recuperar cualquier erosión en su poder adquisitivo que pudiera haber ocurrido desde la última negociación salarial. Además, como mencionamos anteriormente, aunque en el periodo hubiera ocurrido alguna perturbación que llevara a los sindicatos a modificar su objetivo de salario real, éste no podría modificarse hasta comienzos del periodo siguiente, cuando se renegociasen de nuevo los salarios.

Recuadro 7.1. El mercado de trabajo en España.

El mercado de trabajo español ha experimentado cambios muy significativos en las últimas décadas. Cuando se produjo la entrada de España en 1986 en la entonces Comunidad Económica Europea, el paro registrado era de casi un 17% de la población activa. En 1994, tras la recesión económica de 1993, la tasa de paro llegó a superar el 20%. Esta cifra fue reduciéndose paulatinamente, sobre todo desde la participación en la Unión Económica y Monetaria, alcanzándose un mínimo histórico de un 8,3% en 2007. A partir de ese año, en plena crisis económica mundial, la tasa de paro española se ha disparado hasta volver a superar el 20% en el año 2010.

Como se muestra en el Gráfico 7.1, si comparamos las tasas de paro en España, la zona euro y la UE-27, podemos ver que la evolución de dicha tasa es paralela entre los países de la zona euro y la UE-27; mientras que en el caso de España se produce una convergencia paulatina hasta aproximadamente 2007 para a continuación despegar de forma vertiginosa y acabar doblando la media europea. Teniendo en cuenta el aumento del desempleo en todas las economías tras la crisis de 2008, ¿cuáles pueden haber sido las causas de su comportamiento diferencial en la economía española? La respuesta habrá que buscarla en las características específicas que configuran el mercado de trabajo en España. Veamos, a continuación, algunos de sus rasgos principales.

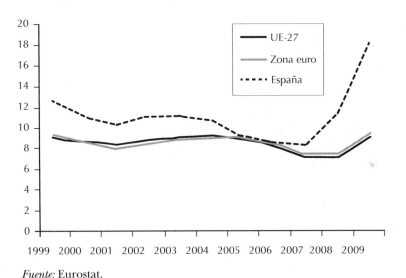

Fuente: Eurostat.

Gráfico 7.1. Tasa de paro en España, la zona euro y la UE-27 (% de la población activa).

La disminución del desempleo de las últimas décadas (salvo la recesión de 1993 y el freno que ha supuesto la crisis de 2008) se produjo en un contexto de terciarización de la economía, de un significativo incremento de la incorporación de la mujer al mercado de trabajo y, más recientemente, de un incremento espectacular en la llegada de inmigrantes. Todo ello dio lugar a un aumento de la tasa de actividad y una desaceleración de la productividad del trabajo. En el Cuadro 7.1 podemos ver cómo tanto la tasa de actividad (cociente entre la población activa y la población en edad de trabajar) como la tasa de ocupación (cociente entre los ocupados y la población en edad de trabajar) han ido creciendo moderadamente en casi un punto porcentual por año. La tasa de paro (cociente entre los parados y la población activa), por el contrario, muestra el descenso ya comentado (salvo un pequeño repunte entre 2002 y 2004) para acabar disparándose en los últimos años.

Cuadro 7.1. Tasas de actividad, ocupación y paro en España (%).

	Tasa de actividad	Tasa de ocupación	Tasa de paro
1999	51,6	43,6	12,5
2000	52,8	45,5	11,1
2001	52,1	46,7	10,3
2002	53,4	47,4	11,1
2003	54,6	48,4	11,1
2004	55,5	49,4	10,6
2005	56,7	51,5	9,2
2006	57,6	52,7	8,5
2007	58,2	53,4	8,3
2008	59,1	52,4	11,3
2009	59,9	59,8	18,0

Fuente: Instituto Nacional de Estadística.

Por otra parte, la estabilidad de la tasa de inflación hasta 2007 (que se situaba en torno a un 3%) propició un clima de moderación salarial, favoreciendo así la creación de empleo. Sin embargo, este crecimiento de la cantidad de puestos de trabajo estuvo acompañado de cambios en la composición del empleo; cambios que estuvieron orientados al sector servicios, pero sobre todo a actividades que requerían trabajo de escasa cualificación (particularmente la construcción). Así, la desfavorable evolución de la productividad en los últimos años se explica, en parte, por un crecimiento del empleo en sectores intensivos en trabajo unido a la escasa innovación tecnológica y a la no siempre adecuada utilización del capital humano. En el Cuadro 7.2, se muestra la evolución del porcentaje de ocupados por sectores donde destaca el protagonismo creciente del sector servicios. En el último año también destaca la pérdida de participación del sector de la construcción (que en 2007 había alcanzado un 13,25%) ya que el ajuste del empleo, debido a la crisis, ha afectado particularmente a los empleados en la construcción y a los trabajadores temporales.

Cuadro 7.2. Ocupados por sectores de actividad
(% del total).

	1999	2004	2009
Agricultura	7,1	5,5	4,2
Industria	20,1	17,8	14,7
Construcción	10,7	12,5	10,0
Servicios	62,0	64,1	71,6

Fuente: Instituto Nacional de Estadística.

Añadido a lo anterior, también comenzaron a manifestarse ciertas deficiencias en la acumulación de capital humano. Durante el periodo 2001-2005 sólo un 3,5% de los graduados en Bachillerato consiguieron un contrato indefinido, frente a un 11,8% de los graduados en Ciclos Formativos de Grado Medio y un 9,9% de los Graduados en Ciclos Formativos de Grado Superior;[1] mientras que, en 2004, la población ocupada con estudios superiores era del 22%. No obstante, en 2008, la falta de adecuación entre las competencias adquiridas según el nivel de estudios y las competencias requeridas por los puestos de trabajo demandados se consideró como un factor que dificultó la obtención de empleo, con un peso de un 13,7% entre aquellos que tenían estudios obligatorios, un 34,3% entre los que tenían estudios secundarios no obligatorios y un 25,4% entre los que tenían estudios universitarios.[2]

Otro aspecto a destacar, como ya hemos comentado, ha sido el aumento de la participación laboral femenina. En 1985, la proporción del empleo femenino sobre el total era del 29,2%, en 1995 suponía un 33,75% y en 2008 un 42,2%. En el Cuadro 7.3 se muestran las tasas de actividad, ocupación y paro según género. Tanto la tasa de actividad como la tasa de ocupación muestran un incremento continuado, si bien las tasas femeninas están entre 20 y 30 puntos porcentuales por debajo de las masculinas. Esta tendencia se invierte al considerar la tasa de paro que muestra un comportamiento más irregular. La tasa de paro masculina decrece, a excepción del trienio 2002-2004, para

---

[1] «Mercado laboral. Acceso, salarios y jubilación», *Cifras INE*, Boletín informativo del Instituto Nacional de Estadística, 2/2008.

[2] «Acceso de los jóvenes al mercado laboral», *Capital humano*, n.º 110, febrero de 2010, Fundación Bancaja-IVIE.

aumentar bruscamente en los dos últimos años; de tal forma que en 2009 prácticamente dobla la tasa de 1999. La tasa de paro femenina, que parte de una tasa que es el doble de la masculina, no deja de disminuir a lo largo del periodo y también experimenta una subida al final, de tal forma que vuelve a los valores de 1999.

Cuadro 7.3. Tasas de actividad, ocupación y paro en España, según género (%).

	Tasa de actividad		Tasa de ocupación		Tasa de paro	
	Hombres	Mujeres	Hombres	Mujeres	Hombres	Mujeres
1999	77,9	50,0	69,3	38,5	9,0	18,0
2000	78,8	52,0	71,2	41,3	7,9	16,0
2001	78,4	50,9	72,5	43,1	7,5	14,8
2002	79,1	53,1	72,6	44,4	8,1	15,7
2003	80,0	55,1	73,2	46,3	8,2	15,3
2004	80,4	56,8	73,8	45,3	8,0	14,3
2005	80,9	58,3	75,2	51,2	7,1	12,2
2006	81,3	60,2	76,1	53,2	6,3	11,6
2007	81,4	61,4	76,2	54,7	6,4	10,9
2008	81,8	63,2	73,5	54,9	10,1	13,0
2009	81,0	64,8	66,6	52,8	17,7	18,4

Fuente: Eurostat.

En cuanto al comportamiento de los salarios, la reacción al deterioro del mercado de trabajo tras la crisis ha sido leve. De 2007 a 2008 crecen a un ritmo mayor que en los años precedentes, debido al repunte de la inflación a finales de 2007, para volver a moderarse en 2009 gracias al descenso de la inflación. En el Cuadro 7.4 se muestran las tasas de variación interanuales de la remuneración por asalariado (en términos nominales), la productividad por ocupado y el coste laboral unitario (diferencia entre las tasas de variación de la remuneración por asalariado y de la productividad) correspondientes a puestos de trabajo a tiempo completo. El componente salarial es el principal factor determinante de los costes salariales, e incluye el salario base, los complementos salariales, los pagos por horas extraordinarias, los pagos extraordinarios y pagos atrasados. Podemos ver cómo la remuneración por asalariado ha ido creciendo a un ritmo mayor que la productividad, lo cual se ha traducido en una elevación de los costes laborales unitarios a excepción de los años 2002 a 2004 en los que éstos aumentaron a menor ritmo, si bien de forma transitoria. Hasta el año 2008 las tres variables mantienen un ritmo de crecimiento sostenido; sin embargo, en 2009 el ritmo de crecimiento de la remuneración por asalariado se ralentiza hasta recuperar el valor del año 2006, mientras que la productividad crece al mayor ritmo de todo el periodo (como consecuencia de la intensa destrucción de empleo) y, en consecuencia, disminuye el ritmo de crecimiento del coste laboral unitario.

Cuadro 7.4. Remuneración por asalariado, productividad y coste laboral unitario (tasas de variación interanuales).

	Remuneración por asalariado	Productividad por ocupado	Coste laboral unitario
1999	2,0	0,1	1,9
2000	2,9	0,0	2,8
2001	3,6	0,4	3,2
2002	3,3	0,4	2,9
2003	3,6	0,7	2,9
2004	3,0	0,6	2,4
2005	3,7	0,4	3,3
2006	4,0	0,7	3,3
2007	4,8	0,7	4,0
2008	6,4	1,4	4,9
2009	4,1	3,1	1,0

Fuente: Banco de España.

Hay que destacar también el papel que ha desempeñado la llegada de inmigrantes y su contribución al aumento de la población activa. A finales de 1998, los extranjeros residentes en España eran 719.647, mientras que en 2008 eran 5.268.762; es decir, en diez años la población extranjera aumentó un 732%. En particular, el incremento más espectacular se produjo entre los años 2000 y 2008; concretamente, entre 2001 y 2005 contribuyeron en un 25% a la tasa de empleo. Sin embargo, esto no supuso un aumento del desempleo de la población nativa (en 2007 la tasa de paro total era del 8,3%; mientras que la de los inmigrantes era del 12,2%), sino un cambio en la composición del empleo, ya que la ocupación de la mayoría de los inmigrantes era en sectores intensivos en trabajo y de menor salario. Prueba de ello es que, tras la crisis, la tasa de paro del colectivo de inmigrantes alcanza un 28,4% en 2009, más de 10 puntos superior a la tasa de paro total.

Finalmente, para concluir esta breve descripción de las características del mercado de trabajo en España, hay que señalar que tras la aprobación del Estatuto de los Trabajadores en 1980 se inició un proceso de reformas laborales, que pretendían favorecer la creación de empleo, entre las que cabe destacar la reforma de 1984 que suponía la liberalización de los contratos temporales, la reforma de 1988 centrada en un plan de empleo juvenil y la reforma de 1995 por la que se aprueba el texto refundido de la Ley del Estatuto de los Trabajadores, actualmente vigente aunque con algunas modificaciones.

El comportamiento procíclico del empleo es una de las características más notorias del mercado de trabajo español, pero el empleo creado en los últimos años ya hemos visto que suele ser poco cualificado y sin apenas posibilidades de generar valor añadido. Esto, unido a la segmentación entre contratos temporales (con bajos costes de despido) y contratos indefinidos (fuertemente protegidos por unos altos costes de despido), provoca una dualidad que hace que cualquier ajuste se realice en términos de cantidades. Las reformas legislativas posteriores (en 1997, 2002 y 2006) han tenido como denominador común el abaratamiento de los costes de despido introduciendo nuevas formas de contratación.[3] En esta línea se sitúa la reciente reforma de julio de 2010 que, entre otras cosas, incluye medidas restrictivas de la contratación temporal, trata de favorecer la contratación indefinida mediante bonificaciones, y tiende a potenciar la utilización de medidas extrajudiciales para la resolución de conflictos con objeto de favorecer la agilidad de los procesos de negociación.[4]

---

[3] La influencia de las regulaciones en el mercado de trabajo español puede verse en César Alonso Borrego y José Enrique Galdón Sánchez: «La protección al empleo en España: Evolución y consecuencias», *Información Comercial Española*, n.º 837, julio-agosto de 2007, págs. 157-177. Más recientemente, en el monográfico «La reforma del mercado de trabajo», de la revista *Papeles de Economía Española*, n.º 124, 2010, varios autores analizan el comportamiento, el sistema de regulación, los aspectos institucionales, así como algunas propuestas de reforma del mercado de trabajo español en el contexto de la crisis económica iniciada en 2008.

[4] Sin embargo, ninguna de las reformas ha supuesto una revisión profunda del sistema de contratos ni de los efectos de los convenios colectivos que, en ciertos casos, limitan la flexibilidad necesaria para crear empleo de forma estable y duradera. Véase Juan Francisco Jimeno: «El mercado de trabajo en España: Panorámica actual y perspectivas futuras», *Papeles de Economía Española*, n.º 113, 2007, págs. 177-198, y la Introducción Editorial al monográfico de *Papeles de Economía Española* citado en la nota 3, para comparar la reforma de 2006 y la de 2010.

7.3 Los precios

En nuestro modelo, las empresas van a determinar los precios de los bienes que producen mediante la aplicación de un margen sobre el coste medio variable. Este margen, μ, va a incluir el coste fijo (en nuestro caso, el coste del capital) medio, así como el beneficio deseado por los empresarios por unidad de producto. El valor de μ dependería del poder de mercado de las empresas; en particular, una disminución (aumento) de μ indicaría un incremento (disminución) del grado de competencia en el mercado de bienes. A su vez, como supondremos que el trabajo es el único factor variable, el coste medio variable coincidirá con el coste medio del trabajo, esto es, el denominado coste laboral unitario:

$$\frac{W\left(1+css_F\right)}{PT}$$

donde css_F y PT indican, respectivamente, el tipo de las cotizaciones a la seguridad social a cargo de los empresarios y la productividad media del trabajo.

Así pues, la *ecuación de precios* del modelo sería:

$$P = (1 + \mu)\,\frac{W\left(1+css_F\right)}{PT}$$

y, en términos de tasas de variación:

$$\dot{P} = \dot{W} - \dot{PT} + Z_P \qquad [6]$$

donde Z_P recogería la variación de los factores exógenos (distintos de PT) que afectan a la determinación de los precios, esto es, μ y css_F. En particular, $Z_P > 0$ indicaría un aumento de μ o css_F; mientras que $Z_P < 0$ indicaría una disminución de μ o css_F.[3] Nótese, por último, que la ecuación (6) se puede reescribir:

$$\dot{W} - \dot{P} = \dot{PT} - Z_P \qquad [7]$$

Lo que nos dice la ecuación (7) es que la tasa de variación del salario real efectivo, una vez que las empresas han determinado los precios, $\dot{W} - \dot{P}$, va a ser igual a la tasa de variación de la productividad menos la variación de los factores exógenos que afectan a los precios. Ahora bien, si se compara esta ecuación con la (3), puede

---

[3] La definición exacta de Z_P sería:

$$Z_P \equiv \frac{\Delta\mu}{(1 + \mu_{-1})} + \frac{\Delta css_F}{(1 + css_{F-1})}.$$

verse que la evolución del salario real negociado (esto es, el deseado por los sindicatos) no tiene por qué coincidir con la del salario real efectivo (esto es, el resultante de las decisiones de precios de las empresas). Como veremos más adelante, la discrepancia entre la evolución de ambos salarios reales se va a traducir en cambios de la tasa de inflación, en la medida en que trabajadores y empresarios no se conformen con la situación y pretendan satisfacer sus aspiraciones (en términos de una determinada participación en la distribución de la renta nacional) a costa del otro grupo.

Recuadro 7.2. La inflación en España: evolución y características.

En el Gráfico 7.2 se muestra la tasa de inflación de España, medida por la tasa de variación del Índice de Precios de Consumo (IPC), y el promedio de la tasa de inflación de los 11 países europeos (UE-11, incluyendo España) que constituyeron la Unión Económica y Monetaria (UEM) en 1999, para los años previos a la formación de la misma. Como vemos, a mediados de los años 1970, la inflación en España presentaba valores muy elevados, llegando a alcanzar una tasa del 24,5% en 1977. La política de estabilización de precios, surgida tras los Pactos de la Moncloa de 1978, contribuyó a una importante desaceleración de los precios que se mantuvo hasta 1988. En 1989, se observa un repunte en la tasa de inflación que coincide con una etapa de expansión económica. No obstante, fue precisamente a partir de 1989, tras la incorporación de la peseta al mecanismo de tipos de cambio del Sistema Monetario Europeo, cuando la política monetaria se centró en el control de la inflación[1] con el objetivo de reducirla y poder formar parte de la UEM desde su comienzo. Como se muestra en el gráfico, la tasa de inflación española ha estado por encima del promedio de la de la UE. Sin embargo, puede verse que desde finales de los años 1980 el diferencial de inflación fue reduciéndose hasta prácticamente desaparecer en 1997.

Desde que España forma parte de la UEM, a pesar del estricto seguimiento y control de la inflación tras la adopción de la política monetaria administrada por el Banco Central Europeo, se observa una inflación más elevada que la de la zona euro y el conjunto de la Unión Europea (UE-27), donde se ha mantenido en valores no muy alejados del 2%. Así se muestra en el Cuadro 7.5, si bien dicha tendencia parece haberse revertido tras la crisis económica desencadenada en otoño de 2008.

---

[1] Véase la nota sobre política monetaria en el Recuadro 5.1.

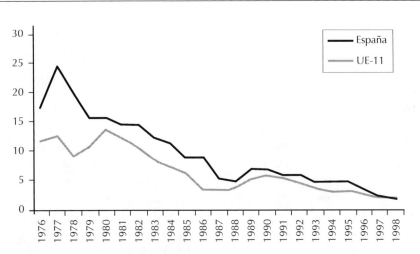

Fuente: Instituto Nacional de Estadística y Eurostat.

Gráfico 7.2. Tasas de inflación en España y la UE-11, 1976-1998 (Índice de Precios de Consumo, % de variación con respecto al año anterior).

Cuadro 7.5. Tasa media de inflación anual en España, la zona euro y la UE-27, 1999-2009 (Índice Armonizado de Precios de Consumo, % de variación con respecto al año anterior).

	España	zona euro	UE-27
1999	2,2	1,2	1,2
2000	3,5	2,2	1,9
2001	2,8	2,4	2,2
2002	3,6	2,3	2,1
2003	3,1	2,1	2,0
2004	3,1	2,2	2,0
2005	3,4	2,2	2,2
2006	3,6	2,2	2,2
2007	2,8	2,1	2,3
2008	4,1	3,3	3,7
2009	-0,2	0,3	1,0

Fuente: Eurostat.

A la hora de analizar con mayor profundidad la evolución de los precios, se recurre al concepto de «inflación subyacente» que trata de aproximar una medida del núcleo de la inflación. La inflación subyacente se define como la tasa de variación del índice de precios obtenida al eliminar del IPC general sus componentes energéticos (cuyos precios son administrados por el sector público) y de alimentos no elaborados (caracterizados por que sus precios son relativamente erráticos). Si la tasa de inflación medida por el IPC muestra una tendencia decreciente pero la inflación subyacente resulta superior a ella, indicaría que parte de la reducción de la inflación es meramente coyuntural y no un reflejo de la disminución real de la tasa de variación de los precios. La inflación subyacente muestra la tendencia inflacionista a largo plazo, al eliminar los componentes más volátiles del IPC; de ahí su importancia, puesto que ayuda a discriminar el carácter coyuntural o estructural de la inflación.

En el Gráfico 7.3 se muestran las tasas anuales de variación en porcentaje del IPC general y del Índice de Precios de Servicios y Bienes Elaborados No Energéticos (IPSEBENE) o, lo que es lo mismo, el IPC general sin alimentos no elaborados y sin productos energéticos, para el periodo 1999-2009. Hay que advertir que en enero de 2002 se produce una ruptura al introducirse una nueva fórmula de cálculo del IPC con base 2001, que no tiene solución de continuidad con series anteriores a través de los enlaces habituales.[2] Excepto para los años 2002 y 2009, el IPSEBENE se ha mantenido por debajo del IPC general. En 2008 puede observarse un repunte de la inflación debido en gran medida al encarecimiento del precio del petróleo, a la depreciación del euro frente al dólar y al encarecimiento de las materias primas alimenticias.

Por otra parte, la pertenencia a la UEM, unida al compromiso de mantener la estabilidad de precios, ha configurado un nuevo escenario de aplicación de las políticas macroeconómicas puesto que desaparece la posibilidad de instrumentar la política monetaria a nivel nacional. En ausencia de mecanismos adecuados que permitan la flexibilidad de precios y salarios, resulta más complicado realizar ajustes macroeconómicos con objeto de evitar pérdidas de competitividad. Concretamente en el caso de España, la mayor inflación registrada con respecto a la UE ha contribuido a una pérdida de competitividad en la última década, como se comenta en el Recuadro 9.2. Unido a ello, otro de los riesgos más frecuentes es el de que se produzca una

---

[2] Las notas metodológicas detalladas pueden consultarse en la página web del Instituto Nacional de Estadística http://www.ine.es.

«inflación dual»; es decir, que se generen diferenciales de precios entre los sectores expuestos a la competencia exterior y los no expuestos. En particular, la competencia exterior limitaría los incrementos de precios en el sector de bienes comerciables (manufactureros), mientras que la evolución de los precios en el sector de bienes no comerciables (servicios) vendría determinada por la evolución de los costes internos. La inflación dual plantea un serio problema de competitividad, pues dificulta la reducción del diferencial de inflación. Este problema se agudiza aún más en el contexto de la unión monetaria, ya que la pérdida de competitividad de nuestros productos frente a los del área monetaria común ya no puede corregirse mediante una depreciación del tipo de cambio nominal, lo que puede provocar tensiones en la balanza comercial.

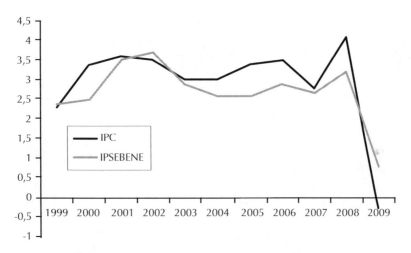

Fuente: Banco de España: *Boletín Económico.*

Gráfico 7.3. Tasas de inflación y de inflación subyacente en España, 1999-2009 (tasas de variación anual en %).

Nota: Los datos para los años 1999-2001 tienen como base 2001 = 100, mientras que para los años 2002-2009 la base es 2006 = 100.

Existen algunos trabajos empíricos que tratan de estudiar hasta qué punto la inflación dual puede limitar la efectividad de los ajustes macroeconómicos en la economía española. Entre ellos, podríamos citar el de Estrada y López-Salido, quienes tratan de diferenciar el papel de la productividad y de la estructura de los mercados de bienes y servicios, a la hora de determinar la evolución de los precios relativos de las ramas manufactureras y de servicios. Señalan que, a largo plazo, el diferencial de precios se explicaría por las distintas productividades de los sectores; de forma que los precios serían más elevados en los sectores menos productivos y que apliquen unos márgenes superiores. Sin embargo, también hay que tener en cuenta el distinto poder de mercado de cada uno de los sectores; pues cuando éstos presentan diferentes productividades marginales del factor trabajo y fijan distintos márgenes sobre precios, ello contribuiría a explicar, a medio plazo, el diferencial de precios. En el caso concreto de España, la expansión relativa de los márgenes en las manufacturas explicaría la moderada inflación dual de los años 1980; mientras que la contracción relativa de dichos márgenes podría ser la causa, en parte, de la acentuación de la inflación dual en los años 1990.[3]

---

[3] Véase Ángel Estrada y J. David López-Salido: «La inflación dual en la economía española: La importancia relativa del progreso tecnológico y de la estructura de mercado», *Boletín Económico*, Banco de España, mayo de 2001, págs. 31-35.

7.4 La curva de Phillips

Si sustituimos la ecuación (2) en la (6) obtenemos:

$$\dot{P} = \dot{P}^E - fu + \left(Z_W + Z_P \right) \tag{8}$$

que es la expresión, en forma lineal, de la *curva de Phillips*.

La curva de Phillips, esto es, la relación negativa entre inflación y desempleo, constituye una de las regularidades empíricas más importantes analizadas por la Macroeconomía. Su origen se remonta a una investigación empírica sobre el comportamiento de los salarios en el Reino Unido publicada por A. W. Phillips (de quien toma el nombre) en 1958.[4] En este artículo, Phillips obtiene una relación decreciente, no lineal y convexa entre la tasa de variación del salario monetario y la tasa de desempleo, la cual se desplazaría ante variaciones de los precios agrícolas y de importación, así como de la productividad.

Esta relación, a la que Richard Lipsey proporciona una justificación teórica en 1960 (a partir del vínculo entre la tasa de desempleo y los excesos de deman-

---

[4] A. W. Phillips: «The relation between unemployment and the rate of change of money wage rates in the United Kingdom, 1861-1957», *Economica*, vol. 25, noviembre de 1958, págs. 283-299.

da u oferta en el mercado de trabajo),[5] fue aplicada al caso de Estados Unidos por Paul Samuelson y Robert Solow también en 1960, siendo estos autores los que popularizan la interpretación de la curva de Phillips en términos de política económica.[6] De acuerdo con este enfoque, asociado con la Síntesis Neoclásica (a la que nos referimos en el Capítulo 1), la curva de Phillips permitiría ofrecer a los gestores de la política económica la posibilidad de elegir su combinación deseada de inflación y desempleo (los dos objetivos principales de la política económica, en el corto y medio plazo, en el contexto de una economía cerrada), de manera que la economía tendería a aproximarse a ella gracias a la utilización de las políticas monetaria y fiscal. Por ejemplo, de acuerdo con el modelo de este capítulo, una política monetaria o fiscal expansiva que lograse aumentar el nivel de actividad y reducir la tasa de desempleo, vendría acompañada de un aumento de la tasa de variación del salario monetario (por la ecuación (2)) y, por tanto, de la tasa de inflación (por la ecuación (6)). Nótese que, en la medida en que las tasas de inflación no eran demasiado elevadas en la época en que se expusieron estas ideas, la tasa esperada de inflación no desempeñaba ningún papel en este enfoque; en términos de la ecuación (8), $\dot{P}^E$ se supondría igual a 0.

Sin embargo, el incremento experimentado por las tasas de inflación en Estados Unidos y otros países occidentales a finales de la década de los sesenta del siglo pasado llevó a algunos autores a cuestionar esta versión primitiva de la curva de Phillips por no considerar el papel de las expectativas de inflación. En particular, como argumentaron Milton Friedman y Edmund Phelps en sendos artículos publicados en 1968,[7] una vez que estas expectativas se tenían en cuenta, la posibilidad de intercambiar desempleo por inflación, implícita en la versión primitiva de la curva de Phillips, desaparecía, existiendo una única tasa de desempleo (la denominada por Friedman *tasa natural de desempleo*) compatible con cualquier tasa de inflación. La posibilidad de intercambio entre desempleo e inflación se mantendría, no obstante, en el corto plazo debido a la existencia de desfases en el ajuste de las expectativas de inflación. Más aún, de acuerdo con la denominada *hipótesis aceleracionista*, la única manera de mantener la tasa de desempleo por debajo de la tasa natural sería mediante un incremento continuado en la tasa de inflación (esto es, mediante una aceleración de los precios).

---

[5] Richard G. Lipsey: «The relation between unemployment and the rate of change of money wage rates in the United Kingdom, 1862-1957: A further analysis», *Economica*, vol. 27, febrero de 1960, págs. 1-31.

[6] Paul Samuelson y Robert Solow: «Analytical aspects of anti-inflation policy», *American Economic Review, Papers and Proceedings*, vol. 50, mayo de 1960, págs. 177-194.

[7] Milton Friedman: «The role of monetary policy», *American Economic Review*, vol. 58, marzo de 1968, págs. 1-17; y Edmund S. Phelps: «Money wage dynamics and labor market equilibrium», *Journal of Political Economy*, vol. 76, julio-agosto de 1968, págs. 687-711.

El mecanismo de formación de expectativas implícito en el análisis de Friedman y Phelps, que se enmarca en la crítica monetarista a la Síntesis Neoclásica, es el denominado de expectativas adaptativas, según el cual los agentes económicos corrigen en cada periodo el valor esperado de la variable en cuestión (en el caso que nos ocupa, la tasa de inflación) de acuerdo con el error cometido en el periodo anterior. Este mecanismo, no obstante, fue criticado en años posteriores; en particular, se criticó el hecho de que no incorporaba la posibilidad de aprendizaje por parte de los agentes, y que no tenía en cuenta que éstos podrían hacer uso de otras variables distintas de la propia variable considerada a la hora de formar expectativas sobre la misma. Ello llevó a los autores encuadrados dentro de la Nueva Macroeconomía Clásica, en particular Robert Lucas, a reformular el análisis anterior por medio de la incorporación de las denominadas expectativas racionales.[8]

Según esta hipótesis, los agentes económicos utilizan toda la información disponible a la hora de elaborar expectativas sobre las variables que afectan a sus decisiones, de manera que no cometerán errores sistemáticos. En consecuencia, de acuerdo con los autores de la Nueva Macroeconomía Clásica, puesto que los errores en la formación de expectativas serían meramente aleatorios, la tasa de desempleo no puede divergir de la natural de una manera sistemática, sino aleatoria, esto es, sólo si los agentes reciben una sorpresa que les hace equivocarse en sus expectativas. Y como la economía se encontrará siempre (salvo sorpresas aleatorias) en su tasa de desempleo natural, que será compatible con cualquier tasa de inflación, no existiría una relación de intercambio entre inflación y desempleo ni siquiera a corto plazo.[9]

Ahora bien, la hipótesis de las expectativas racionales y las conclusiones de la Nueva Macroeconomía Clásica han sido criticadas también posteriormente, pues resultan demasiado extremas. En particular, se ha criticado la exigencia de que los agentes dispongan de una gran cantidad de información, así como de la capacidad para procesarla. Es por ello que utilizamos, en línea con la Nueva Macroeconomía Keynesiana, el supuesto consistente en aproximar las expectativas sobre una variable por el valor de la misma a comienzos del periodo de análisis; en el caso que estamos considerando, el de las expectativas sobre la tasa de inflación, tendríamos:

$$\dot{P}^{E} = \dot{P}_{-1}$$

[8] Robert E. Lucas, Jr.: «Expectations and the neutrality of money», *Journal of Economic Theory*, vol. 4, abril de 1972, págs. 103-124.

[9] Thomas J. Sargent y Neil Wallace: «Rational expectations and the theory of economic policy», *Journal of Monetary Economics*, vol. 2, abril de 1976, págs. 169-183.

Este supuesto se justificaría a partir de la existencia, bien de información imperfecta o de determinados mecanismos institucionales en los mercados de trabajo y de bienes, que limitarían el ajuste inmediato de la tasa de inflación. En particular, los precios se determinan una vez determinados los salarios, y los salarios se determinan a comienzos de cada periodo y no pueden variar hasta comienzos del periodo siguiente. Todo ello reflejaría en última instancia la persistencia de la inflación que se observa en las economías avanzadas.

Dado el anterior supuesto sobre las expectativas de inflación, la curva de Phillips (8) se convertiría en:

$$\dot{P} = \dot{P}_{-1} - fu + \left(Z_W + Z_P\right) \tag{9}$$

La curva de Phillips dada por la ecuación (9), *CP*, se representa gráficamente en la Figura 7.1. La pendiente de dicha curva, en valor absoluto, es *f*, y se desplazará hacia arriba (abajo) ante un aumento (disminución) de $\dot{P}_{-1}$, Z_W o Z_P.

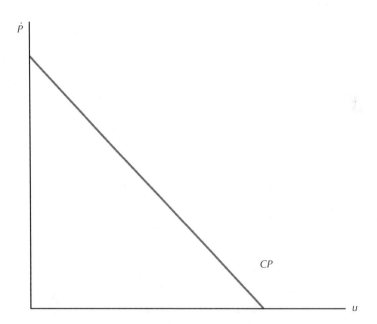

Figura 7.1. La curva de Phillips.

¿Cómo se aplicarían la hipótesis de la tasa natural de desempleo y su corolario, la hipótesis aceleracionista, a la curva de Phillips dada por la ecuación (9)? Obsérvese que, en lo que aquí estamos llamando el medio plazo, cuando se ha completado el ajuste de la tasa de inflación, $\dot{P} = \dot{P}_{-1}$, existirá una única tasa de desempleo dada por:

$$u_N = \frac{Z_W + Z_P}{f} \qquad [10]$$

Esta tasa de desempleo, u_N, es la única compatible con una inflación constante, y es la denominada *NAIRU* (iniciales inglesas de *non-accelerating inflation rate of unemployment* o tasa de desempleo que no acelera la inflación).[10] La NAIRU es un concepto equivalente al de tasa natural de desempleo, si bien existe una diferencia fundamental entre ambas. En efecto, la tasa natural es un concepto desarrollado a partir de un marco teórico de competencia perfecta, donde el equilibrio en el mercado de trabajo surge a partir de la interacción de la oferta y la demanda de trabajo, obtenidas a partir del comportamiento optimizador de los agentes individuales, trabajadores y empresas, respectivamente. Por el contrario, la NAIRU es el resultado de un marco teórico de competencia imperfecta donde los agentes tienen poder de mercado. En este marco, los salarios se determinan mediante una negociación entre trabajadores (organizados en sindicatos) y organizaciones empresariales, y a continuación las empresas determinan los precios una vez dados los salarios; y donde ambos grupos aspiran, respectivamente, a un salario real y un margen sobre el coste de producción que les permitan asegurarse una determinada participación en la distribución de la renta nacional.

Una consecuencia importante del diferente enfoque teórico que subyace a ambos conceptos, sería que, mientras que la tasa natural de desempleo estaría asociada a una situación de pleno empleo (salvo por la existencia del llamado desempleo friccional, debido a la presencia de costes de ajuste en el mercado de trabajo), la NAIRU sería compatible con la existencia de desempleo involuntario. En efecto, la existencia de poder de mercado por parte de los trabajadores se traduciría en última instancia en que los sindicatos negociarían un salario real superior a aquél al que los trabajadores individuales estarían dispuestos a trabajar para cada nivel de empleo, lo que resultaría en un nivel de empleo inferior a la cantidad de trabajo que los trabajadores estarían dispuestos a ofrecer para cada nivel de salario real. De esta manera, existiría un desempleo involuntario que sería igual a la diferencia entre el nivel de empleo que los empresarios desean contratar al salario real vigente, y la cantidad de trabajo que los trabajadores están dispuestos a ofrecer a dicho salario real.

La NAIRU posee otras características que conviene resaltar. En primer lugar, si igualamos la tasa de variación del salario real negociado por los sindicatos y la

---

[10] Obsérvese que el nombre es estrictamente incorrecto, pues sería más exacto llamarla tasa de desempleo que no incrementa la inflación (en sus iniciales inglesas, NIIRU). No obstante, utilizaremos la expresión NAIRU siguiendo la práctica habitual.

del salario real efectivo dadas por las ecuaciones (3) y (7), respectivamente, se obtiene:

$$-fu + \dot{P}T + Z_W = \dot{P}T - Z_P$$

de manera que, despejando u de la expresión anterior, se obtendría la NAIRU. En otras palabras, la NAIRU sería el único valor de la tasa de desempleo para el que coincidirían el salario real negociado por los sindicatos y el salario real efectivo, una vez que las empresas han determinado los precios. Dicho de otra forma, cuando la tasa de desempleo es igual a la NAIRU no existiría un conflicto entre las aspiraciones de trabajadores y empresarios, lo que a su vez sería el motivo último de la estabilidad de la tasa de inflación.

Por otra parte, tal como muestra la ecuación (10), la NAIRU es un fenómeno determinado totalmente en el lado de la oferta agregada. En particular, la NAIRU podría reducirse mediante una disminución de cualquiera de los factores exógenos que afectan a la determinación de los salarios y los precios, esto es:

- si disminuyera el poder de mercado de los trabajadores o de los empresarios (θ o μ, respectivamente), o
- si disminuyera cualquiera de los impuestos que afectan al mercado de trabajo (css_W, t_W, t_i, css_F),

o bien si aumentara la sensibilidad del salario real negociado a la tasa de desempleo (f). En términos de la Figura 7.1, cualquiera de los casos anteriores se traduciría en un desplazamiento de la curva de Phillips hacia abajo (con un incremento de la pendiente en caso de que aumentara f).

Finalmente, a partir de (9) y (10) podemos obtener la siguiente expresión alternativa de la curva de Phillips:

$$\dot{P} = \dot{P}_{-1} - f\left(u - u_N\right) \qquad [11]$$

que nos indica que la tasa de desempleo únicamente se puede mantener por debajo de la NAIRU si la tasa de inflación actual es mayor que la del periodo anterior; o, lo que es lo mismo, si se produce un incremento en la tasa de inflación.

Podemos ver gráficamente el resultado anterior en la Figura 7.2. Supongamos que la economía parte de una situación inicial de equilibrio en el punto A, con una tasa de inflación $\dot{P}_0$ y una tasa de desempleo igual a la NAIRU, sobre la curva de Phillips correspondiente a una tasa de inflación del periodo anterior igual precisamente a $\dot{P}_0$. Si el gobierno considerase demasiado elevada esta tasa de desempleo podría intentar reducirla mediante una política monetaria o fiscal expansiva; ello se traduciría en un aumento de la tasa de variación del salario monetario (por la ecuación (2)) y, en consecuencia, de la tasa de inflación (por la ecuación (6)) hasta $\dot{P}_1$, situándose la economía en el punto B con una tasa de desempleo u_1, inferior a la NAIRU.

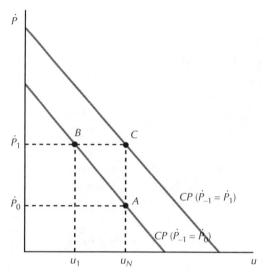

Figura 7.2. La NAIRU y la hipótesis aceleracionista.

Ahora bien, en respuesta al mayor nivel de actividad y la mayor tasa de inflación, el banco central aumentará el tipo de interés de acuerdo con la regla de política monetaria. En términos de la Figura 7.2, la curva de Phillips se desplazará hacia arriba, hasta la correspondiente a una tasa de inflación del periodo anterior igual a $\dot{P}_1$, y la tasa de desempleo tenderá a volver a la NAIRU en la situación correspondiente al punto C. La inflación permanecerá en $\dot{P}_1$ pues tenderán a compensarse los efectos sobre la tasa de variación del salario monetario y, por tanto, la tasa de inflación, derivados del aumento tanto de la tasa de desempleo como de la tasa de inflación del periodo anterior. Y en el medio plazo (esto es, cuando $\dot{P} = \dot{P}_{-1}$), la curva de Phillips sería una vertical sobre la NAIRU. En resumen, aunque en el corto plazo existiría la posibilidad de intercambiar desempleo por inflación, en el medio plazo esto no sería posible, ya que habría una única tasa de desempleo (la NAIRU) compatible con cualquier tasa de inflación.

Hemos visto, además, que la tasa de desempleo solamente podrá situarse por debajo de la NAIRU si aumenta la tasa de inflación, pero esta situación no puede mantenerse indefinidamente si el banco central sigue una regla de política monetaria del tipo de la que hemos supuesto en el Capítulo 5. Es decir, la aplicación de la regla de política monetaria tendría como efecto evitar las implicaciones de la hipótesis aceleracionista.

7.5 La función de oferta agregada

A continuación transformaremos la curva de Phillips dada por la ecuación (9), esto es, una relación entre tasa de inflación y tasa de desempleo, en una función de oferta agregada que nos relacionará la tasa de inflación con el nivel de producción.

Para ello partiremos de la definición de la tasa de desempleo: $u \equiv \dfrac{FT-N}{FT}$, donde N representa el nivel de empleo de la fuerza de trabajo y FT el nivel total de la misma. Por lo que respecta a la tecnología de la economía (esto es, la forma específica de la relación entre el nivel de producción y las cantidades empleadas de los factores productivos), supondremos que en el corto y medio plazo el nivel de utilización del factor capital está dado; la variación del factor capital no se considerará hasta el Capítulo 12, cuando analicemos el crecimiento económico. Así pues, supondremos que en el corto y medio plazo el nivel de producción, Y, dependerá únicamente del nivel de empleo de la fuerza de trabajo (o, abreviadamente, el nivel de empleo), de forma proporcional:

$$Y = PT \cdot N \qquad [12]$$

donde la productividad del trabajo, PT, va a ser una variable exógena.

A partir de (12), $N = \dfrac{Y}{PT}$; y, sustituyendo en la definición de la tasa de desempleo, $u = 1 - \dfrac{Y}{PT \cdot FT}$, que, una vez reemplazada en la ecuación (9), nos permite obtener la *función de oferta agregada*:

$$\dot{P} = \dot{P}_{-1} - f\left(1 - \frac{Y}{PT \cdot FT}\right) + \left(Z_W + Z_P\right) \qquad [13]$$

esto es, una relación creciente entre tasa de inflación y nivel de producción, dados $\dot{P}_{-1}$, PT, FT, Z_W y Z_P.

La función de oferta agregada se puede expresar de manera alternativa. Sustituyendo la ecuación (10) en la (13), y teniendo en cuenta que, a partir de la definición de la tasa de desempleo y la ecuación (12), $u_N = 1 - \dfrac{\overline{Y}}{PT \cdot FT}$ (puesto que $\overline{Y}$, esto es, el nivel de producción potencial, es el correspondiente a la NAIRU), se obtiene:

$$\dot{P} = \dot{P}_{-1} + \frac{f}{PT \cdot FT}\left(Y - \overline{Y}\right) \qquad [13']$$

Lo que nos dice la ecuación (13') es que, en el medio plazo (o sea, cuando $\dot{P} = \dot{P}_{-1}$), el nivel de producción coincidirá con el potencial, donde:

$$\overline{Y} = \left(1 - \frac{Z_W + Z_P}{f}\right)\left(PT \cdot FT\right)$$

o, lo que es lo mismo:

$$\overline{Y} = \left(1 - u_N\right)\left(PT \cdot FT\right)$$

La función de oferta agregada o *función SA*, se representa gráficamente en la Figura 7.3. Como puede verse en la figura, la función *SA* representada es la correspondiente a una tasa de inflación del periodo anterior igual a $\dot{P}_0$, de manera que, cuando la tasa de inflación actual es igual a $\dot{P}_0$, el nivel de producción coincidirá con el potencial, de acuerdo con la ecuación (13'). La pendiente de dicha función es

$$\frac{f}{PT \cdot FT}$$

y tiene signo positivo ya que un aumento del nivel de producción llevaría a un aumento del nivel de empleo y a una disminución de la tasa de desempleo, que se traduciría a su vez en una mayor tasa de variación del salario monetario y, por tanto, una mayor inflación. La pendiente, por otra parte, será tanto mayor (menor) cuanto mayor (menor) sea la sensibilidad del objetivo de salario real deseado por los sindicatos a la tasa de desempleo, *f*; y cuanto menores (mayores) sean la productividad del trabajo y el nivel total de la fuerza de trabajo, *PT* y *FT*, respectivamente.

Por último, la función de oferta agregada se desplazaría hacia arriba (abajo) en aquellos casos que signifiquen un incremento (disminución) de la tasa de inflación dado el nivel de producción. En particular, la función de oferta agregada se desplazaría hacia arriba si:

- aumenta la tasa de inflación del periodo anterior, $\dot{P}_{-1}$;
- disminuye la sensibilidad del objetivo de salario real a la tasa de desempleo, *f* (en este caso, con disminución de la pendiente);
- disminuye la productividad del trabajo, *PT* (en este caso, con aumento de la pendiente);
- disminuye el nivel total de la fuerza de trabajo, *FT* (en este caso, con aumento de la pendiente);
- aumenta el poder de mercado de los trabajadores, θ (recogido en Z_W);
- aumenta el poder de mercado de las empresas, μ (recogido en Z_P);
- el gobierno decide aumentar cualquiera de los impuestos que afectan al mercado de trabajo: el tipo de las cotizaciones a la seguridad social a cargo de los trabajadores, css_W; el tipo impositivo directo sobre el salario monetario, t_W; el tipo impositivo indirecto, t_i; o el tipo de las cotizaciones a la seguridad social a cargo de los empresarios, css_F (los tres primeros recogidos en Z_W, y el último recogido en Z_P),

y hacia abajo en los casos contrarios.

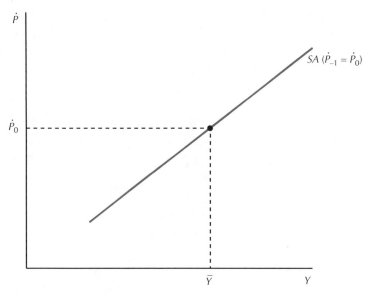

Figura 7.3. La función de oferta agregada.

7.6 Las políticas de oferta

Concluiremos este capítulo haciendo una breve mención a las *políticas de oferta*, esto es, la actuación del sector público sobre el lado de la oferta agregada de la economía. El objetivo de estas políticas sería conseguir una mejor utilización de los recursos productivos y, en general, un mejor funcionamiento de los mercados, con el fin último de aumentar el nivel de producción potencial de la economía. De hecho, como veremos en el capítulo siguiente, las políticas de oferta (en tanto que caso particular de perturbaciones de oferta) serían las únicas políticas económicas capaces de aumentar el nivel de producción de la economía en el medio plazo, elevando el nivel de producción potencial. En nuestro modelo, las políticas de oferta podrían tomar la forma de:

- Medidas de política fiscal, a través de alteraciones de los impuestos que actúan sobre el mercado de trabajo. Recordemos que en nuestro modelo hemos considerado los siguientes impuestos en el mercado de trabajo: cotizaciones a la seguridad social a cargo de los trabajadores (css_W), impuestos directos sobre el salario monetario (t_W), e impuestos indirectos (t_i), que afectan todos ellos a la determinación del salario monetario (y se recogen en Z_W); y cotizaciones a la seguridad social a cargo de los empresarios (css_F), que afectan a la determinación de los precios (y se recogen en Z_P).

- Medidas destinadas a la liberalización de los mercados, con objeto de estimular el grado de competencia. Estas medidas pueden actuar tanto sobre el mercado de trabajo, disminuyendo el poder de mercado de los trabajadores, θ (y se recogen en Z_W), como sobre el mercado de bienes, disminuyendo el poder de mercado de las empresas, μ (y se recogen en Z_P).[11]

A su vez, las políticas de estímulo de la competencia pueden adoptar diversas formas; mencionaremos a continuación sólo una pequeña muestra. Así, entre las que actúan sobre el mercado de trabajo, podríamos citar las que afectan a la protección al empleo (regulación del subsidio de desempleo, despidos, salario mínimo, etc.), al marco de relaciones laborales (negociación colectiva, contratación, etc.), las llamadas políticas activas de empleo (mejora de los mecanismos de colocación, de la cualificación y formación de los trabajadores, etc.), o las ayudas a colectivos específicos (jóvenes, mujeres, desempleados de larga duración, etc.). Y, por lo que respecta a las que actúan sobre el mercado de bienes, entre ellas se encontrarían la vigilancia sobre las fusiones, sobre los acuerdos entre empresas que distorsionan la competencia, o sobre el abuso de la posición dominante por parte de las grandes empresas; unas mayores facilidades para crear nuevas empresas; el fomento de la innovación tecnológica (a través de subsidios a la investigación, la protección de la propiedad intelectual, etc.).

Como se verá en el capítulo siguiente, a diferencia de las políticas de demanda (esto es, la monetaria y la fiscal), las políticas de oferta tienen la ventaja de que son capaces de conseguir un incremento del nivel de producción, sin que éste venga acompañado de un incremento de la tasa de inflación. Sin embargo, las políticas de oferta tampoco están exentas de inconvenientes. Así, en la medida en que su objetivo es el aumento de la eficiencia del conjunto de la economía, tardan tiempo en surtir efecto. Además, suelen tener consecuencias de tipo distributivo, ya que afectan favorablemente a unos grupos (trabajadores o empresas), los más eficientes; pero desfavorablemente a otros, los menos eficientes. Por ello, su implementación resulta muchas veces problemática, debido a las resistencias que provocan en aquellos grupos presumiblemente desfavorecidos.

Las políticas de oferta, por último, están en el centro del debate sobre el futuro de la economía europea. Así, en marzo de 2000, la Unión Europea (UE) elaboró la llamada Estrategia de Lisboa, cuyo objetivo último es convertir a la UE en la «economía basada en el conocimiento más competitiva del mundo», capaz de

---

[11] Una discusión de los principales efectos de las políticas de estímulo de la competencia en los mercados de trabajo y de bienes, en términos de un modelo macroeconómico, se presenta en Olivier Blanchard y Francesco Giavazzi: «Macroeconomic effects of regulation and deregulation in goods and labor markets», *Quarterly Journal of Economics*, vol.118, agosto de 2003, págs. 879-908.

crecer de manera sostenible con pleno empleo y cohesión social. La Estrategia de Lisboa se revisó de nuevo en 2010, redefiniendo algunos de los objetivos inicialmente establecidos y añadiendo otros nuevos, así como nuevas políticas y planes estratégicos para desarrollar estos objetivos. Más información sobre la nueva estrategia de crecimiento propuesta por la Comisión Europea, denominada Europa 2020, se puede encontrar en la página web http://ec.europa.eu/europe2020/index_en.htm.

Ejercicios

1. Supongamos que las expectativas de inflación vienen dadas, en vez de por la ecuación (4), por $\dot{P}^E = \dot{P}$, esto es, lo que se conoce con el nombre de previsión perfecta (y que sería un supuesto análogo al de las expectativas racionales mencionadas en el texto, salvo por la posibilidad de un error de previsión aleatorio en este último caso). ¿Cuáles serían los efectos de este supuesto sobre la posibilidad de intercambio entre inflación y desempleo?
2. Supongamos ahora que las expectativas de inflación toman la forma $\dot{P}^E = \lambda \dot{P}_{-1}$, donde $0 < \lambda < 1$, de manera que los trabajadores solamente consideran una parte de la inflación pasada a la hora de negociar los salarios. ¿Cómo afectaría este nuevo supuesto a la posibilidad de intercambio entre inflación y desempleo?
3. ¿Cómo se verían afectados los resultados acerca de la posibilidad de intercambio entre inflación y desempleo, si no existiese la regla de política monetaria?

Soluciones

1. En este caso la curva de Phillips sería una vertical sobre la NAIRU, tanto a corto como a medio plazo. La tasa de desempleo sería igual en todo momento a la NAIRU, y no se podría intercambiar inflación por desempleo ni siquiera a corto plazo.
2. En comparación con el caso que se presenta en el texto (y que se muestra en la Figura 7.2), la situación no cambiaría en el corto plazo: una política de demanda (monetaria o fiscal) expansiva sería capaz de reducir el desempleo por debajo de la NAIRU, aunque aumentaría la inflación. Sin embargo, como los trabajadores incorporan a sus expectativas sólo una parte de la inflación del periodo anterior, el incremento salarial del periodo siguiente será inferior al incremento de la tasa de inflación, por lo que la respuesta de la regla de política monetaria será más suave y, aunque la tasa de desempleo aumente, quedará por debajo de la inicial (en términos de la Figura 7.2, el desplazamiento de la

curva de Phillips hacia arriba sería menor). De esta manera, en el medio plazo la curva de Phillips sería decreciente, aunque con mayor pendiente que a corto plazo, y la NAIRU no sería única, sino que podría disminuir aunque a costa de un incremento de la inflación.

3. Al igual que en el ejercicio anterior, los resultados no cambiarían en el corto plazo, en comparación con el caso presentado en el texto. En el periodo siguiente, el aumento de la inflación se trasladaría, por parte de los trabajadores, a un mayor crecimiento salarial y, por parte de los empresarios, a una mayor inflación; en términos de la Figura 7.2, el punto C estaría situado sobre la curva de Phillips correspondiente a una tasa de inflación del periodo anterior igual a $\dot{P}_1$, pero no sobre u_N sino sobre u_1, y con una tasa de inflación superior. Así pues, si las autoridades monetarias no actuaran en respuesta a la mayor inflación, sería posible que el desempleo se mantuviera en u_1, pero a costa de un incremento continuo de la tasa de inflación.

Bibliografía recomendada

El enfoque teórico presentado en este capítulo se puede encontrar, a un nivel más avanzado, en:

Stephen Nickell: «Unemployment: A survey», *Economic Journal*, vol. 100, junio de 1990, págs. 391-439.

y un análisis más desarrollado del mismo, en:

Richard Layard, Stephen Nickell y Richard Jackman: *Unemployment: Macroeconomic performance and the labour market*, Oxford University Press, Oxford, 1991.

La evolución del desempleo en Europa a lo largo de los últimos treinta años se examina, a la luz de las teorías disponibles, en:

Olivier Blanchard: «European unemployment: The evolution of facts and ideas», *Economic Policy*, vol. 21, enero de 2006, págs. 5-59.

8 EL MODELO *SA-DA*

8.1 Introducción

En este capítulo vamos a reunir el análisis de la demanda agregada, representado por el modelo *IS-RM* que se examinó en el Capítulo 6, con el análisis de la oferta agregada que se presentó en el Capítulo 7. Para ello desarrollaremos un nuevo modelo que va a incluir tanto la demanda como la oferta agregadas, y que va a representar por tanto el conjunto de la economía cerrada: el denominado *modelo SA-DA*. Además, en la medida en que incorpora los retrasos en los procesos de determinación de precios y salarios, el equilibrio final de este modelo va a describir el *medio plazo*, en el que los salarios y los precios se han ajustado totalmente.

Como paso previo al desarrollo del modelo *SA-DA*, derivamos la función de demanda agregada, que relaciona el nivel de renta con la tasa de inflación, y que va a englobar las funciones *IS* y *RM* obtenidas en los capítulos 4 y 5, respectivamente. De esta forma, el modelo *SA-DA* vendrá dado por la función de demanda agregada y la función de oferta agregada obtenida en el Capítulo 7. A continuación, examinaremos los efectos de diversas perturbaciones en el marco de este nuevo modelo, originadas tanto en el lado de la demanda agregada (con la consiguiente modificación en el medio plazo de los resultados del Capítulo 6) como en el lado de la oferta agregada. El capítulo finaliza con una serie de extensiones, que nos permitirán completar y matizar las conclusiones obtenidas a partir del modelo básico.

8.2 La función de demanda agregada

Recordemos que en el Capítulo 6 se obtenía el modelo *IS-RM*, representativo del equilibrio en el lado de la demanda agregada, y que constaba de las siguientes dos ecuaciones:

$$Y = \frac{1}{1-c(1-t)}\left[C_A + cTR + I_A - hr + G\right]$$

$$r = r_A + a(\dot{P} - \dot{P}^O) + bY$$

Si ahora sustituimos el tipo de interés real, dado por la función *RM*, en la función *IS*, obtenemos la *función de demanda agregada*:

$$Y = \frac{1}{1 - c(1 - t) + hb} \left[C_A + cTR + I_A + G - hr_A - ha\dot{P} + ha\dot{P}^O \right] \qquad [1]$$

como una relación decreciente entre el nivel de renta y la tasa de inflación que caracteriza el equilibrio en el lado de la demanda agregada, es decir, el equilibrio en el mercado de bienes incorporando la regla monetaria del banco central. La pendiente de dicha función es

$$-\frac{1 - c(1 - t) + hb}{ha}$$

y tiene signo negativo al ser $0 < c < 1$, ya que un aumento de la tasa de inflación llevaría a un aumento del tipo de interés real (de acuerdo con la regla monetaria del banco central), que se traduciría en una disminución de la inversión y de la demanda agregada. La pendiente de la función de demanda agregada sería tanto mayor (menor) en valor absoluto, cuanto menor (mayor) fuera la propensión marginal al consumo, *c*; cuanto menor (mayor) fuera la sensibilidad de la inversión al tipo de interés real, *h*; cuanto mayor (menor) fuera el tipo impositivo sobre la renta, *t*; cuanto menor (mayor) fuera la respuesta del tipo de interés real a la desviación de la tasa de inflación respecto al objetivo, *a*; y cuanto mayor (menor) fuera la respuesta del tipo de interés real al nivel de actividad, *b*.

La derivación gráfica de la función de demanda agregada o *función DA* se presenta en la Figura 8.1. En la parte superior de la figura hemos representado una función *IS*, y dos funciones *RM* que se diferencian únicamente en el valor asociado de la tasa de inflación. Partiendo de un equilibrio inicial para $\dot{P}_0$ e Y_0, si se produce una variación de la tasa de inflación de $\dot{P}_0$ a $\dot{P}_1$, tal que $\dot{P}_1 > \dot{P}_0$, el banco central aumentaría el tipo de interés real siguiendo su regla de política monetaria. En la parte superior de la figura la función *RM* se desplazaría hacia arriba, y el mayor tipo de interés real daría lugar a una disminución de la inversión y de la demanda agregada, asociada con un nuevo nivel de renta de equilibrio $Y_1 < Y_0$. La función *DA* se muestra en la parte inferior de la figura como una relación decreciente entre el nivel de renta y la tasa de inflación, y representa las posiciones de equilibrio para las que la producción de bienes es igual a la demanda agregada planeada de bienes incorporando además la regla monetaria del banco central.

Finalmente, por lo que respecta a su posición, la función de demanda agregada se desplazaría hacia la derecha (izquierda) en aquellos casos que signifiquen un incremento (disminución) del nivel de renta dada la tasa de inflación; esto es, en aquellos casos que impliquen un desplazamiento hacia la derecha (izquierda) de la función *IS*, o un desplazamiento hacia abajo (arriba) de la función *RM*. En particular, la función de demanda agregada se desplazaría hacia la derecha si:

- aumenta el consumo autónomo, C_A, o aumenta la propensión marginal al consumo, c (en este caso con disminución de la pendiente);
- aumenta la inversión autónoma, I_A, o disminuye la sensibilidad de la inversión respecto al tipo de interés real, h (en este caso con aumento de la pendiente);

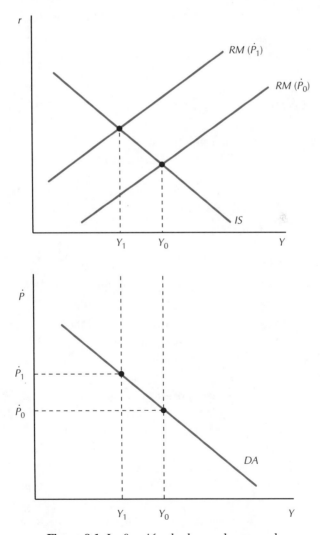

Figura 8.1. La función de demanda agregada.

- el gobierno decide seguir una política fiscal expansiva, lo que ocurriría cuando i) aumenta el gasto público, G; ii) aumentan las transferencias a las economías domésticas, TR; o iii) disminuye el tipo impositivo sobre la renta, t (en este caso con disminución de la pendiente);
- disminuye el valor de referencia para el tipo de interés real de largo plazo, r_A;
- el banco central decide seguir una política monetaria expansiva, lo que ocurriría cuando i) aumenta el objetivo establecido por el banco central para la tasa de inflación, $\dot{P}^O$; ii) disminuye la respuesta del tipo de interés real a la desviación de la inflación con respecto al objetivo, a (en este caso, con aumento de la pendiente); o iii) disminuye la respuesta del tipo de interés real al nivel de producción, b (en este caso, con disminución de la pendiente),

y hacia la izquierda en los casos contrarios.

8.3 El modelo SA-DA

El modelo *SA-DA* consta de las funciones de demanda y oferta agregadas, obtenidas, respectivamente, en la sección anterior y el Capítulo 7; esto es:

$$Y = \frac{1}{1 - c(1-t) + hb} \left[C_A + cTR + I_A + G - hr_A - ha\dot{P} + ha\dot{P}^O \right] \qquad [1]$$

$$\dot{P} = \dot{P}_{-1} - f\left(1 - \frac{Y}{PT \cdot FT} \right) + \left(Z_W + Z_P \right) \qquad [2]$$

El equilibrio del modelo en el medio plazo se muestra gráficamente en el punto E_0 de la Figura 8.2, donde se representan conjuntamente las funciones *SA* y *DA* en la parte superior y las funciones *IS* y *RM* en la parte inferior. En la figura, cuando la tasa de inflación del periodo anterior es igual a la del periodo actual, $\dot{P}_0$, el nivel de producción coincidirá con el potencial, $\bar{Y}_0$, para un tipo de interés real r_0. En el punto E_0 va a existir equilibrio en el conjunto de la economía, es decir, equilibrio en el mercado de bienes incorporando la regla monetaria del banco central (lo que se representa en la función de demanda agregada), compatible al mismo tiempo con los mecanismos de formación de salarios y precios (representados en la función de oferta agregada). Obsérvese que en el equilibrio de corto plazo (esto es, en los puntos pertenecientes a la función de demanda agregada) el nivel de producción, dado por el nivel de demanda agregada, no tiene por qué coincidir con el potencial; el nivel de producción coincidirá con el potencial únicamente cuando se haya completado el proceso de ajuste de los salarios y los precios (esto es, en el punto donde se cortan las funciones de demanda y oferta agregadas).

A partir de aquí analizaremos, tal como hicimos en el Capítulo 6, los efectos de distintas clases de perturbaciones sobre el equilibrio inicial, examinando el nuevo equilibrio resultante tras la perturbación a través de ejercicios de estática comparativa. Por simplicidad, supondremos que la situación de partida será el punto donde se cortan las funciones de demanda y oferta agregadas o, lo que es lo mismo, el equilibrio correspondiente al medio plazo; es decir, un punto como el E_0 de la Figura 8.2. No debe olvidarse que, como se mencionó en el Capítulo 7, el equilibrio de medio plazo correspondiente al nivel de producción potencial, con una tasa de desempleo igual a la NAIRU, es compatible con la existencia de desempleo involuntario de la fuerza de trabajo. Ello se debe a su vez al marco teórico de competencia imperfecta que utilizábamos para modelizar la oferta agregada, caracterizado por que los agentes económicos (trabajadores y empresas) tienen poder de mercado.

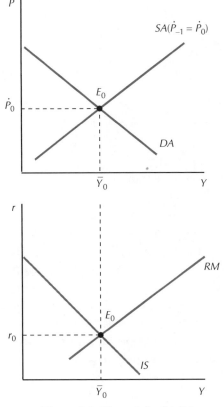

Figura 8.2. El modelo *SA-DA*.

La representación gráfica utilizada nos permitirá contemplar los efectos de las distintas perturbaciones sobre el nivel de producción, la tasa de inflación y el tipo de interés real. Por otra parte, los efectos sobre el nivel de empleo se siguen directamente de la evolución del nivel de producción dada la productividad del trabajo, debido a que hemos supuesto una relación de proporcionalidad entre ambas variables; esto es:

$$N = \frac{Y}{PT}. \tag{3}$$

A su vez, la tasa de desempleo dependerá de la evolución del nivel de empleo, dado el nivel total de la fuerza de trabajo:

$$u \equiv 1 - \frac{N}{FT}. \tag{4}$$

Finalmente, la evolución del salario real vendrá dada a partir de la ecuación (7) del Capítulo 7:

$$\dot{W} - \dot{P} = \dot{P}T - Z_P, \tag{5}$$

de manera que el salario real se alterará únicamente si lo hacen, bien la productividad del trabajo, o bien los factores exógenos que afectan a la determinación de los precios (esto es, μ y css_P).

Las ecuaciones que configuran el modelo *SA-DA* se muestran en la Tabla 8.1.

8.4 Perturbaciones de demanda agregada

Por lo que respecta a las perturbaciones originadas en el lado de la demanda agregada, éstas engloban tanto las que tienen lugar en la demanda de bienes, como las que afectan a la regla monetaria del banco central. Al igual que en el Capítulo 6, seguimos suponiendo que son estables los parámetros de las relaciones de comportamiento, tanto del sector privado (economías domésticas y empresas) en las funciones de consumo e inversión, c y h, como del banco central en la regla de política monetaria, a y b; supondremos también dado a medio plazo el valor de referencia para el tipo de interés real en el largo plazo, r_A. Es decir, consideraremos las siguientes perturbaciones:

- variaciones del consumo autónomo, C_A;
- variaciones de la inversión autónoma, I_A;
- actuaciones de política fiscal, a través de variaciones del gasto público, G, las transferencias a las economías domésticas, TR, o el tipo impositivo sobre la renta, t;

Tabla 8.1. El modelo SA-DA.

$$(IS)\quad Y = \frac{1}{1-c(1-t)}\left[C_A + cTR + I_A - hr + G\right]$$

$$(RM)\quad r = r_A + a(\dot{P} - \dot{P}o) + bY$$

$$\rightarrow Y = \frac{1}{1-c(1-t)+hb}\left[C_A + cTR + I_A + G - hr_A - ha\dot{P} + ha\dot{P}o\right]\quad(DA)$$

$$\text{(salarios)}\quad \dot{W} = \dot{P}_{-1} - fu + \dot{P}T + Z_W$$
$$\text{(precios)}\quad \dot{P} = \dot{W} - \dot{P}T + Z_P$$
$$\text{(empleo)}\quad N = \frac{Y}{PT}$$

$$\rightarrow \dot{P} = \dot{P}_{-1} - f\left(1 - \frac{Y}{PT\cdot FT}\right) + (Z_W + Z_P)\quad(SA)$$

$$\text{(tasa de desempleo)}\quad u \equiv 1 - \frac{N}{FT}$$

$$\text{a medio plazo:}\quad \dot{P} = \dot{P}_{-1}\quad \rightarrow \quad \bar{Y} = \left(1 - \left(\frac{Z_W + Z_P}{f}\right)\right)(PT\cdot FT)\quad\text{(SA a medio plazo)}$$

- actuaciones de política monetaria, a través de variaciones del objetivo estableci-do para la tasa de inflación, $\dot{P}^O$,

de manera que un aumento (disminución) de C_A, I_A, G, TR o $\dot{P}^O$, o una disminu-ción (aumento) de t se traducirían en un desplazamiento hacia la derecha (iz-quierda) de la función DA.[1]

8.4.1 Perturbaciones en la demanda de bienes

Comenzaremos examinando, dentro de las perturbaciones de demanda agre-gada, aquellas que tienen su origen en la demanda de bienes, esto es, las que afectan al consumo de las economías domésticas, la inversión de las empresas y la política fiscal. En particular, y al igual que en el Capítulo 6, estudiaremos los efectos de una política fiscal expansiva, a través de un aumento del nivel de gasto público. Recuérdese que la única diferencia con respecto al caso en que la política fiscal expansiva se llevara a cabo mediante un aumento de las transfe-rencias a las economías domésticas o una disminución del tipo impositivo sobre la renta de éstas, radicaría en que en estos dos casos el incremento inicial de la demanda agregada se produciría en el consumo de las economías domésticas (ya que aumentaría su renta disponible) en lugar de en el gasto público. Asimismo, los efectos de un aumento del gasto público serían totalmente análogos a los que se derivarían de incrementos en el consumo autónomo o la inversión autó-noma, produciéndose entonces el incremento inicial de la demanda agregada en el consumo de las economías domésticas o en la inversión de las empresas, respectivamente. Por otra parte, una política fiscal contractiva (a través de una disminución del nivel de gasto público, una disminución de las transferencias a las economías domésticas o un aumento del tipo impositivo sobre la renta de éstas), una disminución del consumo autónomo, o una disminución de la inver-sión autónoma, tendrían los efectos contrarios.

Partimos de una situación inicial de equilibrio a medio plazo como la dada por el punto E_0 de la Figura 8.3, donde se representan las funciones SA y DA y las fun-ciones IS y RM en las partes superior e inferior de la figura, respectivamente; con una tasa de inflación $\dot{P}_0$, un tipo de interés real r_0, y un nivel de producción igual al potencial $\overline{Y}_0$. Un aumento del gasto público significaría un aumento del nivel de

---

[1] En el último caso, el desplazamiento vendría acompañado de una disminución (aumento) de la pendiente de la función DA. Por otra parte, un aumento de c equivaldría a un aumento de C_A (con disminución de la pendiente de DA), una disminución de h a un aumento de I_A (con aumento de la pendiente de DA), una disminución de r_A a un aumento de $\dot{P}^O$, una disminución de a a un aumento de $\dot{P}^O$ siempre que $\dot{P} > \dot{P}^O$ (con aumento de la pendiente de DA), y una disminución de b a un aumento de $\dot{P}^O$ (con disminución de la pendiente de DA); y al revés en los casos contrarios.

demanda agregada, por sí mismo y a través de un mayor consumo vía multiplicador, que se vería reducido parcialmente al disminuir la inversión después de que el banco central aumentara el tipo de interés en respuesta al mayor nivel inicial de demanda agregada. Todo ello se mostraría en la Figura 8.3 a través del paso del punto E_0 al punto E_0', con un aumento de la demanda agregada y del tipo de interés hasta Y_0^d y r_0', respectivamente, desplazándose hacia la derecha las funciones *IS* y *DA*.

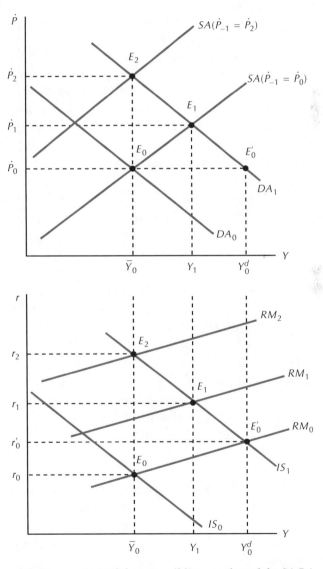

Figura 8.3. Un aumento del gasto público en el modelo *SA-DA*.

Debido a los retrasos en los mecanismos de formación de salarios y precios, este incremento en el nivel de demanda agregada se traduciría inicialmente en una disminución no deseada de las existencias, lo que haría que las empresas trataran de aumentar el nivel de producción. Ello vendría acompañado de un aumento del nivel de empleo (debido a la relación de proporcionalidad que hemos supuesto entre nivel de empleo y nivel de producción), disminuiría la tasa de desempleo y aumentarían las reivindicaciones salariales de los trabajadores. Como los empresarios trasladarían a los precios estas mayores reivindicaciones salariales, la mayor tasa de crecimiento del salario monetario se traduciría en una mayor tasa de inflación; a su vez, el banco central elevaría el tipo de interés real en respuesta a esta mayor tasa de inflación, con lo que se reduciría la demanda agregada vía inversión. En términos de la Figura 8.3 pasaríamos del punto E_0' al punto E_1, con un aumento del nivel de producción hasta Y_1 por encima del potencial (aunque por debajo de Y_0^d, esto es, lo que aumentó inicialmente la demanda agregada), aumentando la tasa de inflación hasta $\dot{P}_1$ y el tipo de interés hasta r_1; se producirían sendos movimientos a lo largo de las funciones SA y DA (hacia arriba y a la derecha, y hacia arriba y a la izquierda, respectivamente), y la función RM se desplazaría hacia arriba.

Ahora bien, el proceso no termina aquí. Al comienzo del siguiente periodo, los trabajadores, que esperaban una tasa de inflación igual a la inicial, $\dot{P}_0$, se dan cuenta de que la tasa de inflación es en realidad superior e igual a $\dot{P}_1$, lo que significa que su salario real efectivo es inferior al deseado. Por ello, negociarán para el periodo una tasa de incremento salarial más elevada, que les permita recuperar su nivel de salario real deseado. De nuevo, los empresarios trasladarán a los precios estas mayores reivindicaciones salariales, que se traducirán en una mayor tasa de inflación, y el banco central volverá a aumentar el tipo de interés real en respuesta a la mayor inflación, con lo que se reducirá la demanda agregada vía inversión. En términos de la Figura 8.3 la función SA se desplazaría sucesivamente hacia arriba y se produciría un movimiento a lo largo de la función DA hacia arriba y a la izquierda; desplazándose asimismo la función RM hacia arriba. De esta manera, se alcanzaría eventualmente un nuevo equilibrio de medio plazo en el punto E_2, donde la tasa de inflación y el tipo de interés habrán aumentado aún más hasta $\dot{P}_2$ y r_2, respectivamente, y la producción habrá vuelto a su nivel potencial, $\overline{Y}_0$.

En resumen, una política fiscal expansiva en el modelo SA-DA habría dado lugar a un incremento inicial en el nivel de producción por encima del potencial, que se iría revirtiendo poco a poco a medida que aumentase la tasa de inflación debido a la discrepancia entre el salario real negociado por los trabajadores y el salario real que los empresarios estarían dispuestos a conceder. El efecto expansivo inicial sobre el nivel de producción sería tanto mayor cuanto:

- Mayor sea la propensión marginal al consumo, *c*, pues el efecto multiplicador sobre el consumo y, por tanto, el aumento inicial de la demanda agregada, sería mayor.
- Menor sea la respuesta del tipo de interés real al nivel de producción, *b*, pues el aumento del tipo de interés real en respuesta al aumento inicial de la demanda agregada sería menor.
- Menor sea la sensibilidad de la inversión al tipo de interés real, *h*, pues la disminución de la inversión en respuesta al aumento del tipo de interés real sería menor.
- Menor sea la sensibilidad del objetivo de salario real a la tasa de desempleo, *f*, pues el aumento de la tasa de crecimiento salarial y, por tanto, de la tasa de inflación, sería menor.
- Menor sea la respuesta del tipo de interés real a la desviación de la inflación con respecto al objetivo, *a*, pues el aumento del tipo de interés real en respuesta al aumento de la tasa de inflación sería menor.

Sin embargo, en la situación de equilibrio final a medio plazo, la producción habrá vuelto a su nivel potencial $\bar{Y}_0$, lo que vendría acompañado por una tasa de inflación y un tipo de interés real superiores a los valores iniciales. En cuanto al consumo, aumentaría inicialmente al hacerlo el nivel de demanda agregada, volviendo posteriormente a su nivel inicial; mientras que la inversión disminuiría continuamente en respuesta al incremento del tipo de interés. Al final, en el equilibrio de medio plazo, la disminución de la inversión compensaría exactamente el incremento inicial del gasto público (y el consumo no habría variado); en otras palabras, en el medio plazo el efecto desplazamiento es total.[2] El nivel de empleo, por otra parte, habría aumentado transitoriamente con el nivel de producción para volver a medio plazo a su valor inicial dado por $\dfrac{\bar{Y}_0}{PT}$; análogamente, la tasa de desempleo descendería transitoriamente por debajo de la NAIRU para volver a u_N. Por último, el salario real tampoco se alteraría al no haber variado ni *PT* ni Z_P, de manera que la tasa de crecimiento del salario monetario se habrá incrementado lo mismo que la tasa de inflación.

---

[2] Obsérvese que este efecto desplazamiento total en el equilibrio de medio plazo, actuaría de manera similar en el resto de perturbaciones de carácter expansivo originadas en la demanda de bienes. Así, si la perturbación tiene su origen en un incremento del gasto de consumo (bien a través de un incremento del consumo autónomo, o bien cuando la política fiscal se instrumenta mediante una disminución del tipo impositivo sobre la renta o un aumento de las transferencias), la disminución de la inversión compensaría exactamente el incremento inicial del consumo (y el gasto público no habría variado); mientras que si el origen de la perturbación es un incremento de la inversión autónoma, la disminución posterior de la inversión compensaría exactamente el incremento inicial de la misma (y en este caso no habrían variado ni el consumo, ni la inversión, ni el gasto público).

8.4.2 Perturbaciones monetarias

A continuación examinaremos el caso de las perturbaciones que afectan a la regla monetaria del banco central. Al igual que en el Capítulo 6, estudiaremos los efectos de una política monetaria expansiva, a través de un aumento del objetivo de inflación establecido por el banco central; nótese que una política monetaria contractiva (a través de una disminución del objetivo de inflación establecido por el banco central) tendría los efectos contrarios.

Partimos nuevamente de una situación inicial de equilibrio a medio plazo como la dada por el punto E_0 de la Figura 8.4, donde se representan las funciones SA y DA y las funciones IS y RM en las partes superior e inferior de la figura, respectivamente; con una tasa de inflación $\dot{P}_0$, un tipo de interés real r_0, y un nivel de producción igual al potencial $\overline{Y}_0$. Si el banco central establece un objetivo de inflación más elevado, el tipo de interés real descendería a los valores iniciales de la tasa de inflación y el nivel de producción, lo que significaría un aumento del nivel de demanda agregada vía inversión, amplificado vía consumo a través del multiplicador. En la Figura 8.4 se pasaría del punto E_0 al punto E_0', con un aumento de la demanda agregada hasta Y_0^d, y un descenso del tipo de interés hasta Y_0', desplazándose hacia abajo la función RM y a la derecha la función DA.

Al igual que en el caso de la política fiscal que se mostraba en la Figura 8.3, y debido a los retrasos en los mecanismos de formación de salarios y precios, este incremento en el nivel de demanda agregada se traduciría inicialmente en una disminución no deseada de las existencias, lo que haría que las empresas trataran de aumentar el nivel de producción. El nivel de empleo aumentaría (debido a la relación de proporcionalidad que hemos supuesto entre nivel de empleo y nivel de producción), disminuiría la tasa de desempleo y aumentarían las reivindicaciones salariales de los trabajadores. Como los empresarios trasladarían a los precios estas mayores reivindicaciones salariales, la mayor tasa de crecimiento del salario monetario se traduciría en una mayor tasa de inflación; a su vez, el banco central elevaría el tipo de interés real en respuesta a esta mayor tasa de inflación, con lo que se reduciría la demanda agregada vía inversión. En términos de la Figura 8.4 pasaríamos del punto E_0' al punto E_1, con un aumento del nivel de producción hasta Y_1 por encima del potencial (aunque por debajo de Y_0^d, esto es, lo que aumentó inicialmente la demanda agregada), aumentando la tasa de inflación hasta $\dot{P}_1$ y el tipo de interés hasta r_1; se producirían sendos movimientos a lo largo de las funciones SA y DA (hacia arriba y a la derecha, y hacia arriba y a la izquierda, respectivamente), y la función RM se desplazaría hacia arriba.

Posteriormente, al comienzo del siguiente periodo los trabajadores advierten que la tasa de inflación $\dot{P}_1$ es superior a la esperada, $\dot{P}_0$, por lo que negociarán una tasa de incremento salarial más elevada que les permita recuperar su nivel de salario real deseado. Los empresarios trasladarán a los precios estas mayores reivindicaciones salariales, que se traducirán en una mayor tasa de inflación, y el banco central volverá a aumentar el tipo de interés real en respuesta a la mayor inflación, con lo que se reducirá la demanda agregada vía inversión. En términos de la Figura 8.4 la función *SA* se desplazaría sucesivamente hacia arriba y se produciría un movimiento a lo largo de la función *DA* hacia arriba y a la izquierda; desplazándose asimismo la función *RM* hacia arriba hasta volver a su posición inicial. Al final, se alcanzaría eventualmente un nuevo equilibrio de medio plazo en el punto E_2 (que, en la parte inferior de la figura, coincidiría con el E_0), la tasa de inflación aumentaría hasta $\dot{P}_2$, el tipo de interés real volvería a su nivel inicial r_0, y la producción volvería a su nivel potencial $\bar{Y}_0$.

En resumen, y de manera análoga al caso de la política fiscal, una política monetaria expansiva en el modelo *SA-DA* habría dado lugar a un incremento inicial en el nivel de producción por encima del potencial, que se iría revirtiendo poco a poco a medida que aumentase la tasa de inflación debido a la discrepancia entre el salario real negociado por los trabajadores y el salario real que los empresarios estarían dispuestos a conceder. El efecto expansivo inicial sobre el nivel de producción sería tanto mayor cuanto:

- Mayor sea la respuesta del tipo de interés real a la desviación de la inflación con respecto al objetivo, *a*, pues el descenso inicial del tipo de interés real sería mayor.
- Mayor sea la sensibilidad de la inversión al tipo de interés real, *h*, pues el aumento de la inversión en respuesta a la disminución del tipo de interés real sería mayor.
- Menor sea la respuesta del tipo de interés real al nivel de producción, *b*, pues el aumento del tipo de interés real en respuesta al aumento inicial de la demanda agregada sería menor.
- Mayor sea la propensión marginal al consumo, *c*, pues el efecto multiplicador sobre el consumo y, por tanto, el aumento inicial de la demanda agregada, sería mayor.
- Menor sea la sensibilidad del objetivo de salario real a la tasa de desempleo, *f*, pues el aumento de la tasa de crecimiento salarial y, por tanto, de la tasa de inflación, sería menor.

Sin embargo, en la situación de equilibrio final a medio plazo, la producción habrá vuelto a su nivel potencial $\bar{Y}_0$, el tipo de interés real volvería también a su valor inicial, mientras que la tasa de inflación se habrá incrementado en la misma proporción que el objetivo de inflación.[3] El consumo aumentaría al hacerlo el nivel de demanda agregada, volviendo posteriormente a su nivel inicial; a su vez,

---

[3] En efecto, de acuerdo con la expresión de la función *RM*: $r = r_A + a(\dot{P} - \dot{P}^O) + bY$, dados r_A, *a* y *b*, si no varían ni *Y* ni *r*, el cumplimiento de la regla monetaria requiere que $\dot{P}$ varíe en la misma proporción que $\dot{P}^O$.

la inversión aumentaría al disminuir el tipo de interés, pero disminuiría después continuamente en respuesta al incremento posterior del tipo de interés, retornando también a su nivel inicial. De esta manera, en el equilibrio final de medio plazo no se habrían alterado ni el consumo ni la inversión, por lo que no cambiaría la composición de la producción desde el punto de vista de los componentes de la demanda agregada. En otras palabras, en el medio plazo la política monetaria sería neutral, traduciéndose únicamente en una variación de la tasa de inflación igual a la variación del objetivo de inflación. El nivel de empleo, por otra parte, habría aumentado transitoriamente con el nivel de producción para volver a medio plazo a su valor inicial dado por $\dfrac{\bar{Y}_0}{PT}$; análogamente, la tasa de desempleo descendería transitoriamente por debajo de la NAIRU para volver a u_N. Por último, el salario real tampoco se alteraría al no haber variado ni PT ni Z_P, siendo el incremento experimentado por la tasa de crecimiento del salario monetario igual al de la tasa de inflación.

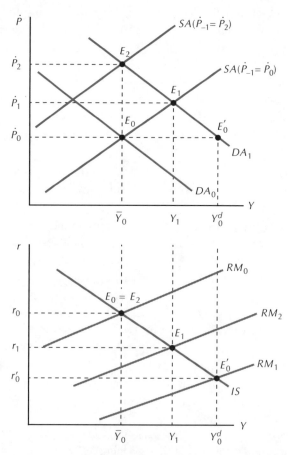

Figura 8.4. Un aumento del objetivo de inflación en el modelo *SA-DA*.

En conclusión, la razón última de los resultados anteriores, tanto para las perturbaciones en la demanda de bienes como para las perturbaciones monetarias, se debe a que una perturbación de demanda agregada es incapaz de alterar la tasa de desempleo de equilibrio a medio plazo (esto es, la NAIRU), para la que son compatibles las aspiraciones de trabajadores y empresarios. De esta manera, el aumento inicial de los niveles de producción y empleo sería transitorio mientras durase el proceso inflacionista originado en el conflicto distributivo. Al final, el incremento de la inflación reduciría la demanda agregada (a través de la regla de política monetaria) y, en consecuencia, la producción y el empleo, lo que a su vez iría reduciendo las aspiraciones de los trabajadores hasta volver a medio plazo al equilibrio inicial. No obstante, es importante señalar que lo que estamos denominando «medio plazo» puede ser lo bastante prolongado (digamos, una década) para que los efectos de corto plazo (esto es, los asociados con el modelo *IS-RM*) sean relevantes a lo largo de un periodo de tiempo suficientemente significativo.

8.5 Perturbaciones de oferta agregada

En cuanto a las perturbaciones originadas en el lado de la oferta agregada, supondremos que es estable el parámetro de la relación de comportamiento de los sindicatos en la ecuación de salarios, f. Asimismo, a medio plazo también tomaremos como dados los valores de la productividad del trabajo, PT, y el nivel total de la fuerza de trabajo, FT, si bien analizaremos brevemente los efectos de alteraciones en ambas variables. Las perturbaciones de oferta agregada que consideraremos serán, pues, las siguientes:

- variaciones del poder de mercado de los trabajadores, θ, recogidas en Z_W;
- variaciones del poder de mercado de las empresas, μ, recogidas en Z_P;
- actuaciones de política fiscal, a través de variaciones del tipo de cotizaciones a la seguridad social a cargo de los trabajadores, css_W, el tipo impositivo sobre el salario monetario, t_W, o el tipo impositivo indirecto, t_i, recogidas todas ellas en Z_W; o del tipo de cotizaciones a la seguridad social a cargo de los empresarios, css_P, recogidas en Z_P,

de manera que una disminución (aumento) de Z_W o Z_P se traducirían en un desplazamiento hacia abajo (arriba) de la función *SA*.[4] Nótese que las variaciones de

---

[4] Por otra parte, un aumento de f equivaldría a una disminución de Z_W o Z_P (con aumento de la pendiente de *SA*), y un aumento de PT o FT a una disminución de Z_W o Z_P (con disminución de la pendiente de *SA*); y al revés en los casos contrarios.

la tasa de inflación del periodo anterior, $\dot{P}_{-1}$, que aproximan las variaciones de la tasa esperada de inflación, no constituyen una perturbación, sino el mecanismo a partir del cual se produce el ajuste al equilibrio de medio plazo; en particular, una disminución (aumento) de $\dot{P}_{-1}$ se traduciría en un desplazamiento hacia abajo (arriba) de la función SA.

Así pues, en esta sección completamos el análisis del modelo SA-DA, examinando el papel de las perturbaciones de oferta agregada, en particular de aquellas que dan lugar a una disminución de la tasa de inflación dado el nivel de producción; lo cual ocurriría cuando se produjera una disminución de los factores exógenos que afectan a la determinación de los salarios o de los precios, recogidos en las variables Z_W y Z_P, respectivamente. Una disminución de Z_W podría tener su origen, bien en una disminución del poder de mercado de los trabajadores, o bien en medidas de política fiscal (a través de una disminución del tipo de cotizaciones a la seguridad social a cargo de los trabajadores, del tipo impositivo sobre el salario monetario, o del tipo impositivo indirecto); mientras que una disminución de Z_P podría tener su origen tanto en una disminución del poder de mercado de las empresas como en medidas de política fiscal (a través de una disminución del tipo de cotizaciones a la seguridad social a cargo de los empresarios). A su vez, una disminución del poder de mercado de los trabajadores o de las empresas podría ser el resultado de las fuerzas del mercado, o bien de actuaciones deliberadas por parte de las autoridades; en este último caso, nos hallaríamos en presencia de las llamadas políticas de oferta, a las que nos referimos al final del capítulo anterior. Por otra parte, y de manera análoga, un aumento de los factores recogidos en Z_W y Z_P tendría los efectos contrarios.

Partimos como siempre de una situación inicial de equilibrio a medio plazo como la dada por el punto E_0 de la Figura 8.5, donde se representan las funciones SA y DA y las funciones IS y RM en las partes superior e inferior de la figura, respectivamente; con una tasa de inflación $\dot{P}_0$, un tipo de interés real r_0, y un nivel de producción igual al potencial, $\bar{Y}_0$. Una disminución de Z_W o Z_P, por cualquiera de los motivos señalados anteriormente (disminución, bien del poder de mercado de trabajadores o empresas, bien de cualquiera de los impuestos que afectan al mercado de trabajo) significaría una disminución de la tasa de inflación al nivel inicial de la producción potencial.

El motivo de este descenso de la tasa de inflación sería diferente según el origen de la perturbación. Si se tratara de una disminución de cualquiera de las variables recogidas en Z_W, significaría una reducción del objetivo de salario real de los trabajadores dado el nivel de actividad de la economía, por lo que disminuiría la tasa de incremento de los salarios monetarios, y ello a su vez se traduciría en una disminución de los precios por parte de los empresarios y, por tanto, en un descenso de la tasa de inflación. Mientras que si se tratara de una disminución de cualquiera de las variables recogidas en Z_P, significaría directamente una disminución de los precios por parte de los empresarios, y en consecuencia un descenso de la tasa de inflación. Sin embargo, a partir de este momento los efectos van a ser análogos en cualquiera de ambos casos; en términos de la Figura 8.5 pasaríamos del punto E_0 al punto E'_0 (que, en la parte inferior de la figura, coincidiría con el E_0), disminuyendo la tasa de inflación hasta $\dot{P}_0$ sin que se alterasen inicialmente ni el nivel de producción ni el tipo de interés, desplazándose hacia abajo la función *SA*.

En respuesta al descenso de la tasa de inflación, el banco central reduciría el tipo de interés real, lo que haría aumentar la inversión y la demanda agregada. A su vez, las empresas aumentarían el nivel de producción en respuesta al incremento de la demanda agregada, con lo que aumentaría también el nivel de empleo, disminuiría la tasa de desempleo y aumentarían las reivindicaciones salariales de los trabajadores; seguidamente, como los empresarios trasladarían a los precios estas mayores reivindicaciones salariales, la mayor tasa de crecimiento del salario monetario se traduciría en una mayor tasa de inflación. En términos de la Figura 8.5 pasaríamos del punto E'_0 al punto E_1, con un aumento del nivel de producción hasta Y_1 por encima del potencial, aumentando la tasa de inflación hasta $\dot{P}_1$ y descendiendo el tipo de interés hasta r_1; se producirían sendos movimientos a lo largo de las funciones *SA* y *DA* (hacia arriba y a la derecha, y hacia abajo y a la derecha, respectivamente), y la función *RM* se desplazaría hacia abajo.

De nuevo, el proceso no terminaría aquí. Al comienzo del siguiente periodo, los trabajadores, que esperaban una tasa de inflación igual a la inicial, $\dot{P}_0$, se dan cuenta de que la tasa de inflación es en realidad inferior e igual a $\dot{P}_1$, lo que significa que su salario real efectivo se encuentra por encima del deseado. En consecuencia, podrán aceptar en el periodo una tasa de incremento salarial inferior, los empresarios trasladarán a los precios estas menores reivindicaciones salariales, la tasa de inflación disminuirá, y el banco central volverá a reducir el tipo de interés real en respuesta a la menor inflación, con lo que aumentará la demanda agregada vía inversión. En términos de la Figura 8.5 la función *SA* se desplazaría sucesivamente hacia abajo y se produciría un movimiento a lo largo de la función *DA* hacia abajo y a la derecha; desplazándose asimismo la función *RM* hacia abajo. Al final, se alcanzaría eventualmente un nuevo equilibrio de medio plazo en el punto E_2, donde la tasa de inflación y el tipo de interés descenderán hasta $\dot{P}_2$ y r_2, respectivamente, y la producción se incrementará más aún, alcanzando finalmente (una vez que se ha ajustado plenamente la tasa de inflación) un nuevo nivel potencial más elevado, que designamos como $\overline{Y}_2$.

Así pues, una perturbación que llevara a una disminución de la tasa de inflación dado el nivel de producción (a través de una disminución de cualquiera de los factores exógenos recogidos en las variables Z_W y Z_P) en el modelo *SA-DA* daría

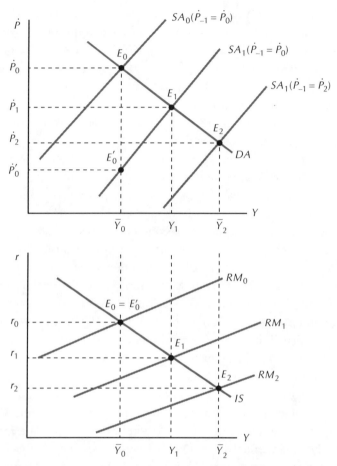

Figura 8.5. Una perturbación de oferta agregada que reduce
la tasa de inflación en el modelo *SA-DA*.

lugar a un incremento inicial en el nivel de producción por encima del potencial,
que se iría amplificando posteriormente a medida que la tasa de inflación siguiese
descendiendo, alcanzándose finalmente, en el nuevo equilibrio de medio plazo,
un valor más elevado del nivel de producción potencial. El efecto expansivo inicial
sobre el nivel de producción sería tanto mayor cuanto:

- Mayor sea la respuesta del tipo de interés real a la desviación de la inflación con
  respecto al objetivo, *a*, pues la disminución del tipo de interés real en respuesta
  al descenso inicial de la inflación sería mayor.
- Mayor sea la sensibilidad de la inversión al tipo de interés real, *h*, pues el aumento
  de la inversión en respuesta a la disminución del tipo de interés real sería mayor.

- Menor sea la respuesta del tipo de interés real al nivel de producción, *b*, pues el aumento del tipo de interés real en respuesta al aumento posterior de la demanda agregada sería menor.

- Mayor sea la propensión marginal al consumo, *c*, pues el efecto multiplicador sobre el consumo y, por tanto, el aumento de la demanda agregada, sería mayor.

- Menor sea la sensibilidad del objetivo de salario real a la tasa de desempleo, *f*, pues el aumento de la tasa de crecimiento salarial en respuesta al incremento posterior del nivel de producción y, por tanto, el consiguiente aumento de la tasa de inflación, sería menor.

Sin embargo, ahora en la situación de equilibrio final a medio plazo la producción potencial habrá aumentado;[5] y ello vendría acompañado de un descenso tanto de la tasa de inflación como del tipo de interés real. En cuanto al consumo y la inversión, aumentarían continuamente a medida que se incrementasen los niveles de demanda agregada y de producción, y descendiese el tipo de interés, respectivamente. El nivel de empleo aumentaría también continuamente al hacerlo el nivel de producción; mientras que la tasa de desempleo descendería por debajo de la NAIRU, la cual disminuiría también en el equilibrio final de medio plazo. Finalmente, el salario real no se alteraría cuando la perturbación de oferta consistiera en una disminución de Z_W (pues la tasa de crecimiento del salario monetario disminuiría lo mismo que la tasa de inflación), y aumentaría si se hubiera producido una disminución de Z_P (pues la tasa de crecimiento del salario monetario disminuiría menos que la tasa de inflación).

Es importante tener en cuenta que los resultados anteriores se deberían a que, a diferencia del caso de una perturbación de demanda, una perturbación de oferta agregada sí es capaz de alterar la tasa de desempleo de equilibrio a medio plazo (esto es, la NAIRU), para la que son compatibles las aspiraciones de trabajadores y empresarios; en otras palabras, ahora las aspiraciones de trabajadores y empresarios van a ser compatibles para una NAIRU menor (o, lo que es lo mismo, unos niveles de empleo y producción mayores). Recuérdese igualmente que el «medio plazo» puede ser lo bastante prolongado como para que los efectos finales tarden algún tiempo en materializarse.

Para concluir, examinaremos brevemente los efectos de dos perturbaciones particulares de oferta que no se habían considerado previamente y que se manifestarían a más largo plazo. Nos referimos a los casos de un aumento de la productividad del trabajo (esto es, un aumento del nivel de producción dado el nivel

---

[5] Recuérdese que el valor de la producción potencial vendría dado por $\left(1 - \dfrac{Z_W + Z_P}{f}\right)(PT \cdot FT)$, por lo que, al disminuir Z_W o Z_P, $\overline{Y}$ aumentaría.

de empleo de la fuerza de trabajo o, lo que es lo mismo, una disminución de las necesidades de trabajo para obtener el mismo nivel de producción), y de un aumento del nivel total de la fuerza de trabajo (por ejemplo, debido a una mayor incorporación de la mujer al mercado de trabajo, o a una mayor afluencia de inmigrantes). Obviamente, una disminución de cualquiera de estas dos variables tendría los efectos contrarios.

En principio, ambas perturbaciones serían análogas a las consideradas anteriormente y cuyos efectos se mostraban gráficamente en la Figura 8.5, en el sentido de que las dos se traducirían en una disminución de la tasa de inflación al nivel de producción inicial (con el consiguiente desplazamiento hacia abajo de la función SA). Así, en el primer caso disminuiría el nivel de empleo dado el nivel de producción, con lo que aumentaría la tasa de desempleo dado el nivel total de la fuerza de trabajo; mientras que en el segundo la tasa de desempleo aumentaría directamente dado el nivel de empleo. Y en ambos casos, la mayor tasa de desempleo se traduciría en una disminución de la tasa de crecimiento del salario monetario y, en consecuencia, una menor tasa de inflación. Sus efectos serían, pues, análogos a los de una disminución de los factores recogidos en las variables Z_W y Z_P, incrementándose en el medio plazo el nivel de producción potencial; las diferencias, sin embargo, aparecerían en los efectos sobre el nivel de empleo y la tasa de desempleo:

- En el caso de un aumento de la productividad del trabajo, el nivel de empleo disminuiría inicialmente, dado el nivel de producción; posteriormente, aumentaría al hacerlo este último, hasta volver a su nivel inicial en el medio plazo. Por otra parte, la mayor productividad del trabajo permitiría que los empresarios estuvieran dispuestos a aceptar un mayor nivel de salario real, por lo que éste aumentaría. A su vez, la tasa de desempleo aumentaría inicialmente al disminuir el nivel de empleo, disminuyendo a continuación al aumentar éste, de manera que la NAIRU permanecería constante en el medio plazo.
- En el caso de un aumento del nivel total de la fuerza de trabajo, el nivel de empleo no experimentaría ninguna variación en el momento inicial, dados el nivel de producción y la productividad del trabajo, aumentando paulatinamente al hacerlo el nivel de producción, con lo que se alcanzaría un nivel más elevado en el medio plazo. El salario real, sin embargo, no se alteraría. En cuanto a la tasa de desempleo, subiría en el momento inicial al aumentar el volumen de la fuerza de trabajo dado el nivel de empleo, y disminuiría después al aumentar éste, de manera que la NAIRU permanecería constante en el medio plazo.

En resumen, a diferencia del caso examinado en la Figura 8.5 (donde el nivel de empleo aumentaba continuamente, alcanzando un nivel superior al inicial en el medio plazo correspondiente al nuevo nivel de producción potencial), cuando se produce un incremento de la productividad del trabajo el empleo disminuye inicialmente y aumenta a continuación, volviendo a su nivel inicial en el medio plazo; mientras que cuando se produce un incremento del nivel total de la fuerza de trabajo el empleo permanece constante inicialmente y aumenta a continuación, alcanzando un nivel superior al inicial en el medio plazo. Y por lo que respecta a la tasa de desempleo, que descendía continuamente en el caso general, de manera que disminuía la NAIRU en el medio plazo, en los dos nuevos casos ahora examinados aumenta al principio (aunque por motivos distintos en cada uno de los casos) y disminuye posteriormente, permaneciendo constante la NAIRU en el medio plazo.

8.6 Efectos de las perturbaciones en el modelo *SA-DA*: resumen

Los efectos sobre las variables endógenas del modelo *SA-DA* derivados de una variación de las variables exógenas, que se han examinado en las secciones anteriores, se resumen en la Tabla 8.2.

Tabla 8.2. Efectos sobre las variables endógenas de una variación de las variables exógenas en el modelo *SA-DA*.

		Variables endógenas										
		corto plazo						medio plazo				
		Y	$\dot{P}$	r	N	u	W/P	Y	$\dot{P}$	r	N	u	W/P
Variables exógenas	C_A	+	+	+	+	−	0	0	+	+	0	0	0
	I_A	+	+	+	+	−	0	0	+	+	0	0	0
	G	+	+	+	+	−	0	0	+	+	0	0	0
	t	−	−	−	−	+	0	0	−	−	0	0	0
	TR	+	+	+	+	−	0	0	+	+	0	0	0
	$\dot{P}^O$	+	+	−	+	−	0	0	1	0	0	0	0
	Z_W	−	+	+	−	+	0	−	+	+	−	+	0
	Z_P	−	+	+	−	+	−	−	+	+	−	+	−
	PT	+	−	−	?	?	+	+	−	−	0	0	+
	FT	+	−	−	+	?	0	+	−	−	+	0	0

Notas: *a*) El signo + indica que una variación de la variable exógena da lugar a una variación de la variable endógena en el mismo sentido. *b*) El signo − indica que una variación de la variable exógena da lugar a una variación de la variable endógena en sentido contrario. *c*) El valor 0 indica que una variación de la variable exógena no da lugar a ninguna variación de la variable endógena. *d*) El valor 1 indica que una variación de la variable exógena da lugar a una variación de la variable endógena en la misma proporción. *e*) El símbolo ? indica que una variación de la variable exógena da lugar a una variación de la variable endógena de signo ambiguo.

8.7 Extensiones

En las secciones anteriores hemos examinado las principales perturbaciones que pueden afectar el equilibrio del modelo *SA-DA*. Al igual que hicimos en el Capítulo 6, analizamos especialmente los efectos de las medidas de política económica, a través de las cuales el sector público intenta influir sobre el nivel de producción de la economía con el fin de acercarlo a su potencial. En esta sección completaremos el análisis anterior presentando algunas cuestiones que pueden plantearse como extensiones del modelo básico y que van a influir sobre la capacidad de actuación de la política económica. En particular, examinaremos sucesivamente los efectos de una desinflación (esto es, el coste de una política antiinflacionista en términos de producción y desempleo); la coherencia temporal y la credibilidad de las medidas de política económica; y la histéresis o persistencia de las perturbaciones, y sus implicaciones para la política económica.

8.7.1 Desinflación

Un tema de gran relevancia en las discusiones de política económica se refiere a los efectos de una *desinflación*, esto es, las consecuencias en términos de producción y desempleo que se derivarían de una actuación de la política económica (generalmente a través de la política monetaria) destinada a reducir la tasa de inflación. Anteriormente, en este capítulo examinábamos el caso en que el banco central decidía aumentar su objetivo de inflación, lo que se traducía en un incremento temporal del nivel de producción, y una disminución también temporal de la tasa de desempleo, si bien ambas variables terminaban volviendo a sus valores iniciales (el nivel de producción potencial y la NAIRU, respectivamente) en el medio plazo; véase la Figura 8.4. El caso que vamos a discutir a continuación sería el opuesto, es decir, una disminución del objetivo de inflación por parte del banco central con el fin de reducir la tasa de inflación.

Siguiendo el mismo razonamiento que se encuentra detrás de la Figura 8.4, una desinflación daría lugar a una reducción del nivel de producción y un incremento de la tasa de desempleo, de carácter transitorio, hasta que se alcance el nuevo equilibrio de medio plazo, en el que la tasa de inflación se habrá reducido y el nivel de producción y la tasa de desempleo habrán retornado a sus valores iniciales. En particular, el incremento de la tasa de desempleo necesario para conseguir una reducción de la tasa de inflación de un punto porcentual en un periodo, recibe el nombre de *tasa de sacrificio*. Recordando la expresión de la curva de Phillips obtenida en el capítulo anterior (que escribimos, por conveniencia, en términos de la tasa esperada de inflación):

$$\dot{P} = \dot{P}^E - fu + \left(Z_W + Z_P \right)$$

la tasa de sacrificio sería, en valor absoluto, $\frac{1}{f}$. Alternativamente, si expresáramos la tasa de sacrificio en términos del nivel de producción (esto es, la disminución del nivel de producción necesaria para conseguir una reducción de la tasa de inflación de un punto porcentual en un periodo), vendría dada entonces por $\frac{PT \cdot FT}{f}$.

La cuestión sería: ¿cuánto incremento del desempleo, o cuánta disminución de la producción, se necesitarían para reducir la inflación? La respuesta va a depender de cómo se formen las expectativas de inflación. Así, si éstas se formaran de acuerdo con la hipótesis de las expectativas racionales, y además la actuación de política monetaria fuera perfectamente anticipada por los agentes, la tasa de sacrificio sería prácticamente nula. Esta es la posición asociada con la Nueva Macroeconomía Clásica, a la que hicimos referencia en el capítulo anterior, y cuyos principales exponentes son Robert Lucas y Thomas Sargent. En tal caso, la tasa de crecimiento del salario monetario y la tasa de inflación se adaptarían inmediatamente al menor nivel de demanda agregada asociado con la política monetaria contractiva, y la reducción de la tasa de inflación se conseguiría inmediatamente, sin disminución temporal del nivel de producción, ni el consiguiente incremento de la tasa de desempleo. En la Figura 8.6, que muestra las funciones *SA* y *DA* (la primera de ellas en términos de la tasa esperada de inflación), el desplazamiento a la izquierda de la función *DA* vendría acompañado por un desplazamiento simultáneo hacia abajo de la función *SA*, con lo que la economía pasaría directamente del punto *A* al punto *D* y se conseguiría una reducción de la tasa de inflación inmediata desde $\dot{P}_0$ hasta $\dot{P}_1$ sin coste en términos de producción o desempleo.

Sin embargo, la argumentación anterior no parece concordar demasiado bien con los hechos, pues la evidencia empírica muestra que las desinflaciones son costosas en términos de producción y desempleo.[6] En la práctica, las respuestas de los agentes económicos ante una perturbación (de política económica, o de otro tipo) no son inmediatas, sino que están sujetas a retrasos, incluso en presencia de expectativas racionales. Así, por una parte, los salarios se determinan mediante *contratos* que rigen el comportamiento de los mismos a lo largo de un determinado periodo e impiden su ajuste instantáneo en respuesta a una perturbación, incluso aunque sea perfectamente anticipada por los trabajadores. Pero es que, además, los contratos salariales no se firman todos al mismo tiempo, sino que están *escalonados*, es decir, los periodos de vigencia de los distintos contratos se solapan parcialmente unos con otros. De esta manera, los salarios (y, posteriormente, los precios) responderían a la aparición

---

[6] Laurence Ball: «What determines the sacrifice ratio?», en N. Gregory Mankiw (ed.): *Monetary Policy*, University of Chicago Press, Chicago, 1994, pp. 155-182.

de una perturbación al acabar la vigencia del contrato que los determina, y ello a su vez afectaría en cada periodo únicamente a los salarios de una parte de los trabajadores, esto es, aquellos para los que su contrato finalizara en ese periodo particular.[7]

Este tipo de consideraciones se recogen en nuestra modelización de la oferta agregada presentada en el Capítulo 7, donde suponíamos que, en la ecuación de determinación de los salarios, la tasa esperada de inflación se aproximaba por la tasa de inflación del periodo anterior. En términos de la Figura 8.6, ello significaría que la economía no pasaría directamente del punto A al punto D, sino a través de posiciones intermedias como las dadas por los puntos B y C. La tasa de inflación, entonces, no se reduciría inmediatamente desde $\dot{P}_0$ hasta $\dot{P}_1$ sino de manera paulatina, y mientras tanto el nivel de producción descendería transitoriamente hasta Y_0', aumentando igualmente la tasa de desempleo.

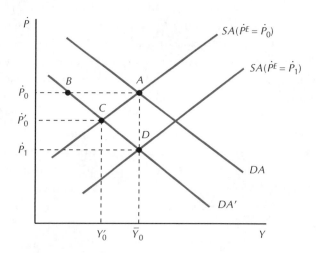

Figura 8.6. Una desinflación en el modelo SA-DA.

8.7.2 Coherencia temporal y credibilidad

El marco conceptual desarrollado en el Capítulo 7 nos va a permitir demostrar la superioridad de una política monetaria basada en una regla conocida por los agentes (del tipo de la que estamos utilizando a lo largo del libro) frente a otra basada en la discrecionalidad, en términos de los resultados de ambas sobre la

---

[7] Véanse, respectivamente: Stanley Fischer: «Long-term contracts, rational expectations, and the optimal money supply rule», *Journal of Political Economy*, vol. 85, febrero de 1977, págs. 191-205; y John B. Taylor: «Staggered wage setting in a macro model», *American Economic Review, Papers and Proceedings*, vol. 69, mayo de 1979, págs. 108-113.

tasa de inflación. A continuación presentaremos una argumentación de gran influencia en la literatura académica, basada en los conceptos de *coherencia temporal* y *credibilidad*.[8]

Supondremos que las preferencias del banco central vienen descritas por una función de bienestar social tal como:

$$U = -\left[\frac{\beta}{2}\left(\dot{P} - \dot{P}^{O}\right)^2 + \gamma\left(u - u_N\right)\right] \qquad [6]$$

De acuerdo con esta función, el bienestar de la sociedad, U, depende inversamente de (o, en otras palabras, el bienestar de la sociedad será tanto mayor cuanto menores sean) las desviaciones de la tasa de inflación y de la tasa de desempleo con respecto a su objetivo y a la NAIRU, respectivamente; y donde los parámetros β y γ representarían las preferencias de las autoridades. Obsérvese que la desviación de la tasa de inflación con respecto a su objetivo aparece elevada al cuadrado, lo que indicaría, no sólo que la existencia de dicha desviación sería costosa para la sociedad, sino que el coste sería tanto mayor cuanto mayor fuese la desviación, y cualquiera que fuese el sentido de esta desviación (positivo o negativo). Esta función de bienestar social dará lugar a un mapa de curvas de indiferencia en el plano tasa de desempleo-tasa de inflación, que serán decrecientes (pues un aumento del desempleo requerirá, para mantener un mismo nivel de bienestar social, una disminución de la inflación), cóncavas (pues a medida que aumente el desempleo se requerirá, para mantener un mismo nivel de bienestar social, una disminución cada vez mayor de la inflación), y estarán asociadas cada una de ellas a un determinado nivel de bienestar social (que será tanto mayor cuanto más nos acerquemos al origen de coordenadas, pues tanto la inflación como el desempleo serían menores). En la Figura 8.7 se representan tres curvas de indiferencia social asociadas, respectivamente, a los niveles de bienestar social U_0, U_1 y U_2, donde $U_0 > U_1 > U_2$.

El modelo se completaría con la curva de Phillips dada por la ecuación (11) del Capítulo 7, que actuaría como una restricción para las autoridades, y que expresamos por conveniencia como:

$$u - u_N = -\frac{1}{f}\left(\dot{P} - \dot{P}^{E}\right) \qquad [7]$$

---

[8] El concepto de coherencia temporal fue introducido en este contexto por Finn Kydland y Edward Prescott: «Rules rather than discretion: The inconsistency of optimal plans», *Journal of Political Economy*, vol. 85, junio de 1977, págs. 473-492; aquí seguiremos la aportación posterior de Robert Barro y David Gordon: «Rules, discretion and reputation in a model of monetary policy», *Journal of Monetary Economics*, vol. 12, julio de 1983, págs. 101-121. Nótese que, aunque el argumento básico que expondremos a continuación fue elaborado por los autores de la Nueva Macroeconomía Clásica, para un modelo con expectativas racionales y tasa natural de desempleo, se puede adaptar sin demasiados problemas al modelo aquí utilizado, con rigidez de precios a corto plazo y NAIRU.

donde la tasa de inflación esperada reemplaza a la tasa de inflación del periodo anterior.

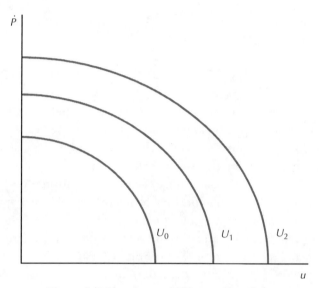

Figura 8.7. Funciones de bienestar social.

Si el banco central siguiese una política monetaria de carácter discrecional, debería maximizar en cada periodo la función de bienestar social (6) con respecto a la tasa de inflación, teniendo en cuenta (7) donde las expectativas de inflación de los agentes serían una variable exógena para las autoridades. La tasa de inflación resultante sería mayor que el objetivo, y tomaría el valor:

$$\dot{P}_d = \dot{P}^O + \frac{\gamma}{\beta f} > P^O$$

donde el subíndice d indica «discrecional».

Alternativamente, si, en lugar de actuar de manera discrecional, el banco central llevara a cabo su política monetaria de acuerdo con una regla fija y anunciada previamente, los agentes conocerían dicha regla y la tendrían en cuenta a la hora de formar sus expectativas. Si las expectativas fueran racionales, en todo momento: $\dot{P}^E = \dot{P}$, salvo por la presencia de errores aleatorios de los agentes. A su vez, si (como ocurre en nuestro modelo) los precios fueran rígidos a corto plazo: $\dot{P}^E = \dot{P}_{-1}$, aunque a medio plazo, cuando los agentes han tenido tiempo de corregir sus errores: $\dot{P}^E = \dot{P}$. De esta manera, la maximización de la función de bienestar social (6) con respecto a la tasa de inflación, teniendo en cuenta (7) cuando, en el medio plazo, $\dot{P}^E = \dot{P}$, daría lugar a una tasa de inflación:

$$\dot{P}_r = \dot{P}^O$$

donde el subíndice *r* indica «regla». Es decir, si el banco central desarrolla su política monetaria de acuerdo con una regla perfectamente conocida por los agentes, la tasa de inflación resultante será inferior a la que se obtendría si el banco central llevara a cabo dicha política de manera discrecional; y, en nuestro ejemplo, igual al objetivo de inflación de las autoridades.

Ahora bien, ¿que ocurriría si el banco central se viera tentado a renunciar a su compromiso y, a pesar de haber anunciado previamente una regla de política, decidiera abandonarla para seguir una política más expansiva, dirigida a reducir el desempleo por debajo de la NAIRU? En este caso, si el banco central maximiza la función de bienestar social (6) con respecto a la tasa de inflación, teniendo en cuenta (7) donde $\dot{P}^E = \dot{P}^O$ (pues los agentes esperan la tasa de inflación asociada con la regla donde, recordemos, $\dot{P}^O$ es una variable exógena), se obtendría una tasa de inflación:

$$\dot{P}_t = \dot{P}^O + \frac{\gamma}{\beta f} = \dot{P}_d > \dot{P}^O = \dot{P}_r$$

donde el subíndice *t* indica «tentación». Es decir, si el banco central se siente tentado a renunciar a la regla de política monetaria y termina haciéndolo en un intento de lograr un resultado más favorable en términos de desempleo, los agentes tendrán en cuenta esta posibilidad a la hora de formar sus expectativas de inflación y se terminará obteniendo un resultado más desfavorable, ya que no se habrá conseguido reducir el desempleo por debajo de la NAIRU, y además la tasa de inflación habrá aumentado hasta alcanzar el mismo valor que en el caso en que el banco central hubiera seguido una política discrecional.

La discusión anterior se muestra gráficamente en la Figura 8.8, donde se combinan las curvas de indiferencia (asociadas con las correspondientes funciones de bienestar social) de la Figura 8.7 con las curvas de Phillips de corto plazo, denotadas por *CP*, y asociadas cada una de ellas a una determinada tasa esperada de inflación. Obsérvese que, en este contexto, lo mejor que podría hacer el banco central, si sigue su función objetivo, sería intentar obtener el mayor bienestar social posible dada la situación inicial de la economía; o, lo que es lo mismo, alcanzar la curva de indiferencia social más cercana posible al origen dada la curva de Phillips inicial, esto es, la curva de indiferencia social tangente a dicha curva de Phillips.

Supongamos que en la situación inicial el banco central sigue una regla fija para su política monetaria, con lo que la economía se encontraría en el punto *A*, con una tasa de inflación igual al objetivo y una tasa de desempleo igual a la NAIRU. Seguidamente, el banco central cede a la tentación de renunciar a la regla de política con objeto de reducir el desempleo hasta u_1. La economía pasaría al punto B, caracterizado por una tasa de inflación $\dot{P}_1$ y un nivel de bienestar social superior al inicial, pues el punto B se encuentra, en comparación con A, en una curva de indiferencia social más cercana al origen, además de ser tangente a la curva de Phillips sobre la que la economía se sitúa inicialmente. Sin embargo, en el periodo siguiente los agentes se darán cuenta de la mayor inflación y se trasladarán a la curva de Phillips a corto plazo correspondiente a una tasa esperada de inflación $\dot{P}_1$, de manera que, si el banco central sigue decidido a mantener su política expansiva, la economía se situará en el punto C, donde el bienestar social ha disminuido con respecto a B. El proceso continuaría hasta alcanzar eventualmente el punto D, donde el desempleo ha vuelto a la NAIRU, la inflación es igual a $\dot{P}_d$, el bienestar social ha disminuido con respecto a la situación inicial, y el banco central ya no tiene ningún incentivo a reducir el desempleo por debajo de la NAIRU, pues se alcanza el mayor bienestar social posible dada la curva de Phillips a corto plazo asociada con una tasa esperada de inflación $\dot{P}_d$.

En resumen, del análisis anterior se desprende, en primer lugar, que lo mejor que puede hacer el banco central es seguir una regla fija de política monetaria anunciada previamente en vez de actuar de manera discrecional, ya que ello lle-

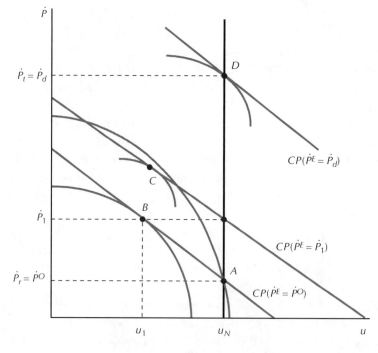

Figura 8.8. Coherencia temporal y credibilidad de la política monetaria.

varía a una menor tasa de inflación. Y en segundo lugar, no es suficiente que el banco central siga una regla de política, sino que además ésta debe ser creíble: en efecto, si el banco central cede a la tentación de abandonarla, la regla será temporalmente incoherente pues los agentes tendrán en cuenta esta posibilidad a la hora de formar sus expectativas de inflación, de manera que se terminará obteniendo un resultado más desfavorable en términos de inflación (e igual al que se hubiera obtenido con una política discrecional), y sin que por ello se consiga reducir el desempleo.

Este enfoque ha tenido una gran influencia en la teoría y la política macroeconómicas y se encuentra en la base de diversos desarrollos posteriores. Así, por ejemplo, un resultado basado en esta literatura sería la conveniencia de nombrar gobernadores de los bancos centrales que fueran «conservadores», en el sentido de mostrar una gran aversión a la inflación; ello se reflejaría en un elevado valor del parámetro β en la función de bienestar social, de manera que la ganancia que obtendría el gobierno en caso de abandonar su regla sería pequeña, y, en el límite, si $\beta \rightarrow \infty$, $\dot{P}_t \rightarrow \dot{P}^O = \dot{P}_r$.[9] Asimismo, en modelos de economía abierta, este tipo de análisis ha proporcionado un influyente argumento sobre la deseabilidad de una unión monetaria, ya que ésta permitiría a un país caracterizado tradicionalmente por una inflación elevada «importar» la credibilidad de la política antiinflacionista de otro país caracterizado tradicionalmente por una inflación reducida.[10]

8.7.3 Histéresis

Un tema que ha atraído considerablemente la atención en las discusiones de política económica en los últimos años es la persistencia de las perturbaciones económicas, a través de lo que se conoce con el nombre de *histéresis*. En pocas palabras, la existencia de histéresis significaría que la tasa de desempleo de equilibrio (y, por tanto, el nivel de producción potencial) dependería de su propia historia reciente, de manera que una variación de la tasa de desempleo actual se traduciría en una variación posterior de la NAIRU. En particular, este término se ha utilizado desde mediados de los años 1980 en las discusiones sobre la persistencia del desempleo en

---

[9] Kenneth Rogoff: «The optimal degree of commitment to an intermediate monetary target», *Quarterly Journal of Economics*, vol. 100, noviembre de 1985, págs. 1169-1189.

[10] Este argumento ha sido muy utilizado en las discusiones sobre la conveniencia de una unión monetaria en Europa. Puesto que en el caso europeo el paradigma de una política antiinflacionista rigurosa y creíble era el Bundesbank, el banco central alemán, sería entonces conveniente para un país con tradición inflacionista formar una unión monetaria con Alemania. Véase Francesco Giavazzi y Marco Pagano: «The advantage of tying one's hands: EMS discipline and central bank credibility», *European Economic Review*, vol. 32, junio de 1988, págs. 1055-1075.

Europa tras las perturbaciones sufridas a finales de la década de 1970, que se tradujeron en un extraordinario incremento de las tasas de desempleo en la mayor parte de los países europeos, en comparación con la experiencia de los años anteriores.[11]

En términos de nuestro modelo, la presencia de histéresis significaría suponer que, en la ecuación de salarios, la tasa de crecimiento del salario monetario depende, no solamente de la tasa de desempleo actual, sino también de la tasa de desempleo del periodo anterior, u_{-1}, con un coeficiente g tal que $0 < g \leq f$, es decir:

$$\dot{W} = \dot{P}_{-1} - fu + gu_{-1} + \dot{P}T + Z_W$$

Existen diversos motivos que podrían justificar este supuesto. Los dos que se han citado con mayor frecuencia en la literatura sobre el tema son:[12]

a) El modelo de los trabajadores internos y externos. De acuerdo con este modelo, en una industria o empresa particular el proceso de negociación salarial vendría determinado, no por el total de sus trabajadores, sino por los llamados trabajadores internos o *insiders* (esto es, aquellos actualmente empleados en la industria o empresa en cuestión), los cuales no tendrían en cuenta los intereses del resto, los llamados trabajadores externos o *outsiders*. Ello se debería a que los trabajadores internos actuarían como monopolistas al poseer determinadas habilidades o cualificaciones específicas a dicha industria o empresa, siendo costoso para los empresarios reemplazar a los trabajadores internos por externos ya que ello les supondría tener que adiestrar a los nuevos trabajadores que contratasen. Así pues, los trabajadores internos tendrían como objetivo, en primer lugar, mantener sus puestos de trabajo y, en segundo lugar, obtener el mayor salario real posible, sin preocuparles en ningún caso la posibilidad de creación de empleo para los trabajadores externos.

b) El papel del desempleo de larga duración, esto es, el que afectaría a aquellas personas que se encuentran en situación de desempleo durante un largo periodo de tiempo. De acuerdo con esta hipótesis, un aumento de la proporción del

---

[11] El término «histéresis» es de origen griego y se había aplicado previamente en el campo de la física, donde se utilizaba para indicar la dependencia de un sistema con respecto a su propia historia. Su popularización en el campo de la Macroeconomía se debe a Olivier Blanchard y Lawrence Summers: «Hysteresis and the European unemployment problem», en Stanley Fischer (ed.): *NBER Macroeconomics Annual*, vol. 1, otoño de 1986, págs. 15-78.

[12] Los dos enfoques que se mencionan a continuación han sido difundidos en diversos trabajos por Assar Lindbeck y Dennis Snower, y por Richard Layard y Stephen Nickell, respectivamente. Véanse, por ejemplo, Lindbeck y Snower: «Wage setting, unemployment, and insider-outsider relations», *American Economic Review, Papers and Proceedings*, vol. 76, mayo de 1986, págs. 235-239; y Layard y Nickell: «Unemployment in Britain», *Economica*, vol. 53, Suplemento de 1986, págs. S121-S169.

desempleo de larga duración sobre el desempleo total reduciría el efecto de este último sobre el poder negociador de los sindicatos. En efecto, y por diversas razones (pues los desempleados de larga duración tenderían a perder con el tiempo su cualificación laboral, así como la confianza en sus propias habilidades productivas, e incluso podrían abandonar la búsqueda activa de empleo), una mayor proporción del desempleo de larga duración sobre el total significaría que el número de trabajadores con probabilidad efectiva de conseguir empleo sería inferior al número total de desempleados, siendo precisamente aquéllos y no éstos los que determinan el poder negociador de los sindicatos. Este argumento se completaría con el supuesto adicional de que el desempleo de larga duración aumenta proporcionalmente a medida que lo hace el desempleo total.

De esta manera, ante una perturbación negativa de demanda agregada que llevase a un aumento de la tasa de desempleo, y por motivos diferentes según cada uno de los dos casos anteriores, la disminución del poder negociador de los trabajadores no sería tan grande como cabría esperar a partir del modelo que hemos utilizado a lo largo de este capítulo. Así, en el periodo siguiente, en el primer caso los trabajadores que continúan empleados (los internos) mantienen sus reivindicaciones salariales debido a su poder monopolista; mientras que en el segundo caso, al aumentar proporcionalmente más el desempleo de larga duración, la tasa de desempleo de aquellos con mayor probabilidad de conseguir un puesto de trabajo (los desempleados de más breve duración) no aumenta tanto, por lo que las reivindicaciones salariales no se moderan todo lo que cabría inferir del incremento de la tasa de desempleo total. En consecuencia, los efectos de una perturbación negativa sobre el desempleo podrían perdurar largo tiempo después de desaparecida dicha perturbación.

Suponiendo que el resto del modelo no varía, la expresión de la curva de Phillips en presencia de histéresis sería:

$$\dot{P} = \dot{P}_{-1} - fu + gu_{-1} + \left(Z_W + Z_P \right)$$

y, suponiendo dadas a medio plazo *PT* y *FT*, la función *SA* sería:

$$\dot{P} = \dot{P}_{-1} - f\left(1 - \frac{Y}{PT \cdot FT} \right) + g\left(1 - \frac{Y_{-1}}{PT \cdot FT} \right) + \left(Z_W + Z_P \right)$$

Nótese que ahora la función *SA* se desplazaría al variar el nivel de producción del periodo anterior, Y_{-1}: una disminución (aumento) de Y_{-1} significaría una disminución (aumento) del nivel de empleo del periodo anterior y, por tanto, un aumento (disminución) de u_{-1}, un aumento (disminución) de la tasa de variación del salario monetario y la tasa de inflación, y un desplazamiento hacia arriba (abajo) de la función *SA*.

Obsérvese que, a partir de la expresión anterior de la curva de Phillips, el nuevo valor de la NAIRU sería:

$$u_N = \frac{Z_W + Z_P}{f} + \frac{g}{f} u_{-1}$$

es decir, la NAIRU dependería ahora de la tasa de desempleo del periodo anterior. Sin embargo, en el medio plazo:

$$u_N = \frac{Z_W + Z_P}{f - g}$$

por lo que, siempre que $f > g$, la NAIRU seguirá siendo única, si bien a un nivel superior al que se obtendría en ausencia de histéresis. Análogamente, el nivel de producción potencial dependería también de Y_{-1}, pero sería único en el medio plazo, a un nivel inferior al que se obtendría en ausencia de histéresis.

Finalmente, de la misma manera que la histéresis aumentaría la persistencia de una perturbación negativa de demanda agregada, una implicación de la misma sería que una política de demanda (monetaria o fiscal) destinada a contrarrestarla vería aumentada su eficacia, ya que sus efectos positivos perdurarían durante un periodo de tiempo más largo. En términos de la parte superior de las Figuras 8.3 y 8.4, una vez en el punto E_1, en el periodo siguiente el aumento de la tasa de inflación llevaría a la función *SA* a desplazarse hacia arriba, pero el aumento del nivel de producción contrarrestaría parcialmente este efecto, al hacer que la función *SA* se desplazase hacia abajo. En los siguientes periodos, sin embargo, la mayor tasa de inflación y el menor nivel de producción actuarían conjuntamente, llevando a la función *SA* a desplazarse hacia arriba, continuando el proceso hasta que se recupere el nivel de producción inicial. Así pues, en presencia de histéresis, el efecto expansivo inicial de una política monetaria o fiscal se prolongaría más en el tiempo, retrasándose la vuelta al nivel de producción inicial.

Ejercicios

1. Analice los efectos de una subida del IVA, en el modelo *SA-DA*.
2. Analice los efectos de una innovación tecnológica, que aumenta la productividad del trabajo, en el modelo *SA-DA*.
3. ¿Cuál es la consecuencia que se deriva de la presencia de histéresis en el mercado de trabajo?

Soluciones

1. En nuestro modelo, una subida del IVA equivaldría a un aumento del tipo impositivo indirecto, lo que da lugar a unas mayores reivindicaciones salariales, pues disminuye el salario real efectivo frente al deseado, con el consiguiente aumento de la inflación dado el nivel de producción. Gráficamente se traduciría en un desplazamiento hacia arriba de la función *SA*. Ello se debe a que, al aumentar la tasa de inflación por el mayor tipo impositivo indirecto, aumentaría el objetivo de salario real de los trabajadores dado el nivel de actividad y, por tanto, aumentando la tasa de incremento del salario monetario. Los empresarios trasladarían dicho incremento a precios, aumentando así la tasa de inflación. En respuesta al aumento de la tasa de inflación, el banco central aumentaría el tipo de interés real; lo cual disminuiría la inversión y la demanda agregada. Las empresas reducirían el nivel de producción, disminuyendo así el nivel de empleo y aumentando la tasa de desempleo. Los trabajadores reducirían sus reivindicaciones salariales, con lo cual la tasa de crecimiento del salario monetario sería menor y también sería menor la inflación.

   En el periodo siguiente, los trabajadores se darán cuenta de que la tasa de inflación es superior a la inicial y que su salario real efectivo está por debajo del deseado. Ello les conducirá a una mayor reivindicación salarial, que los empresarios vuelven a trasladar a los precios. Por ello, de nuevo aumenta la inflación y el banco central eleva el tipo de interés real. Eventualmente, se alcanzará un equilibrio a medio plazo con una tasa de inflación y un tipo de interés real mayores que en la situación inicial y que en el equilibrio de corto plazo, y con un nivel de producción inferior.

2. Una innovación tecnológica sería equivalente a una perturbación de oferta expansiva, por lo que se desplazaría hacia abajo la función *SA* con la consiguiente disminución de la tasa de inflación al nivel de producción inicial. Dado el nivel de producción inicial, el aumento de la productividad significa que disminuiría el nivel de empleo y aumentaría la tasa de desempleo. La mayor tasa de desempleo se traduciría en una disminución de la tasa de crecimiento del salario monetario y en una menor tasa de inflación, lo cual aumentaría a medio plazo el nivel de producción potencial. Al aumentar el nivel de producción, el nivel de empleo aumentaría hasta volver a su nivel inicial en el medio plazo.

   Gracias a la innovación tecnológica, la mayor productividad del trabajo permitiría que los empresarios estuvieran dispuestos a aceptar un mayor nivel de salario real, por lo que éste aumentaría. A su vez, la tasa de desempleo aumentaría inicialmente al disminuir el nivel de empleo, disminuyendo a continuación al aumentar éste, de manera que la NAIRU permanecería constante en el medio plazo.

3. Que los efectos de una perturbación sobre el desempleo podrían perdurar largo tiempo, después de desaparecida dicha perturbación. Ello se debe a que la tasa de desempleo de equilibrio (y, por tanto, el nivel de producción potencial) dependería de su propia historia reciente, de manera que una variación de la tasa de desempleo actual se traduciría en una variación posterior de la NAIRU.

Bibliografía recomendada

Los principios de la Nueva Macroeconomía Clásica se exponen, en el marco de una crítica feroz a la tradición keynesiana, en:

Robert E. Lucas, Jr. y Thomas J. Sargent: «After Keynesian macroeconomics», en *After the Phillips curve: Persistence of high inflation and high unemployment*, Federal Reserve Bank of Boston Conference Series, nº 19, junio de 1978, págs. 49-72.

Una defensa de la rigidez de los precios a corto plazo (el supuesto que se encuentra detrás de los resultados obtenidos en este capítulo), defendida por la Nueva Macroeconomía Keynesiana, se puede encontrar en:

Laurence Ball y N. Gregory Mankiw: «A sticky-price manifesto», *Carnegie-Rochester Conference Series on Public Policy*, vol. 41, diciembre de 1994, págs. 127-151.

y, a un nivel más avanzado, en:

John B. Taylor: «Staggered price and wage setting in macroeconomics», en John B. Taylor y Michael Woodford (eds.): *Handbook of Macroeconomics*, vol. 1, North-Holland, Amsterdam, 1999, págs. 1009-1050.

PARTE IV
LA ECONOMÍA ABIERTA

El análisis de la Parte II y la Parte III se realizaba para el caso de una economía cerrada, esto es, una economía que no mantiene relaciones con el resto del mundo. El objetivo de la Parte IV va a ser adaptar los modelos anteriores al caso de una economía abierta.

En el Capítulo 9 se introduce el sector exterior de la economía, representado por la balanza de pagos a través de sus dos componentes básicos: la balanza por cuenta corriente y la balanza por cuenta financiera o, de forma simplificada, la balanza comercial y los movimientos de capitales. La balanza comercial y los movimientos de capitales (que van a determinar el valor del tipo de cambio real), se integran seguidamente con el resto de la demanda agregada (mercado de bienes y mercados financieros), dando lugar al modelo *IS-RM* de la economía abierta. En el Capítulo 10 se introduce la oferta agregada que, junto con la demanda agregada, permite obtener el modelo *SA-DA* de la economía abierta. En ambos capítulos se supone que el tipo de cambio es flexible, determinado a partir de los movimientos internacionales de capitales. Finalmente, en el Capítulo 11 se adaptan los modelos anteriores al caso de una unión monetaria, esto es, cuando la economía analizada adopta una moneda común con el resto del mundo.

9 Introducción del sector exterior. El modelo *IS-RM* de la economía abierta

9.1 Introducción

Hasta ahora hemos trabajado con un modelo macroeconómico que representaba a una economía cerrada, es decir, a un país que no tenía relación con otras economías. En este capítulo y los siguientes, las ecuaciones del modelo describirán a un país que mantiene relaciones con el exterior. Para ello, vamos a mostrar una versión sencilla de un modelo macroeconómico para una economía abierta. Trabajaremos en un mundo de dos países, nuestra economía y la extranjera, y supondremos que nuestra economía es pequeña; es decir, que las perturbaciones que tengan lugar en ella no repercutirán en el exterior y, por tanto, las variables del resto del mundo serán tratadas como variables exógenas.

Concretamente, en este capítulo se mostrará cómo se determina el nivel de renta en una economía abierta. El capítulo comienza presentando una serie de conceptos básicos que resultan fundamentales en el estudio de una economía abierta, tales como la balanza de pagos y el tipo de cambio. A continuación, se describirá la demanda de bienes nacionales en una economía abierta, para lo que será necesario estudiar el papel que desempeñan la balanza comercial y el tipo de cambio real. Todo ello nos permitirá construir la función *IS* de la economía abierta. A continuación, se presentará la función *RM* de la economía abierta, con lo cual podremos ver cómo, a través del modelo *IS-RM*, ambas funciones determinan conjuntamente el nivel de renta de la economía abierta. Finalmente, y de forma análoga a lo visto en el Capítulo 6, estudiaremos cómo afectan al modelo tanto las perturbaciones originadas en la demanda de bienes como las perturbaciones monetarias, prestando especial atención a cuál es la diferencia de los efectos que se obtienen respecto a los de una economía cerrada. En una economía abierta, además, tendremos que estudiar las perturbaciones exteriores, es decir, las que afectan al saldo de la balanza comercial y las que afectan al tipo de interés real del resto del mundo.

9.2 Conceptos básicos

Como hemos mencionado anteriormente, en este y los siguientes capítulos vamos a estudiar una economía abierta, esto es, la que mantiene relaciones con el resto del mundo. Para ello hay que tener en cuenta ahora, junto con las economías domésticas, las empresas y el sector público, a un nuevo agente: el sector exterior o resto del mundo, cuyas transacciones con la economía nacional vienen recogidas en un documento contable llamado balanza de pagos. Para poder valorar dichas transacciones en moneda nacional, cuando cada uno de los países posee una moneda propia, habrá que establecer una relación de intercambio entre las diferentes monedas. Esa relación se denomina tipo de cambio, que se determinará en función del régimen cambiario al que pertenezcan los países que realicen transacciones entre sí.

Como vimos en el Capítulo 2, la *balanza de pagos* consta de tres partes:

A) Balanza por cuenta corriente, que registra los ingresos y pagos con el resto del mundo. Se divide a su vez en:

- Balanza comercial, que registra los ingresos y pagos derivados de las exportaciones e importaciones de bienes.
- Balanza de servicios, que registra los ingresos y pagos derivados de las exportaciones e importaciones de servicios.
- Balanza de rentas, que registra los ingresos y pagos derivados de la remuneración de los factores productivos (esto es, las rentas del trabajo y las rentas del capital) como contrapartida de su aportación a la actividad productiva del país en el que no son residentes.
- Balanza de transferencias, que registra operaciones sin contrapartida, tanto privadas como públicas, entre residentes de uno y otro país.

Recordemos que un saldo positivo (negativo) de la balanza corriente representa un exceso de ingresos sobre pagos (pagos sobre ingresos) y, por tanto, un superávit (déficit) en dicha balanza.

B) Balanza por cuenta de capital, que registra las transferencias de capital y la adquisición y disposición de activos no financieros no producidos. Las transferencias de capital representan, si son positivas, un aumento de la capacidad financiera de un país, sin que ello venga acompañado de un empeoramiento de su posición acreedora o deudora frente al exterior.

C) Balanza por cuenta financiera, que registra las transacciones que modifican la posición acreedora o deudora del país frente al resto del mundo o, lo que es lo mismo, las entradas y salidas de capitales; es decir, los movimientos de capitales.[1] Un saldo positivo (negativo) de la balanza financiera supone una entrada (salida) neta de capitales y un empeoramiento (mejora) de la posición acreedora o deudora del país frente al resto del mundo.

Para simplificar, vamos a considerar que las economías intercambian bienes pero no servicios, por lo que prescindiremos de la balanza de servicios. También supondremos que no existe movilidad de factores, por lo que no habrá balanza de rentas y, por tanto, no va a existir diferencia entre producto interior y producto nacional. Finalmente, supondremos que no hay transferencias, ni corrientes ni de capital, por lo que tampoco existirán ni la balanza de transferencias ni la balanza de capital. Por tanto, en nuestro modelo la balanza de pagos quedará reducida a la balanza corriente, que coincidirá con la balanza comercial y recogerá las transacciones de bienes; más la balanza financiera, que recogerá las transacciones de activos financieros:

$$\text{balanza de pagos} \begin{cases} \text{balanza corriente } (=\text{balanza comercial}) \rightarrow \text{ transacciones de bienes} \\ \text{balanza financiera} \rightarrow \text{ transacciones de activos financieros} \end{cases}$$

Las transacciones económicas que se recogen en la balanza de pagos aparecen valoradas en unidades monetarias del país de referencia o economía nacional. En el mundo real existen diversas monedas y, generalmente, cada país tiene la suya propia; pero cuando un país mantiene relaciones con el resto del mundo, necesitará adquirir *moneda extranjera o divisas* para hacer frente a los pagos de aquellos bienes que compra del exterior. Las monedas de los diferentes países se intercambian en el *mercado de cambios o de divisas*. Como en cualquier mercado, además de la cantidad intercambiada, también se determina lo que vale una moneda en términos de otra. Este valor de intercambio es el llamado *tipo de cambio*, es decir, el valor de la moneda extranjera o divisa en términos de la moneda nacional.

La definición de tipo de cambio que acabamos de presentar corresponde al concepto de tipo de cambio bilateral (entre dos monedas), directo (se valora en términos de la moneda nacional) y al contado (la referencia temporal es el momento actual), es decir:

$$\frac{\text{número de unidades monetarias nacionales}}{\text{unidad monetaria extranjera}}$$

---

[1] No deben confundirse los movimientos de capitales, que se refieren a transacciones de activos financieros, con los movimientos del factor productivo capital, esto es, los bienes de capital o bienes producidos que se utilizan para producir después otros bienes, cuya remuneración se recoge en la balanza de rentas.

De acuerdo con esta definición, el tipo de cambio no es más que el precio de la moneda extranjera en términos de la nacional. Así, un aumento del tipo de cambio significa que la moneda nacional vale menos, es decir, se ha *depreciado*, por lo que necesitamos un mayor número de unidades monetarias nacionales para adquirir una extranjera. Por el contrario, una disminución del tipo de cambio significa que la moneda nacional vale más y por tanto se ha *apreciado*; en ese caso, necesitaremos un menor número de unidades monetarias nacionales para adquirir una extranjera. Nótese que la depreciación (apreciación) de la moneda nacional supone una apreciación (depreciación) de la moneda extranjera.

También se puede considerar el punto de vista opuesto: una unidad monetaria nacional, ¿a cuántas unidades monetarias extranjeras corresponde? Este sería el caso de un tipo de cambio bilateral, indirecto (pues la unidad de medida es la moneda extranjera) y al contado, es decir:

$$\frac{\text{número de unidades monetarias extranjeras}}{\text{unidad monetaria nacional}}$$

A este tipo de cambio, que es el que utilizaremos a partir de ahora en este capítulo y el siguiente, lo denotaremos *TC*. Hay que señalar que, de acuerdo con la definición de tipo de cambio bilateral indirecto, un aumento de *TC* significa que la moneda nacional vale más en relación a la del exterior, es decir, se habrá *apreciado* (mientras que la moneda extranjera se habrá depreciado) y, en ese caso, obtendremos un mayor número de unidades monetarias extranjeras a cambio de una unidad monetaria nacional. Por el contrario, una disminución de *TC* supone que la moneda nacional vale menos y se habrá *depreciado* (mientras que la moneda extranjera se habrá apreciado) y, por tanto, obtendremos un menor número de unidades monetarias extranjeras a cambio de una unidad monetaria nacional.

Hasta ahora hemos estudiado la relación entre dos monedas de dos países. Pero, con frecuencia, a un país le interesa comparar el valor de su moneda con la de un conjunto de países, los cuales suelen coincidir normalmente con sus socios comerciales. Se trataría entonces de un tipo de cambio multilateral (entre varias monedas), que se calcula como una media ponderada de los tipos de cambio bilaterales (indirectos, en este caso, para poder realizar el cálculo) de la moneda de dicho país con respecto a la de un conjunto de países. Las ponderaciones utilizadas indican el grado de participación de cada país extranjero en el comercio con el país de referencia. Este tipo de cambio se denomina *tipo de cambio efectivo*, y lo denotaremos como *TCE*:

$$TCE = (TC_A)^{\lambda_A} (TC_B)^{\lambda_B} (TC_C)^{\lambda_C}$$

donde, para el caso de tres países *A*, *B* y *C* que comercian con el país de referencia, λ_A, λ_B y λ_C serían sus respectivas participaciones en el comercio con dicho país (siendo $\lambda_A + \lambda_B + \lambda_C = 1$). Si aumenta el valor del *TCE*, la moneda nacional se aprecia; mientras que cuando el valor del *TCE* disminuye la moneda nacional se deprecia.

Finalmente, hay que señalar que los tres conceptos de tipo de cambio que hemos presentado vienen referidos al momento actual, es decir, son tipos de cambio *al contado* (*spot exchange rates*) que se determinan en el mercado de divisas y sirven para valorar las transacciones que se producen en ese mismo momento. Otra posibilidad viene dada por el tipo de cambio *a plazo o a futuros* (*forward exchange rate*) que se fija en el momento actual pero como referencia para transacciones que se realizarán en un periodo futuro. De esta forma, al negociar la compra o venta de divisas hoy, fijando un valor de las mismas para una determinada fecha futura, los agentes que realizan la transacción (y que realizarán los pagos en el futuro) se cubren del riesgo de las posibles fluctuaciones del tipo de cambio, durante el periodo que transcurrirá entre la negociación y el pago.

¿Cómo se determinaría el tipo de cambio? Hemos visto que el tipo de cambio no es más que el precio de una moneda en términos de otra. Por tanto, el tipo de cambio al que podemos adquirir una determinada moneda se obtiene de forma similar a como se obtiene el precio de cualquier bien: en este caso, mediante la igualación de la oferta y la demanda de dos monedas, lo que nos dará a conocer la cantidad de moneda que se adquiere y su precio (esto es, el tipo de cambio) de equilibrio.

En la Figura 9.1 se representan la oferta y la demanda de moneda nacional, a cambio de divisas, donde *TC* indica el precio de la moneda nacional en términos de divisas o moneda extranjera. La oferta de moneda nacional, creciente con el valor de *TC*, procede de las importaciones de bienes y de las salidas de capitales; mientras que la demanda de moneda nacional, decreciente con el valor de *TC*, procede de las exportaciones de bienes y de las entradas de capitales.[2] El tipo de cambio de equilibrio, TC_0, es el que iguala la oferta y la demanda de moneda nacional. Obsérvese que, como la oferta y la demanda de moneda nacional tienen su origen en las distintas operaciones registradas en la balanza de pagos, el equilibrio en el mercado de moneda nacional, a cambio de divisas, equivale al equilibrio de la balanza de pagos. Para un tipo de cambio superior al de equilibrio, tal como TC_1 en la Figura 9.1, existiría un exceso de oferta de moneda nacional, que se corregiría gracias a una reducción del valor del tipo de cambio

---

[2] Nótese que la oferta de moneda nacional es equivalente a la demanda de divisas y la demanda de moneda nacional es equivalente a la oferta de divisas, las cuales determinarán el tipo de cambio bilateral, directo y al contado; es decir, el que expresa la moneda extranjera en términos de la nacional.

desde TC_1 hasta TC_0; es decir, mediante una depreciación de la moneda nacional. A su vez, para un tipo de cambio inferior al de equilibrio, tal como TC_2, el exceso de demanda de moneda nacional se corregiría mediante un aumento del valor del tipo de cambio, o lo que es lo mismo, mediante una apreciación de la moneda nacional.

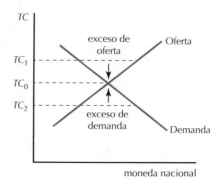

Figura 9.1. Determinación del tipo de cambio.

El tipo de cambio de equilibrio que acabamos de obtener en la Figura 9.1, a partir de las variaciones de la demanda y la oferta de moneda nacional (o de forma equivalente, de la oferta y demanda de divisas), es el llamado *tipo de cambio flexible o fluctuante*, determinado en lo que se conoce como *mercado libre* de divisas. Otra posibilidad sería que una autoridad monetaria estableciese un valor para el tipo de cambio, es decir, un tipo de cambio central o de paridad, que dicha autoridad se comprometería a mantener mediante la intervención, si fuese necesaria, en el mercado de divisas. Este es el llamado *tipo de cambio fijo*, puesto que para obtenerlo no se habrá permitido la fluctuación libre de la demanda y la oferta de divisas, por lo que el mercado de cambios pasará a ser un *mercado intervenido*. Si alrededor de la paridad central se permite la fluctuación del tipo de cambio dentro de los límites dados por una banda, tendríamos que referirnos a un sistema de *tipo de cambio fijo pero ajustable*.

La *intervención* de las autoridades monetarias, con objeto de evitar excesivas fluctuaciones del tipo de cambio, consiste en comprar o vender moneda nacional a cambio de divisas, disminuyendo o aumentando así el nivel de reservas de divisas del banco central, lo cual tendría a su vez consecuencias en términos de política monetaria. En particular, la compra de moneda nacional significaría una venta de divisas que daría lugar a una disminución de las reservas y, por tanto, a una disminución de la oferta monetaria; mientras que la venta de moneda nacional significaría una compra de divisas, lo que supondría un aumento de las reservas y, por tanto, un aumento de la oferta monetaria.

En términos de la Figura 9.1, ante una depreciación no deseada las autoridades comprarían moneda nacional, aumentando así su demanda y elevando por tanto el valor del tipo de cambio. Al contrario, si se observa una apreciación no deseada, las autoridades venderían moneda nacional aumentando así la oferta de la misma y garantizando una disminución del valor del tipo de cambio. En un sistema de tipo de cambio fijo, si las autoridades monetarias deciden elevar el valor del tipo de cambio central o de paridad dicho aumento se denomina *revaluación*; mientras que si deciden disminuirlo, dicha reducción del valor del tipo de cambio se denomina *devaluación*.

En la práctica, no existen sistemas puros de determinación del tipo de cambio, sino que cuando se opta por un tipo de cambio flexible se admite cierta intervención limitada de las autoridades, mientras que cuando se establece un sistema de tipo de cambio fijo se suele permitir cierto grado de fluctuación libre alrededor de la paridad central.

Existen argumentos a favor y en contra tanto del régimen de tipo de cambio flexible como del de tipo de cambio fijo, los cuales se presentarán más ampliamente en el Capítulo 11. La discusión principal sostiene que las ventajas de mantener un tipo de cambio flexible son que garantiza el equilibrio externo (pues mantiene el equilibrio de la balanza de pagos), aísla a la economía de perturbaciones exteriores (que se compensarían mediante variaciones de los tipos de cambio), y permite la autonomía de la política monetaria. Por otra parte, la ventaja principal de mantener un tipo de cambio fijo es que evita los efectos no deseados de una excesiva variabilidad del tipo de cambio, y además lleva aparejado un mayor grado de credibilidad y disciplina de las autoridades monetarias.[3]

En lo sucesivo, consideraremos que en nuestro modelo el tipo de cambio se determina en un régimen de tipo de cambio flexible y el concepto de tipo de cambio que manejaremos será el de tipo de cambio bilateral, indirecto y al contado, *TC*. Es decir, valoraremos la moneda nacional en términos de la extranjera, razonando en los siguientes términos: ¿cuántas unidades monetarias extranjeras podemos obtener a cambio de una unidad monetaria nacional? Recordando además que un valor alto del tipo de cambio significa que nuestra moneda vale más o que se ha apreciado, mientras que un valor bajo indica una pérdida de valor o depreciación. Esta definición es la utilizada comúnmente en la eurozona para expresar el tipo de cambio del euro con respecto a otras monedas. Así, por ejemplo, el valor del tipo de cambio del euro nos dice cuántos dólares estadounidenses o cuántas libras esterlinas podemos obtener a cambio de un euro.

---

[3] Un análisis detallado de los sistemas de tipo de cambio imperantes en el mundo desde el final de la Segunda Guerra Mundial, se presenta en Carmen M. Reinhart y Kenneth S. Rogoff: «The modern history of exchange rate arrangements: A reinterpretation», *Quarterly Journal of Economics*, vol. 119, febrero de 2004, págs. 1-48.

9.3 La balanza comercial

En la economía abierta, la demanda de bienes nacionales incluye el saldo de la balanza comercial, esto es, la diferencia entre las exportaciones y las importaciones, valoradas en términos de los bienes nacionales. Si denominamos XN al saldo de la balanza comercial (o, lo que es lo mismo, las exportaciones netas), éste vendrá dado por:

$$XN \equiv X - \frac{P^*}{TC \cdot P} M$$

donde X y M indican los niveles de exportaciones e importaciones, respectivamente; P es el nivel de precios internos (al que se valoran las exportaciones), P^* el nivel de precios del resto del mundo (al que se valoran las importaciones) y TC es el tipo de cambio nominal, definido como el número de unidades monetarias del resto del mundo que corresponden a una unidad monetaria del país estudiado.

A partir de ahora llamaremos *tipo de cambio real* al precio de los bienes nacionales en términos de los bienes del resto del mundo, esto es:

$$Q \equiv \frac{TC \cdot P}{P^*}$$

donde Q denota el tipo de cambio real. De manera análoga al caso del tipo de cambio nominal, el tipo de cambio real se define de manera que un aumento (disminución) de Q significa una apreciación (depreciación) del tipo de cambio real. Por tanto, la expresión del saldo de la balanza comercial se convierte en:

$$XN \equiv X - \frac{M}{Q} \qquad [1]$$

Así pues, la demanda de bienes nacionales en la economía abierta, Y^d, vendrá dada por:

$$Y^d \equiv C + I + G + XN \equiv Y_i^d + XN$$

donde $Y_i^d \equiv C + I + G$ representa la llamada *absorción* o *demanda interna* de bienes nacionales y extranjeros, es decir, la demanda total de bienes realizada en el interior del país independientemente de su origen (esto es, los producidos en el interior del país más las importaciones).

¿De qué depende el saldo de la balanza comercial? En principio, las exportaciones y las importaciones de bienes van a depender del nivel de renta de la economía que las adquiere (la del resto del mundo en el caso de las exportaciones y la del país analizado en el caso de las importaciones); y del precio relativo de los bienes nacionales en términos de los del resto del mundo (es decir, el tipo de cambio real). En particular:

* Las exportaciones (o, lo que es lo mismo, las importaciones del resto del mundo) dependerán positivamente del nivel de renta del resto del mundo, Y^*; y negativamente del tipo de cambio real, Q.
* Las importaciones dependerán positivamente del nivel de renta nacional, Y; y positivamente del tipo de cambio real, Q.

El tipo de cambio real puede interpretarse como una medida de competitividad (o más exactamente, competitividad-precio), ya que mide el precio relativo de los bienes nacionales en términos de los precios de los bienes producidos en el resto del mundo o, lo que es lo mismo, el poder de compra de la moneda nacional. Así, cuando aumenta el valor del tipo de cambio real (es decir, se aprecia) aumenta el poder de compra de la moneda nacional, pues se necesita una menor cantidad de bienes nacionales para adquirir una misma cantidad de bienes extranjeros; en consecuencia, se encarecen relativamente las exportaciones y se abaratan las importaciones, y el país estaría perdiendo competitividad. Por el contrario, cuando disminuye el valor del tipo de cambio real (es decir, se deprecia) disminuye el poder de compra de la moneda nacional, pues se necesita una mayor cantidad de bienes nacionales para adquirir una misma cantidad de bienes extranjeros; por lo que se abaratan relativamente las exportaciones y se encarecen las importaciones, y el país estaría ganando competitividad.

Por tanto, a través de su efecto sobre exportaciones e importaciones, el saldo de la balanza comercial XN dependería positivamente de Y^*, negativamente de Y, y negativamente de Q. Sin embargo, el efecto de esta última variable sería estrictamente ambiguo, como se puede ver en la ecuación (1). Así, considerando el caso de una depreciación del tipo de cambio real (el caso de una apreciación sería el opuesto), una disminución de Q significaría un abaratamiento de los bienes nacionales en términos de los del resto del mundo, por lo que aumentarían las exportaciones, disminuirían las importaciones y, en consecuencia, mejoraría el saldo de la balanza comercial. Pero una disminución de Q significaría también que aumenta el valor de una cantidad dada de importaciones en términos de los bienes nacionales, lo que empeoraría el saldo de la balanza comercial.

No obstante, en lo sucesivo supondremos que predomina el primer efecto, de manera que el saldo de la balanza comercial va a depender negativamente del tipo de cambio real, es decir, $\dfrac{\Delta XN}{\Delta Q} < 0$. Para ello debería cumplirse la condición que derivamos seguidamente.

Comenzamos tomando incrementos en la ecuación (1), de manera que debería verificarse:

$$\frac{\Delta XN}{\Delta Q} = \frac{\Delta X}{\Delta Q} - \frac{1}{Q}\frac{\Delta M}{\Delta Q} + \frac{1}{Q}\frac{M}{Q} < 0$$

A continuación multiplicamos ambos miembros de la inecuación por Q:

$$\frac{\Delta X}{\Delta Q}Q - \frac{\Delta M}{\Delta Q} + \frac{M}{Q} < 0$$

y, suponiendo equilibrio en la balanza comercial (es decir, $XN = 0$), dividimos por $X = \frac{M}{Q}$:

$$\frac{\Delta X}{\Delta Q}\frac{Q}{X} - \frac{\Delta M}{\Delta Q}\frac{Q}{M} + 1 < 0$$

Finalmente, multiplicando ambos miembros por -1 y operando en la expresión anterior, obtenemos:

$$-\frac{\Delta X}{\Delta Q}\frac{Q}{X} + \frac{\Delta M}{\Delta Q}\frac{Q}{M} - 1 > 0$$

o, lo que es lo mismo:

$$\varepsilon_X + \varepsilon_M > 1 \qquad\qquad [2]$$

siendo $\varepsilon_X = -\dfrac{\Delta X}{\Delta Q}\dfrac{Q}{X}$ y $\varepsilon_M = \dfrac{\Delta M}{\Delta Q}\dfrac{Q}{M}$ las elasticidades de las exportaciones y las importaciones con respecto al tipo de cambio real, respectivamente; donde la primera se ha multiplicado por -1 para expresarla en valor absoluto (pues recordemos que $\dfrac{\Delta X}{\Delta Q} < 0$).

La ecuación (2) representa la denominada *condición Marshall-Lerner*, según la cual una depreciación (apreciación) del tipo de cambio real mejorará (empeorará) el saldo de la balanza comercial si la suma de las elasticidades de las exportaciones y las importaciones con respecto al tipo de cambio real, expresadas en valor absoluto, es mayor que la unidad. En otras palabras, el saldo de la balanza comercial dependerá negativamente del tipo de cambio real si la respuesta de las cantidades exportadas e importadas ante una variación del tipo de cambio real es lo suficientemente grande, de manera que pueda contrarrestar el cambio registrado en el valor de la cantidad inicial de importaciones.[4]

Las estimaciones empíricas demuestran que en la práctica la condición Marshall-Lerner se suele cumplir normalmente, por lo que en lo sucesivo supondremos que se verifica. Asimismo, la evidencia disponible muestra también que, en

---

[4] La condición Marshall-Lerner se presentó por primera vez en Alfred Marshall: *Money, credit, and commerce*, Macmillan, Londres, 1923; y fue desarrollada posteriormente en Abba P. Lerner: *The economics of control: Principles of welfare economics*, Macmillan, Nueva York, 1944.

general, las elasticidades de exportaciones e importaciones suelen ser superiores en el medio y largo plazo, que en el corto plazo. Ello se debería a que las demandas de exportación e importación no responderían inmediatamente al nuevo valor del tipo de cambio real, sino que llevaría algún tiempo completar la respuesta. De hecho, si la respuesta de las cantidades de exportaciones e importaciones al tipo de cambio real fuera lo suficientemente lenta, podría ocurrir que una depreciación del tipo de cambio real empeorase inicialmente el saldo de la balanza comercial, al predominar inicialmente el aumento del valor de la cantidad inicial de importaciones. Sin embargo, a medida que las cantidades de exportaciones e importaciones respondieran al nuevo valor del tipo de cambio real, la balanza comercial acabaría registrando una mejoría. Este resultado se conoce con el nombre de *efecto de la curva J* (o curva en forma de *J*), llamado así porque, al representar gráficamente la evolución temporal del saldo de la balanza comercial después de una depreciación del tipo de cambio real, aquél empeoraría al principio para después mejorar, dando lugar a un gráfico en forma de *J*.[5]

Por tanto, vamos a suponer una función para el saldo de la balanza comercial como la siguiente:

$$XN = XN_A + xY^* - mY - vQ \qquad [3]$$

donde XN_A representa el componente autónomo de las exportaciones netas; y x, m y v indican la sensibilidad de, respectivamente, las exportaciones a la renta del resto del mundo, las importaciones a la renta nacional, y el conjunto de la balanza comercial al tipo de cambio real.

Obsérvese que, en el equilibrio del mercado de bienes, $Y = Y^d$ o, lo que es lo mismo:

$$Y = Y^d_i + XN$$

por lo que

$$XN = Y - Y^d_i \qquad [4]$$

es decir, en el equilibrio del mercado de bienes el saldo de la balanza comercial será igual a la diferencia entre los niveles de producción y demanda interna. Sin embargo, la balanza comercial se encontrará en equilibrio (esto es, $XN = 0$) únicamente en el caso en que la producción sea igual a la demanda interna (esto es, $Y = Y^d_i$). A su vez, la balanza comercial registrará un superávit ($XN > 0$) cuando la producción sea

---

[5] Una panorámica de los principales estudios empíricos sobre la balanza comercial puede verse en Morris Goldstein y Mohsin S. Khan: «Income and price effects in foreign trade», en Ronald W. Jones y Peter B. Kenen (eds.): *Handbook of International Economics*, vol. 2, North-Holland, Amsterdam, 1985, págs. 1041-1105.

superior a la demanda interna $(Y > Y_i^d)$; y registrará un déficit $(XN < 0)$ cuando la producción sea inferior a la demanda interna $(Y < Y_i^d)$. En otras palabras, el nivel de renta o producción correspondiente al equilibrio del mercado de bienes no va a estar asociado necesariamente con el equilibrio de la balanza comercial.

En la Figura 9.2 se muestran las ecuaciones XN e $Y - Y_i^d$ en función del nivel de renta Y, donde $XN = [XN_A + xY^* - vQ] - mY$, de acuerdo con la ecuación (3); e $Y - Y_i^d = -[C_A + cTR + I_A - hr + G] + [1 - c(1 - t)]Y$, utilizando las funciones de consumo e inversión obtenidas en el Capítulo 4. El equilibrio en el mercado de bienes se dará en el punto E, de acuerdo con la ecuación (4), para un nivel de renta Y_E. A este nivel de renta de equilibrio, sin embargo, la balanza comercial puede estar en equilibrio o no, pudiendo registrar entonces tanto superávit como déficit. Estas tres situaciones alternativas: equilibrio en el mercado de bienes acompañado de equilibrio, superávit o déficit de la balanza comercial se muestran, respectivamente, en las partes A), B) y C) de la Figura 9.2.

Como puede verse en la figura, el saldo de la balanza comercial mejoraría (en el sentido de aumentar el superávit o disminuir el déficit) en los siguientes casos:

- Si se desplaza hacia arriba la función XN, lo que ocurriría si aumentan XN_A o Y^*, o disminuye Q.
- Si se desplaza hacia arriba la función $Y - Y_i^d$, lo que ocurriría si disminuyen C_A o I_A; si disminuyen G o TR, o aumenta t (lo que reflejaría una política fiscal contractiva);[6] o si aumenta r (lo que reflejaría una política monetaria contractiva).

Evidentemente, el saldo de la balanza comercial empeoraría (en el sentido de disminuir el superávit o aumentar el déficit) en los casos contrarios. Nótese que estamos suponiendo que son estables los parámetros de las relaciones de comportamiento en las funciones de consumo, inversión y balanza comercial (c, h, x, m y v).

En principio, un déficit de la balanza comercial no es algo necesariamente malo en la medida en que refleje las preferencias de la sociedad. En efecto, los agentes de la economía podrían desear comprar bienes al resto del mundo en exceso de lo que venden al exterior, con objeto de aprovechar las ganancias del comercio internacional; ello equivaldría, como vimos anteriormente, a un exceso de la demanda interna sobre la producción. Asimismo, si las importaciones incluyeran un componente importante de materias primas y bienes de equipo, ello podría contribuir a incrementar la capacidad productiva de la economía en el futuro. Sin embargo, un déficit de la balanza comercial no puede mantenerse indefinidamente, pues éste

---

[6] Nótese que en el caso de un incremento del tipo impositivo sobre la renta, el desplazamiento hacia arriba de XN no sería paralelo, sino que aumentaría la pendiente de la función.

debe ser financiado. En efecto, un déficit de la balanza comercial (que, en nuestro modelo, equivale a un déficit de la balanza por cuenta corriente, ya que estamos suponiendo que no existen ni rentas pagadas a factores productivos no residentes, ni transferencias internacionales) supondrá un incremento neto de pasivos frente al exterior (contabilizado en la balanza por cuenta financiera). En otras palabras, la economía se endeuda y recibe un préstamo neto del resto del mundo que se deberá devolver en el futuro, por lo cual el déficit de la balanza comercial debería irse reduciendo hasta convertirse en algún momento en superávit.

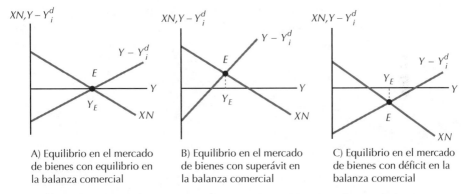

A) Equilibrio en el mercado de bienes con equilibrio en la balanza comercial

B) Equilibrio en el mercado de bienes con superávit en la balanza comercial

C) Equilibrio en el mercado de bienes con déficit en la balanza comercial

Figura 9.2. Saldo de la balanza comercial, producción y demanda interna.

Si recordamos que un déficit de la balanza comercial ($XN < 0$) equivale a un exceso de la demanda interna sobre la producción ($Y < Y_i^d$), dicho déficit se podría corregir de dos maneras:[7]

1. Reduciendo la demanda interna, Y_i^d, a través de *políticas de reducción del gasto*, esto es, medidas de política fiscal o monetaria contractivas; en términos de la Figura 9.2, la función $Y - Y_i^d$ se desplazaría hacia arriba. Como se muestra en la Figura 9.3, una reducción de la demanda interna mejoraría el saldo de la balanza comercial a través de unas menores importaciones, al disminuir el nivel de renta; pasaríamos del punto E_0 al E_1, donde el equilibrio en el mercado de bienes vendría acompañado por el equilibrio en la balanza comercial.[8]

---

[7] La distinción entre políticas de reducción y de desviación del gasto se debe a Harry G. Johnson: «Towards a general theory of the balance of payments», en su libro *International trade and economic growth: Studies in pure theory*, Harvard University Press, Cambridge, MA, 1958, págs. 153-168.

[8] Debe tenerse en cuenta, no obstante, que una política monetaria contractiva funcionaría en este caso de manera inequívoca únicamente si el tipo de cambio fuera fijo. En efecto, como veremos en la sección siguiente, un aumento del tipo de interés real se traduciría en una apreciación del tipo de cambio real, lo que haría empeorar el saldo de la balanza comercial (en términos de la Figura 9.3, la función XN se desplazaría hacia abajo), de manera que el efecto sobre XN sería ambiguo.

2. Aumentando la producción, Y, pero sin aumentar al mismo tiempo la demanda interna. Para ello, podrían utilizarse *políticas de desviación del gasto* que consistirían en una reducción de la demanda dirigida hacia los bienes importados, que se trasladaría hacia los bienes de producción nacional; en términos de la Figura 9.2, la función XN se desplazaría hacia arriba. En nuestro caso, las políticas de desviación del gasto consistirían en medidas que mejorasen la competitividad de los bienes nacionales (por ejemplo, a través de subvenciones), lo que se traduciría en un incremento del componente autónomo de las exportaciones netas, XN_A.[9] Como se muestra en la Figura 9.4, un incremento de XN_A significaría una mejora del saldo de la balanza comercial; nos moveríamos del punto E_0 al E_1, donde el equilibrio en el mercado de bienes vendría acompañado por el equilibrio en la balanza comercial y un mayor nivel de la renta de equilibrio.

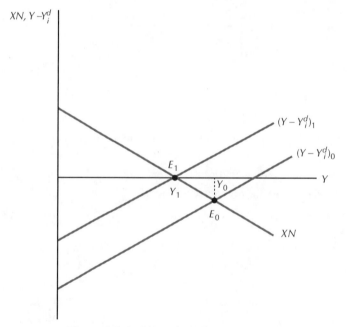

Figura 9.3. Política de reducción del gasto.

---

[9] Nótese que las medidas a incluir dentro de las políticas de desviación del gasto serían del tipo de las consideradas en el Capítulo 7 dentro de las políticas de oferta, esto es, aquellas destinadas a la liberalización de los mercados, con objeto de estimular el grado de competencia. Quedarían excluidas, por tanto, las políticas comerciales tradicionales, tales como la imposición de aranceles y, en general, las restricciones a las importaciones, que significarían renunciar a las ganancias del comercio internacional y, en consecuencia, están reglamentadas a nivel internacional en el marco de la Organización Mundial de Comercio (OMC). Asimismo, si el tipo de cambio fuera fijo, otro ejemplo de políticas de desviación del gasto sería una devaluación de la paridad central, que tendería a aumentar las exportaciones y disminuir las importaciones. Este caso, sin embargo, no va a ser considerado aquí ya que en nuestro modelo el tipo de cambio va a ser una variable endógena, como veremos en la sección siguiente.

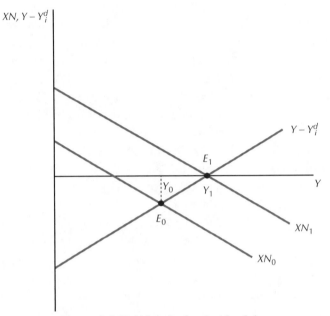

Figura 9.4. Política de desviación del gasto.

Finalmente, aunque en este caso resultaría menos obvio, podría ser deseable también reducir un superávit excesivo de la balanza comercial. Así, un superávit de la balanza comercial supondrá un incremento neto de activos frente al exterior y, por tanto, conceder un préstamo neto al resto del mundo. Sin embargo, si este préstamo neto al resto del mundo fuera muy elevado el país podría tener dificultades en recuperarlo, además del coste de oportunidad de estos recursos, que podrían destinarse a otros usos. De manera análoga al caso del déficit, un superávit de la balanza comercial podría corregirse mediante las políticas opuestas a las presentadas en las Figuras 9.3 y 9.4, esto es, políticas de expansión del gasto, que desplazarían hacia abajo la función $Y - Y_i^d$; y políticas de desviación del gasto desde los bienes de producción nacional a los bienes importados, que desplazarían hacia abajo la función XN.

Recuadro 9.1. El comercio exterior de España.

El comercio exterior español, así como su papel en el conjunto de la economía, ha experimentado una gran transformación en las últimas décadas. En efecto, partiendo de una situación de práctico aislamiento respecto de la economía internacional, la economía española se ha abierto progresivamente al exterior a lo largo de los últimos cincuenta años, lo que le ha permitido lograr un papel para el sector exterior homologable con el de las economías europeas de tamaño similar. En este sentido, la integración en la Unión Europea (UE) ha constituido un hito definitivo en dicho proceso, que se ha traducido en un considerable incremento tanto de las exportaciones como de las importaciones en porcentaje sobre el PIB, un incremento de la cuota de las exportaciones españolas en el mercado mundial, un incremento de las tasas de apertura y de cobertura, y todo ello acompañado de una mayor concentración del comercio con el resto de los países de la UE.[1]

En los Cuadros 9.1, 9.2 y 9.3 se ofrece una caracterización general del comercio exterior de España entre 1999 y 2009. Comenzamos por el Cuadro 9.1, donde se presentan las exportaciones, las importaciones y el saldo de la balanza comercial (esto es, la diferencia entre ambas), en porcentaje del PIB; así como la tasa de apertura, medida como la suma de exportaciones e importaciones en porcentaje del PIB, y la tasa de cobertura, esto es, el cociente entre exportaciones e importaciones en porcentaje. Como puede verse, en los últimos años las exportaciones han supuesto cerca de un 20% del PIB y las importaciones cerca de un 25%, con un déficit comercial siempre superior al 5% del PIB. Ello se ha traducido en una tasa de apertura cercana al 45%, comparable a la de las economías de nuestro entorno; con una tasa de cobertura superior al 70% en los primeros años de la pasada década, si bien disminuyó después coincidiendo con el empeoramiento del déficit comercial. La reciente crisis, no obstante, se ha reflejado en un descenso de las exportaciones y, muy especialmente, de las importaciones lo que, aparte de reducir a la mitad el déficit comercial en porcentaje del PIB, ha reducido también significativamente la tasa de apertura, al tiempo que ha permitido mejorar la tasa de cobertura.

Por otra parte, tal y como muestra el Cuadro 9.2, las exportaciones españolas se encuentran en la actualidad bastante diversificadas sectorialmente, con participaciones significativas de un buen número de sectores. Algo parecido cabría decir de las importaciones, con una estructura sectorial no

---

[1] El proceso de integración en la UE desde el punto de vista del sector exterior se analiza con detalle en Oscar Bajo y Ángel Torres: «El comercio exterior y la inversión extranjera directa tras la integración de España en la CE (1986-90)», en José Viñals (ed.): *La economía española ante el Mercado Único europeo. Las claves del proceso de integración*, Alianza Editorial, Madrid, 1992, págs. 167-228.

muy diferente de las exportaciones, salvo por el mayor peso de los productos energéticos (fundamentalmente, petróleo y sus derivados).

En cuanto a la distribución geográfica del comercio exterior español, el Cuadro 9.3 nos muestra cómo la UE y, dentro de ésta, la zona euro, constituyen el principal destino de las exportaciones españolas (69% y 55%, respectivamente, en 2008). A su vez, la distribución geográfica de las importaciones no sería demasiado diferente: de nuevo, la UE y, dentro de ésta, la zona euro, constituyen el principal origen de las importaciones españolas, si bien ahora en menor medida (55% y 45%, respectivamente, en 2008). La diferencia vendría dada por el mayor peso relativo de las importaciones de África y, especialmente, Asia, lo que se explicaría por la mayor importancia de los productos energéticos en las importaciones, así como por el ya notable peso de las importaciones procedentes de China (un 7% en 2008).

¿Qué factores explicarían la evolución de exportaciones e importaciones? En los últimos años se han realizado numerosas estimaciones econométricas de funciones de demanda de exportaciones e importaciones del tipo de las examinadas en este capítulo, en términos de sus determinantes habituales: nivel de demanda (exterior y nacional, respectivamente) y precios relativos (que aproximarían la competitividad), con resultados no siempre coincidentes. En general se suelen obtener, tanto para las exportaciones como para las importaciones, unas elasticidades más elevadas para el nivel de demanda que para la competitividad. La estimación más reciente corresponde a la actualización del modelo trimestral del Banco de España, realizada con datos trimestrales para el período 1986-2005, y donde se estiman funciones separadas para la zona euro y el resto del mundo. En el caso de las exportaciones, se obtienen unas elasticidades de largo plazo de 1 con respecto a la demanda exterior para ambas zonas; y de –0,44 y –0,91 con respecto a su precio relativo, para la zona euro y el resto del mundo, respectivamente. A su vez, en el caso de las importaciones se obtienen también para ambas zonas unas elasticidades de largo plazo de 1 con respecto a la demanda final española; y de –0,38 y –0,21 con respecto a su precio relativo, para la zona euro y el resto del mundo, respectivamente.[2]

Por otra parte, en la segunda mitad de la última década el déficit comercial comenzó a aumentar de manera progresiva. Detrás de ello se encontrarían distintos factores, tales como el mayor crecimiento de la economía

---

[2] Eva Ortega, Eva Ferraz y Samuel Hurtado: «Actualización del modelo trimestral del Banco de España», *Boletín Económico*, Banco de España, junio de 2007, págs. 57-65.

española en términos relativos con respecto a la UE, la pérdida de competitividad a consecuencia de la mayor inflación española, el incremento de los
precios del petróleo, o el propio modelo de crecimiento seguido en los años
previos a la crisis. En efecto, durante estos años los menores tipos de interés
asociados con la pertenencia a la unión monetaria europea, unidos al exceso de liquidez en los mercados financieros internacionales, se tradujeron en
un crecimiento económico que no se vio acompañado de un incremento
de la productividad al estar basado fundamentalmente en el consumo y la
inversión inmobiliaria, lo que favoreció el incremento de las importaciones
pero no tanto el de las exportaciones. Además, el comportamiento del resto
de las partidas de la balanza por cuenta corriente tampoco fue demasiado favorable, lo que llevó a un enorme déficit por cuenta corriente, que
alcanzó su máximo en 2007. En efecto, en dicho año el déficit por cuenta
corriente llegó a suponer alrededor de un 10% del PIB, el mayor del mundo en términos relativos, con unas cifras en términos absolutos solamente
superadas por las de Estados Unidos.

En el Cuadro 9.4 se presentan las cifras correspondientes a las distintas partidas de la balanza por cuenta corriente, incorporando la balanza
por cuenta de capital, en porcentaje del PIB (las tres primeras columnas
coinciden con las del Cuadro 9.1). La balanza de servicios ha gozado tradicionalmente de un saldo positivo, destacando el papel del turismo, que ha
constituido uno de los principales mecanismos compensadores del déficit
comercial. La balanza de rentas, por el contrario, se ha caracterizado por
el saldo negativo, debido fundamentalmente a los pagos por rentas de las
inversiones extranjeras en España. A su vez, la balanza de transferencias
corrientes ha pasado en los últimos años de un tradicional superávit a un
déficit, debido a la creciente importancia de las remesas de los inmigrantes en España hacia sus países de origen, y ello a pesar del saldo positivo
de las transferencias con la UE. Este saldo negativo ha sido sólo parcialmente compensado por el saldo positivo de las transferencias de capital,
que constituyen la balanza por cuenta de capital. Por último, como consecuencia de todo lo anterior, la suma de los saldos de las balanzas por
cuenta corriente y de capital (que, recordemos, representa la capacidad
o necesidad de financiación de la nación, la cual señala la posición acreedora o deudora del país frente al resto del mundo en el año en cuestión),
muestra un saldo crecientemente negativo que sólo comienza a descender
en los dos últimos años, a raíz de la crisis, debido a la gran caída registrada
por el déficit comercial.

En algunos ámbitos se ha señalado que, en una unión monetaria, el déficit por cuenta corriente es irrelevante pues, al desaparecer el riesgo cambiario asociado con el intercambio de una moneda por otra, aumentaría la oferta de fondos disponibles para su financiación; y además a un menor coste, al reducirse la prima de riesgo (esto es, la ganancia adicional sobre el rendimiento libre de riesgo, que exige un inversor en compensación a la adquisición de activos considerados más arriesgados). Sin embargo, un déficit por cuenta corriente elevado podría ser indicativo de un patrón de crecimiento desequilibrado y una pérdida de competitividad de la economía, que se reflejaría en una mayor inflación en relación al resto de la unión y, en consecuencia, en una apreciación del tipo de cambio real. Pero en una unión monetaria ya no es posible compensar esta pérdida de competitividad mediante una depreciación del tipo de cambio nominal, por lo que se requeriría un menor crecimiento de los precios nacionales que afectaría negativamente a las perspectivas de crecimiento de la economía. En resumen, en una unión monetaria la restricción exterior seguiría existiendo, y la financiación de los desequilibrios exteriores no sería ilimitada.[3]

Un déficit de la balanza por cuenta corriente se compensa a través de entradas netas de capitales, es decir, a través de un exceso de las entradas sobre las salidas de capitales. Como es sabido, los movimientos de capitales se recogen en la balanza por cuenta financiera, cuyas principales partidas se presentan, en porcentaje del PIB, en el Cuadro 9.5. Entre los movimientos de capitales, destaca muy especialmente la inversión directa, esto es, aquella cuyo objetivo es conseguir una participación duradera en una empresa residente en otro país. En efecto, debido a sus propias características, esta clase de inversión goza normalmente de una mayor estabilidad en comparación con las demás partidas de la balanza por cuenta financiera, como la inversión de cartera y otras inversiones como préstamos y depósitos, que obedecen en gran medida a factores puramente especulativos.

Dentro de la inversión directa, el papel de la inversión extranjera en España ha sido tradicionalmente de gran relevancia, lo que a su vez ha tenido importantes repercusiones sobre el conjunto de nuestra econo-

---

[3] El significado del déficit exterior en el marco de una unión monetaria, con especial referencia al caso español, se discute en Pilar L'Hotellerie-Fallois y Juan Peñalosa: «El diagnóstico del déficit exterior español dentro de la UEM», *Cuadernos de Información Económica*, nº 192, mayo-junio de 2006, págs. 17-29.

mía. Cabe destacar el espectacular incremento registrado por la inversión extranjera directa a raíz de la incorporación de España a la UE, una tendencia que, no obstante, se estabilizó en años posteriores, debido sin duda a los elevados niveles alcanzados por los flujos de inversión extranjera directa en los primeros años de la integración. Es por ello que en los últimos años ha cobrado mayor relevancia, a la hora de financiar el déficit por cuenta corriente, la inversión de cartera. Por otra parte, la inversión directa española en el exterior es un fenómeno relativamente reciente, que no empieza a ser significativo hasta la integración de España en la UE, y que ha registrado un extraordinario crecimiento desde entonces. Así, 1997 fue el primer año en el que las salidas en concepto de inversión directa fueron superiores a las entradas; de hecho, esto es lo que ha ocurrido en la mayor parte de los años posteriores, como puede verse en el Cuadro 9.5.[4]

Cuadro 9.1. El comercio exterior de España, 1999-2009.

	Exportaciones (% del PIB)	Importaciones (% del PIB)	Saldo (% del PIB)	Tasa de apertura (% del PIB)	Tasa de cobertura (%)
1999	18,3	23,4	−5,2	41,7	75,3
2000	19,9	26,3	−6,4	46,2	73,3
2001	19,3	25,0	−5,7	44,2	77,3
2002	18,5	23,5	−5,0	42,0	78,7
2003	17,9	22,9	−5,1	40,8	74,6
2004	17,7	24,1	−6,4	41,8	70,5
2005	17,4	24,9	−7,5	42,3	66,5
2006	17,9	26,3	−8,5	44,2	64,9
2007	18,3	27,0	−8,7	45,3	64,9
2008	17,7	25,7	−8,0	43,4	66,8
2009	15,3	19,6	−4,3	34,8	75,9

Fuente: Secretaría de Estado de Comercio.

---

[4] Un panorama general sobre el papel desempeñado por la inversión extranjera directa en la economía española puede verse en Carlos M. Fernández-Otheo: *Inversión directa extranjera de España en la década final del siglo xx: Nuevas perspectivas*, Fundación José Ortega y Gasset, Madrid, 2003.

Cuadro 9.2. El comercio exterior por sectores económicos, 2008
(% del total).

	Exportaciones	Importaciones
Alimentos	14,2	9,2
Productos energéticos	6,4	20,0
Materias primas	1,9	3,5
Semimanufacturas no químicas	13,0	8,3
Productos químicos	13,4	12,5
Bienes de equipo	20,6	22,3
Sector del automóvil	17,2	11,7
Bienes de consumo duradero	2,7	2,8
Manufacturas de consumo	8,3	9,3
Otras mercancías	2,2	0,4
TOTAL	100,0	100,0

Fuente: Secretaría de Estado de Comercio.

Cuadro 9.3. El comercio exterior por áreas geográficas, 2008
(% del total).

	Exportaciones	Importaciones
Unión Europea	68,9	54,9
Zona euro	55,0	45,4
Francia	18,2	10,8
Alemania	10,6	14,2
Italia	8,0	7,6
Portugal	8,8	3,3
Resto UE	13,8	9,4
Reino Unido	7,0	4,5
Resto de Europa	6,6	6,9
América del Norte	4,5	4,5
América Latina	4,8	5,0
Resto de América	0,1	0,5
Asia	6,5	18,5
África	5,4	9,4
Oceanía	0,6	0,4
TOTAL	100,0	100,0

Fuente: Secretaría de Estado de Comercio.

Cuadro 9.4. Balanza de pagos: cuenta corriente y de capital, 1999-2009 (% del PIB).

	Balanza comercial			Balanza de servicios			Balanza de rentas			Balanza de transferencias (corrientes y de capital)			Balanza por cuenta corriente y de capital		
	ingresos	pagos	saldo	ingresos	pagos	saldo	ingresos	pagos	saldo	ingresos	pagos	saldo	ingresos	pagos	saldo
1999	18,3	23,4	−5,2	8,5	5,2	3,3	2,5	4,0	−1,5	3,4	1,8	1,6	32,7	34,5	−1,8
2000	19,9	26,3	−6,4	9,1	5,7	3,3	3,3	4,4	−1,2	3,0	1,9	1,1	35,2	38,3	−3,1
2001	19,3	25,0	−5,7	9,1	5,8	3,4	3,3	5,2	−1,8	2,9	1,9	1,0	34,7	37,8	−3,1
2002	18,5	23,5	−5,0	8,7	5,6	3,1	3,1	4,8	−1,7	3,3	1,9	1,4	33,6	35,8	−2,2
2003	17,9	22,9	−5,1	8,4	5,4	3,0	3,1	4,4	−1,3	3,1	2,2	1,0	32,4	34,9	−2,5
2004	17,7	24,1	−6,4	8,2	5,7	2,6	3,2	4,7	−1,4	3,0	2,1	1,0	32,3	36,5	−4,2
2005	17,4	24,9	−7,5	8,4	5,9	2,4	3,5	5,4	−1,9	2,8	2,3	0,5	32,1	38,5	−6,5
2006	17,9	26,4	−8,5	8,6	6,4	2,3	4,8	7,0	−2,1	2,5	2,5	0,0	33,8	42,2	−8,3
2007	18,3	27,0	−8,7	8,9	6,7	2,2	5,5	8,4	−2,9	2,4	2,6	−0,2	35,0	44,6	−9,6
2008	17,7	25,7	−8,0	9,0	6,5	2,4	5,0	8,3	−3,3	2,2	2,6	−0,4	33,8	43,1	−9,2
2009	15,3	19,6	−4,3	8,4	5,9	2,4	3,9	6,7	−2,8	2,3	2,7	−0,4	29,8	34,9	−5,1

Fuente: Secretaría de Estado de Comercio.

Cuadro 9.5. Balanza de pagos: cuenta financiera, 1999-2009 (% del PIB).

	Excluido el Banco de España							Banco de España			
	Inversión extranjera en España			Inversión española en el exterior			VNP−VNA				
	inversión directa	inversión de cartera	otra inversión	inversión directa	inversión de cartera	otra inversión	VNP−VNA	reservas	activos netos frente al Eurosistema	otros activos netos	VNP−VNA
1999	3,0	7,3	6,6	7,2	7,6	−2,4	0,0	3,6	−5,4	−0,8	−2,6
2000	6,8	10,1	9,0	10,0	10,3	1,8	0,3	0,5	−1,5	0,0	−1,0
2001	4,7	4,6	4,8	5,4	7,4	0,5	−0,1	0,2	2,4	0,0	2,6
2002	5,7	4,9	5,0	4,8	4,3	4,3	−0,7	−0,5	0,9	0,1	0,5
2003	2,9	5,0	8,3	3,2	8,4	2,0	−0,4	1,7	0,6	−2,1	0,2

2004	2,4	13,4	2,4	5,8	3,2	3,4	0,0	0,6	−1,6	−0,6	−1,7
2005	2,2	15,2	7,1	3,7	8,8	5,2	0,0	0,2	1,6	−2,0	−0,2
2006	2,5	19,9	3,5	8,4	−0,4	6,7	0,2	0,0	−1,3	−1,3	−2,6
2007	4,5	9,1	9,1	9,5	−0,8	5,3	−0,4	0,0	2,7	−1,3	1,4
2008	4,6	−2,0	8,4	4,7	−2,0	1,2	−0,6	−0,1	2,9	−0,1	2,8
2009	1,0	4,7	1,0	1,1	0,5	0,1	−0,5	−0,1	0,6	0,6	1,0

Fuente: Secretaría de Estado de Comercio.
Nota: VNP = variación neta de pasivos, VNA = variación neta de activos.

9.4 El tipo de cambio real

Como hemos visto en la sección 9.2, el valor del tipo de cambio se determina en el mercado de divisas, donde la oferta y la demanda de divisas, a cambio de moneda nacional, se derivan a partir de las distintas operaciones recogidas en la balanza de pagos (esto es, las exportaciones e importaciones de bienes y las entradas y salidas de capitales). Sin embargo, en las economías más avanzadas los mercados de capitales han alcanzado un extraordinario desarrollo, debido a la creciente innovación financiera y a la liberalización generalizada de los movimientos de capitales, por lo que la evolución del tipo de cambio ha pasado a depender cada vez más de los movimientos de capitales que de los intercambios de bienes. Y esta mayor dependencia de los movimientos de capitales se ha reflejado a su vez en una gran volatilidad de los valores alcanzados por los tipos de cambio.

Así pues, en nuestro modelo el tipo de cambio se va a determinar en los mercados internacionales de activos financieros. Recordemos que estamos suponiendo que hay dos activos financieros: el dinero y los bonos. Ahora bien, como en principio el dinero de un país no es válido en el otro, los agentes no van a necesitar dinero del otro país. En consecuencia, el tipo de cambio se va a derivar a partir de la elección, por parte de los agentes, entre bonos nacionales y extranjeros, esto es, los emitidos por la economía estudiada y por el resto del mundo, respectivamente.

Comenzaremos con la determinación del tipo de cambio nominal, *TC*, que hemos definido como el número de unidades monetarias del resto del mundo que corresponden a una unidad monetaria nacional. Nuestro punto de partida será la elección por parte de un agente de la economía analizada, que debe decidir dónde invierte una unidad monetaria: bien en los bonos de su propia economía, cuya rentabilidad es i; o bien en los bonos del resto del mundo, cuya rentabilidad es i^*. Supondremos que existirá equilibrio en el mercado de cambios cuando se iguale la rentabilidad esperada de ambos tipos de bonos. Haremos dos supuestos adicionales: movilidad perfecta de capitales, de manera que la composición de la cartera de los agentes se ajusta instantáneamente a su composición deseada; y sustituibilidad perfecta entre bonos nacionales y extranjeros, de manera que los agentes son indiferentes entre los bonos denominados en diferentes monedas, en la medida en que sus rendimientos esperados serían los mismos. Recordemos, por último, que el supuesto de economía pequeña implica que i^* es una variable exógena.

Si el agente decide comprar bonos de su propia economía, al cabo de un periodo obtendrá una rentabilidad por unidad monetaria, igual a

$$(1 + i)$$

Si, por el contrario, decidiera comprar bonos del resto del mundo, lo primero que debería hacer es cambiar esa unidad monetaria a moneda extranjera al tipo de cambio TC, por lo que al cabo de un periodo obtendrá una rentabilidad, en moneda extranjera, igual a $TC(1 + i^*)$. Pero, como lo que le interesa es comparar esta rentabilidad con la obtenida en caso de adquirir bonos nacionales, debería cambiar dicha rentabilidad a moneda nacional, para lo cual utilizará el tipo de cambio esperado para el periodo siguiente, TC_{+1}^E; es decir, que la rentabilidad por unidad monetaria obtenida al cabo de un periodo en caso de adquirir bonos extranjeros, en términos de moneda nacional, será

$$\frac{TC\left(1+i^*\right)}{TC_{+1}^E}$$

Si ambas rentabilidades fueran diferentes, el arbitraje en los mercados financieros internacionales se encargaría de igualarlas, por lo que el agente estaría indiferente entre adquirir bonos nacionales o extranjeros cuando

$$(1+i) = \frac{TC\left(1+i^*\right)}{TC_{+1}^E}$$

La expresión anterior podría escribirse alternativamente

$$\frac{1}{1 + \dot{TC}^E} = \frac{1 + i}{1 + i^*}$$

donde $\dot{TC}^E = \dfrac{TC_{+1}^E}{TC} - 1$ es la tasa esperada de variación del tipo de cambio o, lo que es lo mismo (dada la manera en que hemos definido el tipo de cambio), la tasa esperada de apreciación; o, despejando $\dot{TC}^E$:

$$-\dot{TC}^E = \frac{i - i^*}{1 + i}$$

y, dado que $\dfrac{i-i^*}{1+i} \approx i - i^*$:

$$-\dot{TC}^E = i - i^* \tag{5}$$

Es decir, dejarán de moverse capitales entre la economía estudiada y la del resto del mundo cuando la tasa esperada de depreciación de la moneda nacional, $-\dot{TC}^E$, compense el diferencial de tipos de interés entre ambas economías; o, lo que es lo mismo, cuando el tipo de interés nacional se iguale con el tipo de interés extranjero más la tasa esperada de depreciación de la moneda nacional, $i = i^* - \dot{TC}^E$. La expresión anterior representa la denominada *paridad descubierta de los tipos de interés*.[10]

¿Cómo se determinaría a partir de aquí el tipo de cambio real? Para ello restamos la tasa de inflación esperada interna, $\dot{P}^E$, y sumamos la tasa de inflación esperada del resto del mundo, $\dot{P}^{*E}$, en ambos miembros de la paridad descubierta de los tipos de interés dada por la ecuación (5):

$$-(\dot{TC}^E + \dot{P}^E - \dot{P}^{*E}) = (i - \dot{P}^E) - (i^* - \dot{P}^{*E})$$

o, lo que es lo mismo:

$$-\dot{Q}^E = r - r^*$$

donde $\dot{Q}^E = \dot{TC}^E + \dot{P}^E - \dot{P}^{*E}$, $r = i - \dot{P}^E$ y $r^* = i^* - \dot{P}^{*E}$ representan la tasa esperada de variación del tipo de cambio real, el tipo de interés real interno y el tipo de interés real del resto del mundo, respectivamente. Finalmente, si tenemos en cuenta que $\dot{Q}^E = \dfrac{Q_{+1}^E}{Q} - 1$, obtenemos la siguiente expresión para el tipo de cambio real:

$$Q = \frac{Q_{+1}^E}{1 - \left(r - r^*\right)} \tag{6}$$

Así pues, vemos que, de acuerdo con la ecuación (6), el tipo de cambio real dependería positivamente del diferencial de tipos de interés reales entre

---

[10] La expresión «descubierta» se utiliza para distinguir esta relación de la denominada *paridad cubierta de los tipos de interés*, que se verifica cuando el agente, a la hora de comparar las rentabilidades obtenidas al adquirir bonos nacionales y extranjeros, aplica, en lugar del tipo de cambio esperado para el periodo siguiente, TC_{+1}^E, el correspondiente *tipo de cambio a plazo o a futuros*, TC_F (esto es, el tipo de cambio determinado hoy para una transacción con vencimiento futuro). En este caso, el arbitraje garantizaría que $\dfrac{(TC - TC_F)}{TC} = i - i^*$, donde $\dfrac{(TC - TC_F)}{TC}$ representa el tipo de descuento de la moneda nacional (esto es, el porcentaje en el que el tipo de cambio a plazo se encuentra depreciado con relación al tipo de cambio al contado). De esta manera, el agente «se cubre» y elimina el riesgo de cambio entre la moneda nacional y la extranjera. No obstante, en este libro prescindiremos del estudio del mercado de cambios a plazo.

la economía estudiada y la del resto del mundo, y del valor del tipo de cambio real esperado para el periodo siguiente. Ahora bien, ¿de qué dependería este último?

La literatura sobre el tipo de cambio real ha señalado que, en el muy largo plazo, éste tendería al valor correspondiente a la paridad del poder adquisitivo, si bien la velocidad de convergencia a dicho valor sería muy lenta.[11] De acuerdo con la *paridad del poder adquisitivo* (la teoría más antigua sobre la determinación del tipo de cambio), en su versión absoluta, el tipo de cambio nominal entre dos monedas debería igualar el poder de compra de ambas:

$$TC \cdot P = P^*$$

de manera que el tipo de cambio real sería constante e igual a la unidad. No obstante, una versión menos restrictiva, la denominada versión relativa, establece que el poder de compra de las dos monedas debería igualarse en términos de tasas de variación, de manera que la variación del tipo de cambio nominal entre dos monedas debería compensar la evolución de las tasas de inflación de las economías correspondientes:

$$\dot{TC} = \dot{P}^* - \dot{P}$$

Por tanto, como $\dot{Q} = \dot{TC} + \dot{P} - \dot{P}^*$, si se cumple la paridad del poder adquisitivo el tipo de cambio real sería constante y su valor esperado para el periodo siguiente sería igual al actual: $Q_{+1}^{E} = Q$, por lo que, de acuerdo con la ecuación (6), $r = r^*$. Sin embargo, la evidencia empírica muestra que los tipos de interés reales no se igualan a nivel internacional, lo que indica que en la práctica las desviaciones respecto a la paridad del poder adquisitivo son grandes y muy volátiles, debido no sólo a la rigidez de los precios, sino también a la segmentación de los mercados internacionales de bienes, que se traduce en que los precios de un mismo bien no se igualan entre los distintos países.

Pero no solamente el tipo de cambio real tiende a desviarse del valor correspondiente a la paridad del poder adquisitivo, sino que además puede variar a largo plazo; ello podría ocurrir en presencia del llamado *efecto Balassa-Samuelson*.[12] Supongamos que en la economía hay dos clases de bienes: los que se comercian

---

[11] Una revisión de la teoría y la evidencia empírica sobre la paridad del poder adquisitivo se presenta en Kenneth Rogoff: «The purchasing power parity puzzle», *Journal of Economic Literature*, vol. 34, junio de 1996, págs. 647-668; y en Alan M. Taylor y Mark P. Taylor: «The purchasing power parity debate», *Journal of Economic Perspectives*, vol. 18, otoño de 2004, págs. 135-158.

[12] Véanse Bela Balassa: «The purchasing power parity doctrine: A reappraisal», *Journal of Political Economy*, vol. 72, diciembre de 1964, págs. 584-596; y Paul A. Samuelson: «Theoretical notes on trade problems», *Review of Economics and Statistics*, vol. 46, mayo de 1964, págs. 145-154.

internacionalmente, para los que se cumple la paridad del poder adquisitivo; y los que no se comercian internacionalmente (fundamentalmente, los servicios), para los que no se cumple. En principio, los países desarrollados deberían registrar mayores aumentos de productividad en los sectores avanzados, que se corresponderían con los bienes comerciados, lo que permitiría aumentos de salarios en dichos sectores sin que aumentasen los precios en la misma proporción. Sin embargo, en los sectores más tradicionales, que se corresponderían con los bienes no comerciados, la productividad sería aproximadamente constante en todos los países; por lo que, si el trabajo se moviera libremente entre sectores aunque no entre países, en dichos sectores aumentarían tanto los salarios (pues se trasladarían los incrementos salariales de los sectores de bienes comerciados) como los precios (al no existir incremento de la productividad). De esta manera, si el índice general de precios es una media ponderada de los precios de los bienes comerciados y de los no comerciados, el efecto Balassa-Samuelson nos diría que los países ricos tenderán a tener su tipo de cambio real apreciado; y el motivo último sería que los países ricos tienden a tener niveles de precios más altos que los países pobres debido a que son más productivos en el sector de bienes comerciados.

Teniendo en cuenta todo lo anterior, supondremos una función para el tipo de cambio real como la siguiente:

$$Q = Q_A + q\left(r - r^*\right) \qquad [7]$$

donde Q_A representa el componente autónomo del tipo de cambio real; y q indica la sensibilidad del tipo de cambio real al diferencial de tipos de interés reales entre la economía estudiada y la del resto del mundo. En la ecuación (7), que denominamos *función TCR*, el tipo de cambio real depende positivamente del diferencial de tipos de interés reales, pues un aumento (disminución) de dicho diferencial haría que los bonos nacionales fueran más (menos) atractivos que los del resto del mundo, lo que llevaría a una apreciación (depreciación) del tipo de cambio real. A su vez, Q_A recoge las expectativas sobre la evolución del tipo de cambio real y, en general, todos aquellos factores que influyen sobre el tipo de cambio real en el largo plazo, tales como el grado de confianza de los agentes, el valor de la prima de riesgo (esto es, el tipo de rendimiento por encima del tipo de interés que representa el mayor riesgo de llevar a cabo una transacción financiera en otro país), etc.

En la Figura 9.5 se representa gráficamente la función *TCR*. La pendiente de dicha función es $\frac{1}{q}$, y tiene signo positivo ya que un aumento del tipo de interés real de la economía estudiada llevaría a una entrada de capitales que mejoraría el conjunto de la balanza de pagos; y para que ésta vuelva al equilibrio se requeriría una apreciación del tipo de cambio que empeorase el saldo de la balanza comercial. La pendiente será tanto mayor (menor) en valor absoluto, cuanto menor (mayor) sea la sensibilidad del tipo de cambio real al diferencial de tipos de interés reales. Finalmente, la función *TCR* se desplazaría hacia la derecha (izquierda) en aquellos casos que signifiquen una apreciación (depreciación) del tipo de cambio real, dado el tipo de interés real. En particular, la función *TCR* se desplazaría hacia la derecha si:

- disminuye el tipo de interés real del resto del mundo, r^*;
- aumenta la sensibilidad del tipo de cambio real al diferencial de tipos de interés reales, q (en este caso, con disminución de la pendiente);
- aumenta el componente autónomo del tipo de cambio real, Q_A,

y hacia la izquierda en los casos contrarios.

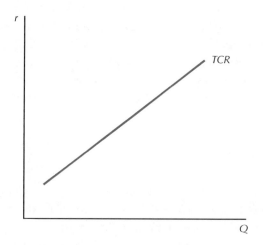

Figura 9.5. La función *TCR*.

Recuadro 9.2. El tipo de cambio y la competitividad de la economía española.

Como es sabido, desde el 1.º de enero de 1999 la moneda española es el euro. En esta fecha, once estados miembros de la Unión Europea (UE) iniciaron la tercera y última etapa de la Unión Económica y Monetaria (UEM), estableciéndose unos tipos de cambio irrevocablemente fijos entre las anteriores monedas nacionales y una nueva moneda, el euro. Al mismo tiempo, el Banco Central Europeo comenzó sus actuaciones como responsable de la política monetaria común de los estados miembros de la UEM, los cuales perdieron así su independencia en materia de política monetaria. El euro comenzó a circular físicamente el 1.º de enero de 2002, y mientras tanto se han ido incorporando otros países a la UEM: diecisiete en total en 2011.

En el Cuadro 9.6 se muestra la evolución del tipo de cambio nominal del euro frente a las principales monedas mundiales: el dólar estadounidense, el yen japonés y la libra esterlina británica. Como puede verse en el cuadro, en comparación con el cambio inicial, el euro se habría apreciado en 2009 algo más de un 30% frente al dólar, un 8% frente al yen, y un 35% frente a la libra esterlina. Aunque el euro tendió a depreciarse en los primeros momentos de la UEM, su cotización se fue recuperando paulatinamente, manteniéndose de manera ininterrumpida desde 2003 por encima de los valores iniciales en los tres casos (si bien se depreció en 2009 frente al dólar y al yen, pero no frente a la libra esterlina).

Sin embargo, la variable relevante para explicar los flujos de comercio exterior no es el tipo de cambio nominal, sino el real. En el caso español, la Secretaría de Estado de Comercio elabora una serie de índices de competitividad-precio: los denominados Índices de Tendencia de Competitividad (ITC).[1] Los ITC son tipos de cambio efectivos reales, calculados para distintas zonas geográficas y con distintos indicadores de precios, a partir de la siguiente expresión:

$$ITC = \frac{IPX \times IPR}{100}$$

donde *IPX* es un índice del tipo de cambio del euro e *IPR* es un índice de precios relativos. A su vez, *IPX* es un tipo de cambio efectivo obtenido como una media geométrica ponderada de los tipos de cambio bilaterales del euro respecto de las monedas de los países incluidos en el índice:

$$IPX = 100 \times \prod_{i=1}^{I} \left(TC_i \right)^{n_i}$$

mientras que *IPR* refleja la relación entre los precios españoles y la media geométrica ponderada de los precios de los países frente a los que se calcula:

$$IPR = 100 \times \frac{P}{\prod_{i=1}^{I} \left(P_i^* \right)^{n_i}}$$

---

[1] La metodología de elaboración de los ITC se presenta de manera detallada en http://www.comercio.mityc.es/NR/rdonlyres/9365F721-E8A4-4E3A-8705-F77C931C2D16/0/ITCs-Metodologia.pdf.

donde hemos utilizado la nomenclatura empleada en este capítulo para el tipo de cambio y los precios. En ambos índices, n_i representa la ponderación normalizada de las monedas y los precios, respectivamente, de cada uno de los i países que se incluyen en los índices, siendo $\sum_{i=1}^{I} n_i = 1$; estas ponderaciones se obtienen a partir del porcentaje que representan las exportaciones españolas a dichos países.

Por otra parte, los ITC se calculan con respecto a dos zonas geográficas: la UE y la OCDE; y utilizando dos índices de precios distintos: los índices de precios de consumo (IPC) y los índices de valor unitario de las exportaciones (IVU). Nótese que, si bien los IPC muestran una mayor armonización y disponibilidad para el conjunto de países incluidos en el cálculo del ITC que otra serie de indicadores de precios, plantean también algunos problemas. En particular, los IPC incluyen bienes no comercializables en el exterior, y su evolución puede reflejar las presiones de la demanda interna. Es por ello que se decidió utilizar también otros indicadores de competitividad que recogieran exclusivamente la evolución de los precios de los bienes expuestos a la competencia internacional, como es el caso de los IVU de las exportaciones. Sin embargo, estos índices tampoco están exentos de problemas, pues su elaboración está sujeta a una menor armonización internacional, y no se encuentran disponibles para todos los países.

Los ITC están disponibles con periodicidad mensual. Debido a la fórmula utilizada en la construcción de los índices, un aumento (disminución) de los mismos indica una apreciación (depreciación) real del euro y, por tanto, un empeoramiento (mejora) de la competitividad exterior de la economía española respecto de los países considerados.

En los Gráficos 9.1 y 9.2 se muestran los ITC frente a la UE y la OCDE desde 1999, calculados utilizando los IPC y los IVU de las exportaciones, respectivamente. Como puede verse en el Gráfico 9.1, cuando en su cálculo se utilizan los IPC, los ITC señalan una pérdida continuada de competitividad de la economía española a lo largo del periodo. En otras palabras, el tipo de cambio real se habría apreciado debido, por una parte, a la apreciación nominal del euro (como veíamos en el Cuadro 9.6); y, por otra parte, a un mayor incremento de los precios en la economía española en comparación con el resto del mundo. En general, la evolución de los ITC es bastante similar frente a las dos áreas consideradas, si bien la pérdida de competitividad resulta más acusada frente a la UE durante los primeros años.

Sin embargo, cuando en el cálculo de los ITC se utilizan los IVU de las exportaciones, los resultados se alteran significativamente, ya que el empeoramiento de la competitividad que se muestra en el Gráfico 9.2 resulta ahora mucho más matizado. Es decir, la apreciación del tipo de cambio real habría sido en este caso mucho menor; y, como el numerador (el tipo de cambio nominal) es el mismo, el motivo sería que los precios de las exportaciones españolas habrían experimentado un menor incremento frente al resto del mundo, en comparación con los precios totales (medidos por el IPC). En otras palabras, el mayor incremento relativo de los precios españoles se debería en mayor medida a los precios de los bienes no comercializables, que no están expuestos a la competencia en los mercados internacionales, y no tanto a los precios de los bienes objeto de comercio internacional. Ello no sería sino un reflejo de la denominada «inflación dual» (a la que nos referimos en el Recuadro 7.2); y permitiría explicar, al menos en parte, el relativamente satisfactorio comportamiento de las exportaciones españolas en los últimos años, que han conseguido mantener sus cuotas relativas en las exportaciones mundiales de mercancías cuando las de buena parte de las economías desarrolladas han retrocedido.

Cuadro 9.6. Tipo de cambio nominal del euro
(unidades de moneda extranjera por €).

	Dólar	Yen	Libra esterlina
1999	1,065	120,648	0,658
2000	0,924	99,500	0,609
2001	0,896	108,671	0,622
2002	0,945	117,996	0,629
2003	1,131	130,900	0,692
2004	1,243	134,400	0,679
2005	1,245	136,870	0,684
2006	1,256	146,060	0,682
2007	1,371	161,230	0,685
2008	1,471	152,330	0,797
2009	1,393	130,200	0,891

Fuente: Secretaría de Estado de Comercio.

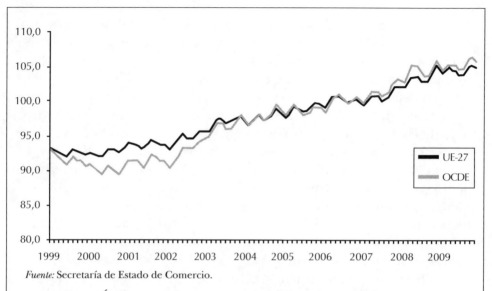

Fuente: Secretaría de Estado de Comercio.

Gráfico 9.1. Índice de Tendencia de Competitividad calculado con índices de precios de consumo, frente a la UE-27 y la OCDE (2006 = 100).

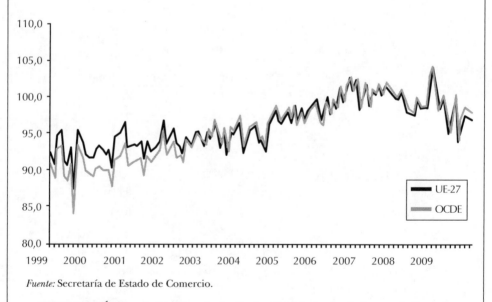

Fuente: Secretaría de Estado de Comercio.

Gráfico 9.2. Índice de Tendencia de Competitividad calculado con índices de valor unitario de exportación, frente a la UE-27 y la OCDE (2006 = 100).

9.5 La función *IS* de la economía abierta

En esta sección obtendremos la condición de equilibrio en el mercado de bienes de la economía abierta, que vendrá dada, al igual que en la economía cerrada, por la igualdad entre la oferta de bienes producidos en el periodo y la demanda agregada planeada en dicho periodo. En la economía cerrada, esta última era igual a la suma de la demanda agregada de consumo privado, la demanda agregada de inversión privada y el gasto público; recordemos que en la economía abierta la suma de estos tres componentes recibía el nombre de absorción o demanda interna. En la economía abierta, además:

- La demanda extranjera de bienes nacionales (esto es, las exportaciones, X) es también un componente del gasto planeado sobre la producción interna.
- La parte del consumo, la inversión y el gasto público que se realiza en el exterior (esto es, las importaciones, M) no constituye gasto planeado sobre la producción interna.

Por tanto, como vimos en la sección 3, la demanda planeada total en bienes nacionales, Y^d, vendrá dada por:

$$Y^d \equiv C + I + G + X - \frac{M}{Q} \equiv Y^d_i + XN$$

esto es, la suma de la absorción o demanda interna, Y^d_i, más las exportaciones netas o saldo de la balanza comercial, XN, donde $Q \equiv \dfrac{TC \cdot P}{P^*}$ es el tipo de cambio real.

En la sección 3 suponíamos también que el saldo de la balanza comercial dependía de la renta del resto del mundo, la renta nacional y el tipo de cambio real:

$$XN = XN_A + xY^* - mY - vQ$$

y, en la sección 4, que el tipo de cambio real dependía del diferencial de tipos de interés reales entre nuestra economía y la del resto del mundo:

$$Q = Q_A + q(r - r^*)$$

de manera que la ecuación del saldo de la balanza comercial quedaría:

$$XN = XN_A + xY^* - mY - vQ_A - vq(r - r^*)$$

Así pues, recordando las funciones de consumo e inversión del Capítulo 4, y suponiendo de nuevo que las variables de política fiscal son exógenas, obtendríamos la *función IS* de la economía abierta:

$$Y = C_A + c\big[(1-t)Y + TR\big] + I_A - hr + G + XN_A + xY^* - mY - vQ_A - vq(r - r^*)$$

o, lo que es lo mismo:

$$Y = \frac{1}{1 - c(1-t) + m}\Big[C_A + cTR + I_A - (h + vq)r + G + XN_A + xY^* - vQ_A + vqr^*\Big] \quad [8]$$

Por otra parte, al igual que veíamos en el Capítulo 4, podemos considerar una expresión alternativa de la función *IS*. Recordemos que la renta disponible se define como $Y_D \equiv Y - T$, donde $T \equiv tY - TR$, y que se distribuye entre consumo y ahorro: $Y_D = C + S$, por lo que $Y - T = C + S$. Por lo tanto: $Y = C + I + G + XN = C + S + T$, de manera que podemos escribir la condición de equilibrio en el mercado de bienes como:

$$I + G + XN = S + T$$

o lo que es lo mismo:

$$I + (G - T) + XN = S$$

Por último, teniendo en cuenta que $G \equiv C_G + I_G$, tendríamos que:

$$I + I_G + XN = S + S_G$$

donde $S_G \equiv T - C_G$; o bien:

$$XN = (S + S_G) - (I + I_G)$$

Es decir, en el equilibrio del mercado de bienes, la inversión más el gasto público más el saldo de la balanza comercial es igual al ahorro más los impuestos netos de transferencias. O, dicho de otro modo, en una economía abierta el ahorro privado debe financiar no sólo el gasto privado de inversión y el déficit del sector público, sino también el saldo de la balanza comercial. O, alternativamente, el ahorro total (privado más público) debe igualarse con la inversión total (privada más pública) más el saldo de la balanza comercial; de manera que este último debe ser igual a la diferencia entre el ahorro y la inversión nacionales.

La pendiente de la función *IS* de la economía abierta viene dada por:

$$-\frac{1 - c(1-t) + m}{h + vq} < 0$$

y tiene signo negativo, si bien no se puede saber si es mayor o menor, en valor absoluto, que la pendiente de la función *IS* de la economía cerrada. Vemos, por una parte, que en el denominador aparece el término vq, esto es, el producto de las sensibilidades de la balanza comercial al tipo de cambio real y de éste al tipo de interés real, lo que hace disminuir la pendiente. En efecto, en la economía abierta una disminución del tipo de interés real llevaría no sólo a un aumento de la inversión, sino también a una mejora de la balanza comercial en respuesta a la depreciación del tipo de cambio real inducida por la disminución del tipo de interés real; por tanto, el incremento final de la demanda agregada será mayor. Sin embargo, por otra parte, en el numerador aparece m, la sensibilidad de las importaciones al nivel de renta nacional, lo que hace aumentar la pendiente. En este caso, como puede verse a partir de la ecuación (8), lo que ocurriría es que en la economía abierta el multiplicador del gasto autónomo, $\dfrac{1}{1-c(1-t)+m}$, es inferior al de la economía cerrada, $\dfrac{1}{1-c(1-t)}$, ya que ahora una parte del aumento de la demanda agregada se desvía a importaciones, lo que hace que el incremento final de la demanda agregada sea menor.

Finalmente, por lo que respecta a su posición, la función *IS* de la economía abierta se desplazaría hacia la derecha (izquierda) en aquellos casos que signifiquen un incremento (disminución) del nivel de renta dado el tipo de interés real. Y ello ocurriría en los mismos casos que en la economía cerrada, así como en respuesta a cambios en las variables exógenas y parámetros de las funciones de la balanza comercial y el tipo de cambio real. En particular, se desplazaría a la derecha si:

- aumenta el componente autónomo de las exportaciones netas, XN_A; aumenta el nivel de renta del resto del mundo, Y^*; aumenta la sensibilidad de las exportaciones al nivel de renta del resto del mundo, x; disminuye la sensibilidad de las importaciones al nivel de renta nacional, m (en este caso con disminución de la pendiente); o disminuye la sensibilidad de la balanza comercial al tipo de cambio real, v (en este caso con aumento de la pendiente);
- disminuye el componente autónomo del tipo de cambio real, Q_A; disminuye la sensibilidad del tipo de cambio real al tipo de interés real, q (en este caso con aumento de la pendiente); o aumenta el tipo de interés real del resto del mundo, r^*,

y hacia la izquierda en los casos contrarios.

9.6 La función *RM* de la economía abierta

En la economía cerrada suponíamos que la política monetaria se llevaba a cabo de acuerdo con una regla, según la cual el banco central alteraba el tipo de interés real en función de la desviación de la tasa de inflación respecto a un objetivo establecido previamente, así como de la evolución del nivel de actividad.

Ahora bien, en la economía abierta, habría que tener en cuenta la evolución, no sólo de los precios de los bienes producidos en el interior del país, sino también de los precios de los bienes importados del exterior. Es decir, existiría un *índice de precios de consumo*, P_C, que sería una media ponderada de los niveles de precios nacional y extranjero:

$$P_C = P^\sigma \left(\frac{P^*}{TC} \right)^{1-\sigma}$$

donde σ y $1-\sigma$ son, respectivamente, las ponderaciones del nivel de precios internos y del nivel de precios exteriores, expresado este último en moneda nacional. Recordando la definición del tipo de cambio real, $Q \equiv \dfrac{TC \cdot P}{P^*}$, el índice de precios de consumo podría expresarse como:

$$P_C = P \left(\frac{1}{Q} \right)^{1-\sigma}$$

De esta manera, si el objetivo del banco central fuera la estabilización de la tasa de inflación del índice de precios de consumo, $\dot{P}_C$, la regla del banco central sería:

$$r = r_A + a \left(\dot{P}_C - \dot{P}_C^O \right) + bY$$

donde $\dot{P}_C^O$ sería el objetivo establecido por el banco central para la tasa de inflación del índice de precios de consumo; o teniendo en cuenta que esta última es igual a $\dot{P}_C = \dot{P} - (1 - \sigma)\dot{Q}$:

$$r = r_A + a \left(\dot{P} - (1 - \sigma)\dot{Q} - \dot{P}_C^O \right) + bY$$

Como vemos, si el banco central establece su objetivo con respecto a la tasa de inflación del índice de precios de consumo, la regla de política monetaria dependería del tipo de cambio real.

No obstante, se ha señalado que en la práctica, a la hora de estabilizar la evolución de la tasa de inflación y el nivel de actividad, las reglas de política monetaria que dependen del tipo de cambio no funcionan mejor que aquellas que no lo incluyen, fundamentalmente por dos motivos:[13]

a) En primer lugar, aunque la regla de política monetaria no incluya el tipo de cambio, existirá una reacción indirecta del tipo de interés al tipo de cambio. Así, por ejemplo, si se produce una apreciación del tipo de cambio real disminuirá el nivel de actividad (al empeorar el saldo de la balanza comercial) y, en consecuencia, la tasa de inflación (al moderarse las reivindicaciones salariales, de acuerdo con la ecuación de salarios), por lo que el banco central reducirá el tipo de interés real aunque el tipo de cambio no aparezca directamente en la regla de política monetaria.

b) En segundo lugar, podrían existir desviaciones del tipo de cambio con respecto a la paridad del poder adquisitivo (por ejemplo, debidas a variaciones de la productividad), recogidas en nuestro modelo en la variable Q_A, que no deberían compensarse mediante variaciones del tipo de interés.

Por todo ello, y teniendo en cuenta además que la introducción del tipo de cambio en la regla de política monetaria complicaría de manera considerable el funcionamiento del modelo sin afectar significativamente a los resultados finales,[14] supondremos que la regla de política monetaria o *función RM* de la economía abierta va a ser la misma que la de la economía cerrada, esto es:

$$r = r_A + a\left(\dot{P} - \dot{P}^O\right) + bY \qquad [9]$$

Por último, en la Figura 9.6 se representa de manera esquemática el mecanismo de transmisión de la política monetaria en una economía abierta. Como puede verse si se compara con el de la economía cerrada (Figura 5.6 del Capítulo 5), en la economía abierta aparece un nuevo canal de transmisión de efectos: las variaciones del tipo de interés real van a afectar al tipo de cambio real y, a través de éste, al saldo de la balanza comercial y al nivel de demanda agregada. En otras palabras, en la economía abierta la política monetaria va a influir sobre la demanda agregada, no sólo a través de la inversión, sino también a través del saldo de la ba-

---

[13] John B. Taylor: «The role of the exchange rate in monetary-policy rules», *American Economic Review, Papers and Proceedings*, vol. 91, mayo de 2001, págs. 263-267.

[14] La única excepción se daría para el caso de una variación del tipo de interés del resto del mundo. Como veremos en la sección 10, si se produce, por ejemplo, un incremento del tipo de interés real del resto del mundo, el tipo de cambio real se depreciaría, lo que incrementaría el nivel de demanda agregada, vía una mejora del saldo de la balanza comercial. Sin embargo, si se incluye el tipo de cambio real en la función *RM*, la depreciación del tipo de cambio real llevaría al banco central a aumentar el tipo de interés real, lo que haría que el nivel de demanda agregada disminuyera; el efecto final sobre ésta, por tanto, quedaría indeterminado.

lanza comercial (en este caso, indirectamente, vía tipo de cambio real). También se puede apreciar en la Figura 9.6 cómo el tipo de cambio real va a afectar indirectamente al tipo de interés real a pesar de no aparecer directamente en la regla de política monetaria, tal como se mencionó anteriormente: las variaciones de la demanda agregada (una parte de ellas, como vimos, inducidas por la variación del tipo de cambio real) se van a traducir en variaciones del nivel de actividad y la tasa de inflación, lo que llevará al banco central a modificar el tipo de interés real.

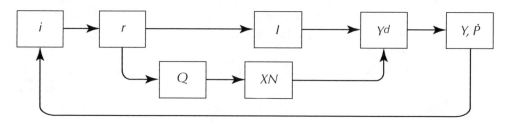

Figura 9.6. El mecanismo de transmisión de la política monetaria en una economía abierta.

9.7 El modelo *IS-RM* de la economía abierta

El modelo *IS-RM* de la economía abierta vendría dado por las funciones *IS* y *RM* obtenidas en las secciones anteriores:

$$Y = \frac{1}{1 - c(1 - t) + m} \left[C_A + cTR + I_A - \left(h + vq\right)r + G + XN_A + xY^* - vQ_A + vqr^* \right] \quad [8]$$

$$r = r_A + a\left(\dot{P} - \dot{P}^O\right) + bY \quad [9]$$

Nuestro modelo *IS-RM* de la economía abierta representa una evolución del utilizado tradicionalmente para el análisis de una economía abierta: el denominado *modelo Mundell-Fleming*, que constituye la versión para la economía abierta del modelo *IS-LM* de la economía cerrada. En particular, el modelo *IS-RM* de la economía abierta se va a diferenciar del modelo Mundell-Fleming en la utilización de una regla de política monetaria, nuestra función *RM*, en vez de la condición de equilibrio en el mercado de dinero, la función *LM*.[15]

---

[15] El modelo Mundell-Fleming se origina a partir de las contribuciones de Robert Mundell, en una serie de artículos publicados entre 1960 y 1964 entre los que destaca «Capital mobility and stabilization policy under fixed and flexible exchange rates», *Canadian Journal of Economics and Political Science*, vol. 29, noviembre de 1963, págs. 475-485, y que se recopilaron posteriormente en su libro *International Economics*, Macmillan, New York, 1968; así como la de J. Marcus Fleming: «Domestic financial policies under fixed and under floating exchange rates», *IMF Staff Papers*, vol. 9, noviembre de 1962, págs. 369-379.

El equilibrio del modelo *IS-RM* de la economía abierta se muestra gráficamente en el punto E_0 de la Figura 9.7, que nos proporciona los valores del nivel de renta, Y_0, y el tipo de interés real, r_0, que garantizan simultáneamente el equilibrio en el mercado de bienes y el cumplimiento de la regla monetaria. En la figura se representa también la función *TCR*, obtenida a partir de:

$$Q = Q_A + q\left(r - r^*\right) \qquad [7]$$

que nos muestra el valor del tipo de cambio real Q_0 correspondiente al tipo de interés real r_0, de acuerdo con la ecuación (7).

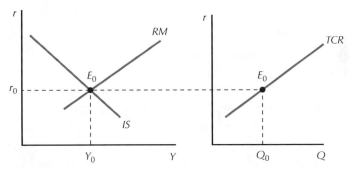

Figura 9.7. El modelo *IS-RM* de la economía abierta.

Al igual que en la economía cerrada, los niveles de la renta y del tipo de interés real, correspondientes al punto E_0, para los que se verifican simultáneamente el equilibrio en el mercado de bienes y el cumplimiento de la regla monetaria, podrían verse afectados por posibles perturbaciones. Con objeto de simplificar el análisis, vamos a suponer que son estables los parámetros de las relaciones de comportamiento, tanto del sector privado (economías domésticas y empresas, nacionales y extranjeras) en las funciones de consumo, inversión, balanza comercial y tipo de cambio real (c, h, x, m, v y q), como del banco central en la regla de política monetaria (a y b); y lo mismo con respecto a los valores de referencia para el tipo de interés real y el tipo de cambio real en el largo plazo (r_A y Q_A). Por tanto, van a existir tres clases de perturbaciones:

i)   Perturbaciones en la demanda interna de bienes, que tendrían su origen en alteraciones, bien de los componentes autónomos de las funciones de comportamiento del sector privado (economías domésticas y empresas), C_A e I_A; o bien de los instrumentos de política fiscal, G, t o *TR*.

ii) Perturbaciones monetarias, que tendrían su origen en alteraciones del objetivo establecido por el banco central para la tasa de inflación, $\dot{P}^O$.

iii) Perturbaciones exteriores, que van a ser específicas de la economía abierta y pueden tener su origen, bien en el saldo de la balanza comercial, a partir de alteraciones del componente autónomo de las exportaciones netas, XN_A, o el nivel de renta del resto del mundo, Y^*; o bien en alteraciones del tipo de interés real del resto del mundo, r^*.

Por lo demás, aparte de la aparición de las perturbaciones exteriores, la diferencia con respecto a la economía cerrada consiste en que, en la economía abierta, una variación del tipo de interés real se va a traducir en una variación del tipo de cambio real y, por tanto, en una variación del nivel de renta (vía saldo de la balanza comercial); y esta variación del nivel de renta puede, bien reforzar, o bien revertir, el efecto inicial de la perturbación.

Las ecuaciones que configuran el modelo *IS-RM* de la economía abierta se muestran en la Tabla 9.1.

En el resto del capítulo analizaremos cómo afectan al equilibrio del modelo *IS-RM* de la economía abierta las perturbaciones anteriores, esto es, las originadas en la demanda interna de bienes, las monetarias, y las exteriores, a partir de una situación inicial de equilibrio como la representada en la Figura 9.7.

9.8 Perturbaciones en la demanda interna de bienes

Las perturbaciones con origen en la demanda interna de bienes son las que afectan al consumo de las economías domésticas, la inversión de las empresas y la política fiscal. En particular, nos vamos a centrar en las posibles variaciones de los componentes autónomos del consumo y la inversión, y de los instrumentos de política fiscal. Estas variaciones van a alterar la posición de la función *IS* en los términos ya vistos en los Capítulos 4 y 6, a lo que habrá que añadir las variaciones que se produzcan en el tipo de cambio real, que van a afectar a la balanza comercial y, por tanto, también a la posición de la curva *IS*. Concretamente, podríamos considerar las siguientes perturbaciones:

- Variaciones del consumo autónomo, C_A.
- Variaciones de la inversión autónoma, I_A.
- Actuaciones de política fiscal, a través de variaciones del gasto público, G, de las transferencias a las economías domésticas, TR, o del tipo impositivo sobre la renta, t.

Tabla 9.1. El modelo *IS-RM* de la economía abierta.

$$(\text{consumo}) \quad C = C_A + c\big[(1-t)Y + TR\big]$$

$$(\text{inversión}) \quad I = I_A - hr$$

$$(\text{política fiscal}) \quad G, t, TR \text{ exógenas}$$

$$(\text{balanza comercial}) \quad XN = XN_A + xY^* - mY - vQ$$

$$(\text{tipo de cambio real}) \quad Q = Q_A + q(r - r^*)$$

$$\rightarrow Y = \frac{1}{1 - c(1-t) + m}\big[C_A + cTR + I_A - (h + vq)r + G + XN_A + xY^* - vQ_A + vqr^*\big] \; (IS)$$

$$(\text{política monetaria}) \quad r = r_A + a(\dot{P} - \dot{P}o) + bY \quad (RM)$$

Como viene siendo habitual, estudiaremos los efectos de una política fiscal expansiva, a través de un aumento del nivel de gasto público, cuyos efectos serán similares a los de una política fiscal expansiva instrumentada mediante un aumento de las transferencias a las economías domésticas o una disminución del tipo impositivo sobre la renta; y a los de un incremento en el consumo autónomo o la inversión autónoma. Análogamente, una política fiscal contractiva o una disminución del consumo autónomo o la inversión autónoma tendrían efectos opuestos.

Así, partimos de una situación inicial de equilibrio como la dada por el punto E_0 de la Figura 9.8, donde se representan las funciones IS y RM a la izquierda y TCR a la derecha. Los valores iniciales del nivel de renta, el tipo de interés real y el tipo de cambio real vienen dados por Y_0, r_0 y Q_0, respectivamente. Inicialmente, un aumento del gasto público significaría un aumento del nivel de demanda agregada, por sí mismo y a través de un mayor consumo vía multiplicador –este último efecto inferior en el caso de la economía abierta ya que una parte se perdería a través de unas mayores importaciones. En la Figura 9.8 se muestra a través del paso del punto E_0 al punto E_0'. Este incremento inicial de la demanda agregada, hasta Y_0', se verá reducido posteriormente de manera parcial por dos efectos desplazamiento: el primero, debido a una disminución de la inversión tras el aumento del tipo de interés real por parte del banco central (en respuesta al mayor nivel inicial de demanda agregada), esto es, el efecto desplazamiento que vimos en el Capítulo 6; y el segundo, debido a un empeoramiento de la balanza comercial al apreciarse el tipo de cambio real (en respuesta al mayor tipo de interés real), que refuerza el anterior. Todo ello se muestra en la Figura 9.8 a través del paso del punto E_0' al punto E_1, con una disminución de la renta hasta Y_1, un aumento del tipo de interés hasta r_1, y una apreciación del tipo de cambio real hasta Q_1, desplazándose hacia la derecha la función IS.

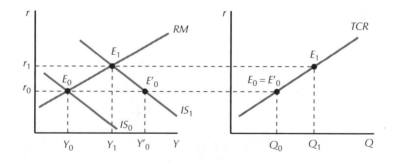

Figura 9.8. Un aumento del gasto público en el modelo *IS-RM* de la economía abierta.

En resumen, aumentan el nivel de renta y el tipo de interés real, y se produce una apreciación del tipo de cambio real. El aumento de la renta es menor que en una economía cerrada, debido al mayor efecto desplazamiento. Este resultado vendría acompañado por un aumento del consumo (debido al mayor nivel de renta), que, junto con el aumento del gasto público, prevalecería sobre la disminución de la inversión (en respuesta al incremento del tipo de interés) y el empeoramiento de la balanza comercial (al apreciarse el tipo de cambio real y aumentar además el nivel de renta nacional). El efecto expansivo sobre el nivel de renta sería tanto mayor cuanto:

- Mayor sea la propensión marginal al consumo, c, pues el efecto multiplicador sobre el consumo y, por tanto, el aumento inicial de la renta, sería mayor.
- Menor sea la respuesta del tipo de interés real al nivel de producción, b, pues el aumento del tipo de interés real en respuesta al aumento inicial de la renta sería menor.
- Menor sea la sensibilidad de la inversión al tipo de interés real, h, pues la disminución de la inversión en respuesta al aumento del tipo de interés real sería menor.
- Menor sea la respuesta del tipo de cambio real al tipo de interés real, q, pues la apreciación del tipo de cambio real sería menor.
- Menor sea la sensibilidad de la balanza comercial al tipo de cambio real, v, pues el empeoramiento de la balanza comercial sería menor.

9.9 Perturbaciones monetarias

Para estudiar los efectos de las perturbaciones que afectan a la regla monetaria y, por consiguiente, al equilibrio *IS-RM* en una economía abierta supondremos, al igual que en la economía cerrada, la estabilidad de los parámetros de la función de comportamiento del banco central, y también supondremos dado a medio plazo el valor de referencia para el tipo de interés real. Es decir, consideraremos como perturbaciones monetarias las siguientes:

- actuaciones de política monetaria, a través de variaciones del objetivo establecido para la tasa de inflación, $\dot{P}^O$ (*inflation targeting*),

de manera que un aumento (disminución) de $\dot{P}^O$ se traduciría en un desplazamiento hacia abajo (arriba) de la función *RM*.

Así pues, vamos a analizar los efectos de una política monetaria expansiva, a través de un aumento del objetivo de inflación establecido por el banco central. De forma equivalente podríamos haber considerado una política monetaria contractiva, a través de una disminución del objetivo de inflación, que tendría los efectos contrarios.

Partimos nuevamente de una situación inicial de equilibrio como la dada por el punto E_0 de la Figura 9.9, análoga a la Figura 9.8, donde los valores iniciales del nivel de renta, el tipo de interés real y el tipo de cambio real vienen dados por Y_0, r_0 y Q_0, respectivamente. Si el banco central establece un objetivo de inflación más elevado, el tipo de interés real descenderá, hasta r_0', y el tipo de cambio real se depreciará, hasta Q_0', alcanzándose el punto E_0'. La disminución del tipo de interés real de r_0 a r_0' da lugar a un aumento de la demanda de inversión y, por consiguiente, del nivel de renta. Este aumento del nivel de demanda vía una mayor inversión viene acompañado de una mejora de la balanza comercial (debida a la depreciación del tipo de cambio real, al disminuir el tipo de interés), amplificado vía consumo a través del multiplicador –este último efecto inferior en el caso de la economía abierta ya que una parte se perdería a través de unas mayores importaciones. A medida que aumenta la renta, el banco central aumentará el tipo de interés real, de r_0' a r_1, provocando un movimiento a lo largo de la función RM hacia arriba y a la derecha, de E_0' a E_1. En términos de la Figura 9.9 la situación final vendría dada por el paso del punto E_0' al punto E_1, con un aumento de la renta hasta Y_1, un aumento del tipo de interés hasta r_1 y una apreciación del tipo de cambio real hasta Q_1.

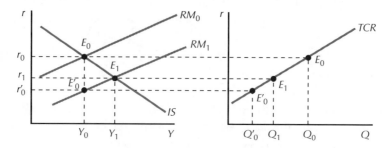

Figura 9.9. Un aumento del objetivo de inflación en el modelo *IS-RM* de la economía abierta.

En resumen, en la situación de equilibrio final, el nivel de renta habrá aumentado, mientras que el tipo de interés real habrá disminuido y el tipo de cambio real se habrá depreciado con respecto a sus valores iniciales. El efecto expansivo sobre el nivel de renta sería tanto mayor cuanto:

- Mayor sea la respuesta del tipo de interés real a la desviación de la inflación con respecto al objetivo, a, pues el descenso inicial del tipo de interés real sería mayor.
- Mayor sea la sensibilidad de la inversión al tipo de interés real, h, pues el au-

mento de la inversión en respuesta a la disminución del tipo de interés real sería mayor.

- Mayor sea la respuesta del tipo de cambio real al tipo de interés real, q, pues la depreciación del tipo de cambio real sería mayor.
- Mayor sea la sensibilidad de la balanza comercial al tipo de cambio real, v, pues la mejora de la balanza comercial sería mayor.
- Menor sea la respuesta del tipo de interés real al nivel de renta, b, pues el aumento del tipo de interés real en respuesta al aumento inicial de la renta sería menor.
- Mayor sea la propensión marginal al consumo, c, pues el efecto multiplicador sobre el consumo y, por tanto, el aumento de la renta, sería mayor.

Como hemos podido ver, en la economía abierta, las perturbaciones monetarias tienen un mayor efecto sobre el nivel de renta que las perturbaciones en la demanda interna de bienes. Ello se debe a que el aumento de la demanda vía inversión, debido a la disminución del tipo de interés real, se ve reforzado por la mejora de la balanza comercial, debida a la depreciación del tipo de cambio real. Por el contrario, ya hemos visto que cuando tenía lugar una perturbación en la demanda interna de bienes, el incremento inicial de la demanda agregada se veía reducido posteriormente de manera parcial por dos efectos desplazamiento: el provocado por el aumento del tipo de interés y el debido a la apreciación del tipo de cambio.

9.10 Perturbaciones exteriores

Existen en nuestro modelo dos clases de perturbaciones exteriores: las que afectan al saldo de la balanza comercial y las que afectan al tipo de interés real del resto del mundo. Los efectos de las primeras (que pueden tener su origen en una variación, bien del componente autónomo de las exportaciones netas, XN_A, bien del nivel de renta del resto del mundo, Y^*) son análogos a los de las perturbaciones con origen en la demanda interna de bienes. En particular, los efectos de un aumento de XN_A o de Y^* se pueden ver en la Figura 9.8; la única diferencia con el caso allí mostrado sería que el nivel de gasto público no habría aumentado, y en su lugar la balanza comercial mejoraría en lugar de empeorar. A su vez, los efectos de las segundas guardan cierta similitud con los de las perturbaciones monetarias, como ahora veremos. En el resto de esta sección analizaremos el caso de un aumento del tipo de interés real del resto del mundo, que se muestra gráficamente en la Figura 9.10.

Un aumento del tipo de interés real del resto del mundo hace que, al tipo de interés nacional inicial, el tipo de cambio real se deprecie (en términos gráficos, la función *TCR* se desplazaría hacia la izquierda), lo que hace que mejore la balanza comercial, la función *IS* se desplace a la derecha y, en consecuencia, aumente el nivel de renta hasta Y_0', pasando del punto E_0 al E_0'. A medida que aumenta la renta, el banco central aumentará el tipo de interés real, de r_0 hasta r_1, provocando un movimiento a lo largo de la función *IS* hacia arriba y a la izquierda, de E_0' a E_1, disminuyendo el nivel de renta, de Y_0' a Y_1, debido al aumento del tipo de interés real y a la consiguiente apreciación parcial del tipo de cambio real. A diferencia del caso de la política monetaria visto anteriormente, el aumento final de la renta resulta ahora menor; ya que se debe únicamente a la mejora del saldo de la balanza comercial en respuesta a la depreciación del tipo de cambio real y, por lo tanto, habrá requerido un menor incremento posterior del tipo de interés real.

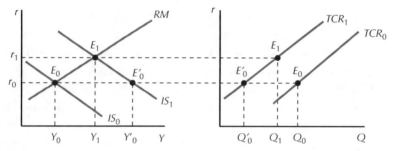

Figura 9.10. Un aumento del tipo de interés exterior en el modelo *IS-RM* de la economía abierta.

Resumiendo, en el equilibrio final dado por el punto E_1 el nivel de renta habría aumentado, lo que vendría acompañado de un aumento del tipo de interés real y de una depreciación del tipo de cambio real. El efecto expansivo sobre el nivel de renta sería tanto mayor cuanto:

- Mayor sea la respuesta del tipo de cambio real al tipo de interés real, q, pues la depreciación del tipo de cambio real sería mayor.
- Mayor sea la sensibilidad de la balanza comercial al tipo de cambio real, v, pues la mejora de la balanza comercial sería mayor.
- Menor sea la respuesta del tipo de interés real al nivel de producción, b, pues el aumento del tipo de interés real en respuesta al aumento inicial de la renta sería menor.
- Menor sea la sensibilidad de la inversión al tipo de interés real, h, pues la disminución de la inversión en respuesta al aumento del tipo de interés real sería menor.
- Mayor sea la propensión marginal al consumo, c, pues el efecto multiplicador sobre el consumo y, por tanto, el aumento de la renta, sería mayor.

9.11 Efectos de las perturbaciones en el modelo *IS-RM* de la economía abierta: resumen

Como hemos visto anteriormente, la introducción del sector exterior en el modelo *IS-RM* se traduce en variaciones del tipo de cambio real, que van a afectar a la balanza comercial y, por tanto, a la demanda agregada. En consecuencia, los efectos de las distintas perturbaciones en el modelo *IS-RM* de la economía abierta diferirán con respecto al modelo *IS-RM* de la economía cerrada (que estudiábamos en el Capítulo 6):

- En la economía abierta, las perturbaciones en la demanda interna de bienes van a tener un menor efecto sobre el nivel de renta.
- En la economía abierta, las perturbaciones monetarias van a tener un mayor efecto sobre el nivel de renta.
- En la economía abierta, las perturbaciones monetarias van a tener un mayor efecto sobre el nivel de renta que las perturbaciones en la demanda interna de bienes. En particular, en la economía abierta la política monetaria va a ser más efectiva que la política fiscal, en términos de sus efectos sobre el nivel de renta.

Los efectos sobre las variables endógenas del modelo *IS-RM* de una economía abierta, a partir de una variación de las variables exógenas, se resumen en la Tabla 9.2.

Tabla 9.2. Efectos sobre las variables endógenas de una variación de las variables exógenas en el modelo *IS-RM* de la economía abierta.

		Variables endógenas					
		Y	r	Q	C	I	XN
Variables exógenas	C_A	+	+	+	+	−	−
	I_A	+	+	+	+	+	−
	G	+	+	+	+	−	−
	t	−	−	−	−	+	+
	TR	+	+	+	+	−	−
	$\dot{P}^O$	+	−	−	+	+	+
	XN_A	+	+	+	+	−	+
	Y^*	+	+	+	+	−	+
	r^*	+	+	−	+	−	+

Notas: a) El signo + indica que una variación de la variable exógena da lugar a una variación de la variable endógena en el mismo sentido. *b)* El signo − indica que una variación de la variable exógena da lugar a una variación de la variable endógena en sentido contrario.

Ejercicios

1. Comente qué significan, respectivamente, un aumento de:
   a) el tipo de cambio bilateral y directo,
   b) el tipo de cambio bilateral e indirecto,
   c) el tipo de cambio efectivo.

2. ¿Bajo qué circunstancias una depreciación del tipo de cambio real puede empeorar el saldo de la balanza comercial?

3. Analice los efectos de un aumento del tipo impositivo sobre la renta, en el modelo *IS-RM* de la economía abierta.

Soluciones

1. En el caso a) un aumento del tipo de cambio significa que la moneda nacional vale menos en relación a una moneda extranjera particular; es decir, la moneda nacional se deprecia. Por tanto, se abaratan relativamente las exportaciones pero se encarecen las importaciones.

   En los otros dos casos, la moneda nacional vale más con relación a otras: en el caso *b*) con relación a una moneda extranjera particular y en el caso *c*) con relación a un conjunto de monedas extranjeras; es decir, la moneda nacional se aprecia. Se encarecen relativamente las exportaciones y se abaratan las importaciones.

2. Cuando la respuesta de las cantidades de exportaciones e importaciones al tipo de cambio real sea lo suficientemente lenta puede predominar, inicialmente, el aumento del valor de la cantidad inicial de importaciones. Sin embargo, a medida que las cantidades de exportaciones e importaciones respondieran al nuevo valor del tipo de cambio real, la balanza comercial acabaría mejorando. Es el llamado «efecto J» que ocurre porque, en general, las elasticidades de exportaciones e importaciones suelen ser superiores en el medio y largo plazo que en el corto plazo.

3. Un aumento del tipo impositivo disminuirá el nivel de demanda agregada debido a una menor renta disponible, lo que se traduciría en un menor consumo, amplificado posteriormente a través del multiplicador. Esta disminución inicial de la demanda agregada se verá contrarrestada parcialmente por dos efectos: el primero, debido a un aumento de la inversión tras la reducción del tipo de interés real por parte del banco central (en respuesta a un menor nivel inicial de demanda); y el segundo, gracias a la mejora de la balanza comercial al de-

preciarse el tipo de cambio real (en respuesta a la reducción del tipo de interés real). El resultado final es una disminución del nivel de renta y el tipo de interés real, depreciándose el tipo de cambio real. Gráficamente, observaríamos un desplazamiento a la izquierda de la función *IS* con aumento de su pendiente (en valor absoluto).

Bibliografía recomendada

Los primeros intentos de modelización de la economía abierta después de la Segunda Guerra Mundial (y la aparición de la obra de Keynes) hasta finales de los años 1960, se examinan en:

Peter B. Kenen: «Macroeconomic theory and policy: How the closed economy was opened», en Ronald W. Jones y Peter B. Kenen (eds.): *Handbook of International Economics*, vol. 2, North-Holland, Amsterdam, 1985, págs. 625-677.

y los desarrollos inmediatamente posteriores, en:

Jacob A. Frenkel y Michael L. Mussa: «Asset markets, exchange rates and the balance of payments», en Ronald W. Jones y Peter B. Kenen (eds.): *Handbook of International Economics*, vol. 2, North-Holland, Amsterdam, 1985, págs. 679-747.

El desarrollo del modelo Mundell-Fleming en un contexto histórico se relata en:

Robert Mundell: «On the history of the Mundell-Fleming model», *IMF Staff Papers*, vol. 47, special issue, 2001, págs. 215-227.

El modelo Mundell-Fleming se sintetiza y sistematiza en:

Rudiger Dornbusch: *Open economy macroeconomics*, Basic Books, Nueva York, 1980 (existe traducción castellana: *La macroeconomía de una economía abierta*, Antoni Bosch editor, Barcelona, 1981).

10   El modelo *SA-DA* de la economía abierta

10.1 Introducción

En este capítulo adaptaremos a la economía abierta el análisis de la oferta agregada que se presentó en el Capítulo 7. Comenzaremos derivando la función de demanda agregada de la economía abierta, que engloba las funciones *IS* y *RM* obtenidas en el Capítulo 9. Posteriormente, se desarrollará el lado de la oferta agregada para el caso de la economía abierta, que se resume en la función de oferta agregada; integrándose después dicha función con la de demanda agregada. El resultado será el *modelo SA-DA* de la economía abierta, que incorpora tanto la demanda como la oferta agregadas, y representa por tanto el conjunto de la economía abierta.

Al igual que en el modelo *SA-DA* de la economía cerrada, que se presentó en el Capítulo 8, examinaremos el proceso de ajuste al equilibrio final de medio plazo, una vez que los salarios y los precios se han ajustado totalmente. El siguiente paso consistirá en examinar los efectos de diversas perturbaciones en el marco de este nuevo modelo, originadas tanto en el lado de la demanda agregada como en el de la oferta agregada. El capítulo finaliza con una serie de extensiones a partir del modelo básico presentado en las secciones anteriores.

10.2 La función de demanda agregada

De manera análoga al caso de la economía cerrada, vamos a derivar la *función de demanda agregada* de la economía abierta como una relación decreciente entre el nivel de renta y la tasa de inflación, que caracteriza el equilibrio en el lado de la demanda agregada. Dicha función se obtiene sustituyendo en la función *IS* el tipo de interés real dado por la función *RM*:

$$Y = \frac{1}{1 - c(1-t) + m + (h+vq)b} \left[C_A + cTR + I_A + G - (h+vq)\,r_A - (h+vq)\,a\dot{P} + \right.$$
$$\left. + (h+vq)\,a\dot{P}^O + XN_A + xY^* - vQ_A + vqr^* \right] \qquad [1]$$

La pendiente de la función de demanda agregada o *función DA* es

$$-\frac{1 - c(1-t) + m + (h+vq)b}{(h+vq)a}$$

y tiene signo negativo, si bien no se puede saber si es mayor o menor, en valor absoluto, que la pendiente de la función *DA* de la economía cerrada. Por una parte, un aumento de la tasa de inflación interna llevaría a un aumento del tipo de interés real (de acuerdo con la regla monetaria del banco central), que se traduciría en una disminución de la inversión y, a través de la apreciación del tipo de cambio real, también en un empeoramiento de la balanza comercial, disminuyendo por ambas vías la demanda agregada; este último efecto tendería a reducir la pendiente. Pero, por otra parte, la dependencia de las importaciones respecto al nivel de renta a través de *m*, tendería a aumentar la pendiente al reducir el valor del multiplicador del gasto.

Por último, en cuanto a la posición, supondremos dados en lo sucesivo, por simplicidad, los parámetros de las funciones de la balanza comercial y el tipo de cambio real, *x*, *m*, *v* y *q*; y a medio plazo también el valor de referencia para el tipo de cambio real en el largo plazo, Q_A. De esta manera, la función *DA* de la economía abierta se desplazará en los mismos casos que en la economía cerrada y, además, en respuesta a variaciones del componente autónomo de las exportaciones netas, XN_A, el nivel de renta del resto del mundo, Y^*, y el tipo de interés real del resto del mundo, r^*. En particular, se desplazaría hacia la derecha (izquierda) ante un aumento (disminución) de XN_A, Y^* o r^*, ya que ello significaría una mejora (empeoramiento) de la balanza comercial, directamente en los dos primeros casos e indirectamente a través de una depreciación (apreciación) del tipo de cambio real en el tercero, y, en consecuencia, un aumento (disminución) del nivel de demanda agregada.

10.3 La función de oferta agregada

En esta sección desarrollaremos el lado de la oferta agregada para el caso de una economía abierta, lo que nos permitirá completar el análisis del modelo *IS-RM* presentado en el capítulo anterior y que se resume en la función *DA* que acabamos de derivar.

Comenzamos por la *ecuación de salarios*. Va a ser aquí donde se encuentren las mayores diferencias con respecto al caso de una economía cerrada. En particular, supondremos que el objetivo de los sindicatos va a seguir siendo el salario real esperado, pero ahora teniendo en cuenta no sólo los precios de los bienes producidos en el interior del país, sino también los precios de los bienes importados del exterior. En otras palabras, el objetivo de los trabajadores va a ser el salario real en términos, no del nivel esperado de precios internos, sino del valor esperado del índice de precios de consumo, siendo este último una media ponderada de los niveles de precios nacional y extranjero:

$$P_C = P^\sigma \left(\frac{P^*}{TC}\right)^{1-\sigma}$$

donde P_C es el índice de precios de consumo, y σ y $1-\sigma$ son, respectivamente, las ponderaciones del nivel de precios internos y del nivel de precios exteriores, expresado este último en moneda nacional. Nótese que $1-\sigma$ podría considerarse una medida del grado de apertura de la economía.

Así pues, la tasa de variación del salario monetario en la economía abierta vendría dada por:

$$\dot{W} = \dot{P}^E_C - f u + \dot{P}T + Z_W$$

esto es, la ecuación (2) del Capítulo 7 sustituyendo $\dot{P}^E$ por $\dot{P}^E_C$, donde $\dot{P}^E_C$ es la tasa de variación del índice esperado de precios de consumo (o, lo que es lo mismo, la tasa esperada de inflación del índice de precios de consumo), u es la tasa de desempleo, $\dot{P}T$ es la tasa de variación de la productividad del trabajo y Z_W recoge la variación de los factores exógenos que afectan a la determinación de los salarios (poder de mercado de los trabajadores, tipo de cotizaciones a la seguridad social a cargo de los trabajadores, tipo impositivo sobre el salario monetario, tipo impositivo indirecto). O, alternativamente, suponiendo de nuevo que los sindicatos aproximan la tasa de inflación esperada por la tasa de inflación del periodo anterior, $\dot{P}^E_C = \dot{P}_{C,-1}$:

$$\dot{W} = \dot{P}_{C,-1} - f u + \dot{P}T + Z_W \qquad [2]$$

Por otra parte, si recordamos la definición del tipo de cambio real, $Q \equiv \dfrac{TC \cdot P}{P^*}$, y la sustituimos en la definición del índice de precios de consumo tenemos que:

$$P_C = P\left(\frac{1}{Q}\right)^{1-\sigma}$$

de manera que la tasa de inflación del índice de precios de consumo sería:

$$\dot{P}_C = \dot{P} - (1-\sigma)\dot{Q}$$

esto es, la tasa de inflación interna menos la tasa de variación del tipo de cambio real, ponderada esta última por 1–σ.

Finalmente, sustituyendo esta última expresión en la ecuación (2) obtenemos:

$$\dot{W} = \dot{P}_{-1} - (1 - \sigma)\, \dot{Q}_{-1} - f\, u + \dot{P}T + Z_W \qquad [3]$$

que va a ser la expresión final de la ecuación de salarios de la economía abierta. Obsérvese que, si la comparamos con la correspondiente a la economía cerrada [ecuación (5) del Capítulo 7], en la economía abierta la ecuación de salarios dependería de la tasa de variación del tipo de cambio real. En particular, una apreciación del tipo de cambio real ($\dot{Q} > 0$), al abaratar relativamente los precios de los bienes importados, significará una disminución del índice de precios de consumo, por lo que los trabajadores (cuyo objetivo es un determinado salario real en términos del índice de precios de consumo) aceptarían una menor tasa de incremento salarial para el periodo siguiente. Por el contrario, una depreciación del tipo de cambio real ($\dot{Q} > 0$), al encarecer relativamente los precios de los bienes importados, significará un aumento del índice de precios de consumo, lo que llevaría a los trabajadores a negociar una mayor tasa de incremento salarial para el periodo siguiente. La introducción del tipo de cambio real en la ecuación de salarios y, a partir de ahí, en la función de oferta agregada va a ser el factor clave a la hora de explicar los distintos resultados que se obtendrán en la economía abierta con respecto al caso de la economía cerrada.

Por lo que refiere a la *ecuación de precios,* en una economía abierta las empresas podrían utilizar algún factor productivo (por ejemplo, materias primas) importado del exterior. Para simplificar, supondremos que las materias primas de importación son un factor fijo, por lo que su precio vendrá incorporado en el margen empresarial, μ. De esta manera, la variable Z_P incluirá también a partir de ahora las posibles alteraciones del precio de las materias primas de importación; en particular, un aumento (disminución) del precio de las materias primas de importación se reflejará en un valor positivo (negativo) de Z_P.

Así pues, la ecuación de precios de la economía abierta vendría dada, en términos de tasas de variación, por:

$$\dot{P} = \dot{W} - \dot{P}T + Z_P \qquad [4]$$

donde $\dot{P}$ se refiere ahora a la tasa de inflación interna, y Z_P recoge la variación de los factores exógenos (distintos de la productividad del trabajo) que afectan a la determinación de los precios (poder de mercado de las empresas, tipo de las cotizaciones a la seguridad social a cargo de los empresarios, precio de las materias primas de importación).

Por otra parte, reordenando la ecuación (4) obtenemos:

$$\dot{W} - \dot{P} = \dot{P}T - Z_P \tag{5}$$

y, si sumamos y restamos $\dot{P}_C$ en el lado izquierdo de la ecuación (5), teniendo en cuenta que $\dot{P}_C = \dot{P} - (1 - \sigma)\dot{Q}$:

$$\dot{W} - \dot{P}_C = \dot{P}T - Z_P + (1 - \sigma)\dot{Q} \tag{6}$$

Es decir, de manera similar al caso de la economía cerrada, el salario real en términos del nivel de precios internos se alteraría únicamente si lo hacen la productividad del trabajo o las variables incluidas en Z_P; mientras que el salario real en términos del índice de precios de consumo podría alterarse también si lo hiciera el tipo de cambio real. En particular, si el tipo de cambio real se aprecia, el salario real en términos del índice de precios de consumo (el objetivo de los trabajadores) podría aumentar sin que el salario real en términos del nivel de precios internos (el relevante para los empresarios) experimentase variación alguna. O, dicho de otra forma, la apreciación del tipo de cambio real aumenta el poder adquisitivo de los trabajadores sin que se altere el salario real relevante para los empresarios.

Si sustituimos la ecuación de salarios (3) en la ecuación de precios (4) obtenemos la expresión de la *curva de Phillips* de la economía abierta:

$$\dot{P} = \dot{P}_{-1} - (1 - \sigma)\dot{Q}_{-1} - f u + (Z_W + Z_P) \tag{7}$$

donde la NAIRU vendría dada ahora por:

$$u_N = \frac{Z_W + Z_P}{f} - (1 - \sigma)\frac{\dot{Q}}{f}$$

Como vemos, la NAIRU de la economía abierta no va a ser única, sino que dependerá del tipo de cambio real, disminuyendo si el tipo de cambio real se aprecia ($\dot{Q} > 0$) y aumentando si se deprecia ($\dot{Q} < 0$).

Finalmente, si en la ecuación de la curva de Phillips introducimos la definición de la tasa de desempleo, $u \equiv \dfrac{FT - N}{FT}$, y el supuesto de proporcionalidad entre el nivel de empleo de la fuerza de trabajo y el nivel de producción, $N = \dfrac{Y}{PT}$, podemos obtener la *función de oferta agregada* de la economía abierta:

$$\dot{P} = \dot{P}_{-1} - (1 - \sigma)\dot{Q}_{-1} - f\left(1 - \frac{Y}{PT \cdot FT}\right) + (Z_W + Z_P) \tag{8}$$

como una relación creciente entre tasa de inflación interna y nivel de producción, dados $\dot{P}_{-1}$, $\dot{Q}_{-1}$, PT, FT, Z_W y Z_P. La función de oferta agregada o *función SA* va a tener la misma pendiente que en la economía cerrada, $\dfrac{f}{PT \cdot FT}$; y se va a desplazar en los mismos casos. La única diferencia (aunque, como veremos más adelante, va a resultar trascendental para los resultados del modelo) es que, suponiendo dada σ, la función de oferta agregada se va a desplazar ahora también ante cambios en la tasa de variación del tipo de cambio real del periodo anterior, $\dot{Q}_{-1}$. En particular, se desplazaría hacia arriba (abajo) ante una disminución (aumento) de $\dot{Q}_{-1}$, puesto que ello llevaría a un aumento (disminución) de la tasa de inflación del índice de precios de consumo y, vía unas mayores (menores) reivindicaciones salariales, a un aumento (disminución) de la tasa de inflación interna.

A su vez, en el medio plazo, cuando $\dot{P} = \dot{P}_{-1}$, el nivel de producción coincidirá con el potencial, $\overline{Y}$, que vendría ahora dado por:

$$\overline{Y} = \left(1 - \frac{Z_W + Z_P}{f} + (1 - \sigma)\frac{\dot{Q}}{f}\right)(PT \cdot FT)$$

y que, al igual que la NAIRU, en la economía abierta no va a ser única, sino que dependerá del tipo de cambio real. En particular, en la economía abierta el nivel de producción potencial no sólo aumentaría en presencia de perturbaciones favorables de oferta agregada (disminuciones de Z_W o Z_P, o aumentos de PT o FT), sino también cuando se produce una apreciación del tipo de cambio real.

Recuérdese que, como indicaban las ecuaciones (5) y (6), en este último caso el salario real en términos del nivel de precios internos no habría variado, mientras que el salario real en términos del índice de precios de consumo habría aumentado. Ello habría sido posible precisamente gracias a la apreciación del tipo de cambio real, ya que lo que ésta nos indicaría es que el índice de precios de consumo habría aumentado en menor cuantía que el nivel de precios internos, y ello a su vez habría hecho compatibles las aspiraciones de trabajadores y empresarios.

10.4 El modelo *SA-DA* de la economía abierta

El modelo *SA-DA* de la economía abierta consta de las funciones de demanda y oferta agregadas derivadas en las secciones anteriores:

$$Y = \frac{1}{1 - c(1-t) + m + (h+vq)b}\left[C_A + cTR + I_A + G - (h+vq)r_A - (h+vq)a\dot{P} + (h+vq)a\dot{P}^O + XN_A + xY^* - vQ_A + vqr^*\right] \qquad [9]$$

$$\dot{P} = \dot{P}_{-1} - (1 - \sigma)\,\dot{Q}_{-1} - f\left(1 - \frac{Y}{PT \cdot FT}\right) + (Z_W + Z_P) \qquad [10]$$

El equilibrio del modelo en el medio plazo se muestra gráficamente en el punto E_0 de la Figura 10.1, donde se representan conjuntamente las funciones SA y DA en la parte superior y las funciones IS y RM en la parte inferior izquierda, así como la función TCR en la parte inferior derecha. En la figura, cuando la tasa de inflación interna del periodo anterior es igual a la del periodo actual, $\dot{P}_0$, el nivel de producción coincidirá con el potencial, $\overline{Y}_0$, para unos niveles de tipo de interés real y tipo de cambio real r_0 y Q_0. En el punto E_0 va a existir equilibrio en el conjunto de la economía, es decir, equilibrio en el mercado de bienes incorporando la regla monetaria del banco central (lo que se representa en la función de demanda agregada), compatible al mismo tiempo con los mecanismos de formación de salarios y precios (representados en la función de oferta agregada).

En el resto del capítulo analizaremos los efectos de distintas clases de perturbaciones sobre el equilibrio inicial, examinando el nuevo equilibrio resultante tras la perturbación a través de ejercicios de estática comparativa. Partiremos siempre, por simplicidad, de un punto de partida como el E_0 de la Figura 10.1. Los efectos de las distintas perturbaciones sobre el nivel de producción, la tasa de inflación interna, el tipo de interés real y el tipo de cambio real se mostrarán en la representación gráfica que utilizaremos, análoga a la Figura 10.1. En cuanto a las demás variables relevantes, la evolución del nivel de empleo se sigue a partir de la ecuación

$$N = \frac{Y}{PT},$$

la de la tasa de desempleo a partir de

$$u \equiv 1 - \frac{N}{FT},$$

y la del salario real a partir de

$$\dot{W} - \dot{P} = \dot{P}T - Z_P$$

y

$$\dot{W} - \dot{P}_C = \dot{P}T - Z_P + (1 - \sigma)\dot{Q},$$

en términos del nivel de precios internos y del índice de precios de consumo, respectivamente.

Las ecuaciones que configuran el modelo *SA-DA* de la economía abierta se muestran en la Tabla 10.1.

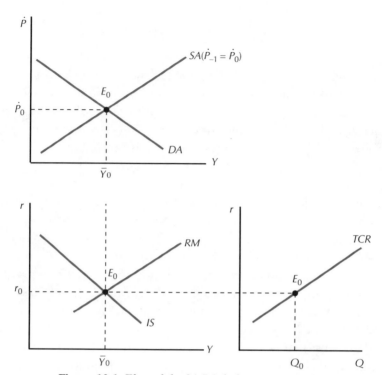

Figura 10.1. El modelo *SA-DA* de la economía abierta.

Tabla 10.1. El modelo *SA-DA* de la economía abierta.

(IS) $\quad Y = \dfrac{1}{1-c(1-t)+m}\,[C_A + cTR + I_A - (h+vq)\,r + G + XN_A + xY^* - vQ_A + vqr^*]$

(RM) $\qquad\qquad\qquad\qquad r = r_A + a\,(\dot{P}-\dot{P}O) + bY$

$\left.\vphantom{\begin{array}{c}a\\b\end{array}}\right\} \rightarrow$

$Y = \dfrac{1}{1-c(1-t)+m+(h+vq)b}\,[C_A + cTR + I_A + G - (h+vq)\,r_A - (h+vq)\,a\dot{P} +$
$\qquad\qquad\qquad + (h+vq)\,a\dot{P}O + XN_A + xY^* - vQ_A + vqr^*]\;(DA)$

(salarios) $\qquad\qquad \dot{W} = \dot{P}_{C,-1} - fu + \dot{P}T + Z_W$
(precios de consumo) $\quad \dot{P}_C = \dot{P} - (1-\sigma)\dot{Q}$
(precios) $\qquad\qquad\qquad \dot{P} = \dot{W} - \dot{P}T + Z_P$
(empleo) $\qquad\qquad\qquad N = \dfrac{Y}{PT}$
(tasa de desempleo) $\qquad u \equiv 1 - \dfrac{N}{FT}$

$\left.\vphantom{\begin{array}{c}a\\b\\c\\d\\e\\f\end{array}}\right\} \rightarrow \dot{P} = \dot{P}_{-1} - (1-\sigma)\dot{Q}_{-1} -$
$\qquad\qquad -f\left(1 - \dfrac{Y}{PT\cdot FT}\right) + (Z_W + Z_P)\;(SA)$

a medio plazo: $\dot{P} = \dot{P}_{-1} \rightarrow \overline{Y} = \left(1 - \dfrac{Z_W + Z_P}{f} + (1-\sigma)\dfrac{\dot{Q}}{f}\right)(PT\cdot FT)(SA$ a medio plazo)

10.5 Perturbaciones de demanda agregada

A continuación analizaremos los efectos de las perturbaciones originadas en el lado de la demanda agregada, sobre el equilibrio del modelo *SA-DA* de la economía abierta. En la economía abierta, éstas van a incluir las que afectan a la demanda interna de bienes, a la regla monetaria del banco central, y al sector exterior. Al igual que en el capítulo anterior, seguimos suponiendo que son estables los parámetros de las relaciones de comportamiento, tanto del sector privado (economías domésticas y empresas, nacionales y extranjeras) en las funciones de consumo, inversión, balanza comercial y tipo de cambio (c, h, x, m, v y q), como del banco central en la regla de política monetaria (a y b); y supondremos asimismo dados a medio plazo los valores de referencia para el tipo de interés real y el tipo de cambio real (r_A y Q_A). Es decir, consideraremos las siguientes posibles perturbaciones:

- variaciones del consumo autónomo, C_A;
- variaciones de la inversión autónoma, I_A;
- actuaciones de política fiscal, a través de variaciones del gasto público, G, las transferencias a las economías domésticas, TR, o el tipo impositivo sobre la renta, t;
- actuaciones de política monetaria, a través de variaciones del objetivo establecido para la tasa de inflación, $\dot{P}^O$;
- variaciones del componente autónomo de las exportaciones netas, XN_A;
- variaciones del nivel de renta del resto del mundo, Y^*;
- variaciones del tipo de interés real del resto del mundo, r^*,

de manera que un aumento (disminución) de C_A, I_A, G, TR, $\dot{P}^O$, XN_A, Y^* o r^*, o una disminución (aumento) de t se traducirían en un desplazamiento hacia la derecha (izquierda) de la función DA –en este último caso, acompañado de una disminución (aumento) de la pendiente de la función DA.

10.5.1 Perturbaciones en la demanda interna de bienes

Las perturbaciones con origen en la demanda interna de bienes son las que afectan al consumo de las economías domésticas, la inversión de las empresas y la política fiscal. Como viene siendo habitual, estudiaremos los efectos de una política fiscal expansiva, a través de un aumento del nivel de gasto público, cuyos efectos serán análogos a los de una política fiscal expansiva instrumentada mediante un aumento de las transferencias a las economías domésticas o una disminución del tipo impositivo sobre la renta; y a los de un incremento en el consumo autónomo o la inversión autónoma. Análogamente, una política fiscal contractiva o una disminución del consumo autónomo o la inversión autónoma tendrían efectos opuestos.

Partimos de una situación inicial de equilibrio a medio plazo como la dada por el punto E_0 de la Figura 10.2, donde se representan en la parte superior las funciones SA y DA; y en la parte inferior las funciones IS y RM a la izquierda y TCR a la derecha. Los valores iniciales del nivel de producción (igual al potencial), la tasa de inflación interna, el tipo de interés real y el tipo de cambio real vienen dados por $\bar{Y}_0$, $\dot{P}_0$, r_0 y Q_0, respectivamente. Inicialmente, un aumento del gasto público significaría un aumento del nivel de demanda agregada, por sí mismo y a través de un mayor consumo vía multiplicador –este último efecto inferior en el caso de la economía abierta ya que una parte se perdería a través de unas mayores importaciones. El incremento inicial de la demanda agregada se vería reducido posteriormente de manera parcial por dos vías: una disminución de la inversión debido al aumento del tipo de interés real por parte del banco central (en respuesta al mayor nivel inicial de demanda agregada) y un empeoramiento de la balanza comercial al apreciarse el tipo de cambio real (en respuesta al mayor tipo de interés real). Todo ello se mostraría en la Figura 10.2 a través del paso del punto E_0 al punto E_0', con un aumento de la demanda agregada y del tipo de interés hasta Y_0^d y r_0', y una apreciación del tipo de cambio real hasta Q_0', desplazándose hacia la derecha las funciones IS y DA.

Al igual que en la economía cerrada, y debido a los retrasos en los mecanismos de formación de salarios y precios, este mayor nivel de demanda agregada se traduciría inicialmente en una disminución no deseada de las existencias. Posteriormente, las empresas aumentarían el nivel de producción, con lo que aumentaría el nivel de empleo, disminuiría la tasa de desempleo y aumentarían las reivindicaciones salariales de los trabajadores. Los empresarios trasladarían a los precios estas mayores reivindicaciones salariales, con lo que la mayor tasa de crecimiento del salario monetario se traduciría en una mayor tasa de inflación. Y, como el banco central elevaría el tipo de interés real en respuesta a esta mayor tasa de inflación, se reduciría la demanda agregada al hacerlo la inversión y empeorar la balanza comercial al apreciarse de nuevo el tipo de cambio real en respuesta al mayor tipo de interés real. En términos de la Figura 10.2 pasaríamos del punto E_0' al punto E_1, con un aumento del nivel de producción hasta Y_1 por encima del potencial aunque por debajo de Y_0^d, aumentando la tasa de inflación hasta $\dot{P}_1$ y el tipo de interés hasta r_1 y apreciándose el tipo de cambio real hasta Q_1; se producirían sendos movimientos a lo largo de las funciones SA y DA (hacia arriba y a la derecha, y hacia arriba y a la izquierda, respectivamente), y la función RM se desplazaría hacia arriba.

De nuevo, a comienzos del siguiente periodo los trabajadores se dan cuenta de que la tasa de inflación efectiva es $\dot{P}_1$, superior a la esperada $\dot{P}_0$, lo que les haría negociar para el periodo una tasa de incremento salarial más elevada que les permitiera recuperar su nivel de salario real deseado, ya que su salario real efectivo habría disminuido. Sin embargo, la apreciación del tipo de cambio real, al abaratar los precios de los bienes extranjeros en términos de los nacionales, significaría una disminución del índice de precios de consumo y, por tanto, un incremento del salario real en términos de este último; en consecuencia, los trabajadores podrían aceptar por esta vía una menor tasa de incremento salarial. De esta manera, se producirían dos efectos contrapuestos sobre la tasa de incremento salarial y, en consecuencia, sobre la tasa de inflación interna: por una parte, el aumento de la tasa de inflación interna tendería a incrementarlas; mientras que, por otra parte, la apreciación del tipo de cambio real tendería a reducirlas. El efecto neto sería, pues, indeterminado; y lo mismo cabría decir del consiguiente desplazamiento de la función *SA*: se desplazaría hacia arriba si predominase el primer efecto, y hacia abajo si predominase el segundo.

En la Figura 10.2 hemos supuesto que predomina el primer efecto y la función *SA* se desplaza hacia arriba. La mayor inflación interna llevaría al banco central a aumentar el tipo de interés real, con lo que se reducirá la demanda agregada vía inversión y balanza comercial, ya que el tipo de cambio real se apreciaría adicionalmente. La función *SA* se desplazaría sucesivamente hacia arriba y se produciría un movimiento a lo largo de la función *DA* hacia arriba y a la izquierda; desplazándose asimismo la función *RM* hacia arriba. De esta manera, se alcanzaría eventualmente un nuevo equilibrio de medio plazo en el punto E_2, donde la tasa de inflación habrá aumentado en este caso hasta $\dot{P}_1$ (si bien en el caso general el efecto sobre la tasa de inflación interna sería ambiguo), el tipo de interés aumentaría hasta r_2, el tipo de cambio real se apreciaría hasta Q_2, y la producción disminuiría, situándose no obstante en un nuevo nivel potencial $\bar{Y}_2$ superior al inicial.

Así pues, a diferencia de la economía cerrada, donde el nivel de producción potencial no se alteraba en el medio plazo (y la tasa de inflación aumentaba inequívocamente), una política fiscal expansiva en el modelo *SA-DA* de la economía abierta daría lugar a un incremento del nivel de producción potencial en la situación de equilibrio final a medio plazo, con un efecto ambiguo en general sobre la tasa de inflación interna; el tipo de interés real aumentaría y el tipo de cambio real se apreciaría. El motivo último sería que en una economía abierta lo que interesa a los trabajadores no es el salario real en términos de los precios internos, sino en términos del índice de precios de consumo, esto es, incluyendo los precios de los bienes importados. Entonces, aunque el aumento inicial de la tasa de inflación interna haría aumentar la tasa de inflación del índice de precios de consumo, la apreciación del tipo de cambio real, al abaratar relativamente los bienes importados, haría disminuir aquélla, dando lugar a efectos contrapuestos sobre las reivindicaciones salariales de los trabajadores (que serían superiores en

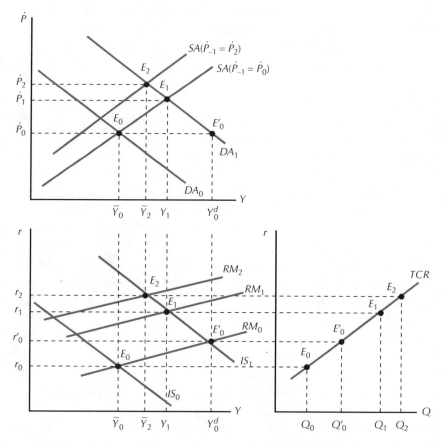

Figura 10.2. Un aumento del gasto público en el modelo *SA-DA* de la economía abierta.

respuesta a la mayor inflación interna, pero inferiores debido a la apreciación del tipo de cambio real) y, en última instancia, sobre la evolución posterior de la tasa de inflación interna. En términos gráficos, la apreciación del tipo de cambio real tendería a contrarrestar el desplazamiento hacia arriba de la función *SA*, la cual ahora se desplazaría en menor cuantía, o incluso podría desplazarse hacia abajo si el efecto de dicha apreciación fuese especialmente intenso.

El incremento del nivel de producción potencial en el medio plazo, por otra parte, sería tanto mayor cuanto mayor sea la sensibilidad del tipo de cambio real al tipo de interés real, q (pues la apreciación del mismo en respuesta al aumento del tipo de interés real sería mayor); y cuanto mayor sea el grado de apertura de la economía, $1-\sigma$ (pues entonces el efecto del tipo de cambio real sobre la oferta agregada sería mayor).

Los resultados anteriores vendrían acompañados por un aumento del consumo (debido a los mayores niveles de renta y producción), que prevalecería sobre la disminución de la inversión (en respuesta al incremento del tipo de interés) y el empeoramiento de la balanza comercial (al apreciarse el tipo de cambio real y aumentar además el nivel de renta nacional).[1] A su vez, en el equilibrio final de medio plazo el nivel de empleo habría aumentado y la tasa de desempleo (la NAIRU), disminuido. Por último, el salario real no se habría alterado en términos del nivel de precios internos (al no haber variado ni PT ni Z_P), pero habría aumentado en términos del índice de precios de consumo (debido a la apreciación del tipo de cambio real).

10.5.2 Perturbaciones monetarias

A continuación examinaremos el caso de las perturbaciones que afectan a la regla monetaria del banco central. En particular, estudiaremos los efectos de una política monetaria expansiva, a través de un aumento del objetivo de inflación establecido por el banco central; nótese que una política monetaria contractiva (a través de una disminución del objetivo de inflación establecido por el banco central) tendría efectos opuestos.

Partimos nuevamente de una situación inicial de equilibrio a medio plazo como la dada por el punto E_0 de la Figura 10.3, análoga a la Figura 10.2, donde los valores iniciales del nivel de producción (igual al potencial), la tasa de inflación interna, el tipo de interés real y el tipo de cambio real vienen dados por $\overline{Y}_0$, $\dot{P}_0$ r_0 y Q_0, respectivamente. Si el banco central establece un objetivo de inflación más elevado, el tipo de interés real descenderá a los valores iniciales de la tasa de inflación y el nivel de producción, lo que significaría un aumento del nivel de demanda agregada vía una mayor inversión y una mejora de la balanza comercial (ya que el tipo de cambio real se habrá depreciado al disminuir el tipo de interés), amplificado vía consumo a través del multiplicador –este último efecto inferior en el caso de la economía abierta ya que una parte se perdería a través de unas mayores importaciones. En la Figura 10.3 se pasaría del punto E_0 al punto E_0', con un aumento de la demanda agregada hasta Y_0^d, un descenso del tipo de interés hasta r_0' y una depreciación del tipo de cambio real hasta Q_0', desplazándose hacia abajo la función RM y a la derecha la función DA.

---

[1] Obsérvese que, si la perturbación tiene su origen en un incremento del gasto de consumo (bien a través de un incremento del consumo autónomo, o bien cuando la política fiscal se instrumenta mediante una disminución del tipo impositivo sobre la renta o un aumento de las transferencias) o de la inversión autónoma, el consumo aumentaría también y la balanza comercial empeoraría; la inversión, sin embargo, disminuiría en el primer caso y aumentaría en el segundo.

Al igual que en el caso de la economía cerrada, y debido a los retrasos en los mecanismos de formación de salarios y precios, este incremento en el nivel de demanda agregada se traduciría inicialmente en una disminución no deseada de las existencias. Posteriormente, las empresas aumentarían el nivel de producción, con lo que aumentaría el nivel de empleo, disminuiría la tasa de desempleo y aumentarían las reivindicaciones salariales de los trabajadores. Los empresarios trasladarían a los precios estas mayores reivindicaciones salariales, con lo que la mayor tasa de crecimiento del salario monetario se traduciría en una mayor tasa de inflación. Y, como el banco central elevaría el tipo de interés real en respuesta a esta mayor tasa de inflación, se reduciría la demanda agregada al hacerlo la inversión y empeorar la balanza comercial al apreciarse algo el tipo de cambio real en respuesta al mayor tipo de interés real. En términos de la Figura 10.3 pasaríamos del punto E_0^1 al punto E_1, con un aumento del nivel de producción hasta Y_1 por encima del potencial aunque por debajo de Y_0^d, aumentando la tasa de inflación hasta $\dot{P}_1$ y el tipo de interés hasta r_1 y apreciándose el tipo de cambio real hasta Q_1; se producirían sendos movimientos a lo largo de las funciones SA y DA (hacia arriba y a la derecha, y hacia arriba y a la izquierda, respectivamente), y la función RM se desplazaría hacia arriba.

Nuevamente, al comienzo del siguiente periodo los trabajadores advierten que la tasa de inflación interna $\dot{P}_1$ es superior a la esperada, $\dot{P}_0$, por lo que negociarán una tasa de incremento salarial más elevada que les permita recuperar su nivel de salario real deseado. Por otra parte, la depreciación del tipo de cambio real, al encarecer los precios de los bienes extranjeros en términos de los nacionales, significaría un incremento adicional del índice de precios de consumo, lo que reduciría más aún el salario real en términos de este último. De esta manera, el efecto combinado de la mayor inflación interna y la depreciación del tipo de cambio real se traduciría en un incremento inequívoco de la tasa de incremento salarial. Los empresarios trasladarán a los precios estas mayores reivindicaciones salariales, que se traducirán en una mayor tasa de inflación interna, y el banco central volverá a aumentar el tipo de interés real en respuesta a la mayor inflación, con lo que se reducirá la demanda agregada vía inversión y balanza comercial, ya que el tipo de cambio real se apreciaría adicionalmente. En términos de la Figura 10.3 la función SA se desplazaría sucesivamente hacia arriba y se produciría un movimiento a lo largo de la función DA hacia arriba y a la izquierda; desplazándose asimismo la función RM hacia arriba hasta volver a su posición inicial. Al final, se alcanzaría eventualmente un nuevo equilibrio de medio plazo en el punto E_2 (que, en la parte inferior de la figura, coincidiría con el E_0), la tasa de inflación aumentaría hasta $\dot{P}_2$, el tipo de interés real y el tipo de cambio real volverían a sus valores iniciales r_0 y Q_0, y la producción volvería a su nivel potencial inicial $\bar{Y}_0$.

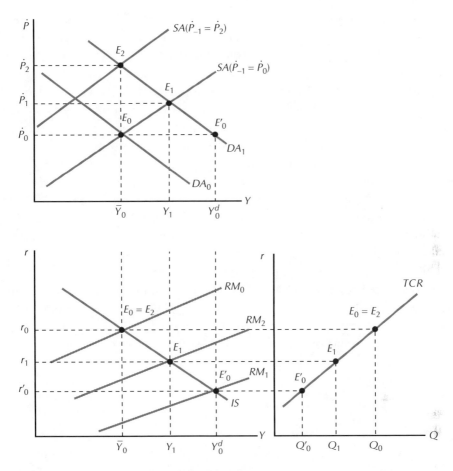

Figura 10.3. Un aumento del objetivo de inflación en el modelo *SA-DA* de la economía abierta.

En resumen, en la situación de equilibrio final a medio plazo, la producción habrá vuelto a su nivel potencial inicial $\overline{Y}_0$, el tipo de interés real y el tipo de cambio real volverían también a sus valores iniciales, mientras que la tasa de inflación interna se habrá incrementado en la misma proporción que el objetivo de inflación. En otras palabras, y a diferencia de la política fiscal, en el caso de la política monetaria los resultados no se alteran cuando se considera una economía abierta en lugar de una economía cerrada. Ello se debería a que el efecto de la inflación interna sobre la tasa de inflación del índice de precios de consumo vendría suplementado por el efecto de la depreciación del tipo de cambio real que encarecería relativamente los bienes importados, por lo que ambas tasas de inflación y, en consecuencia, la tasa de incremento salarial aumentarían todas ellas en la misma proporción. Y la razón última de que los resultados en el medio plazo no hayan cambiado con respecto a los de la economía cerrada, se debe a que el tipo de cambio real no se altera, puesto que el tipo de cambio nominal se habrá depreciado en la misma proporción en que han aumentado los precios internos.[2]

Por otra parte, el consumo y la inversión aumentarían con el mayor nivel de demanda agregada y el menor tipo de interés, volviendo ambos posteriormente a su nivel inicial; igualmente, la balanza comercial mejoraría con la depreciación inicial del tipo de cambio real, retornando también a su nivel inicial al hacerlo éste. Es decir, en el equilibrio final de medio plazo no se habrían alterado ni el consumo ni la inversión ni el saldo de la balanza comercial. Al igual que en la economía cerrada, en el medio plazo la política monetaria sería neutral, traduciéndose únicamente en una variación de la tasa de inflación interna igual a la variación del objetivo de inflación. El nivel de empleo, a su vez, habría aumentado transitoriamente con el nivel de producción para volver a medio plazo a su valor inicial, mientras que la tasa de desempleo descendería transitoriamente para retornar al valor inicial de la NAIRU. Finalmente, en el medio plazo el salario real no se habría alterado ni en términos del nivel de precios internos ni en términos del índice de precios de consumo, al no haber variado ni PT ni Z_P ni el tipo de cambio real; en otras palabras, el salario monetario, el nivel de precios internos y el índice de precios de consumo habrían aumentado los tres en la misma proporción.

10.5.3 Perturbaciones exteriores

Existen en nuestro modelo dos clases de perturbaciones exteriores: las que afectan al saldo de la balanza comercial y las que afectan al tipo de interés real del resto del mundo. Al igual que en el caso del modelo *IS-RM*, en el modelo *SA-DA* de la economía abierta los efectos de las primeras (que pueden tener su origen en una variación, bien del componente autónomo de las exportaciones netas, XN_A, bien del nivel de renta del resto del mundo, Y^*) son análogos a los de las perturbaciones con origen en la demanda interna de bienes. En particular, los efectos de un aumento de XN_A o de Y^* se pueden ver en la Figura 10.2; la única diferencia con el caso allí mostrado sería que el nivel de gasto público no habría aumentado, y en su lugar la balanza comercial mejoraría en lugar de empeorar. A su vez, los efectos de las segundas guardan cierta similitud con los de las perturbaciones monetarias, si bien con alguna diferencia importante, como ahora veremos. En el resto de esta

---

[2] Recordando la definición del tipo de cambio real, $Q \equiv \dfrac{TC \cdot P}{P^*}$, tenemos que $\dot{Q} = \dot{TC} + \dot{P} - \dot{P^*}$; por lo que, si $\dot{Q} = 0$ y dado que P^* es una variable exógena, $-\dot{TC} = \dot{P}$.

sección analizaremos el caso de un aumento del tipo de interés real del resto del mundo, que se muestra gráficamente en la Figura 10.4.

Un aumento del tipo de interés real del resto del mundo hace que el tipo de cambio real se deprecie (en términos gráficos, la función TCR se desplazaría hacia la izquierda), lo que hace que mejore la balanza comercial y, en consecuencia, aumente la demanda agregada por encima del nivel de producción potencial. La mayor demanda agregada se traduciría en unos mayores niveles de producción y empleo y, a través de un aumento de las reivindicaciones salariales de los trabajadores, en una mayor tasa de inflación interna. Todo ello se mostraría en la Figura 10.4 mediante el paso del punto E_0 al E_0' y al E_1.

Posteriormente, y de manera análoga al caso de la política monetaria expansiva examinado en la Figura 10.3, la combinación de la mayor inflación interna y la depreciación del tipo de cambio real, al reducir el salario real en términos del índice de precios de consumo, haría que aumentase la tasa de crecimiento del salario monetario y, por tanto, la inflación interna; en términos gráficos, la función SA se desplazaría hacia arriba. Sin embargo, a diferencia del caso de la política monetaria, como el aumento inicial de la demanda agregada habría sido ahora menor (ya que se debería únicamente a la mejora del saldo de la balanza comercial en respuesta a la depreciación del tipo de cambio real), el consiguiente menor incremento de la inflación interna se traduciría en un menor incremento posterior del tipo de interés real. Y ello a su vez implicaría que éste habría aumentado menos que el del resto del mundo de manera que, en el equilibrio final de medio plazo, el tipo de cambio real estaría depreciado con respecto a la situación de partida; gráficamente, el desplazamiento hacia arriba de la función SA sería proporcionalmente mayor que el desplazamiento hacia la derecha de la función DA.

Así pues, en el equilibrio final de medio plazo dado por el punto E_2, el nivel de producción potencial habría disminuido, lo que vendría acompañado de un aumento de la tasa de inflación interna y del tipo de interés real, y de una depreciación del tipo de cambio real. La disminución del nivel de producción potencial en el medio plazo sería tanto mayor cuanto mayor sea la sensibilidad del tipo de cambio real al tipo de interés real, q, y cuanto mayor sea el grado de apertura de la economía, $1-\sigma$, ya que entonces tanto la depreciación como su efecto sobre la oferta agregada serían tanto mayores. Por otra parte, la balanza comercial mejoraría (al depreciarse el tipo de cambio real y disminuir el nivel de renta), pero este efecto se vería más que compensado por la caída tanto del consumo como de la inversión (en respuesta a la disminución de la renta y al incremento del tipo de interés, respectivamente). Finalmente, en el medio plazo disminuiría también el nivel de empleo; aumentaría la NAIRU; y no se alteraría el salario real en términos del nivel de precios internos, pero disminuiría en términos del índice de precios de consumo.

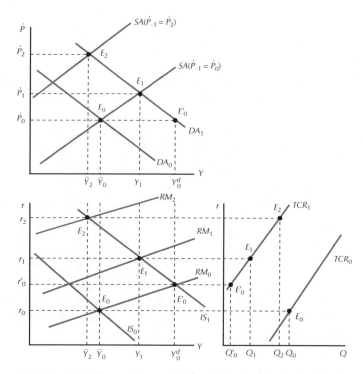

Figura 10.4. Un aumento del tipo de interés exterior en el modelo *SA-DA* de la economía abierta.

10.6 Perturbaciones de oferta agregada

Por lo que respecta a las perturbaciones originadas en el lado de la oferta agregada, vamos a suponer que son estables tanto el parámetro de la relación de comportamiento de los sindicatos en la ecuación de salarios, f, como la ponderación del nivel de precios interno en el índice de precios de consumo, σ (o, alternativamente, el grado de apertura de la economía, $1-\sigma$). A medio plazo también tomaremos en principio como dados los valores de la productividad del trabajo, PT, y del nivel total de la fuerza de trabajo, FT. Las perturbaciones de oferta agregada que consideraremos serán las siguientes:

- variaciones del poder de mercado de los trabajadores, θ, recogidas en Z_W;
- variaciones del poder de mercado de las empresas, μ, recogidas en Z_P;
- actuaciones de política fiscal, a través de variaciones del tipo de cotizaciones a la seguridad social a cargo de los trabajadores, css_W, el tipo impositivo sobre el salario monetario, t_W, o el tipo impositivo indirecto, t_i, recogidas todas ellas en Z_W; o del tipo de cotizaciones a la seguridad social a cargo de los empresarios, css_F, recogidas en Z_P;

- variaciones del precio de las materias primas de importación, recogidas en Z_P,

de manera que una disminución (aumento) de Z_W o Z_P se traducirían en un desplazamiento hacia abajo (arriba) de la función *SA*.

A continuación examinaremos, en el marco del modelo *SA-DA* de la economía abierta, los efectos de las perturbaciones de oferta agregada, en particular de aquellas que dan lugar a una disminución de la tasa de inflación interna dado el nivel de producción, esto es, una disminución de Z_W o Z_P. Recordemos que una disminución de Z_W podría tener su origen en una disminución del poder de mercado de los trabajadores o en medidas de política fiscal (a través de una disminución de css_W, t_W o t_i). A su vez, una disminución de Z_P podría tener su origen en una disminución del poder de mercado de las empresas o en medidas de política fiscal (a través de una disminución de css_F); y, en una economía abierta, también en una disminución del precio de las materias primas de importación. Por otra parte, y de manera análoga, un aumento de Z_W o Z_P tendría efectos opuestos.

Los efectos de una perturbación de este tipo se muestran gráficamente en la Figura 10.5, partiendo de una situación inicial de equilibrio a medio plazo dada por el punto E_0, con unos valores iniciales del nivel de producción (igual al potencial), la tasa de inflación interna, el tipo de interés real y el tipo de cambio real dados por $\bar{Y}_0$, $\dot{P}_0$ r_0 y Q_0, respectivamente. Una disminución de Z_W o Z_P, por cualquiera de los motivos señalados anteriormente significaría una disminución de la tasa de inflación al nivel inicial de la producción potencial, si bien por motivos diferentes en cada caso (disminución del objetivo de salario real de los trabajadores, o disminución directa de los precios de los bienes internos por parte de los empresarios, respectivamente). En términos de la Figura 10.5 pasaríamos del punto E_0 al punto E_0' (que, en la parte inferior de la figura, coincidiría con el E_0), disminuyendo la tasa de inflación interna hasta $\dot{P}_0'$ sin que se alterasen inicialmente ni el nivel de producción ni el tipo de interés, desplazándose hacia abajo la función *SA*.

Seguidamente, y en respuesta al descenso de la tasa de inflación, el banco central reduciría el tipo de interés real, lo que haría que aumentase la inversión y mejorase la balanza comercial (ya que el tipo de cambio real se habría depreciado al disminuir el tipo de interés), con el consiguiente aumento del nivel de demanda agregada. A su vez, las empresas aumentarían el nivel de producción en respuesta al incremento de la demanda agregada, y la tasa de inflación interna aumentaría vía unas mayores reivindicaciones salariales de los trabajadores. En términos de la Figura 10.5 pasaríamos del punto E_0' al punto E_1, con un aumento del nivel de producción hasta Y_1 por encima del potencial, aumentando la tasa de inflación interna hasta $\dot{P}_1$, descendiendo el tipo de interés real hasta r_1 y depreciándose el tipo de cambio real hasta Q_1; se producirían sendos movimientos a lo largo de las funciones *SA* y *DA* (hacia arriba y a la derecha, y hacia abajo y a la derecha, respectivamente), y la función *RM* se desplazaría hacia abajo.

De nuevo, al igual que en la economía cerrada, a comienzos del siguiente periodo los trabajadores se dan cuenta de que la tasa de inflación efectiva es $\dot{P}_1$, inferior a la esperada $\dot{P}_0$, por lo que podrían aceptar en el periodo una tasa de incremento salarial inferior, ya que su salario real efectivo se encuentra por encima del deseado. Pero, por otra parte, la depreciación del tipo de cambio real, al encarecer los precios de los bienes extranjeros en términos de los nacionales, haría aumentar el índice de precios de consumo y, por tanto, disminuir el salario real en términos de este último; de manera que los trabajadores tratarían de negociar por esta vía una mayor tasa de incremento salarial. Es decir, se producirían dos efectos contrapuestos sobre la tasa de incremento salarial y, en consecuencia, sobre la tasa de inflación interna: la disminución de la tasa de inflación interna tendería a reducirlas y la depreciación del tipo de cambio real tendería a incrementarlas. El efecto neto sería, pues, indeterminado; y lo mismo cabría decir del consiguiente desplazamiento de la función *SA*: se desplazaría hacia abajo si predominase el primer efecto, y hacia arriba si predominase el segundo.

Al igual que hicimos en la Figura 10.2, supondremos que predomina el primer efecto y la función *SA* se desplaza hacia abajo en la Figura 10.5. De esta manera, la menor inflación interna llevaría al banco central a reducir el tipo de interés real, con lo que aumentará la demanda agregada vía inversión y balanza comercial, ya que el tipo de cambio real se depreciaría adicionalmente. La función *SA* se desplazaría sucesivamente hacia abajo y se produciría un movimiento a lo largo de la función *DA* hacia abajo y a la derecha; desplazándose asimismo la función *RM* hacia abajo. Finalmente, se alcanzaría un nuevo equilibrio de medio plazo en un punto como el E_2, donde la tasa de inflación interna habrá disminuido hasta $\dot{P}_2$, el tipo de interés disminuiría hasta r_2, el tipo de cambio real se depreciaría hasta Q_2, y la producción se incrementará adicionalmente, alcanzando finalmente, una vez que se ha ajustado plenamente la tasa de inflación interna, un nuevo nivel potencial superior al inicial, indicado en la figura por $\overline{Y}_2$.

Vemos cómo una perturbación que llevara a una disminución de la tasa de inflación dado el nivel de producción (a través de una disminución de cualquiera de los factores exógenos recogidos en las variables Z_W y Z_P) en el modelo *SA-DA* de la economía abierta daría lugar a los mismos efectos que en la economía cerrada, pero de menor magnitud. En efecto, en la economía abierta se daría adicionalmente una depreciación del tipo de cambio real que, al encarecer relativamente los bienes exteriores, incrementaría las reivindicaciones salariales de los trabajadores, lo que tendería a compensar el efecto de la menor inflación interna que actúa en sentido opuesto. En términos gráficos, la depreciación del tipo de cambio real contrarrestaría en mayor o menor medida el desplazamiento hacia abajo de la función *SA*.

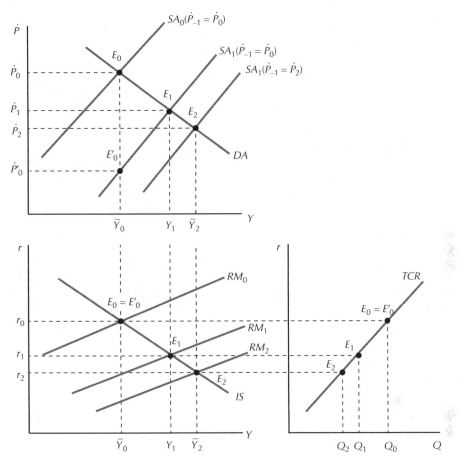

Figura 10.5. Una perturbación de oferta agregada que reduce la tasa de inflación en el modelo *SA-DA* de la economía abierta.

El incremento del nivel de producción potencial en el medio plazo sería tanto mayor cuanto menor sea la sensibilidad del tipo de cambio real al tipo de interés real, q (pues la depreciación de aquél en respuesta a la disminución del tipo de interés real sería menor); y cuanto menor sea el grado de apertura de la economía, $1-\sigma$ (pues entonces el efecto del tipo de cambio real sobre la oferta agregada sería menor). Por otra parte, el incremento del nivel de producción vendría acompañado por un incremento tanto del consumo como de la inversión (al aumentar los niveles de renta y producción y descender el tipo de interés real), con un efecto ambiguo sobre la balanza comercial (ya que el tipo de cambio real se deprecia, al tiempo que se incrementa el nivel de renta nacional). Asimismo, en el equilibrio final de medio plazo el nivel de empleo habría aumentado y la tasa de desempleo (la NAIRU), disminuido. Por último, cuando la perturbación de oferta consistiera en una disminución de Z_W el salario real no se alteraría en términos del nivel de precios internos pero disminuiría en términos del índice de precios de consumo; mientras que, si se hubiera producido una disminución de Z_P, aumentarían ambos salarios reales.

Para finalizar mencionaremos brevemente los efectos de las dos perturbaciones de oferta que habíamos considerado dadas en el medio plazo: un aumento de la productividad del trabajo, PT, y un aumento del nivel total de la fuerza de trabajo, FT (que, en este último caso, podía reflejar, entre otras cosas, una mayor incorporación de la mujer al mercado de trabajo o una mayor afluencia de inmigrantes); como es obvio, una disminución de cualquiera de estas dos variables tendría efectos opuestos. En general, los efectos de ambas perturbaciones serían análogos a los de una disminución de Z_W o Z_P, y que se reflejan en la Figura 10.5. Sin embargo, ahora en el medio plazo aumentaría la NAIRU (recordemos que en la economía cerrada no se alteraba) debido a la depreciación del tipo de cambio real; además, el nivel de empleo disminuiría en caso de un aumento de PT. En cuanto a sus efectos sobre los salarios reales, los derivados de un aumento de FT serían equivalentes a los de una disminución de Z_W, mientras que los de un aumento de PT serían equivalentes a los de una disminución de Z_P.

10.7 Efectos de las perturbaciones en el modelo *SA-DA* de la economía abierta: resumen

Como hemos visto anteriormente, la introducción del sector exterior en el modelo *SA-DA* se traduce en última instancia en variaciones del tipo de cambio real, que van a afectar al proceso de determinación de los salarios y, por tanto, a la oferta agregada. En consecuencia, los efectos de las distintas perturbaciones en el modelo *SA-DA* de la economía abierta diferirán con respecto, tanto al modelo *IS-RM* de la economía abierta, como al modelo *SA-DA* de la economía cerrada.

Si comparamos el modelo *SA-DA* de la economía abierta con el modelo *IS-RM* de la economía abierta (que estudiábamos en el Capítulo 9), tenemos que:

- En el modelo *SA-DA*, las perturbaciones en la demanda interna de bienes van a tener un menor efecto sobre el nivel de producción en el medio plazo.
- En el modelo *SA-DA*, las perturbaciones monetarias no van a tener ningún efecto sobre el nivel de producción en el medio plazo.
- En el modelo *SA-DA*, las perturbaciones exteriores que afectan al saldo de la balanza comercial van a tener un menor efecto sobre el nivel de producción en el medio plazo; y las que afectan al tipo de interés real del resto del mundo van a tener el efecto opuesto sobre el nivel de producción en el medio plazo, en comparación con el que tenían en el modelo *IS-RM*.

Mientras que, si comparamos el modelo *SA-DA* de la economía abierta con el modelo *SA-DA* de la economía cerrada (que estudiábamos en el Capítulo 8), tenemos que:

- En la economía abierta, las perturbaciones en la demanda interna de bienes sí van a afectar al nivel de producción en el medio plazo.
- En la economía abierta, las perturbaciones monetarias tampoco van a tener ningún efecto sobre el nivel de producción en el medio plazo.
- En la economía abierta, las perturbaciones de oferta agregada van a tener un menor efecto sobre el nivel de producción en el medio plazo.

Finalmente:
- En el modelo *SA-DA* de la economía abierta, y en la situación de medio plazo, las perturbaciones en la demanda interna de bienes van a tener un mayor efecto sobre el nivel de producción que las perturbaciones monetarias, a diferencia del modelo *IS-RM* de la economía abierta (donde se daba el resultado opuesto) y del modelo *SA-DA* de la economía cerrada (donde ninguna de dichas perturbaciones afectaba al nivel de producción en el medio plazo). En particular, en el modelo *SA-DA* de la economía abierta la política fiscal va a ser más efectiva que la política monetaria, en términos de sus efectos sobre el nivel de producción en el medio plazo.

Los efectos sobre las variables endógenas del modelo *SA-DA* de una economía abierta, a partir de una variación de las variables exógenas, se resumen en la Tabla 10.2.

10.8 Extensiones

Acabamos de ver, en este capítulo y el anterior, que los efectos de las perturbaciones que puede sufrir una economía abierta difieren de los que se producirían en una economía cerrada. Esto es así porque un país que mantiene relaciones con el exterior sufrirá efectos adicionales a través del tipo de cambio real y, además, estará expuesto a las perturbaciones que se produzcan en otros países. Asimismo, si el país es suficientemente grande, las políticas económicas aplicadas para hacer frente a las perturbaciones también se verán afectadas por las repercusiones que éstas pueden tener sobre el resto del mundo, perdiendo parte de su autonomía y eficacia.

En esta sección veremos cómo las interacciones que se producen entre economías interdependientes hacen que las perturbaciones que puedan afectar a alguno de los países, generen externalidades o efectos desbordamiento; es decir, una parte de sus efectos se transmite al exterior. Por ello, cuando tiene lugar

Tabla 10.2. Efectos sobre las variables endógenas de una variación de las variables exógenas en el modelo *SA-DA* de la economía abierta.

		Variables endógenas														
		corto plazo								medio plazo						
		Y	$\dot{P}$	r	Q	N	u	W/P	W/P_C	Y	$\dot{P}$	r	Q	N	u	W/P	W/P_C
Variables exógenas	C_A	+	+	+	+	+	−	0	+	+	?	+	+	+	−	0	+
	I_A	+	+	+	+	+	−	0	+	+	?	+	+	+	−	0	+
	G	+	+	+	+	+	−	0	+	+	?	+	+	+	−	0	+
	t	−	−	−	−	−	+	0	−	−	?	−	−	−	+	0	−
	TR	+	+	+	+	+	−	0	+	+	?	+	+	+	−	0	+
	$\dot{P}o$	+	+	−	−	+	−	0	−	0	1	0	0	0	0	0	0
	XN_A	+	+	+	+	+	−	0	+	+	?	+	+	+	−	0	+
	Y^*	+	+	+	+	+	−	0	+	+	?	+	+	+	−	0	+
	r^*	+	+	+	−	+	−	0	−	−	+	+	−	−	+	0	−
	Z_W	−	+	+	+	−	+	0	+	−	+	+	+	−	+	0	+
	Z_P	−	+	+	+	−	+	−	−	−	+	+	+	−	+	−	−
	PT	+	−	−	−	?	?	+	+	+	−	−	−	−	+	+	+
	FT	+	−	−	−	+	?	0	−	+	−	−	−	+	+	0	−

Notas: a) El signo + indica que una variación de la variable exógena da lugar a una variación de la variable endógena en el mismo sentido. *b)* El signo − indica que una variación de la variable exógena da lugar a una variación de la variable endógena en sentido contrario. *c)* El valor 0 indica que una variación de la variable exógena no da lugar a ninguna variación de la variable endógena. *d)* El valor 1 indica que una variación de la variable exógena da lugar a una variación de la variable endógena en la misma proporción. *e)* El símbolo ? indica que una variación de la variable exógena da lugar a una variación de la variable endógena de signo ambiguo.

una perturbación se produce un conflicto de intereses, pues una parte del efecto perseguido por las políticas económicas utilizadas para corregir los efectos no deseados de las perturbaciones, también se transmite al exterior. De este modo, los efectos de una política instrumentada a nivel nacional, que no tenga en cuenta sus repercusiones sobre el exterior, pueden dar lugar a unos resultados distintos de los que se producirían en una economía cerrada. En este contexto, discutiremos la posibilidad de la coordinación de políticas económicas como vía para internalizar las externalidades derivadas de la interdependencia económica.

10.8.1 Interdependencia macroeconómica

Las economías desarrolladas se interrelacionan en los mercados internacionales a través del intercambio de bienes y servicios, y de la movilidad de los flujos de capitales y de trabajo. El aumento de estas relaciones hace que la interdependencia económica entre los diversos países sea cada vez mayor. Así, en un mundo caracterizado por la creciente interdependencia derivada de los procesos de integración económica, cada vez son mayores los efectos desbordamiento que se producen tanto cuando alguna de las economías involucradas sufre una perturbación, como cuando se aplica una política económica para corregir los efectos no deseados de la misma. Por ello, se hace necesario tener en cuenta las repercusiones que una política instrumentada a nivel nacional pueda tener sobre el exterior, y así evitar que se vea alterada su eficacia.

La mayor vulnerabilidad de una economía abierta dependerá, en primer lugar, del grado de apertura del país y, en segundo lugar, de su tamaño. De hecho, sólo podemos hablar de interdependencia cuando el grado de apertura y el tamaño de un país son suficientes para que éste se vea afectado por el impacto de sus propias acciones sobre el resto del mundo. Si la economía es pequeña, como hemos supuesto en este capítulo y en el anterior, las perturbaciones que tengan lugar en ella no repercutirán en el exterior (en términos de un modelo macroeconómico, las variables del resto del mundo serán exógenas). Pero si la economía es grande, los efectos de las perturbaciones se transmitirán al exterior (en este caso, las variables del resto del mundo deben tratarse como variables endógenas). Esto se debe a que las interacciones que se producen entre economías interdependientes generan *externalidades* o *efectos desbordamiento*. En otras palabras, tanto los efectos de las perturbaciones como los de las políticas aplicadas para corregirlos se extenderán a otros países y, por consiguiente, las decisiones tomadas en un país no podrán ser independientes de las que se hayan tomado en el resto del mundo.

Por otra parte, cuanto mayor sea el grado de integración económica, mayores serán los efectos desbordamiento provocados por la interdependencia. De este modo, corregir los efectos de una perturbación aplicando una determinada política económica puede dar lugar a un conflicto de intereses. En primer lugar, porque los objetivos de las autoridades de distintos países pueden no ser los mismos y, en segundo lugar, porque parte del efecto perseguido por la política económica nacional se transmite al exterior, reduciendo así parte de su eficacia. Tanto el sentido como la magnitud de los efectos desbordamiento dependen de cuáles sean los canales de transmisión de las perturbaciones. Son los aspectos institucionales, que configuran la estructura económica de cada país, los que determinan los canales de transmisión, tanto de las posibles perturbaciones como de las políticas aplicadas para hacer frente a las mismas. Desde esta perspectiva parece evidente que los efectos de una política instrumentada a nivel nacional, que no tenga en cuenta sus repercusiones sobre el exterior, puedan dar lugar a resultados distintos de los que se producirían en una economía cerrada.

Dependiendo de cuáles sean los mecanismos de transmisión, los efectos desbordamiento pueden dar lugar al llamado efecto locomotora o bien al conocido como empobrecimiento del vecino. El *efecto locomotora* se produce cuando el efecto de la perturbación (o la política aplicada) en un país, se transmite al otro país con el mismo signo. Por ejemplo, si aumenta la demanda agregada de un país aumentan sus importaciones y se incrementa, por tanto, la demanda agregada de la economía exterior (debido a la mayor demanda de exportaciones ya que, en un mundo de dos países, las importaciones de un país son las exportaciones del otro). Por el contrario, cuando el efecto de la perturbación se transmite con distinto signo tiene lugar el llamado *empobrecimiento del vecino*. Así, cuando disminuye el tipo de interés real de un país el tipo de cambio real se deprecia, mejorando la balanza comercial, por lo que aumentaría la demanda agregada. Dicha depreciación supondría, sin embargo, una apreciación del tipo de cambio real en el exterior (ya que la depreciación en un país supone, en un mundo de dos países, una apreciación en el otro) lo que daría lugar a un empeoramiento de la balanza comercial del resto del mundo, con la consiguiente contracción de su demanda. En la realidad, el signo de los efectos desbordamiento es con frecuencia ambiguo; dependiendo, en última instancia, de que predomine alguno de los factores relacionados con la apertura de las economías, la sustituibilidad de los bienes comercializables y el grado de movilidad de los factores productivos.

10.8.2 Coordinación de políticas económicas

Con el fin de minimizar los efectos no deseados de la interdependencia económica, una de las posibilidades más ampliamente debatidas ha sido la de establecer al menos cierto grado de coordinación de las políticas económicas; entendiendo la coordinación como un continuo que va desde el mero intercambio de información hasta la coordinación plena o absoluta, la cual supondría la cesión total de competencias a una autoridad supranacional. No es difícil intuir que si las autoridades cooperan, tratando de coordinar sus políticas macroeconómicas, será más fácil alcanzar los objetivos propuestos. Los argumentos teóricos a favor de la coordinación se apoyan en que la coordinación internacional internaliza los efectos de la interdependencia económica, lo que ningún gobierno puede conseguir instrumentando sus políticas individualmente. Dicho de otro modo, cuando se establecen objetivos de política económica con carácter individual éstos no siempre pueden alcanzarse simultáneamente, salvo que se establezca un acuerdo al respecto. Resulta evidente, por ejemplo, que dos países no pueden pretender que su moneda se deprecie con respecto a la del otro de forma simultánea.

Los estudios teóricos sobre coordinación describen la interdependencia entre países basándose en extensiones del modelo Mundell-Fleming y, debido a la necesidad de tener en cuenta los aspectos estratégicos en la toma de decisiones de las autoridades, se han utilizado los conceptos de la teoría de juegos para explicar cómo se lleva a cabo dicho proceso. En general, los resultados muestran que, si las autoridades ignoran la interdependencia, las soluciones no serán óptimas, y concluyen que, al actuar de forma coordinada, se obtendría una mejora en el sentido de Pareto. Todo ello constituiría una justificación teórica de la coordinación internacional de políticas.[3]

Sin embargo, la evaluación empírica de los beneficios potenciales de la coordinación ha puesto de manifiesto que las ganancias derivadas de la misma son relativamente modestas.[4] Los diversos estudios disponibles señalan que las ganancias no son mucho mayores que las que se obtendrían con el mero intercambio de información; aunque en determinadas circunstancias (en particular, cuando existe un conflicto de intereses y la interdependencia entre los países es importante) pueden obtenerse beneficios, siempre que la política económica diseñada por las autoridades tenga credibilidad.

Es cierto que, en la práctica, la solución cooperativa resulta inestable. Las autoridades de los países involucrados en el proceso de coordinación deben estar de acuerdo en el modelo a seguir, en la prioridad de los objetivos y en las medidas de política requeridas para alcanzarlos. A todo ello, que no siempre es fácil, se une además el incentivo que puede existir para desviarse del acuerdo cuando entra en conflicto un objetivo individual con uno colectivo. De ahí que para evitar incumplimientos, o la conducta de *free-rider*, a veces sea necesario contar con mecanismos de sanción que garanticen el mantenimiento del acuerdo. Por ejemplo, en esta línea, ya mencionábamos en el Capítulo 6 el caso del Pacto de Estabilidad y Crecimiento (PEC) que vinculaba a los estados miembros de la Unión Europea (UE) para garantizar la credibilidad de sus políticas fiscales.

---

[3] El primer autor en aplicar la teoría de juegos al estudio de la coordinación internacional de políticas económicas fue Koichi Hamada: «A strategic analysis of monetary interdependence», *Journal of Political Economy*, vol. 84, agosto de 1976, págs. 677-700, a través de un modelo de dos países que tienen como objetivo mantener la tasa de inflación y el equilibrio en la balanza de pagos, en un sistema de tipo de cambio fijo, y donde el nivel de creación de crédito interno es el único instrumento de política económica. Hamada demuestra que los objetivos no pueden alcanzarse simultáneamente, pues los intereses de cada país entrarían en conflicto, y que incluso con tipo de cambio flexible la solución no cooperativa es subóptima.

[4] A partir de la contribución pionera de Jeffrey A. Frankel y Katharine E. Rockett: «International macroeconomic policy coordination when policymakers do not agree on the true model», *American Economic Review*, vol. 78, junio de 1988, págs. 318-340, se ha señalado reiteradamente que uno de los problemas básicos de la coordinación de políticas económicas viene dado por la dificultad de decidir cuál es el modelo que mejor describe la interdependencia macroeconómica. Así, por ejemplo, la elección del modelo apropiado sería uno de los mayores obstáculos a la hora de establecer una adecuada coordinación macroeconómica en Europa.

No obstante, en los últimos años, la literatura sobre coordinación ha recobrado actualidad en el contexto de la Unión Económica y Monetaria (UEM). La unión monetaria es una de las posibles infinitas soluciones cooperativas, por lo que la voluntad política de construirla en Europa puede interpretarse como una manifestación explícita del interés por aprovechar las ventajas de la coordinación de las políticas monetarias. En la UE, la coordinación se ha venido recomendando desde el Tratado de Roma, si bien no se ha reconocido explícitamente su necesidad hasta el Tratado de Maastricht. En síntesis, y para alcanzar los objetivos de nivel de empleo elevado y un crecimiento sostenible no inflacionario, se reconoce que los estados miembros deben coordinar sus políticas económicas. Esto nos sitúa en un contexto bien definido: la UEM es un ejemplo claro de coordinación plena en materia de política monetaria, pero donde a su vez se requiere una estructura de coordinación de otras políticas para garantizar el buen funcionamiento de la propia UEM, lo cual parece indicar que el proceso de construcción europea no ha terminado.

Hemos visto que, cuando las economías son interdependientes, las políticas económicas instrumentadas a nivel nacional trasladan parte de sus efectos al exterior. Por ello, la gestión unilateral de las políticas puede generar ineficiencias, al no tener en cuenta los efectos derivados de las decisiones adoptadas; mientras que una acción coordinada que internalizase dichos efectos podría resultar más eficaz. A continuación discutiremos las posibles ventajas derivadas de la coordinación de las políticas económicas.

Un ejemplo claro de las consecuencias negativas de ignorar la interdependencia, fue el uso de políticas monetarias contractivas para hacer frente a la inflación tras la segunda crisis del petróleo en 1979. El predominio de dichas políticas agravó la crisis provocando una recesión a nivel mundial. Por el contrario, ya se ha comentado el proceso de construcción de la UEM como un ejemplo del reconocimiento de las ventajas de la coordinación de las políticas económicas. Así, el Sistema Monetario Europeo ya suponía cierto grado de coordinación para intentar mantener un objetivo común respecto al tipo de cambio. El Tratado de Maastricht impulsó definitivamente el objetivo de una política monetaria única y, posteriormente, mediante el PEC se establecían los criterios básicos para la coordinación de las actuaciones fiscales. Más recientemente, en el Tratado de Lisboa se establecieron acuerdos para coordinarse tanto en materia de política fiscal como de reformas estructurales. Otros casos, distintos del europeo, que constituyen un ejemplo del interés por aprovechar los beneficios de la coordinación serían los de la Comunidad Andina de Naciones y el Mercado Común del Sur o Mercosur, si bien ninguno de ellos se basa en un proyecto tan ambicioso como el europeo.

Como hemos mencionado anteriormente, para estudiar el problema al que se enfrentarían las autoridades de política económica, teniendo en cuenta los aspectos estratégicos en la toma de decisiones, se utiliza la teoría de juegos como instrumento de análisis. De esta forma, los jugadores serían las autoridades nacionales que representan a cada país, y las funciones objetivo vendrían dadas por una función de pérdidas (o bienestar) social, definida sobre ciertos objetivos de política económica. Las autoridades tratarían de conseguir dichos objetivos minimizando (o maximizando) la función objetivo, utilizando como variables de control los instrumentos disponibles de política económica.

Siguiendo este enfoque, las posibles soluciones dependerán de la forma en que las autoridades hayan tomado sus decisiones. Si lo hacen de forma no cooperativa, obtendremos la *solución de Nash-Cournot*, o *solución competitiva*, cuando cada país resuelve su problema de forma individual tomando como dada la actuación del otro país. Esta solución es única, pero no Pareto-óptima pues no tiene en cuenta las interacciones que pueden producirse, ya que en cada país se toma una decisión sin preocuparse de las repercusiones que tendrá en otros países. En materia de política monetaria, esta forma de actuar podría describir la etapa previa a los primeros compromisos monetarios que culminaron en la UEM, o la actuación de cualquier país ajeno al proceso de unificación monetaria. Por otra parte, obtendremos la *solución de Nash-Stackelberg*, o del *modelo del líder-seguidor*, cuando un país actúa como líder (es decir, se anticipa en la toma de decisiones), pero teniendo en cuenta la función de reacción del seguidor (el cual se adaptará a la decisión tomada por el líder). De esta forma, el líder aprovecha su ventaja temporal al escoger antes y se llega a una situación estable pero que no siempre es Pareto-superior a la solución competitiva. Este tipo de actuación podría describir la etapa en la cual el marco alemán funcionaba como moneda de referencia y la política monetaria del Bundesbank marcaba los objetivos a adoptar en el resto de la UE. Así, Alemania era el país líder y el resto de los futuros estados miembros de la UEM actuaban como seguidores, adaptando sus políticas monetarias a la escogida por Alemania.

Finalmente, si los países cooperan, obtendremos la *solución cooperativa*. En este caso, una autoridad supranacional (o planificador social) minimiza (maximiza) la suma ponderada de las funciones de pérdidas (bienestar) de todos los países. La solución no es única, pues depende de las ponderaciones, pero puede ser Pareto-superior a las no cooperativas. Esta falta de unicidad es la que plantea problemas de estabilidad y requiere, por tanto, la existencia de una autoridad supranacional y de mecanismos de sanción para evitar incumplimientos. Podríamos identificar la solución cooperativa con la unión monetaria, puesto que la coordinación plena en materia de política monetaria supone que todos los países aplican la misma política; es decir, se define una política monetaria única que vincula y obliga a todos los estados miembros de la unión.

Para ilustrar con un ejemplo las relaciones de interdependencia en un mundo de dos países (la economía nacional y la del resto del mundo) y las posibilidades de la coordinación, consideraremos un modelo sencillo de oferta y demanda agregadas. Supondremos que los dos países son estructuralmente idénticos, que entre ellos el tipo de cambio es flexible y que existe perfecta movilidad de capitales.

Definiremos las funciones de demanda agregada de cada uno de los dos países como $Y = DA(\dot{P}, \varepsilon_D)$, $Y^* = DA^* (\dot{P}^*, \varepsilon_D^*)$, y las de oferta agregada como $\dot{P} = SA(Y, \varepsilon_S)$, $\dot{P}^* = SA^*(Y^*, \varepsilon_S^*)$; donde $\varepsilon_D, \varepsilon_D^*, \varepsilon_S, \varepsilon_S^*$, son las posibles perturbaciones que afectan a la demanda y a la oferta agregadas, respectivamente. Resolviendo el modelo dado por las cuatro ecuaciones correspondientes a las ofertas y demandas agregadas, obtenemos como solución el siguiente conjunto de ecuaciones:

$$Y = Y(\varepsilon_D, \varepsilon_D^*, \varepsilon_S, \varepsilon_S^*) \tag{11}$$

$$Y^* = Y^*(\varepsilon_D, \varepsilon_D^*, \varepsilon_S, \varepsilon_S^*) \tag{12}$$

$$\dot{P} = \dot{P}(\varepsilon_D, \varepsilon_D^*, \varepsilon_S, \varepsilon_S^*) \tag{13}$$

$$\dot{P}^* = \dot{P}^*(\varepsilon_D, \varepsilon_D^*, \varepsilon_S, \varepsilon_S^*) \tag{14}$$

La interdependencia entre las dos economías viene recogida por la interacción de las variables pues, como vemos, los niveles de producción y las tasas de inflación de ambas economías se ven afectados por las perturbaciones que puedan sufrir tanto la economía nacional como la del resto del mundo. Los signos de los correspondientes coeficientes indicarán el sentido de los efectos de las perturbaciones sobre el nivel de actividad y la tasa de inflación. En cualquier caso darán lugar, dependiendo de cuáles sean los canales de transmisión que predominen, al efecto locomotora o al empobrecimiento del vecino.

Por otra parte, cada país tendrá una función de utilidad definida sobre unos determinados objetivos de política económica. Suponiendo que dichos objetivos sean mantener la estabilidad de la inflación y del nivel de actividad, las funciones de utilidad podrían definirse como:

$$U = U(\dot{P}, Y)$$
$$U^* = U^*(\dot{P}^*, Y^*)$$

En el caso de sufrir alguna perturbación, las autoridades de cada país tratarán de maximizar su utilidad (o minimizar sus pérdidas) utilizando algún instrumento de política económica con fines estabilizadores. El problema de optimización que tendrán que resolver estará condicionado por la estructura económica internacional, que viene dada por la solución del modelo; es decir, las ecuaciones (11) a (14).

Si las autoridades actúan de forma individual, sin tener en cuenta las interacciones, la economía nacional maximizaría su utilidad teniendo en cuenta (11) y (13), obteniendo a partir de las condiciones de primer orden la llamada función de reacción, R. Dicha función muestra la política óptima a seguir por un país según cual sea la política adoptada en el exterior. De forma simétrica, el otro país maximizaría su utilidad teniendo en cuenta (12) y (14), obteniendo su función de reacción, R^*. La solución conjunta, o solución competitiva, vendría dada por la intersección de ambas funciones de reacción.

A su vez, si suponemos que la economía nacional actúa como líder, resolvería su problema de optimización teniendo en cuenta la función de reacción del seguidor. Es decir, maximizaría su utilidad sujeta a (11), (13) y R^*. El resultado obtenido sería tomado como un dato por el seguidor a la hora de resolver su problema.

Finalmente, si los países deciden cooperar, maximizarán la suma ponderada de sus utilidades, $\bar{U} = \gamma\, U + (1 - \gamma)\, U^*$, sujeta a (11), (12), (13) y (14).

La Figura 10.6 muestra las tres posibles soluciones.[5] Hemos supuesto el caso más general, con funciones objetivo cuadráticas y formas reducidas lineales. Trabajar con funciones objetivo cuadráticas ilustra el interés de las autoridades por mantener la estabilidad de los objetivos de política económica (nivel de actividad e inflación), por lo que cualquier desviación (positiva o negativa) se interpretaría como una pérdida de bienestar. Supondremos que el instrumento de política es el gasto público. Ello nos permite, además, representar las funciones de reacción en el plano $G\text{-}G^*$, para poder mostrar las variaciones del instrumento requeridas en cada solución. En este ejemplo hemos supuesto que predomina el efecto del tipo de interés real sobre el de la balanza comercial (lo que puede explicarse cuando la importancia que se le da a controlar la inflación y a mantener el nivel de actividad es suficientemente grande). En otras palabras, la principal consecuencia de dicho supuesto consiste en que el aumento de la renta en un país se traduce en una disminución de la renta del otro, dando lugar al empobrecimiento del vecino. Gráficamente, nos encontraremos con funciones de reacción con pendiente positiva. El supuesto contrario da lugar al efecto locomotora y a curvas de reacción con pendiente negativa.

En ausencia de perturbación, las políticas óptimas serían $G = G^* = 0$ y las funciones de reacción se cortarían en el origen de coordenadas. Veamos lo que ocurre cuando tiene lugar una perturbación. Supongamos que la economía nacional se ve afectada por una perturbación de oferta contractiva, mientras que la exterior sufre una perturbación de oferta expansiva (debido a que hemos supuesto que prevalece el empobrecimiento del vecino). En este caso, se desplazarían las funciones de reacción y las políticas óptimas vendrían dadas por los puntos $B = (G = 0,\ G^* > 0)$ y $B^* = (G > 0,\ G^* = 0)$. Es decir, lo óptimo para cada país sería no hacer nada a costa de que el otro país incurriese en la variación máxima del instrumento de política económica. Los puntos B y B^*, son los llamados *bliss points* o puntos de máxima satisfacción, origen del mapa de curvas de indiferencia de cada país. La solución

    5 En la sección 5 de Richard N. Cooper: «Economic interdependence and coordination of economic policies», en Ronald W. Jones y Peter B. Kenen (eds.): *Handbook of International Economics*, vol. 2, North-Holland, Amsterdam, 1985, págs. 1195-1234, se presenta una descripción muy completa, tanto desde el punto de vista analítico como gráfico, de un ejemplo similar al aquí tratado.

de Nash-Cournot viene dada por el punto E_N del gráfico que, como vemos, corresponde a la intersección de las funciones de reacción. Cualquier solución que esté al noreste de E_N, será Pareto-superior a ella pues ambos países estarían más cerca de sus respectivos puntos de máxima satisfacción. La solución de Nash-Stackelberg que se muestra en el punto E_S, es aquella en la que se ha supuesto que la economía nacional actúa como líder, y gráficamente viene dada por la tangencia entre la función de reacción del seguidor y la curva de indiferencia del líder. Como puede verse, el líder aprovecha su ventaja temporal e incurre en una variación del instrumento menor que la del seguidor. Finalmente, E_C representa una de las infinitas soluciones cooperativas (en este caso, la simétrica en la que las ponderaciones de cada país serían $\frac{1}{2}$), y se sitúa en la llamada *curva de contrato* que une los puntos de máxima satisfacción.

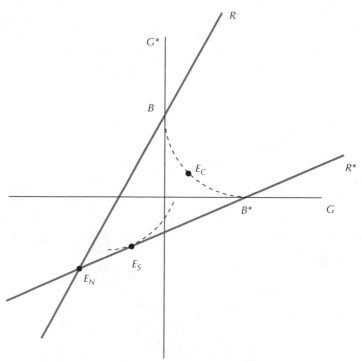

Figura 10.6. Soluciones no cooperativas y cooperativa en el caso de una perturbación de oferta.

Con este ejemplo hemos podido ver que la solución de Nash-Cournot es única, pero no Pareto-óptima. La solución de Nash-Stackelberg resulta ser Pareto-superior pues ambos países se encuentran más cerca de su punto de máxima satisfacción. Siguiendo este criterio, la solución cooperativa de la Figura 10.6 sería óptima; sin embargo, es inestable pues ninguno de los países se encuentra en su función de reacción. De ahí los problemas inherentes a toda solución cooperativa: requiere que todos los países involucrados en la negociación cedan parte de sus pretensiones y, además, puede haber incentivos a desviarse del acuerdo si no existen mecanismos de sanción adecuados.

Un ejemplo real de los conflictos que se derivan del incumplimiento de los acuerdos por parte de algún socio, lo encontramos en las dificultades generadas en la UEM debido a los problemas de sostenibilidad de las finanzas públicas en Grecia, Irlanda y Portugal, tras la crisis financiera internacional que se desencadenó en otoño de 2008.

Ejercicios

1. ¿Cuáles son las diferencias fundamentales entre el modelo *SA-DA* de la economía abierta y el modelo *SA-DA* de la economía cerrada?
2. Si comparamos los efectos a medio plazo de las perturbaciones en el modelo *SA-DA* de la economía abierta con los correspondientes en el modelo *SA-DA* de la economía cerrada, observamos ciertas analogías y diferencias. ¿Podría explicar brevemente el porqué de las mismas?
3. ¿Cuál es el principal argumento a favor de la coordinación de las políticas económicas?

Soluciones

1. En el caso de una economía abierta, la función *DA* tendrá pendiente negativa, pero no sabemos si mayor o menor que en una economía cerrada. Ello se debe a los efectos opuestos de dos nuevos términos que aparecen en la expresión de la pendiente: i) la relación entre inflación interna, tipo de interés real y tipo de cambio real; y ii) la presencia de la sensibilidad de las importaciones a la renta nacional. Por otra parte, la función *DA* en economía abierta se desplazará en los mismos casos que en una economía cerrada pero, además, cuando se alterasen el componente autónomo de las exportaciones netas, el nivel de renta del resto del mundo y el tipo de interés del resto del mundo.

   Respecto a la función *SA*, va a tener la misma pendiente que en la economía cerrada y se va a desplazar en los mismos casos, con una excepción, que va a representar una diferencia fundamental para los resultados del modelo. En efecto, suponiendo dada la ponderación del nivel de precios internos en el índice de precios de consumo, la función *SA* se va a desplazar también ante cambios en la tasa de variación del tipo de cambio real del periodo anterior.

2. Si consideramos los casos de una política fiscal, una política monetaria y una política de oferta expansivas tendremos que:

- Una política fiscal expansiva en el modelo *SA-DA* de la economía abierta afecta al nivel de producción, a diferencia de la economía cerrada donde no se alteraba. Se debe, en última instancia, a que la apreciación del tipo de cambio real tiende a contrarrestar el desplazamiento hacia arriba de la función *SA*.

- Una política monetaria expansiva tiene los mismos efectos en el modelo *SA-DA* de economía abierta y cerrada. Ello se debe a que el tipo de cambio real no se altera, puesto que el tipo de cambio nominal se deprecia en la misma proporción en la que han aumentado los precios internos.

- Una política de oferta expansiva en el modelo *SA-DA* de la economía abierta da lugar a los mismos efectos que en la economía cerrada, pero de menor magnitud. Esto es así porque en la economía abierta se produce una depreciación del tipo de cambio real, que tiende a contrarrestar el desplazamiento hacia abajo de la función *SA*.

En resumen, como vemos, las diferencias vienen determinadas por la presencia o no del tipo de cambio real.

3. Los argumentos teóricos a favor de la coordinación se basan en que la coordinación internaliza los efectos de la interdependencia económica, lo cual no puede conseguirse instrumentando las políticas de forma individual. A nivel teórico, parece existir cierto consenso en que estableciendo cierto grado de coordinación pueden reducirse, o incluso minimizarse, los efectos no deseados de la interdependencia. A nivel práctico, sin embargo, los beneficios de la coordinación parecen más discutibles. No obstante, existen claros ejemplos del interés por aprovechar las ventajas de la coordinación, tales como la Comunidad Andina de Naciones, Mercosur o, especialmente, la UEM.

Bibliografía recomendada

El resultado que muestra cómo se revierten las conclusiones del modelo Mundell-Fleming en un modelo caracterizado por la rigidez del salario real (del tipo, por tanto, del desarrollado en este capítulo) fue presentado inicialmente en:

Jeffrey Sachs: «Wages, flexible exchange rates, and macroeconomic policy», *Quarterly Journal of Economics*, vol. 94, junio de 1980, págs. 731-747.

Un completo análisis de las políticas de estabilización en distintos modelos de la economía abierta se ofrece en:

Richard C. Marston: «Stabilization policies in open economies», en Ronald W. Jones y Peter B. Kenen (eds.): *Handbook of International Economics*, vol. 2, North-Holland, Amsterdam, 1985, págs. 859-916.

La transmisión de las perturbaciones macroeconómicas en el marco de los modelos tradicionales se examina en:

Michael Mussa: «Macroeconomic interdependence and the exchange rate regime», en Rudiger Dornbusch y Jacob A. Frenkel (eds.): *International Economic Policy: Theory and Evidence*, The Johns Hopkins University Press, Baltimore, 1979, págs. 160-204.

Una introducción a la literatura sobre la coordinación internacional de políticas económicas, puede verse en:

Richard N. Cooper: «Economic interdependence and coordination of economic policies», en Ronald W. Jones y Peter B. Kenen (eds.): *Handbook of International Economics*, vol. 2, North-Holland, Amsterdam, 1985, págs. 1195-1234.

Finalmente, una colección de trabajos donde se aplica la estrategia de modelización utilizada en este capítulo y el anterior, se recoge en:

Oscar Bajo Rubio (ed.): *Macroeconomic policy in an open economy: Applications of the Mundell-Fleming model*, Nova Science Publishers, Nueva York, 2003.

11 LOS MODELOS *IS-RM* Y *SA-DA* PARA UNA UNIÓN MONETARIA

11.1 Introducción

En este capítulo se presenta una adaptación de los modelos desarrollados en los Capítulos 9 y 10 (donde se suponía que el tipo de cambio era flexible) para el caso de una unión monetaria. Tradicionalmente, la macroeconomía internacional ha analizado como sistemas alternativos de tipo de cambio, el tipo de cambio flexible y el tipo de cambio fijo. Sin embargo, en los últimos años los sistemas de tipo de cambio fijo se han revelado sumamente frágiles y difíciles de mantener, debido en última instancia al extraordinario desarrollo experimentado por los mercados internacionales de capitales, en un contexto de continua liberalización y desregulación de dichos mercados. En consecuencia, los sistemas de tipo de cambio fijo están tendiendo a desaparecer, emergiendo en su lugar como opción alternativa la formación de una unión monetaria, esto es, la adopción de una moneda común por parte de un grupo de países.

Comenzaremos el capítulo con una discusión acerca de la creciente fragilidad de los sistemas de tipo de cambio fijos, y de cómo la formación de una unión monetaria podría resultar una alternativa factible. A continuación, adaptaremos los modelos de los dos capítulos anteriores, el *IS-RM* y el *SA-DA*, para el caso de una unión monetaria, examinando después los efectos de las distintas perturbaciones, tanto de demanda agregada como de oferta agregada. El capítulo finaliza con algunas extensiones, donde se analizan con mayor amplitud algunos temas discutidos al principio del capítulo, como la fragilidad de los sistemas de tipo de cambio fijos en presencia de ataques especulativos, y la deseabilidad de la formación de una unión monetaria.

11.2 La formación de una unión monetaria como alternativa a un sistema de tipo de cambio fijo

Aunque a lo largo de los capítulos anteriores hemos supuesto que el tipo de cambio era flexible, al comienzo del Capítulo 9 mencionamos que el tipo de cambio podía ser también fijo. Recordemos que, a diferencia del tipo de cambio flexible, que se determina a partir de la oferta y la demanda de divisas por parte de los agentes privados, de manera que el tipo de cambio se mueve libremente en respuesta a las fuerzas del mercado, en un sistema de tipo de cambio fijo el gobierno interviene en el mercado de cambios a través del banco central con objeto de mantener el valor del tipo de cambio dentro de unos límites previamente establecidos. En consecuencia, el banco central compraría y vendería divisas con el fin de limitar las variaciones del tipo de cambio, para lo cual mantiene unas reservas de divisas.

¿Cómo cambiarían los resultados de los Capítulos 9 y 10 si hubiéramos supuesto el tipo de cambio fijo en vez de flexible? De manera muy resumida, puede afirmarse que los efectos de la intervención del banco central en el mercado de cambios tienden a revertir los efectos de la variación del tipo de cambio cuando éste es flexible, por lo que los resultados finales de una perturbación tenderán a reforzarse o contrarrestarse, según los casos. Así, cuando la perturbación sufrida por la economía se traduce en una apreciación del tipo de cambio, el banco central debería vender moneda nacional con objeto de evitar dicha apreciación, para lo cual compraría divisas, de manera que aumentaría la oferta monetaria, disminuiría el tipo de interés y aumentaría el nivel de actividad, contrarrestando el efecto contractivo de la apreciación. A su vez, cuando la perturbación sufrida por la economía se traduce en una depreciación del tipo de cambio, el banco central debería comprar moneda nacional con objeto de evitar dicha depreciación, para lo cual vendería divisas, disminuiría la oferta monetaria, aumentaría el tipo de interés y disminuiría el nivel de actividad, contrarrestando el efecto expansivo de la depreciación. En particular, la política monetaria sería totalmente inefectiva cuando el tipo de cambio es fijo, pues su efecto sobre el nivel de actividad se vería contrarrestado en su totalidad por el de la intervención en el mercado de cambios; en términos de la Figura 9.8, la curva RM, que se habría desplazado inicialmente hacia abajo debido al efecto de la política monetaria expansiva, se desplazaría seguidamente hacia arriba debido al efecto de la intervención en el mercado de cambios (dirigida a evitar la depreciación del tipo de cambio).

¿Cuál de los dos sistemas de tipo de cambio, flexible o fijo, sería más deseable en la práctica? La literatura académica ha propuesto distintos argumentos que tenderían a favorecer la elección, bien de un régimen de tipo de cambio fijo, bien de uno de tipo de cambio flexible. Sin ánimo de exhaustividad, los principales argumentos en favor de un sistema de tipo de cambio flexible serían los siguientes:

a) Garantizaría en todo momento la existencia de equilibrio externo, esto es, equilibrio de las cuentas exteriores, en la medida en que la oferta y la demanda de divisas se corresponden con las distintas partidas de la balanza de pagos. Ello a su vez permitiría al gobierno centrarse en la consecución de sus objetivos internos.

b) Tendería a aislar a la economía de los efectos de las perturbaciones exteriores, en particular, las que afectan a la balanza comercial. En términos del análisis desarrollado en los Capítulos 9 y 10, los efectos sobre el nivel de actividad de una perturbación que mejora la balanza comercial tenderían a verse compensados por los de la consiguiente apreciación del tipo de cambio.

c) Significaría una mayor autonomía de la política monetaria ya que, como mencionamos anteriormente, la política monetaria sería totalmente inefectiva en un sistema de tipo de cambio fijo. Adviértase que el resultado anterior se referiría al corto plazo, ya que la política monetaria con tipo de cambio flexible sería incapaz de alterar el nivel de producción potencial en el medio plazo (véase la Figura 10.3).

Por su parte, en contra de un régimen de tipo de cambio flexible (y, en general, en favor de una mayor o menor fijación del tipo de cambio) se ha señalado que:

a) Los tipos de cambio flexibles han mostrado en la práctica una gran variabilidad. La enorme volatilidad de los tipos de cambio se debería a que éstos se ven muy influidos por las noticias disponibles sobre las variables de las que dependen. En particular, de los valores actuales y esperados del tipo de interés nacional y del resto del mundo, así como del tipo de cambio futuro esperado (véase la sección 4 del Capítulo 9). La fluctuación excesiva de los tipos de cambio haría que los precios internacionales fueran menos predecibles, lo que afectaría negativamente al comercio y la inversión internacionales.

b) Los tipos de cambio flexibles podrían dar lugar a una mayor tendencia inflacionista, en la medida en que el gobierno, liberado del compromiso de defender el valor del tipo de cambio, pudiera embarcarse en unas políticas demasiado expansivas. Por el contrario, la adopción de un sistema de tipo de cambio fijo significaría una mayor disciplina para las autoridades: si la inflación de un país es mayor que la del resto del mundo y el tipo de cambio es fijo, la consiguiente apreciación del tipo de cambio real disminuiría la demanda relativa de los bienes nacionales, lo que reduciría el nivel de actividad y por tanto la tasa de inflación. En este sentido, se argumenta que el tipo de cambio fijo actuaría como un «ancla» para las autoridades pues, al proporcionarles una mayor disciplina, permitiría ganar credibilidad a su política antiinflacionista.

c) La volatilidad de los tipos de cambio flexibles podría verse agravada en presencia de especulación desestabilizadora. En este caso, si una moneda se está depreciando, los especuladores la venderían si esperan una mayor depreciación, con lo cual las expectativas de depreciación se terminarían realizando. Lo anterior tendría además efectos perjudiciales sobre la tasa de inflación, vía unos mayores precios de los productos de importación.

Sin embargo, en los últimos años los sistemas de tipo de cambio fijo se han revelado sumamente frágiles y difíciles de mantener. El motivo último es el extraordinario desarrollo experimentado por los mercados internacionales de capitales, que va a hacer que los sistemas de tipo de cambio fijo sean sumamente vulnerables ante ataques especulativos a escala masiva.[1]

En principio, la libre movilidad de capitales a nivel internacional permitiría a los ahorradores obtener las mejores rentabilidades posibles, y a las empresas tomar prestado en las mejores condiciones posibles. Si a lo anterior añadimos los avances en las telecomunicaciones y la creciente sofisticación de las operaciones financieras, todo ello ha dado como resultado una tendencia a la liberalización y desregulación de los mercados internacionales de capitales. Ahora bien, la elevadísima movilidad internacional de capitales alcanzada en los últimos años, unida al carácter especulativo y a corto plazo de la mayoría de las operaciones, se habría traducido en una gran volatilidad de los movimientos internacionales de capitales, que serían extraordinariamente sensibles a cualquier pequeña noticia sobre sus factores determinantes. Ello a su vez ha llevado a algunos países a implantar controles de capital, esto es, medidas dirigidas a limitar los movimientos internacionales de capitales. La efectividad de estas medidas, no obstante, está sujeta a discusión. En general, podemos decir que los controles de capital son más efectivos a corto plazo, ya que a medio y largo plazo, dadas las características de las operaciones realizadas en los mercados internacionales de capitales (volumen, complejidad, diversificación...) los controles de capital tienden a eludirse, especialmente en el caso de los países pequeños.

Ahora bien, la plena libertad de los movimientos de capitales cuando el tipo de cambio es fijo, va a implicar la imposibilidad para un país de llevar a cabo una política monetaria independiente. Este resultado se conoce con el nombre de *trilogía*

---

[1] Véase Maurice Obstfeld y Kenneth Rogoff: «The mirage of fixed exchange rates», *Journal of Economic Perspectives*, vol. 9, otoño de 1995, págs. 73-96.

imposible (o trinidad imposible): es imposible tener simultáneamente movimientos de capitales libres, tipo de cambio fijo y una política monetaria independiente. La trilogía imposible se muestra gráficamente en la Figura 11.1, indicando que un país debe elegir en qué lado del triángulo se sitúa.

Figura 11.1. La trilogía imposible.

Anteriormente vimos cómo la política monetaria era ineficaz con tipo de cambio fijo, ya que el efecto de la intervención en el mercado de cambios neutralizaba la actuación de la política monetaria. Pero si el país introduce controles de capital (lo que, en última instancia, equivale a disociar el tipo de interés nacional del tipo de interés del resto del mundo), sería posible llevar a cabo una política monetaria independiente, al menos de manera transitoria mientras los controles de capital fueran efectivos (lado inferior del triángulo). Con movimientos de capitales plenamente libres, la intervención en el mercado de divisas neutralizará inmediatamente la actuación de la política monetaria (lado izquierdo del triángulo). Y, si las autoridades deciden compensar los efectos de la intervención con medidas de política monetaria interna (a través de las llamadas operaciones de *esterilización*), en un contexto de elevada movilidad internacional de capitales los operadores en el mercado de cambios pueden desencadenar un ataque especulativo que termine obligando a las autoridades a abandonar su objetivo de tipo de cambio; esta clase de situaciones se conocen con el nombre de *crisis cambiarias*. Finalmente, si el país desea tener realmente una política monetaria independiente cuando los movimientos de capitales son plenamente libres, debe renunciar al sistema de tipo de cambio fijo, adoptando en su lugar un sistema de tipo de cambio flexible (lado derecho del triángulo). Recuérdese, no obstante, que (como vimos en el Capítulo 10) incluso con un tipo de cambio flexible la política monetaria sólo es capaz de afectar al nivel de actividad en el corto plazo.

Vemos, pues, que, si un país quiere mantener el control sobre su política monetaria, en un mundo caracterizado por la plena libertad de los movimientos de capitales, únicamente lo puede hacer si adopta un sistema de tipo de cambio flexible. Sin embargo, en la práctica muchos países son reticentes a los tipos de cambio flexibles, ya que se produce lo que se ha denominado «miedo a flotar».[2] Así, incluso en circunstancias favorables (cuando se producen entradas netas de capitales, o la balanza comercial experimenta una mejoría) una apreciación del tipo de cambio no suele ser bien venida, pues empeora la competitividad del país. Y, en circunstancias adversas, menos aún, pues una depreciación del tipo de cambio tiene consecuencias negativas sobre la tasa de inflación (a través de unos mayores precios de las importaciones), y puede ser sumamente perjudicial si el país está muy endeudado en moneda extranjera. De esta manera, muchos países que declaran poseer un tipo de cambio flexible suelen intervenir con frecuencia en los mercados de cambios con objeto de limitar las fluctuaciones del tipo de cambio; y ello es cierto tanto para países emergentes, como para países desarrollados. Nótese, además, que la volatilidad del tipo de cambio sería más problemática para los países pequeños, normalmente más abiertos al exterior.

Por tanto, en un mundo caracterizado por una enorme movilidad internacional de capitales, donde muchos países son reacios a adoptar un sistema de tipo de cambio flexible, la única alternativa para un país sería la formación de una *unión monetaria*, esto es, la adopción de una moneda común con otro u otros países con los que tenga una especial vinculación. En cierto sentido, una unión monetaria es un caso particular de tipo de cambio fijo, ya que cuando un país se integra en una unión monetaria su moneda nacional desaparece, estableciéndose un tipo de cambio irrevocablemente fijo con respecto a la nueva moneda (en otras palabras, no van a existir ni márgenes de fluctuación ni posibilidad de cambiar la paridad central). A su vez, la nueva moneda que se adopta puede ser:

- Una moneda de nueva creación. El ejemplo más importante es el euro, creado en 1999 y utilizado actualmente por 17 de los 27 estados miembros de la Unión Europea.
- La moneda de otro país. Aunque en la mayoría de los casos se trata de microestados, existen algunos ejemplos para países de un cierto tamaño, como sería el caso de la adopción del dólar estadounidense por parte de algunos países latinoamericanos como Ecuador, El Salvador o Panamá (lo que se co-

---

[2] Guillermo A. Calvo y Carmen M. Reinhart: «Fear of floating», *Quarterly Journal of Economics*, vol. 117, mayo de 2002, págs. 379-408.

noce como dolarización); o del euro por ciertos países de Europa Oriental como Montenegro o Kosovo (en cuyo caso se hablaría de euroización).[3]

Como hemos visto, un país que se integra en una unión monetaria adopta una moneda común con otro u otros países, lo que significa la desaparición de su anterior moneda nacional. Ello va a suponer que el país pierde la capacidad de llevar a cabo una política monetaria independiente, de manera que ésta pasa a ser responsabilidad, bien de un banco central común a los países miembros (en el caso en que se adopte una moneda de nueva creación), bien de un banco central extranjero (en el caso en que se adopte la moneda de otro país). Aunque en principio la renuncia a una política monetaria independiente sería una desventaja para un país, ésta sería tanto mayor cuanto más importantes fueran las perturbaciones asimétricas que pudiera sufrir su economía. Una *perturbación asimétrica* se define como aquella que, afectando simultáneamente a varios países, requiere que la respuesta óptima de la política económica sea diferente en cada país que sufre la perturbación. Obviamente, una política monetaria común no resulta el instrumento adecuado para hacer frente a una perturbación asimétrica, por lo que el coste de la pérdida de la política monetaria sería tanto menor cuanto más integradas estén las economías de los países que forman la unión monetaria, ya que entonces la evolución de sus economías sería tanto más similar (y, por tanto, menos probable la aparición de perturbaciones asimétricas).

En conclusión, vemos cómo la evolución de la economía mundial en los últimos años, caracterizada por una enorme movilidad de capitales a nivel internacional, hace que los sistemas de tipo de cambio fijo sean muy difíciles de mantener; y, en su lugar, aparece como una opción más atractiva la adopción de una moneda común con otro país. En otras palabras, la alternativa tradicional en la macroeconomía internacional respecto a la elección del sistema de tipo de cambio, entre tipo de cambio flexible y tipo de cambio fijo, es cada vez más una elección entre tipo de cambio flexible y unión monetaria. A continua-

---

[3] Una alternativa menos radical a la adopción de la moneda de otro país sería la creación de un comité monetario o caja de conversión (*currency board*, en su denominación inglesa). En este caso se mantiene la moneda nacional, la cual es plenamente convertible en la moneda «ancla» (el dólar o el euro) a un tipo de cambio fijo previamente establecido; y ello es posible porque la moneda nacional se encuentra plenamente respaldada por reservas, al estar prohibidas las operaciones de mercado abierto. Este tipo de acuerdo institucional sería más adecuado para economías pequeñas y abiertas que encuentran dificultades para mantener una política monetaria independiente, como forma de conseguir un compromiso antiinflacionista creíble, aunque no siempre protege a los países en presencia de ataques especulativos (como ocurrió en el caso de Argentina en 2002). Ejemplos de países que mantienen en la actualidad comités monetarios son Hong Kong, con respecto al dólar estadounidense; y Lituania, Bulgaria y Bosnia-Herzegovina con respecto al euro.

ción adaptaremos los modelos desarrollados en los Capítulos 9 y 10 para un sistema de tipo de cambio flexible, al caso de una unión monetaria.

Recuadro 11.1. La Unión Económica y Monetaria: implicaciones para las políticas macroeconómicas.

La conocida hoy como Unión Europea (UE) tiene su origen en el Tratado de Roma de 1957. El objetivo inicial de crear una unión aduanera y un mercado común para la agricultura se fue ampliando sucesivamente dando lugar a las Comunidades Europeas entre las cuales destaca la Comunidad Económica Europea (CEE), a la que España pertenece desde 1986, como el más directo precedente de la UE. La Unión Económica y Monetaria (UEM) se concibió como la última fase del proceso de integración económica y monetaria, que estaba basado en la estabilidad macroeconómica.

Concretamente, la UEM tiene su origen en el Informe elaborado en 1989 por el Comité Delors (llamado así pues Jacques Delors era el presidente de la Comisión Europea en aquel entonces) que, con el objetivo último de adoptar una moneda común, estableció un proceso de integración monetaria en tres etapas.[1] En la primera, que comenzó el 1 de julio de 1990, se eliminaron los controles de capitales y se incorporaron todas las monedas al Mecanismo de Tipos de Cambio del Sistema Monetario Europeo (SME) reforzándose, además, la coordinación de las políticas monetarias. Posteriormente, en el Tratado de la Unión Europea firmado en Maastricht en febrero de 1992, se establecieron los criterios de convergencia económica para formar parte de la UEM, así como el calendario de la segunda y tercera etapas del proceso de integración.

En la segunda etapa, que comenzó el 1 de enero de 1994, se creó el Instituto Monetario Europeo, precedente del actual Banco Central Europeo (BCE), y se eligieron los países que satisfacían los criterios de convergencia para poder acceder a la tercera etapa. Dichos criterios hacían referencia a la estabilidad de precios (la tasa de inflación no podía superar en más de 1,5 puntos porcentuales la media de los tres estados con menor inflación), el tipo de interés (no debía exceder en más de 2 puntos porcentuales el tipo de interés medio de los tres estados con menor inflación), el déficit público

---

[1] Los detalles del proceso de integración europea se pueden consultar en la página web del Banco Central Europeo http://www.ecb.int/ecb/history/emu, así como en la de la Comisión Europea http://europa.eu/index_en.htm.

(debía ser inferior al 3% del PIB), la deuda pública (no podía superar el 60% del PIB) y el tipo de cambio (la moneda del estado que se integraba debía haber pertenecido al SME durante los dos años precedentes y no haber sido devaluada en dicho periodo). Los estados que accedieron a la tercera etapa, que comenzó el 1 de enero de 1999, fueron: Alemania, Austria, Bélgica, España, Finlandia, Francia, Holanda, Irlanda, Italia, Luxemburgo y Portugal. En esta etapa el BCE inició sus operaciones, el SME fue reemplazado por el Mecanismo de Tipos de Cambio II (en el que deben integrarse las monedas de los países que aspiren a adoptar el euro) y se establecieron los tipos de cambio irrevocablemente fijos de cada una de las monedas con respecto al euro. De esta forma, el euro ya era la unidad monetaria común de cotización y de cambio en los mercados, aunque no circuló físicamente hasta el 1 de enero de 2002. Posteriormente, se fueron incorporando a la UEM Grecia en 2001, Eslovenia en 2007, Chipre y Malta en 2008, Eslovaquia en 2009 y, más recientemente, Estonia en 2011.

La creación de la UEM supuso un gran avance en el proceso de integración europea ya que añadía al mercado único una moneda única y, por tanto, una política monetaria común; lo cual transformaba por completo el funcionamiento de las políticas macroeconómicas.[2] Por una parte, la pertenencia a la UEM garantizaba la estabilidad macroeconómica en sus vertientes cambiaria (un tipo de cambio fijo favorece el comercio) y monetaria (gracias a la credibilidad que proporciona una autoridad monetaria supranacional e independiente). La política monetaria común, con el objetivo primordial de garantizar la estabilidad de precios, veía reforzada así su capacidad para hacer frente a las perturbaciones simétricas; esto es, aquellas que afectan por igual a todos los estados miembros y no precisan de políticas específicas para ser corregidas.

Pero, por otra parte, en el seno de la UEM se ve limitado el margen de maniobra de las políticas económicas nacionales, ya que se requiere una mayor coordinación de las mismas. Así, para hacer frente a las perturbaciones asimétricas (es decir, aquellas que no afectan de la misma forma a todos los países y requieren de políticas específicas para ser corregidas) el principio de subsidiariedad establecía que cada estado miembro podría aplicar la política que estimase conveniente de forma individual; pero en cualquier caso, siempre que no se viesen perjudicados los objetivos macroeconómicos en términos de nivel de empleo e inflación. Para ello, aun-

---

[2] El funcionamiento a nivel macroeconómico de la UEM se analiza detalladamente en Paul de Grauwe: *Economics of Monetary Union* (8ª edición), Oxford University Press, Oxford, 2009.

que tanto la política fiscal como las políticas de oferta son responsabilidad de las autoridades nacionales, existen mecanismos de supervisión y control; así como normativas comunes que impulsan los procesos de armonización necesarios para garantizar el buen funcionamiento de la UEM. De hecho la coordinación de las políticas económicas se venía recomendando desde el Tratado de Roma, si bien no se ha reconocido explícitamente su necesidad hasta el Tratado de Maastricht. En síntesis, y para alcanzar los objetivos de nivel de empleo elevado y un crecimiento sostenible no inflacionario, se reconoce que los estados miembros deben coordinar sus políticas económicas.

En el caso de España, la participación en la UEM desde su comienzo ha marcado la orientación de las políticas macroeconómicas de las dos últimas décadas. Desde finales de los años ochenta del pasado siglo, la política monetaria se dirigió a controlar la inflación con la finalidad última de alcanzar la estabilidad de precios; y la política fiscal se centró en la reducción del déficit público, debido a la disciplina presupuestaria requerida para cumplir los requisitos de convergencia y poder incorporarse sin problemas a la tercera etapa de la UEM.[3] La evolución de la economía española en el seno de la UEM se ha caracterizado por un crecimiento económico sostenido y una convergencia real con los países más desarrollados; crecimiento que se ha visto frenado tras la reciente crisis económica. Siguiendo a Estrada, Jimeno y Malo de Molina,[4] en el Cuadro 11.1 se muestran las tasas anuales medias de crecimiento del PIB, la población y la renta per cápita, para los periodos anterior y posterior a la entrada en la UEM, para España y el conjunto de los doce países que accedieron a la tercera etapa.

Cuadro 11.1. Crecimiento del PIB, la población y la renta per cápita
(tasas de variación, promedio anual).

	PIB		Población		Renta per capita	
	1990-1998	1999-2007	1990-1998	1999-2007	1990-1998	1999-2007
UEM-12	2,1	2,2	0,4	0,5	1,7	1,7
España	2,7	3,7	0,2	1,4	2,5	2,4

Fuente: Estrada, Jimeno y Malo de Molina (2009).

---

[3] Véanse las notas sobre política monetaria y política fiscal española en los Recuadros 5.1 y 4.1, respectivamente.

[4] Ángel Estrada, Juan Francisco Jimeno y José Luis Malo de Molina: «La economía española en la UEM: Los diez primeros años», Documento Ocasional n.º 0901, Banco de España, 2009.

Como puede verse en el Cuadro 11.1, tras la formación de la UEM el crecimiento económico en España se vio acompañado por un aumento de la población, debido a una llegada masiva de inmigrantes, que se tradujo en un pequeño descenso del crecimiento medio de la renta per cápita. Durante el periodo de expansión, aumentaron la tasa de empleo y la tasa de actividad (debido fundamentalmente a la mayor participación femenina y a la inmigración) reduciéndose, además, la tasa de paro. Sin embargo, la evolución del crecimiento medio de la productividad del trabajo fue muy moderado.[5]

A pesar de la notable expansión observada hasta el año 2007, la economía española registraba ciertos desequilibrios que se han agravado tras la reciente crisis. Por una parte, los bajos tipos de interés y las expectativas de crecimiento impulsaron el endeudamiento de las familias y las empresas. Por otra parte, el crecimiento de la demanda no se vio del todo acompañado por una expansión de la oferta debido al escaso avance de la productividad y a un crecimiento del empleo que se sustentaba en mano de obra de poca cualificación. Concretamente, el crecimiento de la producción se debió fundamentalmente a una espectacular expansión del sector de la construcción, propiciado por la disponibilidad de crédito y de mano de obra barata. A esta situación interna hay que añadir que, desde la entrada en la UEM, España mantuvo un diferencial de inflación positivo; lo que se tradujo en una apreciación del tipo de cambio real y la consiguiente pérdida de competitividad de nuestra economía. El crecimiento de la demanda satisfecho mediante importaciones y la pérdida de competitividad, se sostuvieron gracias a un creciente déficit exterior favorecido por las facilidades de financiación derivadas de la pertenencia a una unión monetaria.

La reciente crisis económica ha supuesto el final de la etapa de expansión. La recuperación de la misma requiere la aplicación de unas determinadas políticas económicas de ajuste, que están condicionadas por el escenario macroeconómico en el que han de aplicarse. En una unión monetaria, por el lado de la demanda, la estabilización queda reducida al ámbito de la política fiscal que está limitada por la disciplina presupuestaria impuesta por la pertenencia a la UEM. Y, por el lado de las políticas de oferta, el mecanismo de determinación de precios y salarios debería evitar la apreciación del tipo de cambio real. Para contribuir a ello se ha señalado que se necesitarían, además, reformas estructurales e institucionales encaminadas a corregir las

---

5 Véase la nota sobre el mercado de trabajo en España en el Recuadro 7.1.

ineficiencias de los mercados. Entre los objetivos de dichas medidas se encontrarían la mejora del funcionamiento del mercado de trabajo (y, en particular, la eliminación de la dualidad existente entre contratos temporales y contratos indefinidos), el fomento de la innovación tecnológica, la reducción de las barreras a la competencia en los mercados de bienes y servicios, o lograr una mayor calidad y eficacia del sistema educativo.

11.3 Modelos macroeconómicos para una unión monetaria

En esta sección se presentará una adaptación de los modelos *IS-RM* y *SA-DA*, para el caso de una unión monetaria. Supondremos, al igual que en los capítulos anteriores, un mundo de dos países que forman una unión monetaria; es decir, que dichos países han decidido abolir sus monedas nacionales para adoptar una moneda común a ambos. Ello va a implicar la desaparición del tipo de cambio nominal entre las monedas de los dos países (o, más exactamente, $TC = 1$), y que, por tanto, el tipo de cambio real va a venir dado por el cociente entre los precios relativos de ambos países (es decir, $Q \equiv \dfrac{P}{P^*}$). Por otra parte, el supuesto de un mundo de dos países va a significar que la unión monetaria en su conjunto es una economía cerrada.[4]

Con objeto de simplificar el análisis, vamos a suponer que los dos países miembros de la unión monetaria son idénticos, por lo que los parámetros de las relaciones de comportamiento van a ser los mismos para ambas economías; y que cada variable de la unión, indicada por el subíndice U, es una media ponderada de las correspondientes variables de los dos países miembros, siendo las ponderaciones iguales a $\dfrac{1}{2}$. Así, por ejemplo, el nivel de renta de la unión vendrá dado por:

$$Y_U = \frac{1}{2}(Y + Y^*)$$

y análogamente para el resto de las variables.

Comenzamos por el mercado de bienes. En primer lugar, debe tenerse en cuenta que, como las exportaciones de un país van a ser las importaciones del

---

[4] Nótese que, en el mundo real, en una unión monetaria sigue existiendo un tipo de cambio nominal entre la moneda de la unión y la del resto del mundo; en nuestro caso ello supondría desarrollar un modelo de tres países, donde dos de ellos formarían una unión monetaria y el tercero constituiría el resto del mundo. Sin embargo, como este tipo de diseño del modelo complicaría sustancialmente el análisis, en este capítulo presentamos un modelo de dos países que forman una unión monetaria, donde no existe ese resto del mundo y, por tanto, el tipo de cambio nominal desaparece.

otro, el saldo de la balanza comercial de cada país va a ser igual al del otro, con signo opuesto; en términos de los precios del país que analizamos:

$$XN^* = -XN$$

Si suponemos además que las sensibilidades de las exportaciones y las importaciones a los niveles de renta son iguales en ambos países $(x = m)$, los saldos de la balanza comercial vendrán dados por:

$$XN = XN_A + mY^* - mY - v\left(\frac{P}{P^*}\right)$$

$$XN^* = -XN_A + mY - mY^* + v\left(\frac{P}{P^*}\right)$$

Así pues, las condiciones de equilibrio en el mercado de bienes serán:

$$Y = C_A + c(Y - T) + I_A - hr + G + XN_A + mY^* - mY - v\left(\frac{P}{P^*}\right)$$

$$Y^* = C_A^* + c(Y^* - T^*) + I_A^* - hr^* + G^* - XN_A + mY - mY^* + v\left(\frac{P}{P^*}\right)$$

y, agrupando términos, obtenemos las expresiones de las funciones *IS* para ambos países, que denominaremos *IS* e *IS* *:

$$Y = \frac{1}{1-c+m}\left[C_A - cT + I_A - hr + G + XN_A + mY^* - v\left(\frac{P}{P^*}\right)\right] \qquad [1]$$

$$Y^* = \frac{1}{1-c+m}\left[C_A^* - cT^* + I_A^* - hr^* + G^* - XN_A + mY + v\left(\frac{P}{P^*}\right)\right] \qquad [2]$$

donde hemos supuesto que los impuestos directos sobre la renta son una cantidad fija, T_d, de manera que $T \equiv T_d - TR$ representa los impuestos sobre la renta netos de transferencias. El motivo de este supuesto es que nos va a permitir que el multiplicador sea el mismo para los dos países, lo que simplifica considerablemente el análisis, al tiempo que ambos países mantienen políticas fiscales diferenciadas; de lo contrario, aparecerían en el multiplicador los tipos impositivos t y t^*, de manera que los multiplicadores serían iguales sólo si $t = t^*$.

Por lo que respecta a la regla de política monetaria, el hecho de que los dos países hayan suprimido sus monedas nacionales para adoptar una moneda común va a significar también que ambos han renunciado a una política monetaria independiente; en otras palabras, en una unión monetaria la política monetaria se lleva a cabo por un banco central común a las dos economías. En particular, el banco central de la unión va a controlar el tipo de interés nominal común a ambas economías. Sin embargo, el tipo de interés real será diferente, en la medida en que las tasas de inflación de cada país también lo sean.

Partiendo de la regla monetaria desarrollada en capítulos anteriores, esto es:

$$r = r_A + a(\dot{P} - \dot{P}^O) + bY$$

y recordando que $r = i - \dot{P}^E$ y $r_A = \overline{r} + (\dot{P} - \dot{P}^E)$, si sumamos y restamos el objetivo de inflación establecido por el banco central, obtenemos la expresión de la regla en términos del tipo de interés nominal:

$$i = (\overline{r} + \dot{P}^O) + (1 + a)(\dot{P} - \dot{P}^O) + bY$$

En el caso de la unión monetaria, dicha regla vendría dada por:

$$i_U = (\overline{r}_U + \dot{P}^O_U) + (1 + a)\left[\left(\frac{\dot{P} + \dot{P}^*}{2}\right) - \dot{P}^O_U\right] + b\left(\frac{Y + Y^*}{2}\right)$$

donde se recoge el hecho de que el objetivo para la tasa de inflación que establece el banco central, $\dot{P}^O_U$, es común para el conjunto de la unión.

Recordemos que en una unión monetaria el tipo de interés nominal es el mismo para los dos países miembros, pero no ocurre lo mismo con el tipo de interés real, en la medida en que las tasas de inflación de ambos países sean diferentes. Teniendo en cuenta que $r = i_U - \dot{P}^E$ y $r^* = i_U - \dot{P}^{*E}$, obtenemos las expresiones de las funciones RM para ambos países, que denominaremos RM y RM^*:

$$r = r_A + \left(\frac{a-1}{2}\right)\dot{P} + \left(\frac{1+a}{2}\right)\dot{P}^* - a\dot{P}^O_U + b\left(\frac{Y+Y^*}{2}\right) \qquad [3]$$

$$r^* = r^*_A + \left(\frac{a-1}{2}\right)\dot{P}^* + \left(\frac{1+a}{2}\right)\dot{P} - a\dot{P}^O_U + b\left(\frac{Y+Y^*}{2}\right) \qquad [4]$$

donde $r_A = \overline{r}_U + (\dot{P} - \dot{P}^E)$ y $r^*_A = \overline{r}_U + (\dot{P}^* - \dot{P}^{*E})$. Con objeto de garantizar que la función RM se desplaza hacia arriba (abajo) ante un aumento (disminución) de la tasa de inflación del propio país, vamos a suponer en lo sucesivo que $a > 1$. Como veremos más adelante, este supuesto va a garantizar también que la función DA tenga pendiente negativa.[5]

---

[5] Recuérdese que un aumento de la tasa de inflación tiene un doble efecto sobre el tipo de interés real: por una parte, lo disminuye directamente; y, por otra parte, lo aumenta por el alza del tipo de interés nominal que lleva a cabo el banco central a través de su regla de política monetaria. Sin embargo, como este segundo efecto podría ser menor en una unión monetaria (ya que la inflación de cada país es, de acuerdo con nuestros supuestos, solamente la mitad de la inflación del conjunto de la unión), supondremos que un país sólo aceptaría entrar en una unión monetaria si la política monetaria es lo suficientemente antiinflacionista, de manera que un aumento de la tasa de inflación incremente el tipo de interés real; o, lo que es lo mismo, si $a > 1$. Este supuesto, por otra parte, es necesario para que las funciones de demanda agregada tengan pendiente negativa; véanse más adelante las ecuaciones (5) y (6).

Las ecuaciones (1), (2), (3) y (4) constituyen el *modelo IS-RM de la unión monetaria*, donde ahora las variables Y^* y r^* van a ser endógenas. Las ecuaciones que configuran el modelo *IS-RM* de la unión monetaria se muestran en la Tabla 11.1, donde, por motivos de espacio, hemos omitido las relaciones de comportamiento a partir de las que se obtienen ambas funciones (consumo, inversión, política fiscal y balanza comercial para la *IS*; y política monetaria para la *RM*), que hemos supuesto iguales para ambos países.

Tabla 11.1. El modelo *IS-RM* de la unión monetaria.

$$Y = \frac{1}{1-c+m}\left[C_A - cT + I_A - hr + G + XN_A + mY^* - v\left(\frac{P}{P^*}\right) \right] \qquad (IS)$$

$$Y^* = \frac{1}{1-c+m}\left[C_A^* - cT^* + I_A^* - hr^* + G^* - XN_A + mY + v\left(\frac{P}{P^*}\right) \right] \qquad (IS^*)$$

$$r = r_A + \left(\frac{a-1}{2}\right)\dot{P} + \left(\frac{1+a}{2}\right)\dot{P}^* - a\dot{P}_U^O + b\left(\frac{Y+Y^*}{2}\right) \qquad (RM)$$

$$r^* = r_A^* + \left(\frac{a-1}{2}\right)\dot{P}^* + \left(\frac{1+a}{2}\right)\dot{P} - a\dot{P}_U^O + b\left(\frac{Y+Y^*}{2}\right) \qquad (RM^*)$$

Por otra parte, sustituyendo las ecuaciones (3) y (4) en las (1) y (2) obtenemos las funciones de demanda agregada para ambos países, que denominaremos *DA* y *DA**:

$$Y = \frac{1}{1-c+m+\frac{hb}{2}}\left[C_A - cT + I_A + G - hr_A - h\left(\frac{a-1}{2}\right)\dot{P} - h\left(\frac{1-a}{2}\right)\dot{P}^* + ha\dot{P}_U^O + \right.$$
$$\left. + XN_A + \left(m - \frac{hb}{2}\right)Y^* - v\left(\frac{P}{P^*}\right) \right] \qquad [5]$$

$$Y^* = \frac{1}{1-c+m+\frac{hb}{2}}\left[C_A^* - cT^* + I_A^* + G^* - hr_A^* - h\left(\frac{a-1}{2}\right)\dot{P}^* - h\left(\frac{1+a}{2}\right)\dot{P} + ha\dot{P}_U^O - \right.$$
$$\left. - XN_A + \left(m - \frac{hb}{2}\right)Y + v\left(\frac{P}{P^*}\right) \right] \qquad [6]$$

Introducimos a continuación la oferta agregada. La única diferencia respecto a lo visto en el capítulo anterior se refiere a la definición del índice de precios de consumo, que vendría dado ahora, para cada país, por:

$$P_C = P^\sigma P^{*1-\sigma}$$
$$P_C^* = P^{*\sigma} P^{1-\sigma}$$

de manera que las tasas de inflación del índice de precios de consumo serían:

$$\dot{P}_C = \sigma\dot{P} + (1-\sigma)\dot{P}^*$$
$$P_C^* = \sigma P^* + (1-\sigma)\dot{P}$$

Sustituyendo las expresiones anteriores en las ecuaciones de salarios y éstas en las de precios, y teniendo en cuenta la definición de la tasa de desempleo más el supuesto de proporcionalidad entre nivel de empleo y nivel de producción, obtenemos las expresiones de las funciones de oferta agregada para ambos países, que denominaremos *SA* y *SA**:

$$\dot{P} = \sigma\dot{P}_{-1} + (1-\sigma)\dot{P}_{-1}^* - f\left(1 - \frac{Y}{PT\cdot FT}\right) + (Z_W + Z_P) \tag{7}$$

$$\dot{P}^* = \sigma\dot{P}_{-1}^* + (1-\sigma)\dot{P}_{-1} - f\left(1 - \frac{Y^*}{PT^*\cdot FT^*}\right) + (Z_W^* + Z_P^*) \tag{8}$$

Por último, en el medio plazo, cuando $\dot{P} = \dot{P}_{-1}$ y $\dot{P}^* = \dot{P}_{-1}^*$, el nivel de producción coincidirá con el potencial, que vendría ahora dado por:

$$\overline{Y} = \left(1 - \frac{Z_W + Z_P}{f} + (1-\sigma)\frac{(\dot{P} - \dot{P}^*)}{f}\right)(PT\cdot FT) \tag{7'}$$

$$\overline{Y}^* = \left(1 - \frac{Z_W^* + Z_P^*}{f} + (1-\sigma)\frac{(\dot{P}^* - \dot{P})}{f}\right)(PT^*\cdot FT^*) \tag{8'}$$

Las ecuaciones (5), (6), (7) y (8) constituyen el *modelo SA-DA de la unión monetaria*, donde, de manera similar al caso del modelo *IS-RM*, ahora las variables Y^* y $\dot{P}^*$ van a ser endógenas. Las ecuaciones que configuran el modelo *SA-DA* de la unión monetaria se muestran en la Tabla 11.2, donde de nuevo hemos omitido las relaciones a partir de las que se obtienen ambas funciones (la *IS* y la *RM* para la *DA*; y las ecuaciones de salarios, precios y empleo, más las definiciones del índice de precios de consumo y la tasa de desempleo, para la *SA*), que hemos supuesto iguales para ambos países.

Es importante tener en cuenta que, en una unión monetaria, las perturbaciones sufridas por una economía pueden ser *comunes*, cuando ocurren simultáneamente en los dos países pertenecientes a la unión; o *específicas*, cuando ocurren exclusivamente en uno de los dos países pertenecientes a la unión. Dado nuestro supuesto de una unión monetaria compuesta por dos países idénticos, cuya ponderación en las variables del conjunto de la unión es $\frac{1}{2}$, los efectos de una perturbación común van a ser los mismos en cada país miembro de la unión y en el

Tabla 11.2. El modelo *SA-DA* de la unión monetaria.

$$Y = \frac{1}{1 - c + m + \dfrac{hb}{2}} \left[C_A - cT + I_A + G - hr_A - h\left(\frac{a-1}{2}\right)\dot{P} - h\left(\frac{1+a}{2}\right)\dot{P}^* + ha\dot{P}_U^O + XN_A + \left(m - \frac{hb}{2}\right)Y^* - v\left(\frac{P}{P^*}\right) \right] \quad (DA)$$

$$Y^* = \frac{1}{1 - c + m + \dfrac{hb}{2}} \left[C_A^* - cT^* + I_A^* + G^* - hr_A^* - h\left(\frac{a-1}{2}\right)\dot{P}^* - h\left(\frac{1+a}{2}\right)\dot{P} + ha\dot{P}_U^O - XN_A + \left(m - \frac{hb}{2}\right)Y + v\left(\frac{P}{P^*}\right) \right] \quad (DA^*)$$

$$\dot{P} = \sigma\dot{P}_{-1} + (1-\sigma)\dot{P}_{-1}^* - f\left(1 - \frac{Y}{PT \cdot FT}\right) + (Z_W + Z_P) \quad (SA)$$

$$\dot{P}^* = \sigma\dot{P}_{-1}^* + (1-\sigma)\dot{P}_{-1} - f\left(1 - \frac{Y^*}{PT^* \cdot FT^*}\right) + (Z_W^* + Z_P^*) \quad (SA^*)$$

a medio plazo: $\dot{P} = \dot{P}_{-1}$ y $\dot{P}^* = \dot{P}_{-1}^* \rightarrow$

$$\bar{Y} = \left(1 - \frac{Z_W + Z_P}{f} + (1-\sigma)\frac{(\dot{P} - \dot{P}^*)}{f}\right)(PT \cdot FT) \quad (SA \text{ a medio plazo})$$

$$\bar{Y}^* = \left(1 - \frac{Z_W^* + Z_P^*}{f} + (1-\sigma)\frac{(\dot{P}^* - \dot{P})}{f}\right)(PT^* \cdot FT^*) \quad (SA^* \text{ a medio plazo})$$

conjunto de la misma; y dichos efectos, a su vez, serán los mismos que se producían en el modelo de la economía cerrada, examinados en los Capítulos 6 y 8.

En cuanto a los efectos de una perturbación específica, para el conjunto de la unión van a ser de nuevo los mismos que en el modelo de la economía cerrada; e iguales a la suma ponderada, con ponderaciones iguales a $\frac{1}{2}$, de los efectos sobre cada uno de los dos países miembros; sin embargo, su distribución entre ambos países no va a ser uniforme. Así, en el país de origen de la perturbación el signo de los efectos va a ser el mismo que para el conjunto de la unión, pero esto no ocurrirá necesariamente en el otro país pues, como veremos, el signo de los efectos de la perturbación va a ser en general ambiguo en este caso. Además, los efectos en el país de origen de la perturbación van a ser cuantitativamente mayores, en valor absoluto, tanto con respecto al otro país como al conjunto de la unión.

En las siguientes secciones analizaremos los efectos de distintas perturbaciones sobre el equilibrio de los modelos *IS-RM* y *SA-DA* de la unión monetaria. Como es habitual, supondremos que son estables los parámetros de las relaciones de comportamiento en las funciones de consumo, inversión, balanza comercial, regla monetaria y salarios; así como el valor de referencia para el tipo de interés real, la ponderación del nivel de precios interno en el índice de precios de consumo, y los valores iniciales de la productividad del trabajo y el nivel total de la fuerza de trabajo.

En particular, examinaremos los efectos de tres clases de perturbaciones:

- Perturbaciones en la demanda interna de bienes, a través de variaciones del consumo autónomo (C_A), la inversión autónoma (I_A), o los instrumentos de la política fiscal (G o T). Estas perturbaciones pueden ser tanto comunes a los dos países miembros de la unión, como específicas a uno de ellos.
- Perturbaciones monetarias, a través de variaciones del objetivo establecido por el banco central para la tasa de inflación del conjunto de la unión ($\dot{P}_U^O$). Estas perturbaciones serán siempre comunes a los dos países miembros de la unión, al compartir ambos la misma política monetaria.
- Perturbaciones de oferta agregada, a través de variaciones del poder de mercado de los trabajadores o las empresas, el precio de las materias primas de importación, o los instrumentos de la política fiscal por el lado de la oferta (recogidas todas ellas en Z_W o Z_P). Al igual que las perturbaciones en la demanda interna de bienes, y a diferencia de las monetarias, estas perturbaciones pueden ser tanto comunes a los dos países miembros de la unión, como específicas a uno de ellos.

Por otra parte, en nuestros modelos de la unión monetaria no existen perturbaciones exteriores debidas a variaciones del nivel de renta o del tipo de interés real del resto del mundo, ya que ambas variables son ahora endógenas. Sí podrían ocurrir perturbaciones a través de variaciones del componente autónomo de las exportaciones netas (XN_A), pero sus efectos serían equivalentes a los de dos perturbaciones específicas sobre la demanda interna de bienes, una en cada país y con signo opuesto en cada uno de ellos (recuérdese que $XN^* = -XN$), y que por tanto no tendrían ningún efecto sobre el conjunto de la unión (ya que se cancelarían exactamente los efectos producidos en uno y otro país). Nótese, por último, que, desde el punto de vista del país en el que no se han originado y al que se transmiten, las perturbaciones específicas (tanto sobre la demanda interna de bienes como de oferta agregada) serían en realidad perturbaciones exteriores.

11.4 Perturbaciones en el modelo *IS-RM* de la unión monetaria

11.4.1 Perturbaciones en la demanda interna de bienes

Como se mencionó anteriormente, las perturbaciones con origen en la demanda interna de bienes pueden consistir en: i) variaciones del consumo autónomo, C_A; ii) variaciones de la inversión autónoma, I_A; o iii) actuaciones de política fiscal, a través de variaciones del gasto público, G, o de los impuestos sobre la renta o las transferencias a las economías domésticas, recogidos ambos en T. A su vez, en el caso de la unión monetaria, dichas perturbaciones pueden ser tanto comunes a los dos países miembros de la unión, como específicas a uno de ellos.

A continuación examinaremos, al igual que en capítulos anteriores, los efectos de una política fiscal expansiva, a través de un aumento del nivel de gasto público, cuyos efectos serán análogos a los de una política fiscal expansiva instrumentada mediante una disminución de los impuestos sobre la renta o un aumento de las transferencias a las economías domésticas; y a los de un incremento en el consumo autónomo o la inversión autónoma. Análogamente, una política fiscal contractiva o una disminución del consumo autónomo o la inversión autónoma tendrían efectos opuestos.

Examinamos en primer lugar el caso de una perturbación común, esto es, cuando el aumento del nivel de gasto público tiene lugar simultáneamente en ambos países miembros de la unión. Para ello partimos de una situación inicial de equilibrio como la dada por los puntos E_0 y E_0^* de la Figura 11.2, donde se representan las funciones *IS* y *RM* de los dos países miembros de la unión, siendo los valores iniciales de los niveles de renta y tipo de interés real de ambos países Y_0,

r_0, Y_0^* y r_0^*, respectivamente. Inicialmente, un mayor gasto público significaría un aumento del nivel de demanda agregada en ambos países, por sí mismo y a través de un mayor consumo vía multiplicador, lo que se muestra en la figura a través del paso de los puntos E_0 y E_0^* a los puntos $E_0^\backprime$ y $E_0^{*\backprime}$ (gráficamente, las funciones IS e IS^* se desplazarían a la derecha).

Este incremento inicial de la demanda agregada hasta $Y_0^\backprime$ se verá reducido posteriormente por el aumento del tipo de interés por parte del banco central de la unión (en respuesta al mayor nivel inicial de demanda agregada en ambos países), esto es, el conocido efecto desplazamiento; pero ampliado por el incremento de la renta del otro país, que se traduce en un aumento de sus importaciones, esto es, de las exportaciones del primer país. Todo ello se muestra en la Figura 11.2 a través del paso de los puntos $E_0^\backprime$ y $E_0^{*\backprime}$ a los puntos E_1 y E_1^*, con unos nuevos niveles de renta Y_1 e Y_1^*, y un aumento de los tipos de interés hasta r_1 y r_1^* (gráficamente, las funciones RM y RM^* se desplazarían hacia arriba y las funciones IS e IS^* a la derecha).

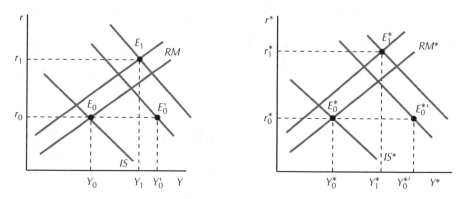

Figura 11.2. Un aumento del gasto público en los dos países, en el modelo *IS-RM* de la unión monetaria.

El caso en el que la perturbación anterior fuera específica, esto es, cuando el aumento del gasto público se produce únicamente en uno de los dos países pertenecientes a la unión, por ejemplo, en el primero de ellos, se muestra en la Figura 11.3. Nótese que los resultados serían simétricos si el aumento del gasto público se hubiera producido en el segundo país. Partiendo de una situación inicial de equilibrio como la dada por los puntos E_0 y E_0^* de la Figura 11.3, un mayor nivel de gasto público en el primer país significaría un incremento de la demanda agregada en dicho país, la función *IS* se desplazaría a la derecha y se pasaría a un nuevo equilibrio en el punto $E_0^\backprime$. A su vez, el mayor nivel de renta en el primer país daría lugar posteriormente a dos efectos contrapuestos en el segundo país: por una parte, el banco central de la unión aumentaría el tipo de interés en respuesta al mayor nivel inicial de demanda agregada en el primer país, lo que tendría un efecto contractivo sobre su nivel de renta; pero, por otra parte, el incremento de la renta del primer país se trasladaría de manera expansiva al segundo, ya que haría aumentar sus exportaciones.

Así pues, el primer país alcanzaría un nuevo equilibrio en el punto E_1 de la Figura 11.3, con un nivel de renta inferior Y_1, resultado del mayor tipo de interés r_1; mientras que en el segundo país aumentaría el tipo de interés pero el nivel de renta podría aumentar o disminuir según la importancia relativa de los efectos anteriores (gráficamente, la función RM^* se desplazaría hacia arriba y la función IS^* a la derecha). En la Figura 11.3 hemos supuesto que predomina el primer efecto y el nivel de renta del segundo país disminuye.

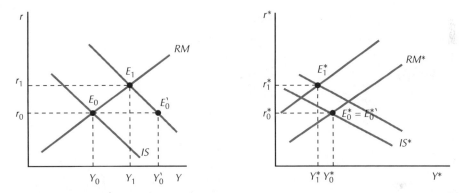

Figura 11.3. Un aumento del gasto público en un solo país, en el modelo *IS-RM* de la unión monetaria.

Vemos, por tanto, que una perturbación específica en la demanda interna de bienes, esto es, que ocurra exclusivamente en uno de los dos países miembros de una unión monetaria, tendría un efecto ambiguo sobre el nivel de renta del otro país en el marco del modelo *IS-RM*. En particular, en el caso de una perturbación de carácter expansivo tendrían lugar dos efectos de signo contrario:

- Aumentarían las importaciones en el país de origen de la perturbación, debido al incremento registrado por su nivel de renta; y como estas importaciones son las exportaciones del otro país, ello significaría un estímulo a su demanda agregada (gráficamente, la función *IS** se desplazaría a la derecha).
- El banco central de la unión aumentaría el tipo de interés en respuesta al mayor nivel de renta en el país de origen de la perturbación, lo que tendería a reducir la demanda agregada del otro país a través de un menor gasto de inversión (gráficamente, la función *RM** se desplazaría hacia arriba).

Nótese que, de acuerdo con la terminología empleada en la sección final del Capítulo 10, dichos efectos se corresponderían, respectivamente, con los denominados «locomotora» y «empobrecimiento del vecino». Por otra parte, aunque el efecto de esta perturbación sobre el nivel de renta del otro país sea ambiguo, el nivel de renta del conjunto de la unión aumentaría, al ser mayor en valor absoluto el efecto en el país de origen de la perturbación.

11.4.2 Perturbaciones monetarias

Por lo que respecta a las perturbaciones monetarias, vamos a considerar como tales las actuaciones de política monetaria, a través de variaciones del objetivo establecido para la tasa de inflación de la unión, $\dot{P}_U^O$

Como es habitual, vamos a analizar los efectos de una política monetaria expansiva, a través de un aumento del objetivo de inflación establecido por el banco central de la unión. De nuevo, los efectos de una política monetaria contractiva, a través de una disminución del objetivo de inflación establecido por el banco central de la unión, serían los contrarios. Recuérdese que en una unión monetaria la política monetaria es común a los dos países miembros de la misma.

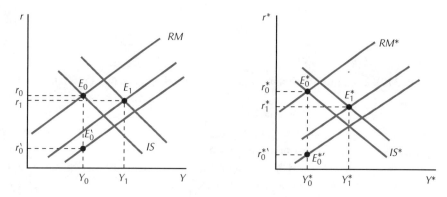

Figura 11.4. Un aumento del objetivo de inflación en el modelo *IS-RM* de la unión monetaria.

Partimos de una situación inicial de equilibrio como la dada por los puntos E_0 y E_0^* de la Figura 11.4, donde los valores iniciales de los niveles de renta y tipo de interés real de los dos países miembros de la unión son Y_0, r_0, Y_0^* y r_0^*, respectivamente. Si el banco central de la unión establece un objetivo de inflación más elevado, el tipo de interés real descenderá ean ambos países hasta $r_0^{'}$ y $r_0^{*'}$, alcanzándose los puntos $E_0^{'}$ y $E_0^{*'}$ (gráficamente, las funciones *RM* y *RM** se desplazarían hacia abajo). La disminución del tipo de interés real dará lugar a un aumento de la demanda de inversión y, por consiguiente, del nivel de renta en ambos países. A medida que aumenta la renta, el banco central aumentará el tipo de interés, lo que tendrá un efecto contractivo sobre los niveles de renta; al tiempo que el incremento de la renta de cada país tendrá un efecto expansivo sobre el nivel de renta del otro país, al hacer aumentar sus exportaciones. En términos de la Figura 11.4, pasaríamos de los puntos $E_0^\setminus$ y $E_0^{*\setminus}$ a los puntos E_1 y E_1^*, con unos nuevos niveles de renta Y_1 e Y_1^*, y una disminución de los tipos de interés hasta r_1 y r_1^* (gráficamente, las funciones *RM* y *RM** se desplazarían hacia arriba y las funciones *IS* e *IS** a la derecha).

11.5 Perturbaciones en el modelo *SA-DA* de la unión monetaria

11.5.1 Perturbaciones en la demanda interna de bienes

Los efectos de un aumento del gasto público que se produce simultáneamente en los dos países miembros de la unión, se muestran gráficamente en la Figura 11.5 donde, por simplicidad, se representan únicamente las funciones *SA* y *DA* para ambos países. Partiendo de una situación inicial de equilibrio a medio plazo como la dada por los puntos E_0 y E_0^*, los efectos iniciales de la perturbación considerada vendrían dados por los puntos $E_0^\setminus$ y $E_0^{*\setminus}$, los cuales se corresponderían con los puntos E_1 y E_1^* de la Figura 11.2; habiéndose producido un desplazamiento a la derecha de las funciones *DA* y *DA**.

A continuación, y debido a los retrasos en los mecanismos de formación de salarios y precios, este mayor nivel de demanda agregada se traduciría inicialmente en ambos países en una disminución no deseada de las existencias; si bien después las empresas aumentarían el nivel de producción, aumentando con ello tanto el nivel de empleo como las reivindicaciones salariales de los trabajadores, lo cual se traduciría (al trasladarse éstas a los precios por parte de los empresarios) en una mayor tasa de inflación. Y, como el banco central de la unión elevaría el tipo de interés en respuesta a esta mayor tasa de inflación, se reduciría la demanda agregada al hacerlo la inversión. En términos de la Figura 11.5 pasaríamos de los puntos $E_0^\setminus$ y $E_0^{*\setminus}$ a los puntos E_1 y E_1^*, con un aumento de los niveles de producción hasta Y_1 e Y_1^*, por encima del potencial aunque por debajo de Y_0^d e Y_0^{*d}, aumentando las tasas de inflación hasta $\dot{P}_1$ y $\dot{P}_1^*$.

Sin embargo, a comienzos del siguiente periodo los trabajadores se dan cuenta de que la tasa de inflación efectiva es superior a la esperada, lo que les hará negociar una tasa de incremento salarial más elevada con objeto de recuperar su nivel de salario real deseado, ya que su salario real efectivo habría disminuido. Como la mayor tasa de incremento salarial se traduce en una mayor tasa de inflación interna en cada país, las funciones *SA* y *SA** se desplazarán hacia arriba. A su vez, la mayor tasa de inflación llevará al banco central a aumentar el tipo de interés, con lo que se reducirá la demanda agregada en cada país a través de una menor inversión y de la menor demanda agregada en el otro país. Como consecuencia de todo ello, las funciones SA y SA^* se desplazarán sucesivamente hacia arriba; y en la situación final de equilibrio a medio plazo dada por los puntos E_2 y E_2^* las tasas de inflación habrán aumentado hasta $\dot{P}_2$ y $\dot{P}_2^*$ y los niveles de producción volverían a los iniciales $\bar{Y}_0$ y $\bar{Y}_0^*$.

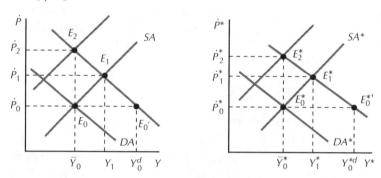

Figura 11.5. Un aumento del gasto público en los dos países, en el modelo $SA\text{-}DA$ de la unión monetaria.

Si la perturbación anterior fuera específica, es decir, cuando el aumento del gasto público se produce únicamente en uno los dos países pertenecientes a la unión, tendríamos los siguientes efectos, que se muestran en la Figura 11.6; donde, al igual que en la Figura 11.3 suponemos que el aumento del gasto público se produce en el primer país. Partiendo de una situación inicial de equilibrio a medio plazo en los puntos E_0 y E_0^*, los efectos iniciales de dicha perturbación vendrían indicados por los puntos E_0' y $E_0^{*'}$, que se corresponderían con los puntos E_1 y E_1^* de la Figura 11.3. Al igual que entonces, suponemos que el efecto inicial sobre el nivel de renta del segundo país es contractivo, desplazándose a la derecha la función DA y a la izquierda la función DA^*.

En consecuencia, aumentaría el nivel de producción en el primer país y disminuiría en el segundo, lo que llevaría a unas mayores reivindicaciones salariales y una mayor tasa de inflación en el primer país, ocurriendo lo contrario en el segundo. Sin embargo, la tasa de inflación del conjunto de la unión aumentaría, por lo que el banco central de la unión elevaría el tipo de interés. En términos de la Figura 11.5 nos encontraríamos ahora en los puntos E_1 y E_1^*, donde el nivel de producción del primer país habría aumentado hasta Y_1 y el del segundo país habría descendido hasta Y_1^*, por encima y por debajo del potencial, respectivamente.

Finalmente, a comienzos del siguiente periodo los trabajadores corregirán su error de predicción respecto a la tasa de inflación. En particular, negociarán una tasa de incremento salarial más elevada, ya que la tasa de inflación del conjunto de la unión habrá aumentado (pues el incremento en el primer país es mayor que el descenso en el segundo), por lo que la tasa de inflación interna tenderá a aumentar en cada país y las funciones *SA* y *SA** se desplazarán hacia arriba. Por tanto, en la situación final de equilibrio a medio plazo dada por los puntos E_2 y E_2^*, en comparación con el equilibrio inicial, el nivel de producción del primer país habrá aumentado hasta $\bar{Y}_2$ y el del segundo país habrá disminuido hasta $\bar{Y}_2^*$; y las tasas de inflación habrán aumentado y disminuido (aunque, en este último caso, el signo del efecto sería en general ambiguo) hasta $\dot{P}_2$ y $\dot{P}_2^*$, respectivamente.

Así pues, hemos visto que el efecto sobre el nivel de actividad del otro país, derivado de una perturbación específica, de carácter expansivo, en la demanda interna de bienes, que en el modelo *IS-RM* resultaba ambiguo, en el modelo *SA-DA* resulta inequívocamente negativo. Nótese, sin embargo, que el incremento en el nivel de producción del primer país y el descenso en el del segundo se compensarían exactamente, de manera que el nivel de producción del conjunto de la unión permanecería inalterado en el equilibrio final con respecto a la situación previa a la ocurrencia de la perturbación.

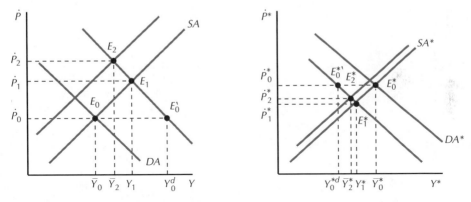

Figura 11.6. Un aumento del gasto público en un solo país, en el modelo *SA-DA* de la unión monetaria.

11.5.2 Perturbaciones monetarias

En la Figura 11.7 se muestran los efectos de un aumento del objetivo establecido para la tasa de inflación de la unión, $\dot{P}_U^O$, en el marco del modelo *SA-DA*. Partiendo de una situación inicial de equilibrio a medio plazo como la dada por los puntos E_0 y $E_0^{*\,\backprime}$, un aumento del objetivo de inflación se traduciría en un nuevo equilibrio dado por los puntos $E_0^{\backprime}$ y $E_0^{*\backprime}$, que se corresponderían con los puntos E_1 y E_1^* de la Figura 11.4; habiéndose producido un desplazamiento a la derecha de las funciones *DA* y *DA**.

De nuevo, y con el consiguiente retraso debido a la naturaleza de los mecanismos de formación de salarios y precios supuestos en el modelo, aumentarían los niveles de producción y empleo en ambos países, así como las reivindicaciones salariales de los trabajadores y, con ellas, la tasa de inflación. En términos de la Figura 11.7 pasaríamos de los puntos E_0' y $E_0^{*'}$ a los puntos E_1 y E_1^*, con un aumento de los niveles de producción hasta Y_1 e Y_1^*, por encima del potencial aunque por debajo de Y_0^d e Y_0^{*d}, aumentando las tasas de inflación hasta $\dot{P}_1$ y $\dot{P}_1^*$.

Finalmente, al advertir los trabajadores al comienzo del siguiente periodo que la tasa de inflación es superior a la esperada, negociarán un mayor incremento salarial, que será después trasladado a unos mayores precios por parte de los empresarios; ello dará lugar a una mayor tasa de inflación, el banco central de la unión volverá a aumentar el tipo de interés, y se reducirá la demanda agregada vía inversión. Gráficamente, en la Figura 11.7 las funciones SA y SA^* se desplazarán sucesivamente hacia arriba, y en el equilibrio final dado por los puntos E_2 y E_2^* los niveles de producción habrán vuelto a los iniciales $\bar{Y}_0$ e $\bar{Y}_0^*$, así como los tipos de interés; mientras que las tasas de inflación se habrán incrementado hasta $\dot{P}_2$ y $\dot{P}_2^*$, y en la misma proporción que el objetivo de inflación.

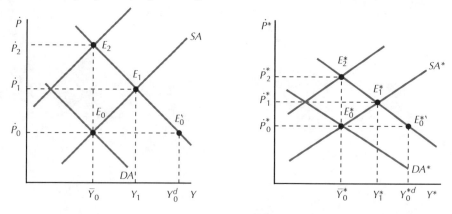

Figura 11.7. Un aumento del objetivo de inflación en el modelo SA-DA de la unión monetaria.

11.5.3 Perturbaciones de oferta agregada

Pasamos a analizar a continuación las perturbaciones de oferta agregada. En particular, y al igual que hicimos en capítulos anteriores, examinaremos los efectos de una perturbación de oferta agregada que reduce la tasa de inflación lo que, en términos de nuestro modelo, equivaldría a una disminución de Z_W o Z_P, bien por una disminución del poder de mercado de trabajadores o empresas o, alternativamente, por una disminución de cualquiera de los impuestos que afectan al mercado de trabajo.

Comenzamos por el caso de una perturbación común, es decir, cuando la disminución de la tasa de inflación, al nivel inicial de la producción potencial, se produce simultáneamente en los dos países miembros de la unión. En la Figura 11.8, los efectos iniciales de dicha perturbación vendrían indicados por el paso de los puntos E_0 y E_0^*, correspondientes al equilibrio inicial de medio plazo, a los puntos $E_0^{\backslash}$ y $E_0^{*\backslash}$, donde se habría producido un desplazamiento hacia abajo de las funciones SA y SA^*.

Seguidamente, en respuesta al descenso de la tasa de inflación, el banco central reduciría el tipo de interés, lo que haría aumentar la inversión y la demanda agregada; y esta última aumentaría también en cada país debido al incremento registrado por la demanda agregada en el otro país. A su vez, las empresas aumentarían el nivel de producción en respuesta al incremento de la demanda agregada, con lo que aumentarían también el nivel de empleo y las reivindicaciones salariales de los trabajadores, lo que se traduciría posteriormente en una mayor tasa de inflación en ambos países al trasladar los empresarios a los precios estas mayores reivindicaciones salariales. En términos de la Figura 11.8 pasaríamos de los puntos $E_0^{\backslash}$ y $E_0^{*\backslash}$ a los puntos E_1 y E_1^*, con un aumento de los niveles de producción hasta Y_1 e Y_1^*, aumentando las tasas de inflación hasta $\dot{P}_1$ y $\dot{P}_1^*$; y donde las funciones DA y DA^* se habrían desplazado a la derecha, debido al incremento en el nivel de actividad registrado en el otro país.

Por último, a comienzos del siguiente periodo los trabajadores se dan cuenta de que la tasa de inflación efectiva es en realidad inferior a la esperada, lo que significa que su salario real efectivo se encuentra por encima del deseado. En consecuencia, podrán aceptar en el periodo una tasa de incremento salarial inferior, los empresarios trasladarán a los precios estas menores reivindicaciones salariales, la tasa de inflación disminuirá, y el banco central volverá a reducir el tipo de interés en respuesta a la menor inflación, con lo que aumentará la demanda agregada en ambos países vía inversión y vía una mayor demanda agregada en el otro país. Así pues, las funciones SA y SA^* se desplazarán sucesivamente hacia abajo, desplazándose también a la derecha las funciones DA y DA^*. En la situación final de equilibrio a medio plazo dada por los puntos E_2 y E_2^*, las tasas de inflación habrán descendido hasta $\dot{P}_2$ y $\dot{P}_2^*$; y los niveles de producción habrán aumentado más aún, alcanzando finalmente (una vez que se han ajustado plenamente las tasas de inflación) un nuevo nivel potencial más elevado dado por $\bar{Y}_2$ e $\bar{Y}_2^*$.

Para finalizar, analizaremos el caso en el que la perturbación anterior es específica, es decir, cuando la disminución de la tasa de inflación, al nivel inicial de la producción potencial, tiene lugar exclusivamente en uno los dos países pertenecientes a la unión. Para ello utilizaremos la Figura 11.9, donde suponemos que la perturbación tiene su origen en el primer país.

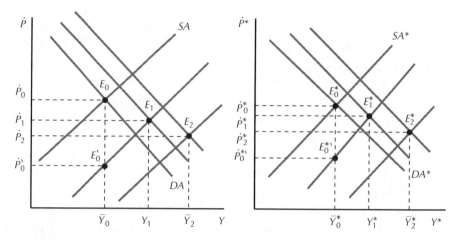

Figura 11.8. Una perturbación de oferta agregada que reduce la tasa de inflación en los dos países, en el modelo *SA-DA* de la unión monetaria.

Los efectos iniciales de la perturbación en el país en el que ésta se produce son los mismos que veíamos en la Figura 11.8 para los dos países cuando la perturbación era común a ambos: el desplazamiento inicial hacia abajo de la función *SA* vendrá acompañado por un desplazamiento a la derecha de la función *DA* (pues mejoraría la balanza comercial debido al menor nivel de precios relativos en el país de origen de la perturbación). En la Figura 11.9, pasaríamos del equilibrio inicial de medio plazo en E_0, al punto E_0' y después al E_1, donde habría aumentado el nivel de producción, y disminuido la tasa de inflación en relación al equilibrio inicial.

Por lo que respecta al segundo país, no se produciría inicialmente ningún efecto por el lado de la oferta agregada. A su vez, por el lado de la demanda agregada, se producirían dos efectos de signo contrario sobre el nivel de actividad: por una parte, el banco central de la unión reduciría el tipo de interés en respuesta al descenso de la tasa de inflación en el primer país; pero, por otra parte, la balanza comercial empeoraría debido al descenso del nivel de precios relativos en el primer país. El efecto sobre la posición de la función *DA** y, por tanto, sobre la evolución del nivel del actividad sería, pues, ambiguo; en la Figura 11.9 hemos supuesto que predomina el primer efecto y la función *DA** se desplaza a la derecha, de manera que en el punto E_1^* habrían aumentado el nivel de producción y la tasa de inflación. En cualquier caso, como los efectos en el primer país van a ser siempre mayores en valor absoluto, en el conjunto de la unión aumenta el nivel de producción y disminuye la tasa de inflación.

De nuevo, en el primer país, y al igual que en el caso de la perturbación común, a comienzos del siguiente periodo los trabajadores reducirán sus reivindicaciones salariales, la tasa de inflación disminuirá, y el banco central volverá a reducir el tipo de interés en respuesta a la menor inflación, con lo que aumentará la demanda agregada a través de una mayor inversión y una balanza comercial más favorable, debido a los menores precios relativos en dicho país y la mayor demanda agregada en el otro país. La función SA se desplazará hacia abajo, y la función DA lo hará a la derecha, por lo que en el equilibrio final en el punto E_2 el nivel de producción aumentará hasta $\bar{Y}_2$ y la tasa de inflación disminuirá hasta $\dot{P}_2$.

En cuanto al segundo país, en la medida en que el descenso de la inflación en el primer país va a ser mayor que el aumento (en el caso representado en la Figura 11.9) de la inflación en el segundo, la función SA^* se desplazará también hacia abajo, siendo ambiguo el desplazamiento de la función DA^* (pues, aunque aumentaría la inversión en respuesta a la disminución del tipo de interés llevada a cabo por el banco central de la unión, el comportamiento de la balanza comercial sería ambiguo ya que el descenso del nivel de precios relativos en el primer país y el incremento del nivel de producción en el mismo influirían en sentido opuesto); para simplificar, en la Figura 11.9 hemos supuesto que la función DA^* se desplaza a la derecha. Así, en el equilibrio final dado por el punto E_2^* el nivel de producción habrá aumentado hasta $\bar{Y}_2^*$ y la tasa de inflación aumentará en este caso, respecto al equilibrio inicial, hasta $\dot{P}_2^*$, siendo en general ambiguo el efecto sobre esta variable.

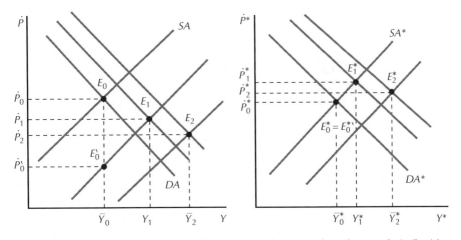

Figura 11.9. Una perturbación de oferta agregada que reduce la tasa de inflación en un solo país, en el modelo *SA-DA* de la unión monetaria.

En conclusión, hemos visto que una perturbación específica de oferta agregada, que reduce la tasa de inflación exclusivamente en un país, tiene un efecto inequívocamente positivo a medio plazo sobre el nivel de producción del otro país. Sin embargo, a corto plazo dicho efecto resulta ambiguo, debido a que:

- La disminución de la tasa de inflación en el primer país llevaría al banco central de la unión a reducir el tipo de interés; y el consiguiente menor tipo de interés real tendría un efecto expansivo sobre la demanda agregada del segundo país vía una mayor inversión (gráficamente, la función RM^* se desplazaría hacia abajo).
- La disminución del nivel de precios relativos en el primer país, asociada con la menor tasa de inflación, tendría un efecto contractivo sobre la demanda agregada del segundo país vía un empeoramiento de la balanza comercial (gráficamente, la función IS^* se desplazaría a la izquierda).

Posteriormente, el incremento en el nivel de producción del primer país daría lugar a efectos adicionales de signo contrario: uno contractivo, a través de una menor inversión al aumentar el banco central de la unión el tipo de interés (lo que tendería a contrarrestar parcialmente el desplazamiento hacia abajo de la función RM^*); y otro expansivo, a través de unas mayores exportaciones (lo que tendería a desplazar a la derecha la función IS^*). En cualquier caso, no debe olvidarse que, aunque el efecto inicial de esta perturbación sobre el nivel de producción del segundo país sea ambiguo, el nivel de producción del conjunto de la unión aumentaría, al ser mayor en valor absoluto el efecto expansivo en el país de origen de la perturbación.

11.6 Efectos de las perturbaciones en los modelos *IS-RM* y *SA-DA* de la unión monetaria: resumen

Los efectos sobre las variables endógenas de los modelos *IS-RM* y *SA-DA* de una unión monetaria, a partir de una variación de las variables exógenas, se resumen en las Tablas 11.3 y 11.4. Por simplicidad, en las tablas sólo se muestran los efectos sobre las principales variables endógenas: nivel de producción, tipo de interés y tasa de inflación, para los dos países miembros de la unión, así como para ésta en su conjunto; a partir de perturbaciones tanto comunes como específicas.

Tabla 11.3. Efectos sobre las variables endógenas de una variación de las variables exógenas en el modelo *IS-RM* de la unión monetaria.

		Variables endógenas					
		Y	Y^*	Y_U	r	r^*	r_U
Variables exógenas	$C_A \& C_A^*$	+	+	+	+	+	+
	$I_A \& I_A^*$	+	+	+	+	+	+
	$G \& G^*$	+	+	+	+	+	+
	$T \& T^*$	−	−	−	−	−	−
	C_A	+	?	+	+	+	+
	I_A	+	?	+	+	+	+
	G	+	?	+	+	+	+
	T	−	?	−	−	−	−
	C_A^*	?	+	+	+	+	+
	I_A^*	?	+	+	+	+	+
	G^*	?	+	+	+	+	+
	T^*	?	−	−	−	−	−
	$\dot{P}_U^O$	+	+	+	−	−	−

Notas: a) El signo + indica que una variación de la variable exógena da lugar a una variación de la variable endógena en el mismo sentido. *b*) El signo − indica que una variación de la variable exógena da lugar a una variación de la variable endógena en sentido contrario. *c*) El símbolo ? indica que una variación de la variable exógena da lugar a una variación de la variable endógena de signo ambiguo. *d*) El símbolo & indica la ocurrencia de una perturbación común.

Como mencionamos anteriormente, dado nuestro supuesto de una unión monetaria compuesta por dos países idénticos, con una ponderación de $\frac{1}{2}$ en las variables del conjunto de la unión, los efectos de una perturbación común van a ser los mismos en cada país miembro de la unión y en el conjunto de la misma. Por su parte, los efectos de una perturbación específica sobre el conjunto de la unión van a ser iguales a la suma ponderada, con ponderaciones iguales a $\frac{1}{2}$, de los efectos sobre cada uno de los dos países miembros; donde el signo de los efectos en el país de origen de la perturbación será el mismo que para el conjunto de la unión, mientras que será en general ambiguo en el otro país. Además, los efectos en el país de origen de la perturbación van a ser cuantitativamente mayores, en valor absoluto, tanto con respecto al otro país como al conjunto de la unión.

Tabla 11.4. Efectos sobre las variables endógenas de una variación de las variables exógenas en el modelo *SA-DA* de la unión monetaria.

		Variables endógenas																
		corto plazo									medio plazo								
		Y	Y^*	Y_U	$\dot{P}$	$\dot{P}^*$	$\dot{P}_U$	r	r^*	r_U	Y	Y^*	Y_U	$\dot{P}$	$\dot{P}^*$	$\dot{P}_U$	r	r^*	r_U
	$C_A\,\&\,C_A^*$	+	+	+	+	+	+	+	+	+	0	0	0	+	+	+	+	+	+
	$I_A\,\&\,I_A^*$	+	+	+	+	+	+	+	+	+	0	0	0	+	+	+	+	+	+
	$G\,\&\,G^*$	+	+	+	+	+	+	+	+	+	0	0	0	+	+	+	+	+	+
	$T\,\&\,T^*$	−	−	−	−	−	−	−	−	−	0	0	0	−	−	−	−	−	−
	C_A	+	?	+	+	?	+	+	+	+	+	−	0	+	?	+	+	+	+
	I_A	+	?	+	+	?	+	+	+	+	+	−	0	+	?	+	+	+	+
	G	+	?	+	+	?	+	+	+	+	+	−	0	+	?	+	+	+	+
Variables exógenas	T	−	?	−	−	?	−	−	−	−	−	+	0	−	?	−	−	−	−
	C_A^*	?	+	+	?	+	+	+	+	+	−	+	0	?	+	+	+	+	+
	I_A^*	?	+	+	?	+	+	+	+	+	−	+	0	?	+	+	+	+	+
	G^*	?	+	+	?	+	+	+	+	+	−	+	0	?	+	+	+	+	+
	T^*	?	−	−	?	−	−	−	−	−	+	−	0	?	−	−	−	−	−
	$\dot{P}_U^O$	+	+	+	+	+	+	−	−	−	0	0	0	1	1	1	0	0	0
	$Z_W\,\&\,Z_W^*$	−	−	−	+	+	+	+	+	+	−	−	−	+	+	+	+	+	+
	$Z_P\,\&\,Z_P^*$	−	−	−	+	+	+	+	+	+	−	−	−	+	+	+	+	+	+
	Z_W	−	?	−	+	?	+	+	+	+	−	−	−	+	?	+	+	+	+
	Z_P	−	?	−	+	?	+	+	+	+	−	−	−	+	?	+	+	+	+
	Z_W^*	?	−	−	?	+	+	+	+	+	−	−	−	?	+	+	+	+	+
	Z_P^*	?	−	−	?	+	+	+	+	+	−	−	−	?	+	+	+	+	+

Notas: a) El signo + indica que una variación de la variable exógena da lugar a una variación de la variable endógena en el mismo sentido. *b*) El signo − indica que una variación de la variable exógena da lugar a una variación de la variable endógena en sentido contrario. *c*) El valor 0 indica que una variación de la variable exógena no da lugar a ninguna variación de la variable endógena. *d*) El valor 1 indica que una variación de la variable exógena da lugar a una variación de la variable endógena en la misma proporción. *e*) El símbolo ? indica que una variación de la variable exógena da lugar a una variación de la variable endógena de signo ambiguo. *f*) El símbolo & indica la ocurrencia de una perturbación común.

11.7 Extensiones

Después de haber analizado los motivos por los cuales la formación de una unión monetaria podría resultar una alternativa a un sistema de tipo de cambio fijo, en las secciones siguientes hemos presentado los principales resultados de la adaptación de los modelos de los Capítulos 9 y 10 para el caso de una unión monetaria. En esta sección se ofrecerán algunas extensiones, discutiéndose en particular cómo los ataques especulativos, en un contexto de libertad de los movimientos internacionales de capitales, pueden hacer colapsar los sistemas de tipo de cambio fijo; así como los principales argumentos que podrían justificar la deseabilidad de la formación de una unión monetaria.

11.7.1 Crisis cambiarias

Al comienzo de este capítulo mencionamos lo difícil que puede resultar mantener un sistema de tipo de cambio fijo cuando la movilidad internacional de capitales es muy elevada, tal como ocurre en la actualidad. Definiremos una *crisis cambiaria* como una dificultad grave, que con frecuencia se traducirá en imposibilidad, sufrida por las autoridades de un país a la hora de defender una paridad determinada para el tipo de cambio. A su vez, la crisis cambiaria se producirá a consecuencia de un ataque especulativo llevado a cabo por los operadores en el mercado de cambios, que provoca un incremento grande y repentino en la probabilidad de reajuste de la paridad central. Este tipo de situaciones han afectado en los últimos años tanto a países desarrollados, como fue el caso de la crisis del Sistema Monetario Europeo en 1992; como, muy especialmente a países emergentes, como fue el caso de las crisis sufridas por México en 1994, los países del Sudeste de Asia en 1997, Rusia en 1998, y Argentina en 2002.[6]

En general, a la hora de explicar el comportamiento del tipo de cambio, tradicionalmente se ha intentado hacerlo a través de las condiciones económicas fundamentales (en lo sucesivo, y para abreviar, simplemente «fundamentos») que presumiblemente tenderían a influir en su evolución, de acuerdo con los postulados de la teoría económica. Ahora bien, ante la dificultad de explicar la elevada volatilidad de los tipos de cambio a través de variaciones en los «fundamentos», han aparecido más recientemente otras explicaciones alternativas, basadas en el papel de las expectativas de los agentes, la posibilidad de equilibrios múltiples, y el comportamiento no lineal de los tipos de cambio. De esta manera, podemos distinguir, en principio, dos grandes clases de teorías explicativas de las crisis cambiarias, según tomen como principal elemento explicativo, bien una evolución desfavorable de los «fundamentos» (los llamados modelos de «primera generación»); o bien la presencia de expectativas, acerca del comportamiento del gobierno, que se autoconfirman, y ello incluso aunque los «fundamentos» no presenten una evolución particularmente desfavorable (los llamados modelos de «segunda generación»).

---

[6] Un análisis más detallado del contenido de este apartado, junto con una revisión de la evidencia empírica disponible, se presenta en Oscar Bajo: «Crisis cambiarias: Teoría y evidencia», *Información Comercial Española*, n.º 802, octubre de 2002, págs. 195-207.

Presentaremos asimismo los desarrollos posteriores que subrayan la interacción entre las crisis cambiarias y la debilidad de los sistemas financieros, y que intentan caracterizar los sucesos más recientes acaecidos en las economías del Sudeste asiático (los llamados modelos de «tercera generación»).[7]

En síntesis, los modelos de «primera generación» propugnan que una política monetaria «demasiado» expansiva por parte de un país llevaría a una pérdida gradual de reservas exteriores y en última instancia al abandono del tipo de cambio fijo, una vez que el banco central reconoce que ya es incapaz de defender la paridad. Nótese que estos modelos suponen que el banco central interviene en el mercado de cambios para defender el tipo de cambio, pero mantiene al mismo tiempo una política monetaria independiente, compensando los efectos monetarios de la intervención por medio de operaciones de esterilización. Los modelos de «primera generación», por otra parte, tienden a considerar que la política monetaria «demasiado» expansiva tendría su origen en un déficit presupuestario excesivo.

De esta manera, la política monetaria «demasiado» expansiva llevaría a un ataque especulativo súbito contra la moneda, que obligaría a abandonar el tipo de cambio fijo y a adoptar un tipo de cambio flexible. Un aspecto importante destacado por estos modelos es que dicho ataque siempre ocurriría antes de que el banco central agotase el nivel de sus reservas en ausencia de especulación, y tendría lugar en una fecha bien definida. En efecto, dado que los especuladores racionales anticiparían que, en ausencia de especulación, las reservas desaparecerían eventualmente, preverían el colapso final del sistema y, con objeto de evitar pérdidas, forzarían una crisis antes de que se produjera dicho colapso. En general, el colapso del sistema de tipo de cambio fijo tardaría más tiempo en producirse cuanto mayor fuera la cantidad inicial de reservas, y menos expansiva fuera la política monetaria.

Hemos visto cómo los modelos de «primera generación» relacionan los ataques especulativos con los «fundamentos», de manera que los países experimentan crisis cambiarias porque en última instancia llevan a cabo políticas monetarias o fiscales insostenibles, o bien sufren un deterioro de su competitividad, lo que les obliga eventualmente a abandonar el tipo de cambio fijo. En los modelos de «segunda generación», por el contrario, los ataques especulativos pueden

---

[7] La aportación pionera dentro de los modelos de «primera generación» es la de Paul Krugman: «A model of balance-of-payments crises», *Journal of Money, Credit, and Banking*, vol. 11, agosto de 1979, págs. 311-325; y para los de «segunda generación», la de Maurice Obstfeld: «Rational and self-fulfilling balance-of-payments crises», *American Economic Review*, vol. 76, marzo de 1986, págs. 72-81. Entre los modelos de «tercera generación» destacaremos la aportación de Paul Krugman: «Balance sheets, the transfer problem, and financial crises», *International Tax and Public Finance*, vol. 6, noviembre de 1999, págs. 459-472.

aparecer incluso en ausencia de problemas con los «fundamentos», esperados o futuros. Ello va a ocurrir porque los ataques se autoconfirman (esto es, si se espera que ocurran, terminarán ocurriendo), desplazando el tipo de cambio de un equilibrio a otro.

De acuerdo con estos modelos, las expectativas de los especuladores van a depender de sus conjeturas sobre las respuestas del gobierno, las cuales se ven afectadas a su vez por variables que dependen de las expectativas. Es esta dinámica circular la que va a dar lugar a crisis que no necesitarían haber ocurrido, pero que ocurren porque los participantes en el mercado así lo esperan. De esta manera, las crisis cambiarias serían sucesos que se autoconfirmarían y no el resultado inevitable de políticas macroeconómicas insostenibles; las crisis serían, pues, aparentemente innecesarias, y llevarían al colapso de un régimen de tipo de cambio que, por lo demás, pudiera ser viable.

Por último, ante las dificultades experimentadas por los modelos anteriores a la hora de explicar plenamente los sucesos más recientes acaecidos en las economías del Sudeste asiático a finales de los años noventa del pasado siglo, han aparecido los llamados modelos de «tercera generación». Nótese que en dichos sucesos los tipos de cambio desempeñaron un papel relativamente secundario, ya que las crisis cambiarias surgieron como parte de una crisis financiera más amplia. Los modelos de «tercera generación», por otra parte, no constituyen un campo unificado, sino que ofrecen más bien explicaciones parciales de distintos elementos que caracterizaron los acontecimientos citados y, si bien combinan elementos de los modelos de las «generaciones» anteriores, tienden a situar la raíz del problema en la existencia de sistemas financieros poco desarrollados, escasamente supervisados y regulados. Entre ellas, podemos destacar la explicación propuesta por Paul Krugman, que subraya el papel del elevado endeudamiento en moneda extranjera de las empresas de ciertos países emergentes. En estas condiciones, una pérdida súbita de confianza llevaría a una gran disminución de las entradas de capitales, que se traduciría en una gran depreciación del tipo de cambio real, y, en consecuencia, en un empeoramiento de los balances de las empresas, lo cual confirmaría la pérdida inicial de confianza; y si además la política económica intentara limitar la depreciación del tipo de cambio real a través de la elevación de los tipos de interés, se produciría una recesión que confirmaría adicionalmente la pérdida de confianza.

En conclusión, el extraordinario desarrollo de los mercados internacionales de capitales en los últimos años hace cada vez más difícil el funcionamiento de los sistemas de tipo de cambio fijo. Por tanto, como vimos en la sección 2, la opción para un país va a ser cada vez más o bien aceptar un tipo de cambio plenamente flexible, o bien adoptar una moneda común con otros países. En cualquier caso, es un hecho constatado que la enorme movilidad internacional de capitales existente en la actualidad se traduce en una elevada volatilidad de los tipos de cambio, tanto para países individuales como (en el caso de adoptar una moneda común) para grandes áreas económicas, con los consiguientes efectos perniciosos sobre la evolución de las correspondientes economías. Todo ello ha dado lugar en los últimos años a una serie de propuestas encaminadas a imponer algún tipo de control sobre los movimientos internacionales de capitales. En este sentido, cabe destacar la aportación original de James Tobin de establecer un impuesto sobre todo tipo de transacciones internacionales, a un tipo reducido, que desincentivase las operaciones especulativas a corto plazo, pero no los movimientos de capitales a largo plazo ni las transacciones comerciales. Dicho impuesto, para ser efectivo, debería ser universal, esto es, aplicado a todas las jurisdicciones (ya que se podría evadir trasladándose de un país a otro, o de un activo a otro, donde no se aplicara el impuesto), y uniforme, esto es, debería aplicarse el mismo tipo en todos los casos. Finalmente, con objeto de controlar su correcto funcionamiento, la observancia del impuesto debería ser vigilada por alguna institución internacional adecuada, como el Banco de Pagos Internacionales o el Fondo Monetario Internacional.[8]

11.7.2 La teoría de las áreas monetarias óptimas

En el resto de esta sección revisaremos brevemente los principales argumentos presentados en la literatura económica con objeto de analizar la deseabilidad de la formación de una unión monetaria, a partir de la llamada *teoría de las áreas monetarias óptimas*.[9]

Esta teoría surge a comienzos de los años sesenta del siglo pasado, como una extensión de la literatura sobre la elección entre tipo de cambio fijo o flexible. Partiendo de que cada país soberano dispone de su propia moneda, la teoría subraya el hecho de que los países soberanos son de tamaño muy diferente unos de otros, y además no son homogéneos internamente desde el punto de vista económico, por lo que podría no ser deseable que cada uno disfrutara de una moneda propia. La pregunta que se plantea es, pues: ¿cuál sería el ámbito más adecuado para un área monetaria, en la que existiese una única moneda? La teoría de las áreas monetarias óptimas enfoca este problema desde el estudio de los costes asociados con la pérdida del tipo de cambio como

---

[8] La propuesta inicial de Tobin, publicada en 1978, ha sido recuperada y actualizada posteriormente; véase Barry Eichengreen, James Tobin y Charles Wyplosz: «Two cases for sand in the wheels of international finance», *Economic Journal*, vol. 105, enero de 1995, págs. 162-172.

[9] Los argumentos que se presentan a continuación se discuten más extensamente, junto con la evidencia empírica disponible, en Oscar Bajo y David Vegara: «Integración monetaria en Europa: Teoría y evidencia empírica», *Hacienda Pública Española*, n.º 140, 1997, págs. 19-37.

instrumento de ajuste frente a una perturbación, en los países que accedieran a dicha área monetaria.[10]

Como se mencionó en la sección 2, si existe una moneda única para todos los países miembros de la unión, la política monetaria común no resulta el instrumento adecuado para hacer frente a una perturbación asimétrica. En su trabajo pionero dentro de la teoría de las áreas monetarias óptimas, Robert Mundell fue el primero en señalar que la presencia de perturbaciones asimétricas significaría una dificultad potencial para el adecuado funcionamiento de una unión monetaria. En este sentido, y en ausencia de plena flexibilidad de precios y salarios, el criterio que definiría para Mundell un área monetaria óptima sería la existencia de un elevado grado de movilidad de los factores productivos dentro del área en cuestión. De esta manera, una elevada movilidad de los factores productivos sería suficiente para corregir cualquier perturbación que se produjera dentro del área sin necesidad de variaciones en el tipo de cambio.

Posteriormente, Ronald McKinnon va a señalar que el criterio fundamental para constituir un área monetaria óptima vendría dado por la existencia de un elevado grado de apertura de las economías integrantes del área, donde el grado de apertura se mediría por la participación de los bienes comerciables (esto es, exportables más importables) en el volumen total de producción. Ello vendría justificado por la relativa ineficacia de un sistema de tipos de cambio flexibles para una economía muy abierta, lo que haría que el coste asociado con la pérdida del instrumento cambiario no fuera demasiado elevado.

Un enfoque alternativo es el seguido por Peter Kenen, que identificó como criterio básico para la formación de un área monetaria óptima la existencia de un elevado grado de diversificación de la producción por parte de las economías participantes. De esta manera, en una economía muy diversificada, una perturbación que afectase a las exportaciones de un sector tendría un efecto limitado, puesto que la participación de dicho sector en el conjunto de la economía sería relativamente pequeña. Asimismo, las perturbaciones favorables y desfavorables que afectaran a distintos sectores tenderían a cancelarse unas con otras, por lo que el efecto sobre el desequilibrio externo en una economía diversificada sería menor que en el caso de una economía relativamente especializada. Así pues, una economía muy diversificada no tendría demasiada necesidad de variaciones en el tipo de cambio a la

---

[10] La aportación pionera dentro de la teoría de las áreas monetarias óptimas es la de Robert A. Mundell: «A theory of optimum currency areas», *American Economic Review*, vol. 51, septiembre de 1961, págs. 657-665; otras importantes contribuciones posteriores son las de Ronald I. McKinnon: «Optimum currency areas», *American Economic Review*, vol. 53, septiembre de 1963, págs. 717-725, y Peter B. Kenen: «The theory of optimum currency areas: An eclectic view», en Robert A. Mundell y Alexander K. Swoboda (eds.): *Monetary problems of the international economy*, University of Chicago Press, Chicago, 1969, págs. 41-60.

hora de hacer frente a perturbaciones exteriores, de manera que podría tolerar mejor la renuncia al tipo de cambio como instrumento de ajuste, exigida por su participación en una unión monetaria.

Por otra parte, en los años posteriores se va a hacer mayor énfasis en otro argumento alternativo. Dicho argumento va a subrayar la mayor credibilidad que, en términos de la política antiinflacionista de un país caracterizado tradicionalmente por una elevada tendencia a la inflación, supondría el establecimiento de una unión monetaria con otro país caracterizado por su celo antiinflacionista. El ejemplo clásico de país de reputada credibilidad antiinflacionista, en el marco de la unificación europea, sería el caso de Alemania.

Este argumento ha sido formalizado por Francesco Giavazzi y Marco Pagano, y se basa en el modelo de Barro y Gordon que se expuso en la sección 7 del Capítulo 8. Un país caracterizado tradicionalmente por una inflación elevada podría encontrar difícil seguir una estrategia antiinflacionista ya que, si ésta no fuera creíble, los agentes no revisarían fácilmente a la baja sus expectativas de inflación. Esto podría solucionarse «importando» la credibilidad de la política antiinflacionista del país de inflación reducida, por ejemplo, estableciendo un tipo de cambio fijo con respecto a la moneda de este último país, de manera que, en caso de que su inflación todavía fuera superior, el primer país perdería competitividad debido a la consiguiente apreciación del tipo de cambio real (que no podría compensarse mediante una depreciación del tipo de cambio nominal, al ser éste fijo). No obstante, tampoco esta situación sería perfectamente creíble, ya que el país en cuestión seguiría teniendo la facultad de alterar su tipo de cambio, y podría verse tentado a devaluar en caso de dificultades. Por tanto, llevando el argumento hasta sus últimas consecuencias, el país de inflación elevada debería abolir su propia moneda y adoptar la del país de inflación reducida, con lo que lograría disfrutar de la misma tasa de inflación que este último país.[11]

Hasta ahora nos hemos referido a los costes que significaría para un país la adhesión a una unión monetaria, en términos de la pérdida de flexibilidad que para la política macroeconómica de estabilización supone la renuncia al tipo de cambio. Pero la formación de una unión monetaria conlleva también una serie de beneficios para los países participantes, relacionados con una mayor eficiencia en el funcionamiento del sistema económico y, por tanto, de carácter más bien microeconómico.

La literatura identifica dos beneficios fundamentales derivados de la formación de una unión monetaria: i) la eliminación de los costes de transacción derivados del intercambio de una moneda por otra; y ii) la eliminación de la incer-

---

[11] Francesco Giavazzi y Marco Pagano: «The advantage of tying one's hands: EMS discipline and central bank credibility», *European Economic Review*, vol. 32, junio de 1988, págs. 1055-1075.

tidumbre asociada con la variación de los tipos de cambio de las monedas de los países que forman la unión monetaria. Todo ello, a su vez, debería contribuir a aumentar los flujos de comercio e inversión internacionales y, a través de una mayor eficiencia en la utilización de los recursos, redundar favorablemente en la evolución de la productividad y el crecimiento económico.

Obsérvese que los dos tipos de beneficios señalados anteriormente podrían lograrse también en un sistema de tipo de cambio fijo, sin necesidad de abolir las monedas nacionales. Ahora bien, el establecimiento de un tipo de cambio fijo entre las monedas existentes, aunque teóricamente irrevocable, plantea problemas de credibilidad ya que los gobiernos nacionales siempre pueden verse tentados a alterar el tipo de cambio en caso de necesidad. Por tanto, y al igual que ocurría en el caso de la credibilidad de la política antiinflacionista, la eliminación de los costes de transacción y de la incertidumbre cambiaria se alcanzarían de manera mucho más clara en una unión monetaria que en un sistema de tipos de cambio fijos.

Para finalizar, haremos referencia a la aportación de Alberto Alesina y Robert Barro, que ofrecen una recapitulación de los principales resultados de la literatura sobre los costes y beneficios de una unión monetaria. Así, por una parte, una unión monetaria reduciría los costes asociados con las transacciones comerciales, lo que permitiría aumentar el comercio, la producción y el consumo. Por otra parte, la unión monetaria impediría el uso de una política monetaria independiente para hacer frente a las perturbaciones que pudieran afectar a la economía en cuestión, aunque, si se adoptara la moneda de un país de baja inflación, ello también permitiría a dicha economía ganar credibilidad para su política antiinflacionista. En conclusión, la clase de país que más tendría que ganar si renunciara a su propia moneda, sería una pequeña economía abierta que comerciara en gran medida con otro país grande y estable desde el punto de vista monetario; con un historial de elevada inflación; y con un ciclo económico muy correlacionado con el de su potencial socio.[12]

Ejercicios

1. ¿En qué sentido podría decirse que una unión monetaria es un caso particular de un sistema de tipo de cambio fijo?
2. En una unión monetaria de dos países descrita por el modelo *IS-RM*, uno de los países sufre una perturbación expansiva en la demanda interna de bienes. El resultado que se observa es el de un aumento del nivel de renta en los dos

---

[12] Alberto Alesina y Robert J. Barro: «Currency unions», *Quarterly Journal of Economics*, vol. 117, mayo de 2002, págs. 409-436.

países que forman la unión, así como en la unión en su conjunto. ¿Podría explicar por qué?

3. Los modelos de «primera generación» tratan de explicar la excesiva volatilidad de los tipos de cambio, y las consiguientes crisis cambiarias, a través de variaciones de las condiciones económicas fundamentales o «fundamentos». Pero, ¿cuáles son los supuestos básicos que condicionan la política monetaria en estos modelos?

Soluciones

1. Cuando un país se integra en una unión monetaria, se establece un tipo de cambio irrevocablemente fijo con respecto a la moneda de la unión. En principio, no tendría por qué ser necesaria la adopción de una nueva moneda, ya que los beneficios fundamentales de una unión monetaria se obtienen simplemente con un tipo de cambio irrevocablemente fijo (esto es, ausencia de costes de transacción y eliminación de la incertidumbre asociada a la variación de los tipos de cambio). No obstante, una unión monetaria sustentada en un tipo de cambio fijo pero sin moneda propia puede plantear problemas de credibilidad, dado que los países miembros podrían verse tentados a alterar dicho tipo de cambio. Por ello, en la práctica, una unión monetaria puede decirse que es un caso particular de tipo de cambio fijo en el que los países integrantes adoptan una nueva moneda de forma que, definitivamente, ya no pueda existir la posibilidad de cambiar la paridad central.

2. Una perturbación expansiva en la demanda interna de bienes significa un incremento de la demanda agregada en el país que ha sufrido la perturbación. En una unión monetaria descrita por el modelo *IS-RM*, los efectos sobre el otro país son, en principio, ambiguos ya que son el resultado de dos efectos opuestos:

   i) Al aumentar su renta, aumentan las importaciones en el país de origen de la perturbación, por lo que aumentan las exportaciones en el otro y, por tanto, su demanda agregada.

   ii) En respuesta al mayor nivel de renta en el país de origen de la perturbación, el banco central eleva el tipo de interés, lo que tiende a reducir la demanda agregada en ambos países debido a un menor gasto en inversión.

   Si el efecto final que se observa es un aumento en el nivel de renta de ambos países, ello se debe a que ha predominado el primer efecto sobre el segundo.

En cuanto al efecto sobre la unión en su conjunto, éste será igual a la suma ponderada, con ponderaciones iguales a $\frac{1}{2}$, de los efectos en cada uno de los países, por lo que si aumenta el nivel de renta en ambos países, también lo hará en el conjunto de la unión.

3. Según estos modelos, las crisis cambiarias se producen porque una política monetaria «demasiado» expansiva provoca un ataque especulativo que obliga a abandonar el tipo de cambio fijo y a adoptar un tipo de cambio flexible. Todo ello ocurriría cuando:

- se parte de un déficit presupuestario excesivo,
- el banco central interviene para defender el tipo de cambio,
- el banco central mantiene una política monetaria independiente,
- el banco central compensa los efectos monetarios de la intervención mediante operaciones de esterilización,
- una política monetaria «demasiado» expansiva lleva a una pérdida gradual de reservas exteriores, y
- los especuladores prevén el colapso del sistema y, para evitar pérdidas, fuerzan una crisis antes de que se produzca el colapso.

Bibliografía recomendada

Un temprano análisis de las dificultades de mantener un tipo de cambio fijo en un mundo caracterizado por la elevada movilidad internacional de capitales, concluyendo que la opción para un país no es entre tipo de cambio flexible y tipo de cambio fijo, sino entre tipo de cambio flexible y adopción de una moneda común, se presenta en:

Maurice Obstfeld y Kenneth Rogoff: «The mirage of fixed exchange rates», *Journal of Economic Perspectives*, vol. 9, otoño de 1995, págs. 73-96.

Una completa discusión de las teorías y políticas relativas a una unión monetaria, con especial atención al caso europeo, se puede encontrar en:

Paul de Grauwe: *Economics of Monetary Union* (8.ª edición), Oxford University Press, Oxford, 2009.

Para una modelización general de una unión monetaria a partir del modelo Mundell-Fleming, véase:

Oscar Bajo Rubio y Carmen Díaz Roldán: *Macroeconomic analysis of monetary unions: A general framework based on the Mundell-Fleming model*, Springer-Verlag, Berlin, 2011.

Parte V
El largo plazo

El objetivo de la Parte V es el análisis del aumento continuado del nivel de producción de una economía a lo largo del tiempo en el largo plazo, esto es, el estudio del crecimiento económico. En el largo plazo, el crecimiento del nivel de producción se explica a partir de aumentos en las dotaciones de recursos productivos (en particular, el capital por trabajador), y por el progreso tecnológico.

En el Capítulo 12 se estudia el modelo estándar de crecimiento, se introduce el progreso tecnológico, y se discuten sus posibles ampliaciones.

12 CRECIMIENTO ECONÓMICO

12.1 Introducción

En el Capítulo 2 vimos la importancia del producto nacional como indicador del nivel de actividad económica de un país, ya que proporciona el valor de la producción total de bienes y servicios. No obstante, se insistía en que es una medida de bienestar incompleta puesto que no sólo no contabiliza lo producido fuera del mercado (ocio, polución, actividades sin ánimo de lucro, economía sumergida…), sino que además no valora los recursos que puedan permanecer ociosos, ni aporta información sobre los que están siendo infrautilizados. Por ello, como vimos en el Capítulo 3, se distingue entre el *producto efectivo*, que es el realmente producido y viene medido por el producto nacional; y el *producto potencial*, que es el que se obtendría a partir del pleno empleo de todos los recursos productivos disponibles.

A lo largo de los años puede observarse que el producto nacional ha ido aumentando, tanto en las economías en desarrollo como en las más desarrolladas. En estas últimas, desde mediados del siglo xx, el aumento del nivel de vida ha crecido incluso de forma más intensa. A este aumento continuo de la producción agregada, con el paso del tiempo, es a lo que llamamos *crecimiento económico*. Además, dado que el producto nacional lo que nos mide es el producto efectivo, tendríamos que distinguir entre el *crecimiento efectivo* o incremento del producto nacional, medido por la tasa de crecimiento del producto efectivo; y el *crecimiento potencial* o incremento de la capacidad a la que la economía sería capaz de producir, medido por la tasa de crecimiento del producto potencial.

En este capítulo vamos a estudiar cuáles son los factores que contribuyen al crecimiento y las causas que podrían explicar por qué unos países crecen más que otros. Desarrollaremos para ello un modelo explicativo del crecimiento económico, tanto en su versión más sencilla como en aquella que incorpora el progreso tecnológico. A continuación, se examinará el modo en el que el sector público puede promover el crecimiento a través de políticas económicas orientadas a tal fin. Y para concluir el capítulo, presentaremos algunas extensiones del modelo básico desarrollado en las secciones anteriores.

12.2 Los hechos del crecimiento económico

Como se ha mencionado en la introducción, es un hecho observable que el producto nacional ha crecido a lo largo del tiempo. En el Gráfico 12.1 se muestra cómo han ido creciendo los niveles de producción en las principales regiones del mundo. Puede observarse que dicho crecimiento se ha acelerado en los últimos años del pasado siglo, destacando el caso de Asia.

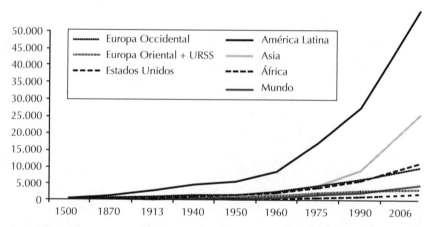

Fuente: Elaboración propia a partir de datos de Angus Maddison; véase http://www.ggdc. net/Maddison/.

Gráfico 12.1. Niveles del PIB en las principales regiones del mundo (miles de millones de dólares de 1990).

El crecimiento de los niveles de producción ha contribuido, además, al aumento de los niveles de vida pero solamente en determinadas zonas. Ello se debe a que el nivel de vida depende tanto de la producción total de un país, como del tamaño de su población. Por consiguiente, para determinar el nivel de vida es necesario conocer la producción per capita (esto es, la producción total dividida entre la población total) del país, y no sólo la evolución del producto total. En el Gráfico 12.2 se muestra la evolución de la producción per cápita para las mismas regiones representadas en el Gráfico 12.1. Vemos cómo en Estados Unidos, los países europeos y la antigua URSS, los niveles de vida han aumentado por encima de la media, y de forma más intensa aún desde la segunda mitad del siglo xx. Sin embargo, en el caso de America Latina, Asia y África los niveles de vida han crecido por debajo de la media, destacando particularmente el caso de África en el que apenas pueden apreciarse cambios.

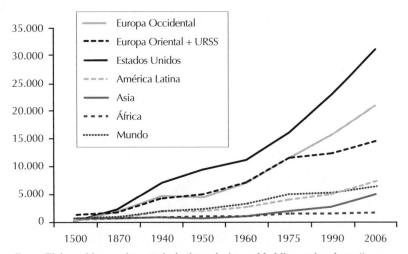

Fuente: Elaboración propia a partir de datos de Angus Maddison; véase http://www.ggdc.net/Maddison/.

Gráfico 12.2. PIB per cápita en las principales regiones del mundo (dólares de 1990).

El hecho de que todas las regiones del mundo no hayan evolucionado de la misma forma, nos lleva a la conclusión de que existen otros factores explicativos que pueden dar lugar a diferentes patrones de crecimiento. Los distintos patrones de crecimiento suelen estar más ligados a las características que definen el propio proceso productivo, es decir, a la disponibilidad de los recursos y de la tecnología. Dichas diferencias pueden apreciarse mejor si vemos el ejemplo de determinados países. En el Gráfico 12.3 se muestra la evolución de la producción per cápita de algunos países del mundo. De nuevo destaca Estados Unidos seguido de Japón, el cual llama la atención especialmente pues, como hemos visto en el Gráfico 12.2, el nivel de vida de la región de Asia en conjunto se sitúa por debajo de la media mundial. Por el contrario, el caso de México prácticamente coincide con el total de America Latina, que resulta equivalente a la media mundial. Vemos, además, que tanto para el caso de Japón como para el de España, el crecimiento ha resultado espectacular desde finales de los años cincuenta del pasado siglo.

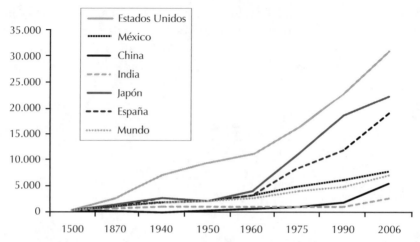

Fuente: Elaboración propia a partir de datos de Angus Maddison; véase http://www.ggdc.net/Maddison/.

Gráfico 12.3. PIB per cápita en algunos países del mundo
(dólares de 1990).

En algunos casos, un país que presenta inicialmente un nivel de producción per cápita más bajo crece más deprisa y acaba aproximándose a aquellos que disfrutan de un nivel más alto; este fenómeno se conoce con el nombre de *convergencia*. Así, en el Gráfico 12.4 podemos ver que en los países de mayor tamaño de Europa Occidental, la evolución del PIB per capita es bastante similar. Sin embargo, destaca el caso de España que, siendo el país que presentaba a mediados del siglo pasado el nivel más bajo, aumentó posteriormente su ritmo de crecimiento, aproximándose a los niveles del resto de los grandes países de Europa Occidental.

Aunque el crecimiento económico moderno comienza a manifestarse a partir de principios del siglo XIX, con la Revolución Industrial, este crecimiento no fue espectacularmente significativo hasta mediados del siglo XX, por lo que podría calificarse el crecimiento como un fenómeno reciente. En efecto, hasta los años cincuenta del siglo pasado, la población aumentaba casi al mismo ritmo que la producción por lo que el crecimiento del PIB per capita era muy moderado (véanse los Gráficos 12.2, 12.3 y 12.4). Sin embargo, a partir de esos años la producción comenzó a crecer a ritmos que superaban a los de la población. Particularmente, los años comprendidos entre el final de la Segunda Guerra Mundial y la primera crisis del petróleo de 1973 se conocen como la *Edad de Oro*.[1] A dicha prosperidad

---

[1] Véase Eric Hobsbawm: *The Age of Extremes: The Short Twentieth Century, 1914-1991*, Michael Joseph, Londres, 1994 (existe traducción castellana: *Historia del siglo XX*, Crítica, Barcelona, 1995).

contribuyó que durante esos años se desarrollan los sistemas de protección social en los países capitalistas avanzados, acaba el colonialismo, se alcanza el equilibrio entre las superpotencias y se acelera el avance tecnológico.

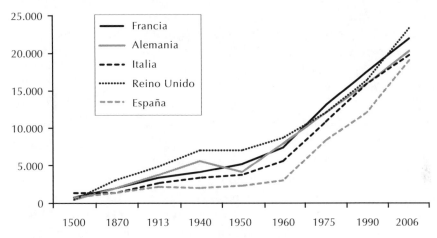

Fuente: Elaboración propia a partir de datos de Angus Maddison; véase http://www.ggdc.net/Maddison/.

Gráfico 12.4. PIB per cápita en algunos países de Europa Occidental (dólares de 1990).

De hecho, en todos los países desarrollados pueden observarse ciertas regularidades empíricas que, aunque no siempre se replican sistemáticamente, ayudan a describir la evolución de sus economías. Nicholas Kaldor enumeró una serie de características que podían observarse en los países más desarrollados y que se conocen como los «hechos estilizados» de Kaldor o regularidades empíricas del crecimiento:[2]

1. La producción por trabajador ha crecido a lo largo del tiempo de manera continuada.
2. El capital por trabajador también ha crecido a lo largo del tiempo.
3. El tipo de interés real (esto es, el rendimiento del capital) ha permanecido aproximadamente constante.
4. La relación entre el capital y el nivel de producción también ha permanecido aproximadamente constante.

---

[2] Nicholas Kaldor: «Capital accumulation and economic growth», en F. A. Lutz y D. C. Hague (eds.): *The Theory of Capital*, Macmillan, Londres, 1961, pp. 177–222.

5. La distribución de la producción total entre el trabajo y el capital ha permanecido relativamente estable.
6. Las tasas de crecimiento de la producción por trabajador han diferido sustancialmente entre los países.

Obsérvese que los «hechos estilizados» de Kaldor ponen el énfasis en el papel del factor capital en su sentido tradicional (lo que a veces se denomina capital físico), y del progreso tecnológico. Más recientemente, Charles Jones y Paul Romer han propuesto una nueva lista de «hechos estilizados», que recogen la mayor importancia que se concede últimamente a otros factores, como las ideas, las instituciones y el capital humano:[3]

1. Los crecientes flujos de bienes, ideas, financiación y personas se han traducido en un incremento del tamaño de los mercados.
2. El crecimiento de la producción per cápita se ha acelerado desde prácticamente cero a las relativamente rápidas tasas observadas a lo largo del último siglo.
3. La variación de las tasas de crecimiento de la producción per cápita es tanto mayor cuanto mayor sea la distancia respecto a la frontera tecnológica.
4. Las diferencias en la utilización de los recursos productivos explican menos de la mitad de las enormes diferencias de producción per cápita entre los países.
5. El capital humano por trabajador ha aumentado extraordinariamente en todo el mundo.
6. A pesar de lo anterior, el salario relativo del trabajo cualificado respecto al no cualificado se ha mantenido estable.

Los rasgos anteriores pueden, efectivamente, explicar el crecimiento de los países más desarrollados cuando se analiza la evolución de sus economías a largo plazo. Sin embargo, esto no ocurre en todos los países. La diferencia entre los patrones de crecimiento y el hecho de que la convergencia no sea un fenómeno mundial, nos lleva a estudiar cuáles son las causas del crecimiento. Así, por ejemplo, hemos visto cómo España mostraba convergencia con los principales países de Europa Occidental (Gráfico 12.4), mientras que los países de Europa Oriental y la antigua URSS dejaron de crecer al mismo ritmo que Europa Occidental a partir de mediados de los años 1970 (Gráfico 12.2).

Las razones de por qué crecen unas economías más que otras tienen su origen en el mismo proceso productivo: la cantidad y la calidad de los factores productivos y la forma en las que éstos se combinan, dada la tecnología disponible. De ahí

---

[3] Charles I. Jones y Paul M. Romer: «The new Kaldor facts: Ideas, institutions, population, and human capital», *American Economic Journal: Macroeconomics*, vol. 2, enero de 2010, págs. 224-245.

la importancia de conocer si es posible aumentar los recursos, favorecer su contribución al producto o bien mejorar el estado de la tecnología. A ello dedicaremos los párrafos siguientes.

A corto plazo, el crecimiento efectivo puede obtenerse gracias a un aumento de los recursos productivos o a una mayor eficiencia en la utilización de los mismos. Pero a largo plazo, para que el crecimiento efectivo se mantenga en el tiempo, también tendría que aumentar el crecimiento potencial; es decir, la tasa de crecimiento efectivo está limitada por la tasa de crecimiento potencial. Llegados a este punto, son dos las cuestiones que se plantean: en primer lugar, la de cómo podemos acercar en el corto plazo el producto efectivo al producto potencial; y, en segundo lugar, si es posible elevar la tasa de crecimiento potencial a largo plazo. Para dar respuesta a dichas cuestiones debemos conocer cuáles son los factores que contribuyen al crecimiento económico, a corto y a largo plazo.

Así, por una parte, dado que la cantidad de recursos disponibles y el estado de la tecnología están dados a corto plazo, la única forma de alcanzar la producción máxima a corto plazo requeriría conseguir tanto el nivel de pleno empleo de los recursos como la asignación eficiente de los mismos al proceso productivo. En la medida en la que existan recursos ociosos, ante aumentos de la demanda la oferta podrá ajustarse empleando dichos recursos o mejorando la eficiencia en su asignación, lo que hace que a corto plazo la demanda agregada y el producto efectivo fluctúen conjuntamente. Pero, por otra parte, los factores que contribuyen al crecimiento potencial vienen determinados por la oferta agregada, que condiciona la capacidad que tiene la economía para producir, y éstos son la posibilidad de aumentar la cantidad de recursos disponibles y la productividad de los mismos.

Acabamos de ver que, cuando existen recursos ociosos, aumentando la cantidad utilizada de los mismos podemos aumentar la producción. La forma en la que cada factor contribuye al producto total viene dada por la productividad de dicho factor, esto es, su aportación al proceso productivo. La productividad se muestra así como una variable clave para mejorar el nivel de vida de un país, entendiendo por nivel de vida la calidad y cantidad de los bienes y servicios disponibles, así como la forma en que estos bienes y servicios se distribuyen entre la población. Convencionalmente, como se mencionó con anterioridad, el nivel de vida se mide a través de la renta o producción per cápita, es decir, la renta o producción total, Y, dividida entre la población total, *POB*. Recordando que N es el nivel de empleo de la fuerza de trabajo y *FT* el nivel total de la fuerza de trabajo, podemos escribir:

$$\frac{Y}{POB} = \frac{Y}{N} \frac{N}{FT} \frac{FT}{POB}$$

donde $\dfrac{Y}{N} = PT$ es la producción por trabajador o productividad del trabajo, $\dfrac{N}{FT} = 1 - u$ es la tasa de empleo (siendo u la tasa de desempleo), y $\dfrac{FT}{POB}$ es el cociente entre la población activa y la población total.[4] Vemos, por tanto, que para aumentar la renta per cápita es necesario aumentar la productividad del trabajo. Y, en la medida en que la tasa de empleo y la relación entre población activa y población total son bastante estables a largo plazo, el principal determinante del nivel de vida de una sociedad en el largo plazo será la productividad del trabajo. Así pues, en las secciones siguientes analizaremos de qué factores depende la evolución de la productividad del trabajo en el largo plazo, al ser esta variable la determinante en última instancia de la evolución de la renta per cápita y, en consecuencia, del nivel de vida de una sociedad.

Recuadro 12.1. Algunos rasgos del crecimiento económico en España.

A lo largo de los años, la evolución del nivel de vida en España, medido por el PIB per cápita, ha mostrado una senda creciente aunque todavía se sitúa por debajo de la media de los países europeos. Como podemos ver en el Gráfico 12.5, es evidente que el mayor impulso al crecimiento del nivel de vida se produjo a partir de 1950. ¿Cuáles fueron los factores que han contribuido a dicha evolución? Veamos los principales rasgos que caracterizan el crecimiento económico en el caso de España.

Desde mediados del siglo XIX y hasta mediados del siglo XX, los principales hitos históricos que contribuyeron a impulsar el crecimiento económico español fueron la extensión del ferrocarril (entre los años que van de 1850 a 1880) y la electrificación (entre 1920 y 1950). Sin embargo, el crecimiento de la producción apenas registró variaciones significativas. Es precisamente a partir de 1950 cuando cambia la tendencia y el ritmo de crecimiento se acelera. A comienzos de los años cincuenta del pasado siglo, el proceso de industrialización dependía casi exclusivamente de la demanda interna debido a las restricciones que existieron a la entrada de capitales extranjeros durante la autarquía que caracterizó los años que

---

[4] El principal componente de $\dfrac{FT}{POB}$ es la denominada tasa de actividad, $\dfrac{FT}{PET}$, es decir, el cociente entre FT (concepto equivalente a la población activa) y la población en edad de trabajar, PET, siendo esta última la población de 16 o más años.

sucedieron a la Guerra Civil. Esto complicaba la adopción de nuevas tecnologías y suponía un retraso para la economía española, que sólo comenzó a despegar tras la apertura gradual propiciada por el Plan de Estabilización de 1959. Esta fase de crecimiento intenso se mantuvo hasta la primera crisis del petróleo: es ésta la llamada *Edad de Oro* del crecimiento (de 1950 a 1974), que se caracterizó, básicamente, por un mayor grado de apertura que favoreció la incorporación de avances tecnológicos. A esa etapa de intenso crecimiento sucedió una etapa de desaceleración que, en el caso de España, añadía al problema de la crisis económica que se vivía a nivel mundial el proceso de la transición política a la democracia. El ingreso en 1986 en la entonces Comunidad Económica Europea, supuso una recuperación del ritmo de crecimiento, aunque no ha llegado a superarse el de la *Edad de Oro*.

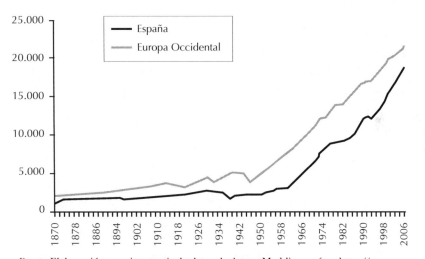

Fuente: Elaboración propia a partir de datos de Angus Maddison; véase http://www.ggdc.net/Maddison/.

Gráfico 12.5. PIB per cápita en España y Europa Occidental, 1870-2006 (dólares de 1990).

En el Cuadro 12.1 podemos comparar las tasas de crecimiento del PIB per cápita de España y Europa Occidental. A lo largo del periodo completo, de 1870 a 2006, la tasa de crecimiento española supera a la europea en 0,31 puntos porcentuales; sin embargo, en los primeros años, los que van de 1870 a 1950, la tasa de crecimiento de Europa Occidental superó a la española en 0,34 puntos. Pero si prestamos atención al periodo comprendido entre 1951 y 1974, la diferencia a favor de España resulta mucho más llamativa (1,65 puntos). En los años posteriores, el crecimiento de la economía española ha continuado siendo superior (0,77 puntos) al del resto de Europa Occidental, si bien a un ritmo menor que en la etapa precedente.

Cuadro 12.1. Tasas de crecimiento del PIB per cápita en España y Europa Occidental, 1870-2006.

	España	Europa Occidental
1870-2006	2,03	1,72
1870-1950	0,74	1,08
1951-1974	5,25	3,60
1975-2006	2,58	1,81

Fuente: Elaboración propia a partir de datos de Angus Maddison; véase http://www.ggdc.net/Maddison/.

Tras caracterizar a grandes rasgos las etapas que han definido la evolución del crecimiento económico en España, cabe preguntarse cuáles habrían sido los factores determinantes del crecimiento en cada etapa; dicho de otro modo, cuáles habrían sido las fuentes del crecimiento económico en España. Siguiendo a Prados de la Escosura y Rosés,[1] en el Cuadro 12.2 se presentan los porcentajes en los que habrían contribuido al crecimiento del PIB los factores de producción capital y trabajo, así como la productividad total de los factores (PTF), medida esta última por el residuo de Solow (véase la sección 12.6 del texto). Los periodos vienen delimitados por años en los que se alcanzan máximos cíclicos de la actividad económica. Podemos ver cómo, para cualquiera de los periodos considerados, la «calidad del capital» apenas tiene relevancia. Algo distinto ocurre con la «calidad del trabajo» o contribución del capital humano, si bien parece ser la incorporación del progreso tecnológico, medido por la PTF, la que ha desempeñado un papel más determinante. De hecho, en los dos últimos periodos, su contribución habría sido responsable de más de la mitad del crecimiento económico español.

En el Cuadro 12.3 se presenta la descomposición de la tasa de crecimiento del PIB per cápita entre la productividad del trabajo y las horas trabajadas

---

[1] Leandro Prados de la Escosura y Joan R. Rosés: «The sources of long-run growth in Spain, 1850-2000», *Journal of Economic History*, vol. 69, diciembre de 2009, págs. 1063-1091.

en relación con la población total. Puede comprobarse cómo, para el caso de España, la evolución de la tasa de crecimiento de la productividad del trabajo se revela como un factor determinante de la evolución de la tasa de crecimiento del PIB per cápita. Durante la *Edad de Oro*, la tasa de crecimiento de la productividad del trabajo fue 6,1 veces mayor que en el periodo anterior y 1,6 veces mayor que en el periodo posterior. Mientras que la tasa de crecimiento del PIB per cápita, en la *Edad de Oro*, fue casi siete veces mayor que en el periodo anterior y más del doble que en el periodo posterior. Sin embargo, la contribución al crecimiento del PIB per cápita de las horas trabajadas en relación con la población total habría contribuido de forma negativa al crecimiento del nivel de vida. Parte de la explicación podemos encontrarla en el cambio demográfico vivido en España, de una sociedad tradicional a una sociedad moderna. Al principio, dicho cambio favorece el crecimiento del PIB al incorporarse una cantidad mayor de fuerza de trabajo al proceso productivo, mientras que luego su aportación acaba siendo negativa a medida que se reducen las horas trabajadas.

Cuadro 12.2. Las fuentes del crecimiento del PIB en España, 1850-2000 (tasas medias anuales en %).

	PIB	*Stock* de capital	**Calidad del capital**	**Trabajo**	**Calidad del trabajo**	**PTF**
1850-2000	2,5	0,8	0,1	0,3	0,3	1,1
1850-1950	1,4	0,6	0,0	0,3	0,1	0,3
1951-1974	6,5	1,2	0,1	0,7	0,8	3,7
1975-2000	3,0	1,2	0,0	–0,4	0,5	1,7

Fuente: Prados de la Escosura y Rosés (2009).

Cuadro 12.3. Crecimiento del PIB per cápita y sus componentes en España, 1850-2000 (tasas medias anuales en %).

	PIB per cápita	**Productividad del trabajo**	**Horas trabajadas/ Población total**
1850-2000	1,9	2,1	-0,2
1850-1950	0,8	0,9	-0,1
1951-1974	5,5	5,5	0,0
1975-2000	2,6	3,4	-0,8

Fuente: Prados de la Escosura y Rosés (2009).

En el último periodo considerado en los Cuadros 12.2 y 12.3, vemos que tanto el crecimiento de la producción como el del PIB per cápita fueron menores que en el periodo anterior; si bien esta ralentización ha sido más acusada aún en los años más recientes. Para encontrar las causas, analizaremos cuáles han sido los principales rasgos que han caracterizado al proceso productivo español en las dos últimas décadas.

De acuerdo con los trabajos realizados en el Instituto Valenciano de Investigaciones Económicas (IVIE), podemos saber que, desde los últimos años del pasado siglo, el crecimiento del PIB en España se ha basado en la acumulación de capital tanto físico como humano, así como en una elevada creación de empleo. Sin embargo, la inversión en capital no se ha visto acompañada de una adecuada incorporación de progreso tecnológico, ni de una mayor eficiencia en la utilización de los factores. La inversión se ha destinado principalmente a sectores manufactureros tradicionales y al sector de la construcción, frente a una reducida inversión en tecnología.[2]

Una de las consecuencias más relevantes del modelo productivo español es que, en los últimos años, la tasa media de crecimiento de la productividad del trabajo se ha reducido, lo cual puede constituir un freno al crecimiento en el futuro. Precisamente a partir de 1995, cuando comienza a ser más intensa la creación de empleo, se observa el peor comportamiento de la productividad del trabajo. Siguiendo a Mas, Pérez y Quesada,[3] desde la perspectiva de la contabilidad del crecimiento, en el Cuadro 12.4 se muestran las tasas medias de crecimiento de las fuentes de la productividad distinguiendo la inversión privada en capital físico (infraestructuras, tecnologías de la información y la comunicación –TIC–, y las que no pertenecen a las categorías anteriores) y en capital humano (cualificación del trabajo), así como la PTF. En definitiva, podemos ver que la inversión en capital no se ha visto acompañada de una adecuada incorporación del progreso tecnológico, ni de una mayor eficiencia en la utilización de los factores.

[2] «Las fuentes del crecimiento de la productividad», *Capital y crecimiento*, Cuadernos Fundación BBVA, n.º 4, 2010; disponible en http://www.fbbva.es.

[3] Matilde Mas, Francisco Pérez y Javier Quesada: «The sources of Spanish regional growth», Capítulo 6 de Juan Ramón Cuadrado Roura (ed.), *Regional Policy, Economic Growth and Convergence: Lessons from the Spanish case*, Springer-Verlag, Berlin, 2010, págs. 125-148.

Cuadro 12.4. Fuentes del crecimiento de la productividad del trabajo en España, 1985-2006 (sector privado, datos en %).

	Productividad del trabajo	Inversión en capital físico			Cualificación del trabajo	PTF
		Infraestructuras	TIC	Otros		
1985-2006	0,81	0,07	0,36	0,48	0,51	–0,61
1985-1995	1,87	0,15	0,38	0,70	0,71	–0,06
1995-2000	–0,51	-0,02	0,40	0,05	0,34	–1,28
2000-2006	0,14	0,50	0,35	0,39	0,82	–1,47

Fuente: Mas, Pérez y Quesada (2010).

Más recientemente, tras el inicio de la crisis económica en 2008, la productividad del trabajo ha llegado a alcanzar una tasa de crecimiento del 2,6% debido, básicamente, a una fuerte destrucción del empleo (medido en horas trabajadas) del 4% anual. Las previsiones para los años sucesivos, apuntan a que la escasez de empleo se prolongará durante algunos años.

12.3 Un modelo de crecimiento económico

En esta sección presentaremos la versión más sencilla del modelo de crecimiento económico más utilizado en la literatura académica, que fue desarrollado a finales de la década de 1950, de manera independiente, por Robert Solow y Trevor Swan.[5]

Resumiendo, el modelo de Solow y Swan partirá de una función de producción agregada que va a relacionar el nivel de producción de la economía con las dotaciones de los factores productivos capital y trabajo, dado el nivel de la tecnología; y donde el supuesto de rendimientos constantes a escala va a permitir expresar dicha función en términos relativos con respecto al trabajo. A continuación se analizará la acumulación de capital por trabajador hasta alcanzar el llamado estado estacionario, que va a representar el equilibrio de la economía en el largo plazo. Finalmente, se examinarán las dos fuentes o motivos que van a explicar el crecimiento de la producción por trabajador:

---

[5] Robert M. Solow: «A contribution to the theory of economic growth», *Quarterly Journal of Economics*, vol. 70, febrero de 1956, págs. 65-94; y Trevor W. Swan: «Economic growth and capital accumulation», *Economic Record*, vol. 32, noviembre de 1956, págs. 334-361.

- La acumulación de capital, esto es, un incremento del volumen de capital por trabajador a través de un incremento de la tasa de ahorro. Gráficamente, se traducirá en un movimiento a lo largo de la función de producción agregada hacia arriba y a la derecha.
- El progreso tecnológico, esto es, un incremento de la producción por trabajador dado el volumen de capital por trabajador, debido a una mejora del estado de la tecnología. Gráficamente, se traducirá en un desplazamiento de la función de producción agregada hacia arriba.

Con objeto de simplificar la exposición, en esta sección desarrollaremos el modelo más sencillo que no incluye progreso tecnológico. El análisis del progreso tecnológico se presentará en la sección siguiente.

Como ya hemos mencionado, el punto de partida del modelo es una relación entre el nivel de producción de la economía y las cantidades utilizadas de factores productivos que, por analogía con la función de producción de la empresa analizada en Microeconomía, denominaremos *función de producción agregada*. Recordemos que estamos suponiendo que en la economía existen dos factores productivos: el capital y el trabajo. En el Capítulo 7, sin embargo, suponíamos que a corto y medio plazo el nivel de utilización del factor capital estaba dado, lo que nos llevaba a adoptar una relación entre el nivel de producción de la economía, Y, y el nivel de empleo de la fuerza de trabajo, N, tal como:

$$Y = PT \cdot N$$

donde la productividad del trabajo, PT, era una variable exógena.

En este capítulo vamos a eliminar el supuesto de exogeneidad del capital en el largo plazo, lo que nos llevará a incluir explícitamente el *stock* o volumen de capital de la economía, K, en la función de producción agregada. A su vez, la forma específica de esta función de producción agregada va a reflejar el estado de los conocimientos de la sociedad o, lo que es lo mismo, la *tecnología* de la economía. Por lo que respecta a la forma específica de la función, vamos a utilizar por simplicidad un caso particular, la llamada función de producción Cobb-Douglas:[6]

$$Y = K^\alpha N^{1-\alpha} \qquad [1]$$

donde $0 < \alpha < 1$. En la función anterior, α y $1 - \alpha$ son dos constantes determinadas por la tecnología, que representan las elasticidades del nivel de producción con respecto al capital y al trabajo, respectivamente; esto es:

---

[6] Esta función fue analizada empíricamente por (y de ahí toma su nombre) Charles W. Cobb y Paul H. Douglas: «A theory of production», *American Economic Review, Papers and Proceedings*, vol. 18, marzo de 1928, págs. 139-165.

$$\alpha = \frac{\Delta Y}{\Delta K}\frac{K}{Y}$$

$$1-\alpha = \frac{\Delta Y}{\Delta N}\frac{N}{Y}$$

Una importante propiedad de la función de producción agregada dada por la ecuación (1) es que presenta rendimientos constantes a escala para el conjunto de los factores productivos capital y trabajo; es decir, que, si el capital y el trabajo aumentan ambos en una determinada proporción (por ejemplo, λ), el nivel de producción aumentará en la misma proporción:

$$(\lambda K)^{\alpha}\,(\lambda N)^{1-\alpha} = \lambda(K^{\alpha}\,N^{1-\alpha}) = \lambda Y$$

Nótese que, al ser $0 < \alpha < 1$, ello significaría que existen rendimientos decrecientes a escala para cada factor productivo por separado:

$$(\lambda K)^{\alpha}\,N^{1-\alpha} = \lambda^{\alpha}(K^{\alpha}\,N^{1-\alpha}) = \lambda^{\alpha}Y$$

$$K^{\alpha}(\lambda N)^{1-\alpha} = \lambda^{1-\alpha}(K^{\alpha}\,N^{1-\alpha}) = \lambda^{1-\alpha}\,Y$$

La propiedad anterior, por otra parte, implica que podemos expresar la función de producción agregada (1) en términos por trabajador. En efecto, si dividimos los dos lados de la ecuación (1) entre el nivel de empleo (o, según la nomenclatura utilizada en el párrafo anterior, si $\lambda = \frac{1}{N}$) obtenemos:

$$\frac{Y}{N} = \left(\frac{K}{N}\right)^{\alpha}$$

donde $\frac{Y}{N}$ es la productividad del trabajo, PT, y $\frac{K}{N}$ es el volumen de capital por trabajador o relación capital-trabajo, que designaremos por KT. Así pues, expresaremos a partir de ahora la función de producción agregada en términos por trabajador como:

$$PT = KT^{\alpha} \tag{2}$$

Como puede verse en la expresión anterior, el supuesto de exogeneidad de la productividad del trabajo utilizado en capítulos anteriores, significaría que tanto la relación capital-trabajo KT como el parámetro tecnológico α estarían dados a corto y medio plazo. Nótese, por otra parte, que, de acuerdo con la ecuación (2), la tasa de variación de la productividad del trabajo, $\dot{PT}$, vendría dada por:

$$\dot{PT} = \alpha\dot{KT} \tag{3}$$

donde $\dot{KT}$ es la tasa de variación del capital por trabajador.

En el equilibrio de largo plazo supondremos que están en equilibrio tanto el presupuesto del sector público como la balanza por cuenta corriente, de manera que el ahorro de las economías domésticas debe ser igual a la inversión de las empresas:

$$S = I$$

Por lo que respecta al ahorro, vamos a suponer que a largo plazo es simplemente una proporción del nivel de renta:

$$S = sY$$

donde $0 < s < 1$ representa la *tasa de ahorro*. La inversión, a su vez, se compone de la inversión neta, esto es, el incremento del volumen de capital de la economía, ΔK; y la inversión de reposición, esto es, el reemplazamiento de aquella parte del capital desgastada en el periodo, que supondremos que constituye una proporción δ del total:

$$I \equiv \Delta K + \delta K$$

donde $0 < \delta < 1$ es la tasa de depreciación del capital.

A continuación sustituimos ambas expresiones en la condición de igualdad entre ahorro e inversión:

$$sY = \Delta K + \delta K$$

de manera que, si despejamos ΔK y dividimos ambos miembros entre K, obtenemos la expresión de la tasa de variación del volumen de capital, $\dot{K}$, o, lo que es lo mismo, la ecuación que describe la acumulación de capital (en proporción sobre el volumen inicial):

$$\dot{K} = s\frac{Y}{K} - \delta$$

que, teniendo en cuenta que, a partir de la función de producción agregada (1), $\dfrac{Y}{K} = \dfrac{1}{KT^{1-\alpha}}$, reescribimos como:

$$\dot{K} = \frac{s}{KT^{1-\alpha}} - \delta$$

Ahora bien, en este capítulo nuestro interés se centra en las variables en términos por trabajador, por lo que la variable que estudiaremos en lo sucesivo no va a ser la tasa de variación del volumen de capital, $\dot{K}$, sino la tasa de variación del volumen de capital por trabajador, $\dot{KT}$; que, recordando que $KT \equiv \dfrac{K}{N}$, será igual a su vez a la diferencia entre $\dot{K}$ y la tasa de variación del nivel de empleo de la fuerza de trabajo, $\dot{N}$:

$$\dot{KT} = \frac{s}{KT^{1-\alpha}} - (\delta + \dot{N}) \qquad [4]$$

La ecuación (4), por tanto, va a describir la *acumulación de capital por trabajador* (en proporción sobre el volumen inicial) a partir de la diferencia entre el ahorro, esto es, la cantidad disponible para la inversión; y la cantidad de inversión necesaria para compensar la depreciación del capital y el aumento del nivel de empleo (en este último caso, para poder mantener constante el volumen de capital por trabajador).

De esta forma, la evolución de la productividad del trabajo vendría dada por las ecuaciones (2), (3) y (4). El modelo simple de crecimiento se representa gráficamente en la Figura 12.1. En la parte superior de dicha figura aparece la función de producción agregada en términos por trabajador dada por la ecuación (2); la función es cóncava debido al supuesto de rendimientos decrecientes a escala para el capital: a medida que aumenta el capital por trabajador aumenta la productividad del trabajo, pero cada vez en menor cuantía. En la parte inferior de la figura se muestra la ecuación (4) que describe la acumulación del capital por trabajador, a partir de la diferencia entre $\frac{s}{KT^{1-\alpha}}$ (que es una función decreciente de KT, puesto que $0 < \alpha < 1$) y $(\delta + \dot{N})$ (que no depende de KT, y es por tanto una línea horizontal). Finalmente, la evolución de la tasa de variación de la productividad del trabajo vendría dada por la ecuación (3), en función del valor de $\dot{KT}$ dado por la ecuación (4).

Como puede verse en la parte inferior de la Figura 12.1, cuando el ahorro por unidad de capital es igual a la suma de la tasa de depreciación y la tasa de variación del empleo: $\frac{s}{KT^{1-\alpha}} = (\delta + \dot{N})$, el volumen de capital por trabajador no varía: $\dot{KT} = 0$; y, por tanto, de acuerdo con la ecuación (3), la productividad del trabajo tampoco: $\dot{PT} = 0$. Esta situación, representada en la figura por el punto *E*, se conoce con el nombre de *estado estacionario*, y en ella tanto el capital por trabajador como la productividad del trabajo alcanzan unos valores de equilibrio, que denominamos $(KT)^{EE}$ y $(PT)^{EE}$, respectivamente. El estado estacionario constituye una situación hipotética que representa el equilibrio de la economía en el largo plazo, donde las variables han respondido completamente a las influencias exógenas, de manera que todas ellas van a crecer a una tasa constante (cero, en el caso de KT y PT). Obsérvese que el hecho de que la productividad del trabajo y el capital por trabajador no varíen en el estado estacionario significa que, en el estado estacionario, el nivel de producción y el volumen de capital van a crecer a la misma tasa que el nivel de empleo; es decir, $\dot{Y} = \dot{K} = \dot{N}$.

El valor del capital por trabajador en el estado estacionario se puede obtener a partir de la ecuación (4), haciendo $\dot{KT} = 0$:

$$(KT)^{EE} = \left(\frac{s}{\delta + \dot{N}}\right)^{\frac{1}{1-\alpha}}$$

y, sustituyendo esta expresión en la ecuación (2), tendríamos el valor de la productividad del trabajo en el estado estacionario:

$$(PT)^{EE} = \left(\frac{s}{\delta + \dot{N}}\right)^{\frac{\alpha}{1-\alpha}}$$

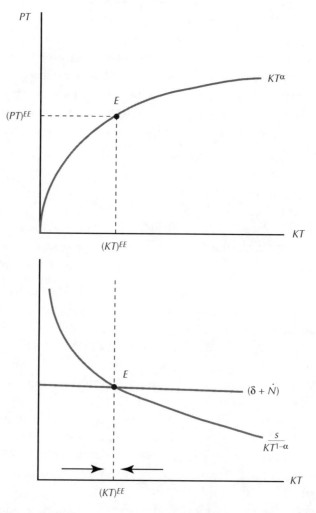

Figura 12.1. Equilibrio de estado estacionario en el modelo de crecimiento.

A su vez, para valores relativamente pequeños del volumen de capital por trabajador, el ahorro por unidad de capital excedería a la suma de la tasa de depreciación y la tasa de variación del empleo; es decir, $\dfrac{s}{KT^{1-\alpha}} > (\delta + \dot{N})$, por lo que el volumen de capital por trabajador y, por tanto, la productividad del trabajo, aumentarían tendiendo a $(KT)^{EE}$ y $(PT)^{EE}$. Por el contrario, para valores relativamente grandes del volumen de capital por trabajador, el ahorro por unidad de capital sería inferior a la suma de la tasa de depreciación y la tasa de variación del empleo; es decir, $\dfrac{s}{KT^{1-\alpha}} < (\delta + \dot{N})$, , por lo que el volumen de capital por trabajador y, por tanto, la productividad del trabajo, disminuirían tendiendo a $(KT)^{EE}$ y $(PT)^{EE}$.

A continuación vamos a analizar los efectos de un incremento de la tasa de ahorro, que va a permitir (puesto que en el equilibrio el ahorro se iguala con la inversión) una mayor acumulación de capital; para ello partimos del equilibrio de estado estacionario dado por el punto E_0 de la Figura 12.2. Adviértase, por otra parte, que los efectos de un incremento de la tasa de ahorro serían análogos a los de una disminución, bien de la tasa de depreciación, bien de la tasa de variación del nivel de empleo.

Un incremento de la tasa de ahorro de s_0 a s_1 dará lugar a un desplazamiento hacia arriba de la curva $\dfrac{s}{KT^{1-\alpha}}$ en la parte inferior de la figura: el ahorro por unidad de capital excederá a la suma de la tasa de depreciación y la tasa de variación del empleo, por lo que aumentará el volumen de capital por trabajador. Y el mayor nivel de capital por trabajador hará que aumente la productividad del trabajo, lo que se muestra en la parte superior de la figura a través del correspondiente movimiento a lo largo de la función de producción agregada, hacia arriba y a la derecha. Al final se alcanzaría un nuevo estado estacionario en el punto E_1, con unos valores de equilibrio para ambas variables dados por $(KT)_1^{EE}$ y $(PT)_1^{EE}$, respectivamente, que serán superiores a los iniciales $(KT)_0^{EE}$ y $(PT)_0^{EE}$. Es decir, un incremento de la tasa de ahorro va a permitir un incremento de la tasa de crecimiento del capital por trabajador y, en consecuencia, de la productividad del trabajo, si bien dicho incremento será meramente *transitorio* hasta que se alcancen los nuevos valores de estado estacionario, superiores a los iniciales. Y el motivo último de este resultado es el supuesto de rendimientos decrecientes a escala para el capital, lo que se refleja en términos gráficos en la concavidad de la función de producción agregada. De la misma forma, el nivel de producción y el volumen de capital crecerán transitoriamente por encima de la tasa de variación del nivel de empleo, aunque en el nuevo estado estacionario se volverá a cumplir otra vez que $\dot{Y} = \dot{K} = \dot{N}$.

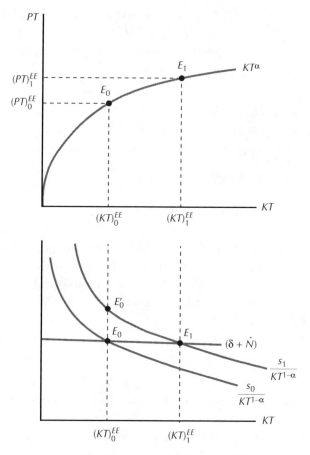

Figura 12.2. Un aumento de la tasa de ahorro en el modelo de crecimiento.

Las ecuaciones que configuran el modelo de crecimiento económico se muestran en la Tabla 12.1; y los efectos sobre las variables endógenas del modelo a partir de una variación de las variables exógenas se resumen en la Tabla 12.2.

Tabla 12.1. El modelo de crecimiento económico.

(función de producción agregada) $PT = KT^{\alpha}$
(tasa de variación de la productividad del trabajo) $\dot{PT} = \alpha \dot{KT}$
(acumulación de capital por trabajador) $\dot{KT} = \dfrac{s}{KT^{1-\alpha}} - (\delta + \dot{N})$

en el estado estacionario: $\dot{KT} = 0 \rightarrow \dot{PT} = 0$, $(PT)^{EE} = \left(\dfrac{s}{\delta + \dot{N}}\right)^{\frac{\alpha}{1-\alpha}}$

Tabla 12.2. Efectos sobre las variables endógenas de una variación de las variables exógenas en el modelo de crecimiento económico.

		\multicolumn{12}{c}{Variables endógenas}										
		\multicolumn{6}{c}{transición}						\multicolumn{6}{c}{estado estacionario}					
		PT	$\dot{PT}$	$\dot{Y}$	KT	$\dot{KT}$	$\dot{K}$	PT	$\dot{PT}$	$\dot{Y}$	KT	$\dot{KT}$	$\dot{K}$
Variables exógenas	s	+	+	+	+	+	+	+	0	0	+	0	0
	δ	−	−	−	−	−	−	−	0	0	−	0	0
	$\dot{N}$	−	−	+	−	−	+	−	0	+	−	0	+

Notas: a) El signo + indica que una variación de la variable exógena da lugar a una variación de la variable endógena en el mismo sentido. *b*) El signo − indica que una variación de la variable exógena da lugar a una variación de la variable endógena en sentido contrario. *c*) El valor 0 indica que una variación de la variable exógena no da lugar a ninguna variación de la variable endógena.

12.4 El modelo de crecimiento económico con progreso tecnológico

En el modelo de la sección anterior se suponía que el estado de la tecnología no experimentaba ninguna variación. En esta sección vamos a modificar el modelo allí desarrollado, suponiendo que el estado de los conocimientos de la sociedad mejora a lo largo del tiempo; o, en otras palabras, que existe *progreso tecnológico*.

Para ello vamos a modificar la función de producción agregada (1) de la siguiente manera:

$$Y = K^{\alpha} (AN)^{1-\alpha} \tag{5}$$

donde A es una variable representativa del estado de la tecnología, que aumenta la eficiencia del factor trabajo en el sentido de que permite mejorar las habilidades de la fuerza de trabajo; en otras palabras, la función de producción agregada (5) incorpora lo que se denomina en la literatura *progreso tecnológico ahorrador de trabajo*, ya que permite obtener un mayor nivel de producción con la misma cantidad de trabajo o, lo que es lo mismo, un mismo nivel de producción con una menor cantidad de trabajo. Puesto que la variable A aumenta la eficiencia del trabajo en la función de producción agregada, la variable AN representaría lo que podríamos denominar *trabajo efectivo*.

De nuevo, el supuesto de rendimientos constantes a escala para el conjunto de los factores productivos nos va a permitir expresar la función de producción agregada (5) en términos de unidades de trabajo efectivo; así, dividiendo los dos lados de la ecuación (5) entre AN tendríamos:

$$\frac{Y}{AN} = \left(\frac{K}{AN}\right)^{\alpha}$$

Si designamos KTE al volumen de capital por trabajador efectivo (es decir, el volumen de capital en unidades de trabajo efectivo), $\dfrac{K}{AN}$, la función de producción agregada en términos por trabajador vendría dada por:

$$PT = A \cdot KTE^{\alpha} \tag{6}$$

donde hemos pasamos al lado derecho de esta expresión la variable A con objeto de presentar la función de producción agregada, al igual que en la sección anterior, en términos de la productividad del trabajo, PT.

En cuanto a la tasa de variación de la productividad del trabajo, $\dot{P}T$, vendría dada ahora, a partir de la ecuación (6), por:

$$\dot{P}T = \dot{A} + \alpha K\dot{T}E \tag{7}$$

donde $\dot{A}$ representa la tasa de variación del estado de la tecnología o, lo que es lo mismo, la *tasa de progreso tecnológico*; y $K\dot{T}E$ es la tasa de variación del capital por trabajador efectivo.

El resto del modelo no va a variar, salvo que ahora nuestra variable de interés va a ser la tasa de variación del capital por trabajador efectivo, $K\dot{T}E$. Dado que $KTE \equiv \dfrac{K}{AN}$, $K\dot{T}E$ será igual a $\dot{K} - \dot{A} - \dot{N}$. Por otra parte, teniendo en cuenta que ahora, en la ecuación de acumulación del capital $\dot{K} = s\dfrac{Y}{K} - \delta$, a partir de la función de producción agregada (5), $\dfrac{Y}{K} = \dfrac{1}{KTE^{1-\alpha}}$, la *acumulación de capital por trabajador efectivo* (en proporción sobre el volumen inicial) vendrá descrita por:

$$K\dot{T}E = \frac{s}{KTE^{1-\alpha}} - (\delta + \dot{A} + \dot{N}) \tag{8}$$

De manera análoga a lo que mostraba la ecuación (4), en presencia de progreso tecnológico el capital por trabajador efectivo se acumularía a partir de la diferencia entre el ahorro, esto es, la cantidad disponible para la inversión; y la cantidad de inversión necesaria para compensar la depreciación del capital, el progreso tecnológico y el aumento del nivel de empleo (en los dos últimos casos, para poder mantener constante el volumen de capital por trabajador efectivo).

Así pues, en el modelo de crecimiento con progreso tecnológico, la evolución de la productividad del trabajo vendría dada por las ecuaciones (6), (7) y (8); el modelo se representa gráficamente en la Figura 12.3. En la parte superior de dicha figura aparece la función de producción agregada en términos por trabajador efectivo dada por la ecuación (6), que se desplazará continuamente hacia arriba siempre que exista progreso tecnológico (esto es, cuando $\dot{A} > 0$). En la parte inferior de la figura se muestra la ecuación (8) que describe la acumulación del capital por trabajador efectivo, a partir de la diferencia entre $\dfrac{s}{KTE^{1-\alpha}}$ y $(\delta + \dot{A} + \dot{N})$. Final-mente, la evolución de la tasa de variación de la productividad del trabajo vendría dada por la ecuación (7), en función del valor de $K\dot{T}E$ dado por la ecuación (8).

De manera similar a lo que ocurría en la Figura 12.1, cuando, en la parte inferior de la Figura 12.3, el ahorro por unidad de capital es igual a la suma de la tasa de depreciación, la tasa de progreso tecnológico y la tasa de variación del empleo: $\dfrac{s}{KTE^{1-\alpha}} = (\delta + \dot{A} + \dot{N})$, el volumen de capital por trabajador efectivo no varía: $K\dot{T}E = 0$; y, por tanto, de acuerdo con la ecuación (7), la productividad del trabajo crece a la tasa de progreso tecnológico: $\dot{PT} = \dot{A}$. Así pues, en el estado estacionario del modelo que incorpora el progreso tecnológico, representado en la figura por el punto E, el capital por trabajador efectivo alcanza un valor de equilibrio $(KTE)^{EE}$, mientras que el valor correspondiente de la productividad del trabajo aumenta continuamente a lo largo del tiempo a la misma tasa que lo hace el progreso tecnológico; en términos de la parte superior de la Figura 12.3, la fun-ción de producción agregada se desplazaría continuamente hacia arriba al aumen-tar A. Por lo que respecta al nivel de producción y el volumen de capital, crecerán ahora en el estado estacionario a una tasa igual a la suma de la tasa de progreso tecnológico y la tasa de variación del nivel de empleo: $\dot{Y} = \dot{K} = \dot{A} + \dot{N}$.

De nuevo, el valor del capital por trabajador efectivo en el estado estacionario se obtendría a partir de la ecuación (8), haciendo $K\dot{T}E = 0$:

$$(KTE)^{EE} = \left(\frac{s}{\delta + \dot{A} + \dot{N}}\right)^{\frac{1}{1-\alpha}}$$

A su vez, el valor de la productividad del trabajo en el estado estacionario, para un valor dado del estado de la tecnología, se obtendría sustituyendo la expresión anterior en la ecuación (6):

$$(PT)^{EE} = A \left(\frac{s}{\delta + \dot{A} + \dot{N}}\right)^{\frac{\alpha}{1-\alpha}}$$

donde puede verse que, siempre que $\dot{A} > 0$, el valor de $(PT)^{EE}$ aumentaría conti-nuamente al hacerlo A.

Por otra parte, y análogamente al caso de la Figura 12.1, para valores relativa-mente pequeños del volumen de capital por trabajador efectivo, el ahorro por unidad de capital excedería a la suma de la tasa de depreciación, la tasa de progre-so tecnológico y la tasa de variación del empleo: $\dfrac{s}{KTE^{1-\alpha}} > (\delta + \dot{A} + \dot{N})$, por lo que el volumen de capital por trabajador efectivo aumentaría tendiendo a $(KTE)^{EE}$; aumentando también el valor de la productividad del trabajo, para un valor dado del estado de la tecnología. Por el contrario, para valores relativamente grandes

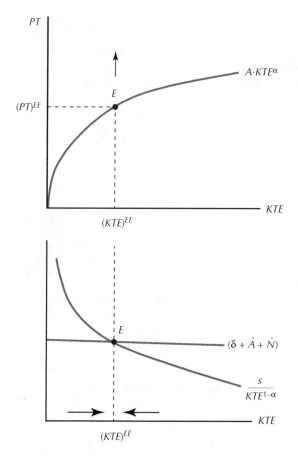

Figura 12.3. Equilibrio de estado estacionario en el modelo de crecimiento con progreso tecnológico.

del volumen de capital por trabajador efectivo, el ahorro por unidad de capital sería inferior a la suma de la tasa de depreciación, la tasa de progreso tecnológico y la tasa de variación del empleo: $\frac{s}{KTE^{1-\alpha}} < (\delta + \dot{A} + \dot{N})$, por lo que el volumen de capital por trabajador efectivo disminuiría tendiendo a $(KTE)^{EE}$; disminuyendo también el valor de la productividad del trabajo, para un valor dado del estado de la tecnología.

Los efectos de un incremento de la tasa de ahorro en el modelo que incorpora progreso tecnológico van a ser análogos a los examinados en la sección anterior. Es decir, partiendo del equilibrio de estado estacionario, un incremento de la tasa de ahorro daría lugar a un desplazamiento hacia arriba de la línea $\frac{s}{KTE^{1-\alpha}}$ en la parte inferior de la Figura 12.3: el ahorro por unidad de capital excedería a la suma de la tasa de depreciación, la tasa de progreso tecnológico y la tasa de variación del empleo, y aumentarían el volumen de capital por trabajador efectivo y la productividad del trabajo, alcanzándose unos valores de estado estacionario más elevados para ambas variables. La única diferencia sería que ahora la productividad del trabajo crecería en el estado estacionario a la tasa de progreso tecnológico $(\dot{PT} = \dot{A})$; y, durante el periodo transitorio hasta que se alcanzase el nuevo valor de estado estacionario del volumen de capital por trabajador efectivo, crecería a una tasa superior $(\dot{PT} > \dot{A})$. En cuanto al nivel de producción y el volumen de capital, crecerán transitoriamente por encima de la suma de la tasa de progreso tecnológico y la tasa de variación del nivel de empleo, aunque en el nuevo estado estacionario se volverá a cumplir otra vez que $\dot{Y} = \dot{K} = \dot{A} + \dot{N}$. De nuevo, los efectos de un incremento de la tasa de ahorro serían análogos a los de una disminución de la tasa de depreciación o de la tasa de variación del nivel de empleo.

Por último, en la Figura 12.4 se muestran los efectos de un incremento de la tasa de progreso tecnológico, partiendo del equilibrio de estado estacionario dado por el punto E_0. Un incremento de la tasa de progreso tecnológico de $\dot{A}_0$ a $\dot{A}_1$ va a significar, por una parte, una mejora del estado de la tecnología superior a la que hubiera ocurrido en ausencia de dicho incremento en la tasa de progreso tecnológico, por lo que aumentaría el nivel de la productividad del trabajo correspondiente al volumen inicial de capital por trabajador efectivo; ello se reflejaría, en la parte superior de la figura, en un desplazamiento hacia arriba de la función de producción agregada. Por otra parte, al aumentar la tasa de progreso tecnológico se desplazaría hacia arriba la línea $(\delta + \dot{A} + \dot{N})$ en la parte inferior de la figura: el ahorro por unidad de capital será inferior a la suma de la tasa de depreciación, la tasa de progreso tecnológico y la tasa de variación del empleo, por lo que disminuirá el volumen de capital por trabajador efectivo. Ello se traducirá a su vez en una disminución de la productividad del trabajo, que se reflejaría en la parte superior de la figura a través del correspondiente movimiento a lo largo de la función de producción agregada, hacia abajo y a la izquierda. Al final se alcanzaría un nuevo estado estacionario que se desplazaría continuamente por encima del punto E_1, a medida que se desplazase hacia arriba la función de producción agregada al aumentar A.

El valor de equilibrio para el volumen de capital por trabajador efectivo vendría dado por $(KTE)_1^{EE}$, que será inferior al inicial $(KTE)_0^{EE}$. El de la productividad del trabajo se situará inicialmente en $(PT)_1^{EE}$ y crecerá después de manera continuada con la mejora de la tecnología, siendo estos sucesivos incrementos superiores a los que hubieran ocurrido en ausencia del incremento en la tasa de progreso tecnológico (en otras palabras, los sucesivos desplazamientos hacia arriba de la función de producción agregada serían mayores que con anterioridad al incremento de la tasa de progreso tecnológico). En conclusión, a pesar de que el volumen de capital por trabajador efectivo va a descender en el nuevo estado estacionario, un incremento de la tasa de progreso tecnológico va a permitir un incremento *permanente* de la tasa de crecimiento de la productividad del trabajo. Asimismo, el nivel de producción y el volumen de capital experimentarán también un incremento permanente de su tasa de crecimiento en el nuevo estado estacionario gracias al incremento de la tasa de progreso tecnológico.

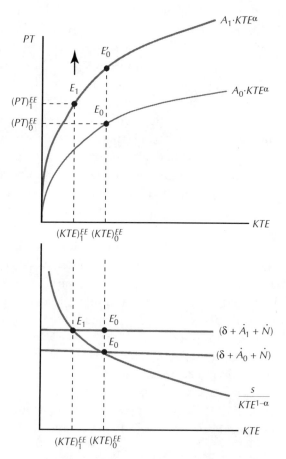

Figura 12.4. Un aumento de la tasa de progreso tecnológico en el modelo de crecimiento con progreso tecnológico.

Las ecuaciones que configuran el modelo de crecimiento económico con progreso tecnológico se muestran en la Tabla 12.3; y los efectos sobre las variables endógenas del modelo a partir de una variación de las variables exógenas se resumen en la Tabla 12.4.

Tabla 12.3. El modelo de crecimiento económico con progreso tecnológico.

(función de producción agregada) $PT = A \cdot KTE^{\alpha}$

(tasa de variación de la productividad del trabajo) $\dot{PT} = \dot{A} + \alpha \dot{KTE}$

(acumulación de capital por trabajador efectivo) $\dot{KTE} = \dfrac{s}{KTE^{1-\alpha}} - (\delta + \dot{A} + \dot{N})$

en el estado estacionario: $\dot{KTE} = 0 \rightarrow \dot{PT} = \dot{A}$, $(PT)^{EE} = A \left(\dfrac{s}{\delta + \dot{A} + \dot{N}} \right)^{\frac{\alpha}{1-\alpha}}$

Tabla 12.4. Efectos sobre las variables endógenas de una variación de las variables exógenas en el modelo de crecimiento económico con progreso tecnológico.

		Variables endógenas									
		transición						estado estacionario			
		PT	$\dot{PT}$	$\dot{Y}$	KTE	$\dot{KTE}$	$\dot{K}$	PT	$\dot{PT}$	$\dot{Y}$	KTE	$\dot{KTE}$	$\dot{K}$
Variables exógenas	s	+	+	+	+	+	+	+	0	0	+	0	0
	δ	−	−	−	−	−	−	−	0	0	−	0	0
	$\dot{N}$	−	−	+	−	−	+	−	0	+	−	0	+
	$\dot{A}$	+	+	+	−	−	+	+	+	+	−	0	+

Notas: a) El signo + indica que una variación de la variable exógena da lugar a una variación de la variable endógena en el mismo sentido. *b)* El signo − indica que una variación de la variable exógena da lugar a una variación de la variable endógena en sentido contrario. *c)* El valor 0 indica que una variación de la variable exógena no da lugar a ninguna variación de la variable endógena.

12.5 Las políticas para el crecimiento económico

La actuación del sector público puede influir sobre el crecimiento económico a través de distintos mecanismos, a los que nos referiremos brevemente a continuación. Nótese que la mayor parte de estas medidas se encuadrarían dentro de las políticas de oferta, a las que nos referimos en el Capítulo 7. Por tanto, las consideraciones que se hicieron entonces siguen siendo válidas, e incluso más aún al tener ahora como objetivo el largo plazo. Así, los efectos de estas políticas solamente se apreciarían en un horizonte temporal relativamente alejado del actual; lo que, unido a las resistencias que su aplicación puede significar para ciertos grupos, se traduciría en unas dificultades aún mayores a la hora de ponerlas en práctica.

Una primera forma mediante la cual el sector público podría afectar al crecimiento sería mediante el incremento de la parte del volumen de capital propiedad del gobierno, en la función de producción agregada; en otras palabras, a través de la inversión pública. En particular, se ha destacado el papel a desempeñar por el sector público en la provisión de *infraestructuras*, esto es, las instalaciones necesarias para el desarrollo de la vida cotidiana y las actividades económicas de una comunidad (incluyendo caminos, electricidad, sistemas de agua potable y alcantarillado, servicios de telecomunicaciones, transporte público, etc.). Debido a sus características de bien público, el gobierno es el principal suministrador de infraestructuras. Nótese, además, que la provisión de infraestructuras públicas significaría, no solamente una adición al volumen total de capital en la función de producción agregada, sino que también daría lugar a externalidades, incrementando la productividad del capital propiedad del sector privado. Por todo ello, en los últimos tiempos las políticas de infraestructuras gozan de enorme predicamento en las discusiones de política económica; así, por ejemplo, las políticas de infraestructuras tienen un papel destacado en la Estrategia de Lisboa a la que se aludió en el Capítulo 7. Adviértase, por último, que las políticas de infraestructuras, en cuanto instrumento de la política fiscal, no solamente actúan por el lado de la oferta agregada, sino también por el lado de la demanda (en términos del modelo desarrollado en el libro, significarían un incremento del gasto público, G, a través de su componente de inversión). Por ello, seguirían siendo aplicables las consideraciones presentadas en el Capítulo 6 (influencia de grupos de presión, retrasos en su ejecución, etc.).

Por otra parte, las aportaciones de las teorías del crecimiento endógeno, a las que nos referiremos en la siguiente sección, significan una revalorización del papel de la política económica de cara a promover el crecimiento. Por ejemplo, el importante papel asignado en estas teorías al capital humano llevaría a subrayar la importancia del gasto público en *educación*; este argumento se vería reforzado al tener en cuenta en cuenta las externalidades sobre la productividad del trabajo a que da lugar la acumulación de capital humano. Asimismo, resultarían de vital importancia las políticas de fomento de la *innovación tecnológica*, bien directamente a través de la concesión de subsidios a las empresas, o, con carácter más general, a través de medidas destinadas a la protección de la propiedad intelectual. En este sentido, adquiere particular importancia una adecuada regulación de las patentes (esto es, el derecho legal que garantiza el uso comercial exclusivo de una invención, normalmente por un periodo limitado de tiempo), con objeto de proporcionar los incentivos adecuados a la generación de innovaciones por parte de las empresas; e intentando evitar asimismo posibles abusos en la medida en que las patentes confieren inevitablemente un cierto grado de poder monopolista a sus poseedores.

Finalmente, la política económica puede contribuir al crecimiento económico de una manera más general, a través del desarrollo de unas *instituciones* adecuadas que propicien el crecimiento. Podemos definir las instituciones como aquellos mecanismos de orden social y de cooperación que rigen el comportamiento de la sociedad, y que, para el objetivo que nos ocupa, se pueden resumir en la consecución de un entorno macroeconómico estable en el que los agentes económicos puedan actuar con unas reglas del juego claras y plenamente aceptadas. A su vez, estas «reglas del juego» se pueden resumir en una protección adecuada de los derechos de propiedad, donde las autoridades no puedan expropiar de manera arbitraria las pertenencias de los ciudadanos, con un sistema judicial en el que se puedan resolver los eventuales conflictos de una manera eficiente y rápida. Todo ello representa una condición necesaria para que las economías domésticas ahorren, y las empresas inviertan y hagan avanzar el estado de la tecnología, poniendo así las bases para un crecimiento sostenido de la productividad.

12.6 Extensiones

En las secciones anteriores hemos expuesto el modelo básico de crecimiento económico, discutiéndose asimismo el papel de la política económica a la hora de promover el crecimiento. A continuación presentaremos algunas extensiones de este modelo básico, que nos van a permitir profundizar en el análisis de las causas y las consecuencias del crecimiento económico. En particular, examinaremos sucesivamente la llamada contabilidad del crecimiento; las relaciones entre crecimiento económico y bienestar; y las teorías más recientes del crecimiento endógeno, que intentan explicar el crecimiento de la productividad del trabajo a partir de los mecanismos del propio modelo y no a partir de una tasa de progreso tecnológico considerada exógena.

12.6.1 Contabilidad del crecimiento

El modelo de crecimiento desarrollado en las secciones anteriores permite obtener una forma sencilla de medir las contribuciones de las distintas fuentes al crecimiento del nivel de producción, a través de la denominada *contabilidad del crecimiento*.[7]

A partir de la función de producción agregada (5) podemos obtener:

$$\dot{Y} = \alpha \dot{K} + (1 - \alpha)\dot{N} + (1 - \alpha)\dot{A} \qquad [9]$$

donde, recordemos, en una función de producción Cobb-Douglas como la que estamos utilizando en este capítulo, α y $1 - \alpha$ representan las elasticidades del nivel de producción con respecto al capital y el trabajo, esto es, $\alpha = \dfrac{\Delta Y}{\Delta K}\dfrac{K}{Y}$ y $1 - \alpha = \dfrac{\Delta Y}{\Delta N}\dfrac{N}{Y}$.

---

[7] Robert M. Solow: «Technical change and the aggregate production function», *Review of Economics and Statistics*, vol. 39, agosto de 1957, págs. 312-320.

Ahora bien, de acuerdo con la teoría microeconómica, en una situación de competencia perfecta la productividad marginal de un factor productivo se iguala en el equilibrio con la remuneración en términos reales de dicho factor. Así pues, en competencia perfecta $\frac{\Delta Y}{\Delta K}$ y $\frac{\Delta Y}{\Delta N}$ serían iguales a la remuneración del capital en términos reales y al salario real, respectivamente; por lo que α y $1 - \alpha$ serían entonces las participaciones del capital y el trabajo en el total del nivel de producción.

En términos de la ecuación (9), existen datos fácilmente disponibles sobre las tasas de variación de los niveles de producción, capital y empleo ($\dot{Y}$, $\dot{K}$, $\dot{N}$), y sobre las participaciones del capital y el trabajo en el nivel de producción (α, $1 - \alpha$); sin embargo, no ocurre lo mismo con la tasa de progreso tecnológico ($\dot{A}$), sobre la cual no existe una forma de medición generalmente aceptada. Sin embargo, el progreso tecnológico es la variable clave para explicar el crecimiento de la productividad del trabajo, esto es, la variable relevante a la hora de valorar la evolución del nivel de vida de una sociedad. Y ello es así en la medida en que, por una parte, la acumulación de capital no puede sostener por sí sola el crecimiento, debido al supuesto de rendimientos decrecientes para dicho factor; y, por otra parte, el crecimiento del nivel de empleo explica el crecimiento del nivel de producción, pero no el de la productividad del trabajo.

El enfoque de la contabilidad del crecimiento permite aproximar la contribución al crecimiento del progreso tecnológico (esto es, el último término del lado derecho de la ecuación (9)) como un residuo dado por $\dot{Y} - \alpha\dot{K} - (1 - \alpha)\dot{N}$. Esta expresión es el denominado *residuo de Solow*, o tasa de crecimiento de la productividad total de los factores, y refleja todas las fuentes del crecimiento del nivel de producción distintas de los factores de producción capital y trabajo. La aplicación de este método a numerosos países para diferentes periodos de tiempo demuestra el importante papel desempeñado por el progreso tecnológico, medido por el residuo de Solow, a la hora de explicar el crecimiento de los niveles de producción a lo largo del tiempo.

12.6.2 Crecimiento y bienestar: la regla de oro

La conclusión que obteníamos en el modelo de crecimiento era que un incremento de la tasa de ahorro, a través de una mayor inversión, daba lugar a un incremento de la productividad del trabajo, esto, es la variable representativa del nivel de vida de la sociedad. Sin embargo, el ahorro representa un sacrificio para los individuos, ya que significa una renta no gastada en consumo (y destinada, por tanto, al consumo futuro), cuando el consumo es una medida de la satisfacción económica. Por tanto, desde el punto de vista del bienestar de la sociedad, el objetivo en el largo plazo debería ser maximizar el nivel de consumo por trabajador en el estado estacionario.

Si consideramos el modelo con progreso tecnológico, y dados nuestros supuestos, el consumo por trabajador efectivo sería igual a la diferencia entre la producción por trabajador efectivo y el ahorro por trabajador efectivo:

$$\frac{C}{AN} = \frac{Y}{AN} - \frac{S}{AN}$$

A su vez, la producción por trabajador efectivo vendría dada, a partir de la función de producción agregada (5), por:

$$\frac{Y}{AN} = KTE^{\alpha}$$

mientras que, si multiplicamos por KTE los dos lados de la ecuación de acumulación de capital por trabajador efectivo (8), el ahorro por trabajador efectivo en el estado estacionario sería:

$$\frac{S}{AN} = \left(\delta + \dot{A} + \dot{N}\right) KTE$$

y por tanto:

$$\frac{C}{AN} = KTE^{\alpha} - \left(\delta + \dot{A} + \dot{N}\right) KTE \qquad [10]$$

La maximización del consumo por trabajador efectivo en el estado estacionario, dado por la ecuación (10), con respecto al volumen de capital por trabajador efectivo, nos daría el valor de esta última variable correspondiente a la llamada *regla de oro*:

$$(KTE)^{RO} = \left(\frac{\alpha}{\delta + \dot{A} + \dot{N}}\right)^{\frac{1}{1-\alpha}}$$

Nótese que, en la medida en que se obtiene a partir de la maximización del consumo de estado estacionario (esto es, el que hace que el consumo de la generación actual sea igual al de las generaciones futuras), la regla de oro implicaría que la generación actual no debería intentar aumentar su consumo si ello significa que el consumo de las generaciones futuras va a disminuir.[8]

Sin embargo, nada nos garantiza que el volumen de capital por trabajador efectivo se vaya a situar en el nivel correspondiente a la regla de oro. Para ello, la economía en cuestión debería elegir una tasa de ahorro tal que, en el estado estacionario, se cumpliera que $(KTE)^{EE} = (KTE)^{RO}$, lo cual ocurriría en nuestro

---

[8] Edmund S. Phelps: «The golden rule of accumulation: A fable for growthmen», *American Economic Review*, vol. 51, septiembre de 1961, págs. 638-643.

modelo cuando $s = \alpha$. Cuando el volumen de capital por trabajador efectivo es mayor que $(KTE)^{RO}$, la economía habría acumulado demasiado capital, por lo que, si el ahorro disminuyera en el periodo actual, el consumo aumentaría tanto en el periodo actual como en el futuro; en este caso, se dice que la economía sufre de ineficiencia dinámica, ya que invierte demasiado y consume demasiado poco. Por el contrario, si el volumen de capital por trabajador efectivo es menor que $(KTE)^{RO}$, la economía habría acumulado demasiado poco capital, de manera que, aumentando el ahorro en el periodo actual, el consumo disminuiría en el periodo actual pero aumentaría en el futuro; la economía sería en este caso dinámicamente eficiente, si bien ahora conseguir la eficiencia requeriría el sacrificio de la generación actual en beneficio de las generaciones futuras.

12.6.3 Crecimiento endógeno

Recordemos que, de acuerdo con el modelo desarrollado en este capítulo, y debido al supuesto de rendimientos decrecientes a escala para dicho factor, la acumulación de capital afectaba al nivel de la productividad del trabajo en el estado estacionario, pero no a su tasa de crecimiento, a no ser de manera transitoria. Por otra parte, la productividad del trabajo crecería en el estado estacionario a la tasa de progreso tecnológico; en consecuencia, la única manera de conseguir un incremento permanente de la tasa de crecimiento de la productividad del trabajo sería a través de un incremento de la tasa de progreso tecnológico.

Sin embargo, el modelo consideraba a la tasa de progreso tecnológico como una variable exógena, lo cual resulta bastante insatisfactorio. En otras palabras, el determinante último de la evolución del nivel de vida de una sociedad sería una variable que el modelo no explica. De esta manera, a partir de la década de 1980 se produjo una revitalización de la teoría del crecimiento económico, con el fin último de intentar explicar el crecimiento a largo plazo de la productividad del trabajo a través de los propios mecanismos del modelo, esto es, de manera endógena. Es por ello que al conjunto de estos enfoques se les conoce con el nombre de teorías del *crecimiento endógeno*. A continuación ofreceremos un breve resumen de algunas de las principales aportaciones de una literatura ya considerablemente extensa.

La primera generación de modelos de crecimiento endógeno va a subrayar el papel de las externalidades asociadas con la acumulación del capital. En efecto, cada unidad de capital invertida no sólo aumentaría el volumen de capital existente, sino también el nivel de tecnología disponible para todas las empresas de la economía a través de la difusión de los nuevos conocimientos. A partir de este supuesto inicial, los modelos que han seguido esta línea han supuesto que los efectos de difusión del conocimiento provienen, no tanto de la acumulación del capital físico tradicional, sino de otros conceptos relacionados como serían los gastos en investigación y desarrollo (I+D) de las empresas, o los gastos en educación y formación de los trabajadores (lo que se conoce como *capital humano*, esto es, el conjunto de cualificaciones que poseen los trabajadores de una economía).[9]

Así pues, los gastos en I+D o la acumulación de capital humano representarían una externalidad que haría aumentar la productividad del trabajo, con lo que, suponiendo que dicha externalidad actúa a través del capital por trabajador efectivo, la función de producción agregada (6) tomaría la forma:

$$PT = A \cdot KTE^{\alpha + \kappa} \qquad [6']$$

donde el capital se definiría en sentido amplio (esto es, incluyendo también lo que podríamos llamar capital tecnológico, así como el capital humano), y κ indicaría el tamaño de la externalidad. El resto del modelo quedaría:

$$\dot{PT} = \dot{A} + (\alpha + \kappa)\,\dot{KTE} \qquad [7']$$

$$\dot{KTE} = \frac{s}{KTE^{1-\alpha-\kappa}} - \left(\delta + \dot{A} + \dot{N}\right) \qquad [8']$$

Como puede verse en la nueva versión del modelo, la presencia de la externalidad aumentaría el efecto de la acumulación de capital sobre la productividad del trabajo. Y, si el tamaño de la externalidad fuera lo suficientemente grande como para que $\alpha + \kappa > 1$, el capital presentaría rendimientos crecientes a escala, de manera que la acumulación de capital por sí sola permitiría un incremento permanente de la productividad del trabajo.[10]

Una segunda generación de modelos de crecimiento endógeno va a intentar formalizar los procesos de innovación tecnológica en un contexto de competencia imperfecta. El modelo desarrollado en este capítulo trataba a la tecnología como un bien público, esto es, un bien no rival (en el sentido de que puede ser disfrutado por cualquiera) y no excluible (en el sentido de que a nadie se le puede exceptuar de su disfrute), de manera que estará disponible con carácter gratuito en todo momento y para todo el mundo. Estos nuevos modelos, sin embargo, parten de la observación de que la tecnología no sería un bien público puro. En efecto,

---

[9] Véanse, respectivamente, Paul M. Romer: «Increasing returns and long-run growth», *Journal of Political Economy*, vol. 94, octubre de 1986, págs. 1002-1037; y Robert E. Lucas, Jr.: «On the mechanics of economic development», *Journal of Monetary Economics*, vol. 22, julio de 1988, págs. 3-42.

[10] Obsérvese que, en términos de la Figura 12.3, si el capital presentase rendimientos crecientes a escala, la función de producción agregada representada en la parte superior de la figura sería convexa; mientras que, en la parte inferior, $\dfrac{s}{KTE^{1-\alpha-\kappa}}$ sería una función creciente. Por tanto, si $\dfrac{s}{KTE^{1-\alpha-\kappa}} > \left(\delta + \dot{A} + \dot{N}\right)$, el capital por trabajador efectivo y, por tanto, la productividad del trabajo crecerían indefinidamente (alejándose, por otra parte, del estado estacionario). Este caso, sin embargo, no resulta demasiado plausible desde el punto de vista empírico.

podría ser más realista considerar a la tecnología como un bien no rival pero parcialmente excluible, ya que los productores de tecnología pueden evitar (al menos parcialmente) su utilización por parte de otros agentes a través de los mecanismos legales sobre derechos de propiedad, lo que va a permitir a los productores de tecnología disfrutar de rentas de monopolio.

A su vez, las externalidades asociadas con el carácter no rival de la tecnología favorecerán el desarrollo posterior de la innovación y, en consecuencia, el crecimiento continuado de la productividad. Dentro de esta línea destacan dos enfoques: uno que considera que el progreso tecnológico toma la forma de un aumento en el número de productos, y otro según el cual el progreso tecnológico se traduce en una mejora de la calidad de los productos disponibles.[11] En general, pues, estas nuevas aportaciones subrayan el hecho de que en una economía de mercado la innovación tecnológica surgiría en respuesta a los incentivos económicos, esto es, a las oportunidades de beneficio detectadas por las empresas, que se verían a su vez influidas por el entorno institucional, legal y económico en que éstas se desenvuelven.

Obsérvese, por último, que los resultados anteriores estarían relacionados con otro enfoque originado en el campo de la Historia Económica: la hipótesis del *acercamiento tecnológico*, según la cual las diferencias tecnológicas serían la principal causa de las diferencias de productividad entre los países. De esta manera, un país relativamente atrasado desde el punto de vista tecnológico podría, en principio, acercarse (lo que en esta literatura se conoce como *catch-up*) a los más avanzados y aumentar su productividad mediante la imitación y el aprendizaje de las tecnologías de dichos países. En términos de la terminología utilizada en este capítulo, la tasa de progreso tecnológico, $\dot{A}$, sería una función creciente de la brecha tecnológica de la economía analizada con respecto al país más avanzado, $\dfrac{A_L}{A}$, donde A_L designaría el estado de la tecnología del país «líder», esto es, el que posee una tecnología más desarrollada. Este proceso de acercamiento tecnológico o *catch-up*, sin embargo, solamente se produciría si el país relativamente atrasado posee lo que se ha denominado «capacitación social», esto es, la competencia técnica (aproximada por el nivel educativo de su población) y las instituciones políticas, comerciales, industriales y financieras que permitirían hacer efectivas sus posibilidades de acercamiento tecnológico con respecto a los países más avanzados.[12]

---

[11] Véanse, respectivamente, Paul M. Romer: «Endogenous technological change», *Journal of Political Economy*, vol. 98, octubre de 1990, págs. S71-S102; y Gene M. Grossman y Elhanan Helpman: *Innovation and growth in the global economy*, The MIT Press, Cambridge, MA, 1991.

[12] Moses Abramovitz: «Catching up, forging ahead, and falling behind», *Journal of Economic History*, vol. 46, junio de 1986, págs. 385-406.

Ejercicios

1. En el modelo de crecimiento de Solow y Swan, ¿cuáles son los motivos que explican el crecimiento de la producción por trabajador?
2. ¿Qué es necesario para que el progreso tecnológico contribuya al crecimiento económico?
3. A nivel práctico, ¿cuáles han sido las principales aportaciones de la llamada «contabilidad del crecimiento» y de las teorías del «crecimiento endógeno»?

Soluciones

1. Son dos:

   a) La acumulación de capital; es decir, un incremento del volumen de capital por trabajador a través de un incremento de la tasa de ahorro.

   b) El progreso tecnológico; es decir, un incremento de la producción por trabajador dado el volumen de capital por trabajador, debido a una mejora en el estado de la tecnología.

2. Que el estado de los conocimientos de la sociedad mejore a lo largo del tiempo; es decir, que exista progreso tecnológico no garantiza que se obtenga un mayor nivel de producción. Para ello es necesario que el progreso tecnológico sea ahorrador de trabajo. Dicho en otras palabras, que se pueda obtener un mayor nivel de producción con la misma cantidad de trabajo o un mismo nivel de producción con una menor cantidad de trabajo.

3. El enfoque de la «contabilidad del crecimiento» analiza la contribución al crecimiento de los distintos factores productivos. En particular, aproxima la contribución del progreso tecnológico mediante una expresión (el residuo de Solow) que puede cuantificarse. La aplicación de este método a numerosos países, para diferentes periodos de tiempo, ha permitido demostrar el importante papel desempeñado por el progreso tecnológico.

   Por otra parte, las teorías del «crecimiento endógeno» han contribuido a revalorizar el papel de la política económica de cara a favorecer el crecimiento. Así, se concede gran importancia al gasto público en educación, a las políticas de innovación tecnológica, a la regulación de los derechos de patentes y propiedad intelectual, etc., como forma de promover la formación de capital.

Bibliografía recomendada

Para una completa exposición de los principales hechos del crecimiento económico a lo largo del último milenio, puede consultarse:

Angus Maddison: *The World Economy: A Millennial Perspective*, OECD Development Centre, París, 2001.

y, para una colección de datos históricos sobre crecimiento económico, disponibles para la mayor parte de los países del mundo, la página web:

http://www.ggdc.net/Maddison/.

Una completísima colección de estadísticas históricas españolas correspondientes a los siglos xix y xx, se reúne en:

Albert Carreras y Xavier Tafunell (coords.): *Estadísticas históricas de España: Siglos xix-xx* (2.ª edición), Fundación BBVA, Bilbao, 2005.

Una visión de conjunto de la teoría del crecimiento económico, en términos claros y accesibles, se presenta en:

Elhanan Helpman: *The Mystery of Economic Growth*, Harvard University Press, Cambridge, MA, 2004 (existe traducción castellana: *El misterio del crecimiento económico*, Antoni Bosch editor, Barcelona, 2004).

Existen numerosos manuales dedicados específicamente al crecimiento económico. Aparte de los mencionados en el Capítulo 1, todos ellos de nivel intermedio, se puede encontrar un análisis más avanzado en:

Robert J. Barro y Xavier Sala-i-Martin: *Economic Growth* (2.ª edición), The MIT Press, Cambridge, MA, 2003 (existe traducción castellana: *Crecimiento económico*, Editorial Reverté, Barcelona, 2009).

y en las diversas contribuciones incluidas en:

Philippe Aghion y Steven Durlauf (eds.): *Handbook of Economic Growth*, vol. 1, North-Holland, Amsterdam, 2005.

Símbolos empleados

a respuesta del tipo de interés real a la desviación de la tasa de inflación efectiva con respecto al objetivo, en la regla monetaria del banco central

A variable representativa del estado de la tecnología, que aumenta la eficiencia del trabajo

$\dot{A}$ tasa de progreso tecnológico

b respuesta del tipo de interés real al nivel de producción, en la regla monetaria del banco central

B oferta de bonos

B^d demanda de bonos

c propensión marginal al consumo

css_F tipo de las cotizaciones a la seguridad social a cargo de los empresarios

css_W tipo de las cotizaciones a la seguridad social a cargo de los trabajadores

C consumo de las economías domésticas

C_A consumo autónomo

C_G consumo público

f sensibilidad del objetivo de salario real deseado por los sindicatos a la tasa de desempleo

FT nivel total de la fuerza de trabajo

G gasto público

$G - T$ déficit público

h sensibilidad de la inversión al tipo de interés real

i tipo de interés nominal

i^* tipo de interés nominal del resto del mundo

I inversión de las empresas

I^{np} inversión no planeada por las empresas (variación no deseada de sus existencias)

I_A inversión autónoma

I_G inversión pública

k sensibilidad de la demanda de dinero al nivel de renta

K volumen de capital de la economía

$\dot{K}$ tasa de variación del volumen de capital

KT volumen de capital por trabajador

$\dot{K}T$ tasa de variación del volumen de capital por trabajador

KTE volumen de capital por trabajador efectivo

$\dot{K}TE$ tasa de variación del volumen de capital por trabajador efectivo

l sensibilidad de la demanda de dinero al tipo de interés nominal

L oferta de dinero

L^d demanda de dinero

L_A^d	componente autónomo de la demanda de dinero
m	sensibilidad de las importaciones al nivel de renta nacional
M	importaciones
N	nivel de empleo de la fuerza de trabajo
$\dot{N}$	tasa de variación del nivel de empleo de la fuerza de trabajo
P	nivel de precios internos
P^*	nivel de precios del resto del mundo
P_C	índice de precios de consumo
$\dot{P}$	tasa de inflación interna
$\dot{P}O$	objetivo para la tasa de inflación interna, establecido por el banco central
$\dot{P}_U^O$	objetivo para la tasa de inflación interna en una unión monetaria, establecido por el banco central de la unión
$\dot{P}^*$	tasa de inflación del resto del mundo
$\dot{P}_C$	tasa de inflación del índice de precios de consumo
PT	productividad del trabajo
$\dot{P}T$	tasa de variación de la productividad del trabajo
q	sensibilidad del tipo de cambio real al tipo de interés real
Q	tipo de cambio real
Q_A	componente autónomo del tipo de cambio real
$\dot{Q}$	tasa de variación del tipo de cambio real

r tipo de interés real

r^* tipo de interés real del resto del mundo

r_A componente autónomo del tipo de interés real en la regla monetaria del banco central (valor de referencia para el tipo de interés real en el largo plazo)

s tasa de ahorro

S ahorro de las economías domésticas

S_G ahorro público

Sub subvenciones del sector público a las empresas

t tipo impositivo directo sobre el nivel de renta

t_i tipo impositivo indirecto sobre el nivel de precios

t_W tipo impositivo directo sobre el salario monetario

T impuestos netos de transferencias

T_d impuestos directos

T_i impuestos indirectos

TC tipo de cambio nominal

TR transferencias netas del sector público a las economías domésticas

u tasa de desempleo

u_N NAIRU (tasa de desempleo que no acelera la inflación)

v sensibilidad de la balanza comercial al tipo de cambio real

W salario monetario

$\dfrac{W}{P}$ salario real en términos del nivel de precios internos

$\dfrac{W}{P_C}$ salario real en términos del índice de precios de consumo

$\dot{W}$ tasa de variación del salario monetario

$\dot{W} - \dot{P}$ tasa de variación del salario real en términos del nivel de precios internos

$\dot{W} - \dot{P}_C$ tasa de variación del salario real en términos del índice de precios de consumo

x sensibilidad de las exportaciones al nivel de renta del resto del mundo

X exportaciones

XN exportaciones netas; saldo de la balanza comercial

XN_A componente autónomo de las exportaciones netas

Y nivel de actividad de la economía; nivel de renta; nivel de producción

Y^d demanda agregada

Y^d_i demanda interna

Y^* nivel de renta del resto del mundo

Y_D renta disponible de las economías domésticas

$\dot{Y}$ tasa de variación del nivel de producción

$\overline{Y}$ nivel de producción potencial

$\left(\dfrac{Y - \overline{Y}}{\overline{Y}} \right)$ *output gap* o brecha de producción

Z_P variación de los factores exógenos que afectan a la determinación de los precios (μ, css_F)

Z_W variación de los factores exógenos que afectan a la determinación de los salarios (θ, css_W, t_W, t_i)

α elasticidad del nivel de producción con respecto al volumen de capital

δ tasa de depreciación del capital

θ componente autónomo del objetivo de salario real deseado por los sindicatos; variable representativa del poder de mercado de los trabajadores

μ margen aplicado por las empresas sobre el coste medio variable; variable representativa del poder de mercado de las empresas

σ ponderación del nivel de precios internos en el índice de precios de consumo

Índice analítico

Otros títulos

Macroeconomia: primeros conceptos
Javier Díaz Giménez

Macroeconomia
Charles I. Jones

¡No basta con buenas intenciones!
Dean Karlan y Jacob Appel

El conocimiento y la riqueza de las naciones
David Warsh

El misterio del crecimiento económico
Elhanan Helpman

Economía del desarrollo
Debraj Ray

En busca del crecimiento
William Easterly